法律人核心素养丛书

劳动人事争议裁判规则和实操指引

吴　彬 / 著

中国法制出版社
CHINA LEGAL PUBLISHING HOUSE

自 序

一

随着最后一个字落下，这本书终于写完了。从酝酿计划到着手写作，再到最终完成，历时五六年的时间，而今终于完成了我的夙愿。

进入天津市高级人民法院（以下简称天津高院）民一庭以来，我作为书记员需要跟随合议庭记录很多案件的审理和研究过程，其中相当一部分是劳动争议案件。在懵懂之间，完成了我与劳动法、劳动争议案件的“初见”。大约在2010年，我被庭里指派为“劳动争议调解四方联动机制”的联络人，负责代表天津高院与天津市人社局、天津市总工会、天津市司法局就劳动争议调处的各种问题进行联络，后来逐渐发展到和天津市各中级法院、基层法院以及其他省市兄弟法院进行联络。我本以为只是一些事务性工作，但是很快发现没有相应的业务能力作为支撑，是无法做好这个工作的。在之后的工作中，系统内越来越多的同志开始向我征询、探讨劳动争议审判问题，这让我感到身上的责任越来越重，时常有恐辜负同志们的信任。于是，我便将越来越多的精力放在钻研劳动法、琢磨劳动争议处理上。

劳动人事争议是人民法院民事审判中的一个常见案由，属于典型的民生类案件，关系到每一个市场用人主体和劳动者的切身利益。这类案件往往事实繁复细碎、认证难度大，法律规定较原则、空白点较多，政策性和实操性强，再加上具有鲜明的地方性特色，使得每一个涉足此领域的法律人都面临较大的挑战。

在实际工作中，我在逐渐熟悉劳动法律法规主要条文的同时，学习到了天津法院系统、劳动人事争议仲裁系统很多一线同志们审判、仲裁和调处劳动争议的优秀经验，接触到了很多兄弟法院出台的各类审判指导性文件和经验总结材料。我在赞叹他们严谨思维和开阔眼界的同时，心中逐渐萌发了将这些优秀经验和做法进行梳理总结、提炼扩展，以便对劳动争议裁审实务发挥参考价值的想法。这些便构成了我决定写作此书的缘起和动力。

最初，这本书的部分内容是我作为“豆腐块”文章发在自己的微信公众号“烛影法声”之中的，一方面是公众号有利于与各方专业人士交流，另一方面是借此给自己施加钻研和写作压力，防止偷懒而半途而废。但是，后来随着审判工作压力逐渐加大，也随着我发现还应该更加注意对相关观点和材料进行斟酌，于是我慢慢放弃了上述“任务式”的写作形式。正是这种放弃，反而使得我获得了更好的思考和沉淀的空间：通过完成撰写每年的发回重审及改判案件分析或者再审案件分析的工作任务，更加准确、深入地了解了当前审判的脉络、经验和问题；通过参加起草《天津法院劳动争议案件审理指南》，更加系统地对天津法院的审判经验以及各地法院的审判指导性文件进行梳理总结消化；通过参编《法官智典·民事卷》劳动争议部分，进一步了解到了劳动争议审判一线的热点、焦点和难点问题；通过参加系统内研讨会、参加法官沙龙等活动，加深了与审判一线同志们的联系与探讨，等等。这一切，都在加速我的成长，也深化了我对劳动争议审判这个硬骨头领域的理解。

不写书，不知写书之难，但是与司法实践相比，写书则简单得多。当我在电脑上一个字一个字地“爬格子”时，我总是感慨广大审判一线法官们的艰辛。他们既要在极为有限的时间内妥善地处理每一个案件，准确适用繁杂的法律条文，努力达到各种效果的统一，还要用尽脑力自觉或者不自觉地思考规则之治、利益衡平等宏大课题。越是这样，我就越是觉得有责任将他们多年来的思考和实践梳理、提炼出来。基于此，从根本上看，这本书并不是我一个人写就的，我也没有能力一个人写就，而是审判一线尤其是天津三级法院审判一线同志们智慧的汇集，我只是他们智慧的搬运工罢了。书中内容出现讹误的，乃是我这个搬运工在搬运过程中的工作失误，自当由我承担责任。

二

作为一本虽也注重理论阐释但更偏实务的书，本书没有采取当下比较流行的“问题式”写法和“案例分析式”写法，而是采取了比较传统的“教科书式”写法，这是有一定考虑的。

“问题式”写法具有明显的实务优势，所选择的问题直指实践，无论是从查阅的方便性上，还是从解决问题的便捷性上，都极大地方便了读者。但是，这种写法往往会使内容呈现出碎片化特点，问题与问题之间要么体系性联系较弱，要么无法构成对一类问题的完整展示，而且会出现在多个问题中反复陈述同一内容从而增加书籍体量的问题。读者在阅读后，虽然可以解决一时的问题，但是缺乏进行体系化学习和思考的空间，而劳动法恰恰给人一种体系性较弱、法律适用繁复而无从下手的感觉，如果不能尽量体系化，那么书籍对知识和经验的梳理总结、延伸拓展的功能将大为减弱。

“案例分析式”写法能通过选取典型案例进行“解剖麻雀”的方式，以点代面，完成理论与实务的较好结合。但是，这类写法往往需要用相当多的篇幅陈述案情和一、二审法院裁判意见，会间接压缩作者进行深入探讨的空间。更为重要的是，劳动争议审判领域具有比较鲜明的地域化特征，甚至在一个地区出现类似案件不同处理的情况也时有发生，所以典型案例的“典型性”往往会大打折扣，进而影响针对该案例的解析类文字的适用范围。

基于上述考虑，我个人认为还是比较传统的“教科书式”的写作方法更适合。本书基本按照《劳动法》和《劳动合同法》的体例安排各个章节内容，其间，对于实务中比较重要的部分单独列章或设节进行专门讨论。在视野上，尽量不局限于一地一时，而是在立足天津、立足京津冀的同时，注意用全国视野博采各地众长。在目的上，一切以司法实务为基础，以讨论问题、解决问题、提炼方法为第一要务。在内容上，尽量不在理论上作长篇大论，只在需要借助理论阐释才能说清问题时，再进行有针对性和扩展性的论述、论证，以期达到尽量体系化研讨和解决劳动争议实务问题的目的。在论证上，尽量做到言出有据，努力使每一个观点都有相应的法律、行政法规、司法解释等依据，防止出现脱离法律依据自说自话的问题。

综上，本书设置了“裁判观点”“深度解析”“裁审要点”“实操指引”四个小版块。“裁判观点”主要总结了裁审机关对普遍性问题的253条倾向性观点；“深度解析”是在“裁判观点”基础上进行解析、拓展，力求体系化地、相对周延地、集中地对一类问题进行集中梳理和讨论，这部分构成了本书的主体；“裁审要点”则主要总结出169条裁审机关一线同志们的经验和做法，提炼总结在审理劳动争议案件过程中需要重点注意和把握的问题，防止出现漏审漏查的情况；“实操指引”提炼出155条实操注意事项，主要提示用人单位或者劳动者在实务操作过程中如何合法行使权利、规避风险，从而减少纠纷发生。此外，写作中正值《保障农民工工资支付条例》实施和《民法典》《最高人民法院关于审理劳动争议案件适用法律问题的解释（一）》法律法规、司法解释颁布施行，劳动领域四个主要司法解释废止，本书特意专设一节对农民工工资问题进行介绍和讨论，同时将《民法典》的相关规定融入本书内容，特别注意将《最高人民法院关于审理劳动争议案件适用法律问题的解释（一）》与之前四部主要劳动司法解释进行对照解析，作为附录提供给读者，以求紧跟司法实务需要。

三

我之前虽然也参加过一些书籍的编写工作，但只参与部分章节的撰写，独立撰写一本书还是第一次。所以，本书的出版对我而言有着特殊意义。正因如此，内心的感激与怀念之情也随着书稿付梓而汩汩而出。

我要特别感谢引导和支持我从事该领域实践和研究的天津高院民一庭张勉、刘莉、景鸿、赵伟等历任领导和曾与我在审判一线并肩作战的兄弟姐妹们。如果庭领导没有分配、支持我这个专业调研方向，如果没有天津高院这样优秀的平台、没有民一庭这样优秀的集体，我将可能永远是一个成绩普通、籍籍无名的人，将永远无法在这个领域有所长进和发展。同时，也要感谢各中级法院和基层法院的领导和审判一线的同志们，感谢天津市劳动人事争议仲裁系统的同志们，以及经常有业务研讨的其他省市兄弟法院的同志们，感谢河北省法学会劳动法学研究会及河北工业大学的同志们。这本书中的很多素材、观点、方法都源于这些优秀的法官、仲裁员和学者们长久以来的实践、思考和经验沉淀。我最好的青春时光留在了天津高院，我会用一生去怀念。真心祝愿天津法院民商事审判工作代代有传承、年年上高峰。

感谢恩师陈耀东教授将我带入法学之门，一直关注和提携我的成长。感谢何红锋教授青睐有加，常年给予我鼓励和提点。两位老师的期望和关怀让我倍感振奋，须臾不敢放松，学生会用加倍努力和成绩践行南开“公能”校训，回报老师涌泉之恩。

感谢中国法制出版社编辑三部副主任陈兴和编辑孙静，他们为这本书的出版付出了极大心血，没有他们的鼓励和指导，这本书不会如此顺利地面世。写作过程中，他们提出了很多真知灼见，令我受益匪浅。

感谢我家媳妇和小朋友，没有他们的配合，这本书也写不完。媳妇性格平淡，不求财、不求势、不攀比，减少了我好多压力，这是多么可贵！在法院工作期间，经常需要加班加点、点灯熬夜，对家务事关注得少、干得更少。碰到审理不顺利的案件，脑子里会不分昼夜地想，经常会将工作中的烦躁情绪带回家。媳妇虽然有时也不满，但还是比较理解我的工作，尽量把家里管好。孩子逐渐长大，杂七杂八的事情越来越多，也是她管得更多一些。盯着写作业，控制玩游戏，想着换洗衣服，安排各种辅导班，接送上下学，最重要的是换着花样做饭。总之一句话，女人带孩子不容易。除此之外，媳妇还得忙着博士学业，忙着写博士学位论文，忙着写 CSSCI 论文，忙着上课批作业，学业和工作压力之大不是我这种常人可以完全体会的。最近，我发现她已经有白头发了。感谢媳妇为这个家、为我付出的一切。

之所以要感谢我家小朋友，主要是因为每每看见他、想起他时，都让我感到责任重大，使我在生活和工作中不敢有一丝懈怠和敷衍。我家小朋友跟别人家小朋友也没啥两样，喜欢玩，虽然不太喜欢但是也不厌恶学习。听得进别人劝，不钻牛角尖，爱说爱笑，这种性格还不错，希望能继续坚持。他现在还小，字还认不全，但是希望在将来某个时候，他在看到这篇序时能注意到我希望他记住的这句话："富贵福泽，将厚吾之生也；贫贱忧戚，庸玉汝于成也。"人的一生，注定时顺时逆，坎坷不断，希望他早日成长为一个坚强有力的男子汉。

最后的话写给我的爸爸妈妈。妈妈叫李秀珍，是一名医生，在 2016 年的春天去世了。她的去世对我震动极大，我之前从来没有想过没有妈妈的日子会是怎样。回首往事，我实在是有愧于她。我没有为她创造富足的生活，也没能帮她祛除多年的病痛。工作忙起来，回家看她的时间也少，就算在一起，说话的时间也不多。而今，想要多说几句也不可遂愿了。我常想如果妈妈依然在世，该有多好。"真正的死亡，是不再被人铭记。只要还有人记得你，你就依然以另一种方式存活于世。"这是电影《寻梦环游记》中的读白。是的，被人铭记，就是永生。我的身上流淌着她的血，我是她生命的延续。我努力工作，严肃生活，我把她的名字写进我的书中，只要有人看到，就意味着有人记得她，她就可以以另一种方式存活于世。我想，作为儿子，这是我能够想到和做到的对她祭奠和怀念的最好方式了。爸爸更不必说，多年来对妈妈照料周到，撑起全家重担，隐忍坚韧，毫无怨言。祝愿爸爸保持好状态，健康地生活。

在此，衷心希望各位读者能够就本书提出宝贵意见，提供实践中遇到的问题和素材，我们多多探讨和交流，共同提高，一起成长。欢迎给我写信，我的电子邮箱是 wubinlaw@ 126. com，我会及时回信的。

吴彬

2021 年 8 月 8 日于南开大学西南村

目 录

Contents

序　章

劳动争议案件的审理原则和基本思路

近年来，劳动争议案件的数量增长明显，争议标的逐年增加，争议焦点日益繁复，适用法律与政策的难度越来越大。劳动争议案件已经成为法院民事案件审理的重点案由之一。此类案件属于民生类案件，案件标的虽然不大，但是涉及劳动者生存权益，法院在审理时需要仔细衡量各方利益，准确把握法律和政策的立足点，最大限度地稳定社会各方对劳动关系法律适用的司法预期，促进和谐稳定劳动关系的构建。下面结合笔者多年来对劳动争议案件的司法实践和调研心得，总结一下人民法院在审理此类案件时的一些原则和思路供参考。

一、保护劳动者权益与司法衡平的兼顾

我国劳动和社会保障法体系建设近年来逐步完善，已经形成了由法律、行政法规、司法解释、地方性法规、部门规章以及各类劳动和社会保障政策文件构成的法律和政策体系，体现出比较明显的以社会本位为核心的社会法特征。从劳动法发展的历史和我国大多数劳动者所处的经济社会地位看，各种立法及司法政策的着眼点大多强调对劳动者实施倾斜保护。正是这种倾斜保护使得劳动关系双方的平等有机会从形式平等演进到实质平等，这也是劳动法区别于民法的最显著特征。但是，劳动关系双方永远是一枚硬币的两面，我们不能只看一面而抛弃另一面。劳资关系双方虽然在具体利益上存在有限对立，但在本质上应当是唇齿相依的伙伴关系。司法审判不能在立法已经倾斜保护劳动者的前提下，再无克制地加大倾斜保护力度以压制用人单位一方，如此的结果一定是损害用人单位的合法权益甚至生存利益，最终也会损害到劳动者的切身利益。所以，对劳动者的倾斜保护和司法上的衡平保护，应当构成法官审理劳动争议案件的双重底色。司法上的衡平保护应当包含以下要义：

第一，司法衡平意味着分层保护。法官在审理劳动争议案件时，不宜对劳动关系双方绝对地一视同仁，而应区分劳动者的具体情况而依法给予其不同程

度的司法保护力度，如举证认证及法院依申请或职权调取证据等。这是社会法超越形式平等、重视实质平等在司法中的必然体现。由于包括《劳动合同法》[①]在内的劳动法律并未对劳动者进行分层，所以法官在司法实践中必须有意识地承担起分层衡平的任务。

第二，司法衡平意味着更加重视劳资利益动态平衡和结果平衡。法官审理劳动争议案件要注重经济形势和社会状态的变化，时刻关注劳动政策变化和法律观点变迁，善于用实质平等的社会法视角解读法律目的。劳动争议案件一方面涉及劳动者生存权益，另一方面涉及用人单位管理秩序和内部经营环境保护，僵化适用法律或者固态处理劳资利益极易引发群体性纠纷或者破坏用人单位内部生存环境。例如，对待劳动关系双方的远年纠纷和历史遗留问题一定要避免使用当前法律生搬硬套，必须回到当年的法律和政策背景下考察双方权利义务关系，结合维护稳定、劳资两利、侧重保护劳动者生存权益的现代劳动法理念，遵循“以稳为主，适当平衡，远近结合”的方法来处理。再如，当经济形势比较严峻时，法官在审理劳动争议案件时就要对法律规定的某些惩罚性条文的适用格外谨慎，对于举证责任分配及认证标准也要格外注意，避免出现竭泽而渔、劳资两伤的局面。

第三，司法衡平意味着需要用主客观相结合的视角解读法律。劳动和社会保障法作为独立的法律部门历史并不很长，其理论积淀和立法技术较之民法、刑法有较大差距，这些“先天不足”导致劳动和社会保障法实践在几乎全部的重要问题上均有争论，这让法官在适用法律上往往陷入莫衷一是的困境。“法官不得拒绝裁判”，法官在面对诸多法律空白和争议之处必须进行解释方能找到处理具体个案的依据。法官对法律进行解读时，除法律明确规定采取客观标准外，应采用主客观相结合的视角，否则有可能导致利益失衡。例如，用人单位在发放工资时少发了 1 元，劳动者主张该行为符合《劳动合同法》第 38 条关于推定解雇的规定而主动辞职要求单位支付经济补偿金，法官此时就需要对该法律条款的立法目的进行主客观相结合的解读，否则单纯按照客观标准则必定会认定劳动者主张成立，用人单位会因为这拖欠的这 1 元工资而付出数千元甚至数万元的经济补偿金，这种结果难言公平。

二、注重实质，注重履行

劳动争议案件区别于其他类型案件的特点之一是当事人的诉讼请求项目往

① 为行文简洁，便于读者阅读，本书所涉法律名称均为简称，后文不再注明。

往繁杂众多，涉及领域较广，诉讼请求表达法律术语化程度稍低而倾向口语化，适用法律进行归纳分类难度较大，经常会让不熟悉劳动争议审判领域的法律专业人员感到无从下手。同时，劳动关系双方的权利义务内容往往会随着劳动关系的履行而发生变化，与双方形成劳动关系之时所签订的劳动合同、遵循的规章制度等产生较大出入。再加上劳动关系受国家政策影响较大，尤其是涉及工资福利、社会保险等劳动基准的政策和法规变化较多。因此，法官在审理劳动争议案件时必须坚持注重实质、注重履行的原则。

注重实质，应当注重两个方面的内容：第一，在确定当事人诉讼请求时要准确提炼诉请的实质性含义，以此为基础将其准确归纳入法律或者政策框架之内，防止被当事人纷繁复杂的诉请表述所迷惑。例如，在李某某诉天津市某针织公司一案中，李某某主张针织公司支付拖欠的……待遇×××元。从表面上看，李某某的诉讼请求应属福利待遇范畴，法院应当将其作为劳动争议案件进行审理。但是经进一步核实发现，李某某主张的欠发待遇的基础和实质是其亡夫军龄审核问题，而该问题不属于劳动争议案件受理范围，故此案应当裁定驳回李某某的起诉。第二，要在确定法律关系性质、确定法律要件适用等问题上坚持实质性标准，不以书面化、形式化的证据或者标准作为天然可以采信的依据。例如，确定当事人双方是否具有劳动关系的案件中，劳动合同固然是重要的书面证据之一，但是确定劳动关系的实质性标准却并非签订劳动合同而是实际用工，如果只以有无劳动合同作为判断标准，那么案件审理结果必然有误。

注重履行，是指法官在审理劳动争议案件时，要特别关注审查劳动关系双方履行劳动合同的实际情况，不能唯劳动合同、规章制度等书面文件论，否则难免出现“刻舟求剑”的结果。经济社会状况始终处于变化之中，用人单位生产经营的内外部环境也会随之变化，这正是所谓用人单位经营自主权的体现。与之相适应，劳动合同的履行也始终是动态的，职位会有调动，薪资会有调整，岗位会有变化等，彼时的劳动关系履行状态恐怕已与当初签订劳动合同、制定规章制度之时发生了较大变化。法官在审理时须以动态的实际履行为根本，尤其注意对劳动关系履行细节的审查，再以静态的劳动合同、规章制度等文件为参考，方能准确确定劳动关系双方权利义务关系和责任状态。例如，在确定劳动者执行的工时制度是否为非标准工时制时，不能仅仅以劳动行政部门审批的工时制度作为认定标准，还应当考察劳动者实际履行劳动合同过程中的上班和休息情况，以及劳动者实际工作的岗位和内容是否符合劳动行政部门颁布的该非标准工时制岗位特征，而后者恰恰是认定工时制度的实质性标准。否则，就会出现以形式上的标准工时制来衡量劳动者实际执行的综合工时制或者不定时工时制下的劳动时间的错误，导致加班费等实体问题认定错误。[①]

三、重视保护劳动关系双方核心权益

在劳动关系中，劳动关系双方各自享有法律规定的各种权利，如劳动者的劳动报酬请求权、工伤职业病待遇、二倍工资权利、获得年休假的权利，用人单位享有的招聘自主权、用工管理权、对劳动者的赔偿请求权等。由于权利有位阶、利益有大小、实现有缓急，劳动监察、劳动仲裁及司法资源相对有限，为了最大限度实现社会公平，必须在权利保护上有所侧重。就司法而言，这种侧重保护就是要重视保护劳动关系双方各自的核心权益。法官的职责在于定分止争而非求得争议各方完全满意，由于当事人的立场不同，加之客观因素的限制，其不可能确保在每一个案件中做到客观真实与法律真实的完全统一，达到令双方均满意的绝对效果。在此情况下，法官如能切实把握保护劳动关系双方各自核心权益的精神，则在审理案件时必能达到令争议各方均可感受到各自核心利益受到司法尊重与保护的感觉，感受到自身权利通过司法程序最大化，从而实现“让人民群众在每一个司法案件中感受到公平正义”的目标。

对劳动者而言，核心的权益是与劳动力对价及劳动力安全保障密切相关的权利，包括获得劳动报酬权利、工伤职业病权利、解雇保护权利、经济补偿权利、社会保险权利。这些核心权利决定了劳动者的生存与发展，关系到切实的民生利益，必须予以侧重保护。我国法律对此有明确体现，如《劳动争议调解仲裁法》第27条规定了针对劳动报酬适用特殊仲裁时效，又如《劳动合同法》第42条规定了解雇保护制度，再如《工伤保险条例》第五章规定了工伤保险待遇等。

对用人单位而言，核心权益是与用人单位生产经营自主权和对外商业信息安全权密切相关的权利，包括旨在保持用工弹性的用工自主权、违约金与服务期制度、竞业限制权、商业秘密保密权等。这些核心权益关乎用人单位的生产经营自由与秩序、关乎核心商业秘密保护等涉及用人单位生死存亡的事项，有必要侧重保护。我国法律法规和司法解释对此也有鲜明体现。如《最高人民法

---

① 该标准是很多人民法院实践中掌握的认定标准，具有相当的合理性。但是实践中各地裁审机关对此问题的看法不统一，仍然存在争议。

院关于审理劳动争议案件适用法律问题的解释（一）》（以下简称《新劳动争议解释一》）第 40 条规定的劳动者违反竞业限制约定的法律责任，又如《新劳动争议解释一》第 43 条、第 47 条所规定的对劳动合同变更形式及通知工会义务的松缓，再如《劳动合同法》第 25 条规定的用人单位可以针对服务期、保密义务、竞业限制与劳动者约定违约金。

第一章 劳动关系的确认

第一节 劳动关系的判断标准

裁判观点

1. 认定劳动关系成立，需要符合三个方面的要素：（1）主体要素：劳动关系双方应当具备相应的法定资格，即劳动关系双方均应属于劳动法上的适格主体。（2）意思表示要素：劳动关系双方具有成立劳动关系而非其他法律关系的合意。（3）客观要素：用人单位对劳动者形成实际控制，劳动关系双方形成财产上、人身上的从属性关系。

2. 认定劳动关系成立，实务中可以综合考察以下因素：（1）劳动者和用人单位符合法律规定；（2）劳动者实际接受用人单位的管理、指挥和监督；（3）劳动者被纳入用人单位的生产组织体系中从事劳动，而非从事独立的业务或经营活动；（4）劳动者无权将工作分包给他人完成；（5）生产资料一般由用人单位提供；（6）劳动者提供的劳动是继续性的而非一次性的；（7）用人单位向劳动者支付劳动报酬；（8）用人单位为劳动者缴纳社会保险费，保管人事档案；（9）双方有建立劳动关系而非其他法律关系的合意。

深度解析

一、劳动关系的认定要件

从理论研究成果看，认定劳动关系成立需要同时具备三个要件：第一，劳动关系主体适格；第二，劳动关系的主要内容是劳动给付而非劳动成果；第三，劳动者对用人单位具有从属性。从司法实践上看，一般以原劳动和社会保障部[①]《关于确立劳动关系有关事项的通知》（劳社发〔2005〕12 号）作为认定劳动关系的主要依据。该通知规定："一、用人单位招用劳动者未订立书面劳动合同，但同时具备下列情形的，劳动关系成立。（一）用人单位和劳动者符合法律、法规规定的主体资格；（二）用人单位依法制定的各项劳动规章制度适用于劳动者，劳动者受用人单位的劳动管理，从事用人单位安排的有报酬的劳动；（三）劳动者提供的劳动是用人单位业务的组成部分。"

（一）主体要素：劳动关系主体适格

1. 劳动者适格

（1）决定性条件——劳动者年龄及劳动能力资格（劳动能力）

劳动者适格与否，应当首要考察劳动者年龄状况。年龄不符合法律规定的，即使发生了实际用工的事实，也不能成立劳动关系。从本质上讲，年龄一般可以反映出自然人的劳动能力，年龄虽然达标但是丧失劳动能力的除外。所以，除特殊情况外，可以用年龄作为判断劳动者主体是否适格的决定性条件，这一点与民法上的民事权利能力一致。

根据我国法律规定，劳动者的最低年龄为 16 周岁，但是对于未满 16 周岁的未成年人被招用从事文艺、体育和特种工艺的依国家有关规定而除外。《劳动法》第 15 条规定："禁止用人单位招用未满十六周岁的未成年人。文艺、体育和特种工艺单位招用未满十六周岁的未成年人，必须依照国家有关规定，履行审批手续，并保障其接受义务教育的权利。"国务院《禁止使用童工规定》第 2 条第 1 款规定："国家机关、社会团体、企业事业单位、民办非企业单位或者个体工商户（以下统称用人单位）均不得招用不满 16 周岁的未成年人（招用不满 16 周岁的未成年人，以下统称使用童工）。"第 13 条第 1 款规定："文艺、体育单位经未成年人的父母或者其他监护人同意，可以招用不满 16 周岁的专业文艺工作者、运动员。用人单位应当保障被招用的不满 16 周岁的未成年人的身心健康，保障其接受义务教育的权利……"

我国法律并未规定劳动者成立劳动关系的年龄上限，但是对于劳动者退休年龄却有规定。这就让实践中对于超过了法定退休年龄的劳动者是否还能够和原用人单位维持劳动关系，或者与新用人单位成立劳动关系产生争议。笔者将

---

① 1998 年 3 月，在原中华人民共和国劳动部的基础上组建中华人民共和国劳动和社会保障部，根据 2008 年 3 月全国人民代表大会通过的国务院机构改革方案，劳动和保障部与人事部合并为人力资源和社会保障部。

在后文详细阐述这个问题。

我国对于外国人（指根据《国籍法》不具有中国国籍的人员）在华就业有特殊规定。根据《外国人在中国就业管理规定》第2条、第5条、第6条、第8条的规定，外国人在我国内地就业实行就业许可制度。用人单位拟聘雇或者接受被派遣外国人的，应当为其申请办理《外国人就业许可证书》，持此证书方可与用人单位建立劳动关系。如果没有就业许可证或者就业许可证到期的，外国人不能与用人单位构成劳动关系。2021年1月1日起实施的《新劳动争议解释一》[①] 第33条规定："外国人、无国籍人未依法取得就业证件即与中华人民共和国境内的用人单位签订劳动合同，当事人请求确认与用人单位存在劳动关系的，人民法院不予支持。持有《外国专家证》并取得《外国人来华工作许可证》的外国人，与中华人民共和国境内的用人单位建立用工关系的，可以认定为劳动关系。"

港澳台人员在我国内地（大陆）就业的，原来也实行就业许可证制度，但是后来该制度被废止。2018年7月28日，国务院印发《关于取消一批行政许可事项的决定》（国发〔2018〕28号），取消港澳台人员在内地就业许可。同年8月23日，人力资源社会保障部颁布《关于废止〈台湾香港澳门居民在内地就业管理规定〉的决定》（人力资源社会保障部令第37号），废止《台湾香港澳门居民在内地就业管理规定》（劳动和社会保障部令第26号）。根据人力资源社会保障部《关于香港澳门台湾居民在内地（大陆）就业有关事项的通知》（人社部发〔2018〕53号）的规定，在内地（大陆）求职、就业的港澳台人员，可使用港澳台居民居住证、港澳居民来往内地通行证、台湾居民来往大陆通行证等有效身份证件办理人力资源社会保障各项业务，以工商营业执照、劳动合同（聘用合同）、工资支付凭证或社会保险缴费记录等作为其在内地（大陆）就业的证明材料。

---

① 最高人民法院于2020年12月29日公布《最高人民法院关于废止司法解释及相关规范性文件的决定》，为保证国家法律统一正确适用，根据《民法典》等法律规定，结合审判实际，决定废止116件司法解释及相关规范性文件。其中，《最高人民法院关于审理劳动争议案件适用法律若干问题的解释》《最高人民法院关于审理劳动争议案件适用法律若干问题的解释（二）》《最高人民法院关于审理劳动争议案件适用法律若干问题的解释（三）》《最高人民法院关于审理劳动争议案件适用法律若干问题的解释（四）》均在被废止之列，故下文不再对上述四部司法解释的效力特别作出提示。此外，被废止的涉及劳动争议领域的司法解释及规范性文件还有《最高人民法院关于劳动仲裁委员会逾期不作出仲裁裁决或者作出不予受理通知的劳动争议案件，人民法院应否受理的批复》《最高人民法院关于解除劳动合同的劳动争议仲裁申请期限应当如何起算问题的批复》《最高人民法院关于印发国家统计局〈关于对职工日平均工资计算问题的复函〉的通知》。同日，最高人民法院发布《最高人民法院关于审理劳动争议案件适用法律问题的解释（一）》，该司法解释于2021年1月1日实施。

（2）影响性条件——健康状况、职业资格

严格来讲，健康状况、职业资格等不能构成劳动者是否适格的条件，只能构成可能导致劳动合同无效的事由。将健康状况、职业资格等列为劳动者适格的影响性条件而非决定性条件的根本原因在于，将这些条件设定为成立劳动关系的条件，系基于用人单位意思表示所为，并非法律强制性设定。即使法律法规对于某些岗位规定了健康状况或者职业资格的限制，也没有否认这类健康状况或者职业资格存在瑕疵的劳动者有成立劳动关系的权利能力。

用人单位在招聘劳动者时往往会根据工作岗位的要求，对劳动者的健康状况、职业资格作出限定。如果劳动者使用虚构或者隐瞒健康状况、职业资格的方式通过招聘程序的，只要发生了实际用工的事实，那么劳动关系即告成立。即使事后发现劳动者上述欺诈行为导致违反用人单位真实意思而订立劳动合同的，也只能发生劳动合同无效的后果，事实劳动关系却已经建立。与此不同，如果用人单位录用了未达到法定最低年龄的未成年人，不论用人单位主观上是否故意，也不论双方是否签订了书面劳动合同，双方均不构成劳动关系，也不因发生用工事实而成立事实劳动关系，双方只能形成非法用工关系。

2. 用人单位适格

根据《劳动法》第 2 条和《劳动合同法》第 2 条的规定，合法成立并存续的企业、民办非企业单位、个体经济组织、国家机关、事业单位、社会团体可以成为劳动法意义上的用人单位。其中，根据原劳动部《关于贯彻执行〈中华人民共和国劳动法〉若干问题的意见》第 1 条的规定，个体经济组织是指一般雇工在 7 人以下的个体工商户。律师事务所、会计师事务所也可以成为适格的用人单位。此外，目前的倾向性观点认为居委会、村委会属于基层群众性自治组织，理论上不能成为劳动法意义上的用人单位，实践中也无法完成以自己名义开立社保账户缴纳社保费用，故一般认定其不属于用人单位。但是，2017 年 10 月 1 日开始实施的《民法总则》[①] 第 101 条第 1 款规定：“居民委员会、村民委员会具有基层群众性自治组织法人资格，可以从事为履行职能所需要的民事活动。”据此，居委会、村委会成为法律规定的特别法人，已经满足劳动法关于用人单位的规定，其可以成为适格的用人单位。2021 年 1 月 1 日《民法典》开始实施，根据《民法典》第 96 条、第 101 条第 1 款的规定，居委会、村委会为

① 《民法典》于 2021 年 1 月 1 日起实施，《婚姻法》《继承法》《民法通则》《收养法》《担保法》《合同法》《物权法》《侵权责任法》《民法总则》同时废止。下文不再对上述法律的效力作出特别说明。

特别法人，据此可以成为合法的用人单位。

（二）意思表示要素

虽然受到国家意志影响较大，但劳动关系本质上仍然是一种合同关系。用人单位与劳动者通过书面形式、口头形式或者以实际行为表明双方意欲成立劳动关系而非承揽、劳务或者其他法律关系，这是判断双方是否成立劳动关系的重要因素。如果双方通过某种典型的书面形式（劳动合同、社保缴费记录等）突出了双方所欲建立的法律关系的性质，那么实践中会减少很多认定劳动关系的困难；但是如果双方缺乏典型的书面形式要素，只是以行为方式来建立关系，则该行为方式一旦无法唯一指向劳动关系，则会给实践中认定劳动关系带来错误。

（三）客观要素：实际控制标准（从属性标准）

1. 实际控制标准的内容

传统上认为，劳动关系的形成和运行是一个动态的过程，其目的是生产劳动，因而劳动过程的实现处于劳动关系的核心位置，而实现劳动过程必须以劳动力和生产资料两个要素相结合为前提（劳动力和生产资料分属不同的所有者）。故，判断劳动关系成立的传统标准是劳动力和生产资料的结合。但这一标准无法解释劳务派遣关系等非典型性劳动关系，所以不能单纯地仅以劳动力与生产资料结合与否作为判断劳动关系的唯一标准，而应当将用人单位是否对劳动者形成实际控制或者劳动者是否与用人单位形成从属性关系作为核心判断标准：

（1）经济上的实际控制。是指劳动者使用用人单位生产资料，按照用人单位的组织体系、管理指令、劳动标准提供劳动。劳动者的劳动成果不具有独立性且归属于用人单位。用人单位向劳动者发放工资福利、缴纳社会保险等，劳动者因此对用人单位产生经济上的依赖关系。

（2）组织上的实际控制。是指劳动者加入用人单位成为其成员，遵守用人单位制定的规章制度，服从用人单位依照劳动合同、规章制度和法律法规进行的管理监督，接受用人单位依法依规作出的奖惩决定。

2. 实际控制标准的要素区分

笔者认为，劳动关系中蕴含的要素可以分为核心要素和衍生要素。

核心要素，是指能够体现劳动关系最本质特征的要素事项，事关劳动者生存和发展，事关用人单位招用劳动者的根本目的。它包括劳动标准（劳动程序标准、劳动结果标准)、劳动条件、劳动保护、劳动纪律、工资福利五个方面。

衍生要素，是指为实现核心要素而采取的方案、路径的表现或管理的方式。衍生要素范围广、表现多样，如档案管理、缴纳社保、工资发放方式等。

核心要素是不可替代的，但衍生要素是可以替代的。判断用人单位是否对劳动者实现了有效控制，应当考察其核心要素是否受到控制，而非衍生要素。如果单位没有实际控制核心要素，只对衍生要素进行了控制，则不能认定为实现了“实际控制”，劳动关系也就不能成立。

二、认定劳动关系成立的实务审查要素

综合理论与实践经验，认定劳动关系成立应当综合考察主体因素、意思合意、用工实际情况等各种与劳动关系建立的要素。

（一）劳动者和用人单位符合法律规定

劳动者达到法定最低劳动年龄，且没有超过法定退休年龄或者尚未领取基本养老保险待遇。用人单位为依法成立且存续的企业、民办非企业单位、个体经济组织、国家机关、事业单位、社会团体。

（二）劳动者实际接受用人单位的管理、指挥和监督

劳动者在劳动过程中按照用人单位的指令和标准而非按照自己的意志提供劳动，劳动者的劳动过程受到用人单位的监督，用人单位有权按照合同、规章制度和相关法律法规对劳动者实施奖惩。

（三）劳动者被纳入用人单位的生产组织体系中从事劳动，而非从事独立的业务或经营活动

劳动者有加入用人单位成为其成员的意思，用人单位亦有将劳动者纳为其组织成员进行管理的意思，劳动者提供的劳动是社会化劳动，具有较强分工性，劳动成果是形成用人单位最终产品的一个环节或者部分而非具有独立性。劳动者单独从事业务或者经营活动，并以劳动或者经营所形成的成果与用人单位的最终产品构成吸纳关系的，不能认定为劳动者系以劳动关系为前提而提供的劳动。

（四）劳动者无权将工作分包给他人完成

劳动关系兼有财产性属性和人身性属性，劳动者须本人提供劳动即为人身性属性的表现之一。用人单位之所以雇用劳动者提供劳动，一方面是因为信赖劳动者本人而非他人的劳动能力，另一方面也是为了能够对劳动者劳动过程进行全程管理而非仅对劳动成果进行控制。如果劳动者将工作分包给他人完成，则完全

违背了劳动关系的本质属性和用人单位与劳动者建立劳动关系的根本目的。

（五）生产资料一般由用人单位提供

在绝大多数劳动关系中，生产资料均由用人单位提供，劳动者仅提供劳动给付并获取劳动报酬作为对价。在少数情况下，劳动者会自带某些生产资料提供劳动，但这些生产资料一般均属辅助性质，不会影响到劳动关系的本质属性。而且，劳动关系双方一般均会在成立劳动关系时对自带生产资料作出特别约定。没有特别约定的，则一律认为应由用人单位提供生产资料。

（六）劳动者提供的劳动是继续性的而非一次性

劳动关系的持续性决定了劳动者提供的劳动也必然是继续性的而非一次性的，这是劳动关系区别于其他相近法律关系（如承揽关系）的标志之一。

（七）用人单位向劳动者支付劳动报酬

用人单位支付劳动报酬的方式可以是自行支付，也可以是委托其他单位或者自然人代付。劳动报酬是劳动给付的对价，其标准受到劳动基准法的规制，支付水平以劳动者提供劳动给付的时间或者数量为基本衡量标准，呈现出长期基本稳定支付的特点，很少出现大起大落的情况。

（八）用人单位为劳动者缴纳社会保险费，保管人事档案

社会保险关系、档案保管关系等对于劳动者权益固然至关重要，但是这些关系属于劳动关系的衍生性要素，只能作为判断劳动关系成立的辅助性因素而非决定性因素。可以确定有劳动关系必然会派生出社保关系、档案管理关系，但是不能认定有社保关系、档案管理关系就必然有劳动关系。实践中存在大量的社保关系挂靠、档案委托管理等情况，容易造成认定劳动关系的混淆。

（九）双方有建立劳动关系而非其他法律关系的合意

前述的8个考察因素在事实上已经从不同角度反映了双方成立劳动关系的合意，但是笔者认为仍然有必要强调双方有成立劳动关系的合意这一要素对于判断劳动关系成立的重要作用。

如果双方通过某种典型的书面形式（如劳动合同、社保缴费记录等）突出了双方所欲建立的法律关系的性质，那么实践中会减少很多认定劳动关系的困难。

如果双方缺乏典型的书面形式要素，只是以行为方式来建立关系，则该行为方式一旦无法唯一指向劳动关系，则会给实践中认定劳动关系带来错误。例

如，在区分建立劳动关系与人事关系过程中，如果双方并未签订书面合同，用人单位也暂未给劳动者缴纳社会保险费，仅仅依靠用人单位实际用工的事实是无法区分双方建立的是劳动关系还是人事关系的。因为，在这两种法律关系下，劳动者付出用人单位管理而提供劳动的事实（不论是劳动关系还是人事关系，用人单位都会对劳动者进行管理，双方都会呈现出从属性的特征）同时符合两种法律关系的特征，无法进行区分。而一旦将考察目标聚焦到双方的合意上，这个问题就可以得到解决。如果在证据上还缺乏直接的合意证据（最典型的就是合同），那么从双方实际履行行为上也可以发现合意的证据。最典型的是办理入职手续的事实，以成立劳动关系为合意的入职手续与以成立人事关系合意的入职手续存在巨大差异，后者的程序更为复杂，更体现出形式化、程序化、法定化的特征，而呈现出这些特征的背后原因就是国家对于人事关系的管理更趋近于行政性质，带有强烈的国家意志，而劳动关系的入职手续则更多地体现出市场化、准则化的特征，对形式要求不严格。

（十）单方意思对认定劳动关系的影响

1. 多个用人单位主体存在“表见”情形时，单方意思对认定劳动关系的影响

实践中，经常会出现这样的情况：在缺乏劳动合同、工作证、社保缴费证明等典型的可以证明劳动关系的情况下，劳动者工作的场所、任务、标识等均使得劳动者认为其工作的对象是甲单位，但实际情况却是乙单位基于与甲单位进行民商事合作关系而被许可使用甲单位的各种标志甚至管理体系，对劳动者实际进行管理并发放工资（劳动者并不知晓对其进行管理的具体人员是乙单位，在劳动者眼里，这些管理人员都是代表甲单位进行管理和发放工资）的是乙单位。在此情况下，劳动者是与甲单位还是乙单位成立劳动关系呢？这涉及单方意思对劳动关系认定的影响问题。

按照前述的从属性判断标准，似乎可以认为与劳动者实际形成从属性关系的是乙单位。但是，当多个用人单位之间因存在隐名、挂靠等“表见”情形的时候，这种结论就忽视了一方当事人（大多数时候是劳动者）对于建立劳动关系的意思表示，可能会导致法律性质认定偏差。因为劳动关系所强调的从属性在很大程度上表现为人身上的从属、服从和信任，而这种人身属性具有归属特定主体的含义。当意思表示指向的建立劳动关系的主体出现偏差时，人身上的从属性并未完整形成，劳动关系也就谈不上成立。通俗地说，即使从事同样的工作，劳动者也会因为雇主的不同而有不同的选择。例如，都是从事快递工作，所获得的劳动待遇水平也相同，有些劳动者会选择为大快递公司而非小快递公

司工作，另一些劳动者则会有相反的选择。再如，我们日常生活中经常会听到这样的说法："都是一样的活儿，早知道是给这个老板干活，打死我也不会去。"这种对用人单位的不同选择，正体现出一方当事人意思表示对建立劳动关系的重要作用。这一点，正与民法中的"表见代理"制度有异曲同工之处。基于此，笔者认为，当外在表现足以让劳动者认为其是在与甲单位成立劳动关系时，即使对劳动者进行管理的实际上是乙单位，也应认定劳动者与甲单位形成劳动关系。造成这种情况的重要原因在于甲单位与乙单位之间对外关系与对内关系的分配出现错位（有可能是故意为之，也有可能是疏忽）。至于如何对内分配这其中的风险，是甲单位、乙单位之间通过民事合同解决的问题，不宜将其与对外关系混淆。

另外，还需要特别说明一种相近情况，即甲乙单位存在混同，如遇到前述问题，又当如何认定劳动者与甲乙单位之间的关系呢？甲乙单位因存在混同，应当视为同一主体，此时应当认定劳动者与甲乙单位都构成劳动关系。该情况与前述情况相近但仍存在本质差异，即前述的甲乙单位不存在混同，应属两个互相独立的不同主体；而此处的甲乙单位则存在混同，应认定为同一主体。

2. 当劳动者冒名顶替与用人单位形成用工关系时，单方意思对认定劳动关系的影响

如果劳动者冒名顶替与用人单位形成用工关系的，双方之间的法律关系能否认定为劳动关系呢？目前法律对此并无规定。实践中比较流行的观点认为，双方签订的劳动合同因为违背了用人单位的真实意思表示，故根据《劳动合同法》第 26 条第 1 款第 1 项的规定，该劳动合同无效。但是，劳动合同无效不意味着双方劳动关系无效，只要双方形成从属性关系，则可以认定双方成立事实劳动关系。笔者认为该观点值得商榷，主要理由如下：

第一，劳动者冒名顶替的行为属于欺诈，该行为使得用人单位在选择劳动者时出现了人身属性上的误认，不满足人身从属性的要求。用人单位在招录劳动者时，会根据岗位需要制定相应的招录条件，符合招录条件并被录用的劳动者一定是特定的。冒名顶替的行为将会导致用人单位录用实质上不符合标准的人选，违背了用人单位将特定劳动者纳入己方组织机构进行劳动的意思，不符合成立劳动关系的核心标准。

第二，根据《劳动合同法》第 28 条的规定，劳动合同被确认无效，劳动者已付出劳动的，用人单位应当向劳动者支付劳动报酬。劳动报酬的数额，参照本单位相同或者相近岗位劳动者的劳动报酬确定。据此，该条文只规定劳动合

同无效后劳动报酬如何给付和给付的标准，并不涉及其他劳动法意义上的权利义务。不能据此条款得出劳动合同虽然无效，但事实劳动关系成立的结论。如果认为事实劳动关系成立，则该冒名的劳动者就会通过此种不诚信的行为成功挤掉其他竞争者，获得劳动法项下的权利，扭曲劳动力市场和用工秩序。

第三，在社会保险责任等问题上对用人单位至为不公。用人单位根据冒名劳动者提供的身份信息办理并缴纳社会保险，在客观上导致社保关系与劳动关系完全背离，一旦出现社保支付情形，就会导致社保机构以主体信息错误为由拒绝支付社保待遇，该责任最终由用人单位自担。例如，当冒名劳动者出现工伤事故时，社保机构会以主体错误为由拒绝认定工伤并支付工伤保险待遇。对此，实践中流行的观点认为，用人单位由于在入职时审核劳动者身份不严导致错误录用，主观上有过错，故应对该冒名劳动者承担给付工伤保险待遇的责任。如此处理，一方面，没有进一步区分审核不严的具体原因，完全忽略实践中欺诈入职手段的复杂性，没能具体分析双方过错程度，简单地将责任完全归责于用人单位一方；另一方面，将会导致用人单位缴纳工伤保险的行为完全不能起到分散用工风险的目的。

综上，冒名顶替的劳动者与用人单位形成用工关系后，不能简单地认定双方形成劳动关系。在此情况下，应当首先考察用人单位是否对该冒名劳动者进行追认，如果获得追认，则可以认定双方成立劳动关系；如果未获追认，则可比照民法中的可撤销民事法律行为制度，认定双方自始不成立劳动关系、不具有劳动法上的权利义务关系，但依法获得的劳动报酬等权利应当依法处理。劳动法领域中的冒名顶替行为，与婚姻法理论中的可撤销婚姻极为相似。《民法典》第 1054 条规定："无效的或者被撤销的婚姻自始没有法律约束力，当事人不具有夫妻的权利和义务。同居期间所得的财产，由当事人协议处理；协议不成的，由人民法院根据照顾无过错方的原则判决……婚姻无效或者被撤销的，无过错方有权请求损害赔偿。"由此可以作为处理本问题的重要参考。

裁审要点

以原劳动和社会保障部《关于确立劳动关系有关事项的通知》（劳社部发〔2005〕12 号）为基础，综合审查以下证据形式进行判断：劳动合同、考勤记录、工资台账或工资发放记录、工作证等证明员工身份的证件、职工花名册、劳动者填写的招工登记表或入职记录等证明文件、入职及在岗培训记录、用人单位的劳动指令、劳动者受到的奖惩记录、劳动者的工作成果、报销凭证、工作电子邮件、短信、微信、人事档案保管凭证、社保缴费记录、用人单位代劳动者扣缴个人所得税的纳税凭证、劳动监察部门纠察材料、同单位其他劳动者证言等。

实操指引

1. 用人单位意欲固定劳动关系的，应注意以下要点：

（1）签订书面劳动合同，办理入职登记手续，依法为劳动者办理社保手续并缴纳社会保险，将该劳动者纳入职工花名册。

（2）通过考勤制度、培训制度、工资福利制度等对劳动者进行有效管理和奖惩。

（3）有效留存向劳动者发出的关键性劳动指令和劳动者的劳动反馈。

2. 用人单位希望进行灵活用工而不希望成立劳动关系的，应注意以下要点：

（1）签订劳务合同，明确双方法律关系为劳务关系，对劳动者劳动结果而非劳动过程进行考核，采取一事一议的报酬发放方法，一般不应适用考勤制度和奖惩。

（2）优先招用依法享受基本养老保险待遇或者已经领取退休金的人员，优先使用学生勤工俭学或者实习。

（3）对非关键和核心岗位的劳动内容和成果，适用劳务外包。

（4）使用劳务派遣用工方式。

（5）使用借调方式用工。

第二节　劳动、劳务、雇佣、承揽的区别标准

裁判观点

1. 劳动关系与劳务关系、雇佣关系、承揽关系的核心区别在于“从属性”。不论用工方式以何种新形态、借助何种新技术形态出现，只要具备“从属性”特征，就应当认定为劳动关系。

2. 劳动关系适用《劳动法》《劳动合同法》等劳动法律法规及政策，在没有明确规定的情况下一般适用民法中的规则。劳务关系、承揽关系属于民事法律关系，适用民法规则。

深度解析

一、四种关系用语的种属关系

审判实践中普遍认为劳动关系与劳务关系、雇佣关系、承揽关系存在显著区别，一般也不会将劳动关系与其余三者在用语表述上混淆，容易出现混淆使用的集中在后三者身上，故以下对后三者的用语种属关系进行区分辨析。

2004 年 5 月 1 日实施的《最高人民法院关于审理人身损害赔偿案件适用法律若干问题的解释》（以下简称《人身损害司法解释》）第 9 条[①]规定了雇员加害责任制度，其将“从事雇佣活动”定义为“从事雇主授权或者指示范围内的生产经营活动或者其他劳务活动”。由此可知，司法解释将雇佣与劳务作同义使用。2010 年 7 月 1 日实施的《侵权责任法》第 35 条规定了“个人之间形成劳务关系”的问题，相对于只在司法解释层面出现的“雇佣”用语而言，“劳务关系”的用语显然取得了比“雇佣关系”更为正式和更高位阶的地位。2010 年 9 月 14 日实施的《最高人民法院关于审理劳动争议案件适用法律若干问题的解释（三）》（以下简称《劳动争议司法解释三》）第 7 条规定，已经享受退休待遇再从事劳动的，应当认定为劳务关系。这表明上述司法解释对雇佣关系和劳务关系的表述已经根据《侵权责任法》的立法用语进行了规范。2013 年 3 月出版的由最高人民法院民一庭编著的《最高人民法院劳动争议司法解释（四）理解与适用》中，最高人民法院在阐述外国人未办理就业许可证而形成的法律关系时，也表达了雇佣关系就是劳务关系的意见。[②] 由此可知，劳务关系与雇佣关系在实在法层面上为同义词。《新劳动争议解释一》第 32 条第 1 款再次明确规定：“用人单位与其招用的已经依法享受养老保险待遇或者领取退休金的人员发生用工争议而提起诉讼的，人民法院应当按劳务关系处理。”

《人身损害司法解释》第 9 条规定“雇佣”的同时，在第 10 条规定了承揽加害责任，足见雇佣和承揽在司法解释的用语方面区别明显。而且，《合同法》专辟一章“承揽合同”，使得“承揽”成为正式的立法名词，承揽合同也成为有名合同的一种。《民法典》也将“承揽合同”列为典型合同予以规定。由此

① 该司法解释已经根据《民法典》的规定于 2020 年 12 月修改，第 9 条被删除。在《民法典》中没有出现“雇佣”的字样，只有“劳务”字样。

② 最高人民法院民事审判第一庭编著：《最高人民法院劳动争议司法解释（四）理解与适用》，人民法院出版社 2013 年版，第 284~286 页。

可知，不论是劳务还是雇佣，其在用语上与承揽是有根本区别的。

综上，站在司法裁判的实务立场上，根据立法及司法解释用语，上述四个用词可以规范为三个概念，即劳动关系、劳务关系、承揽关系，三者属于并列概念，劳务关系与雇佣关系是同义词。

二、劳动关系与劳务关系的区分

从历史源流上看，劳动关系与劳务关系就像是人和猿的关系一样，具有同一个祖先——雇佣，而罗马法中就有关于雇佣的规定。雇佣关系因工业革命的影响而逐渐发生分化，于是劳动关系独立出来，围绕劳动关系而产生劳动法部门，而这也被认为是社会法发展的里程碑。同时，依然有一部分传统的个人之间的雇佣关系依然保持着原始状态被认为仍然属于民法调整的范畴。法律血统的渊源决定了劳动关系与劳务关系具有较高的相似性。它们最核心的相似点是，雇员都要听从雇主的指令，雇员在人身上和财产上都对雇主具有一定的从属性。人们在讨论两者的区别时往往在论述时不自觉地将劳务关系和劳动关系相混淆，甚至基本等同——正是因为两者同根同源，造成在实践中极难区分。笔者认为可以从以下三个实质性标准方面对两者进行区分。

（一）主体资格

劳动关系对于劳动关系双方的主体资格均有限定，用人单位须为合法的用工主体，即企事业单位、社会团体、民办非企业单位、个体经济组织等组织体，自然人不能成为合法用工主体。劳动者应为16周岁以上且未享受退休待遇的自然人，而不能是组织体。而劳务关系对双方的主体资格没有上述限定，只需遵循民法关于民事主体权利能力、行为能力的规定即可。从主体资格角度看，不同主体之间形成上述法律关系的类型只有以下三种：（1）单位与自然人之间可以成立劳动关系或者劳务关系，或者承揽关系；（2）自然人与自然人之间可以成立劳务关系或者承揽关系；（3）单位与单位之间可以成立承揽关系（实践中有人认为单位之间也可以成立劳务关系，如建设工程领域的劳务分包。严格讲，这类所谓的劳务关系的实质是承揽，并非此处所言的“劳务关系”）。

（二）具有加入用人单位成为其一员的意思

订立合同时，如果双方的意思表示均为劳动者进入用人单位的组织体内，成为该单位的一员，一般应认定为劳动关系；如果没有该意思，用人单位只想临时使用劳动者的劳务，劳动者也仅是一事一议地提供劳务获取报酬，并非想加入该单位的组织体内，一般应认定为劳务关系。

（三）工作成果

劳动关系脱胎于大工业生产的时代，所以其体现出的产业性、分工性极强。劳动者的工作成果只构成用人单位业务或产品的某一方面或某一环节的组成部分（这正是分工的体现），而不是最终成果，其需要与其他劳动者共同配合协调才能完成最终成果。而劳务关系则不具备产业性、分工性特征，劳动者的工作成果具有独立性，不会内化为用人单位产业链上待协调完善的一环（就像半成品一样）。丹宁勋爵（Lord Denning）在 1952 年对一个案件的判词可以作为这个标准的脚注，供我们参考。他写道："当你见到一份服务的契约（笔者注：类似于我们讲的劳动合同）时，你很容易察觉到它的存在，但告诉我它的差异也许感到困难。一个船主、一个司机和一个报章的记者，都是在服务的契约（contract of service）下受雇；但一个领航员、一个计程车驾驶员和一个报章的投稿者，他们却在为人服务的契约（contract for service。笔者注：类似于我们讲的劳务合同）下获聘。因此，对于上述所有事例的描述中有一个显著特征，就是在服务的契约下，一个人是受雇于企业的一部分，而他的工作将整合成为企业的一部分。至于为人服务的契约，虽然也是为企业工作，但它并不整合于企业内，而只是一种附属（accessory）而已。"

上述参考标准未必能够周延地涵盖劳动关系与劳务关系的区别，仍需要结合目前司法解释已经规定为劳务关系的一些情形来总体把握。这些已经由相关司法解释明确为劳务关系的情形主要是：家庭或者个人与家政服务员的关系；个体工匠与学徒、帮工的关系；农村承包经营户与受雇人的关系；已经享受退休待遇再从事劳务的自然人，其与新单位之间为劳务关系。结合上述参考标准和司法解释已经明确规定为劳务关系的情形，可以比较有效地帮助我们区分劳动关系与劳务关系。

三、劳动关系、劳务关系与承揽关系的区别

劳动关系、劳务关系与承揽关系的区别相对明显，但依然存在实践中容易混淆的情况。笔者认为可以将以下实质性标准作为区分的参考。

（一）主体标准

承揽关系中的承揽人既可以是自然人，也可以是组织体。但在劳动关系和

劳务关系中，受雇一方一定是自然人，不可能是组织体。

（二）从属性标准

承揽关系中的定作人（雇主）不关心承揽人工作或劳务的过程，只关心工作或劳务的结果。虽然定作人（雇主）也会提出一些要求和指令（但这更像是一些建议，而且着眼点是为了确保工作成果符合定作人心意，并非要控制承揽人工作过程），但承揽人依然可以自主决定工作的方式方法，即使承揽人不听从定作人的指示也并不违反法律规定。但是，劳动关系和劳务关系中特别强调劳动者对雇主的服从，雇主控制劳动者劳动或者提供劳务的过程，这一点是核心区别。但是这种控制并不必然表现为雇主时刻监督劳动者工作，而是雇主通过规章制度、工作指标、报酬发放、职位升迁等多种奖励或者惩戒手段来促使劳动者遵守雇主对劳动或者提供劳务过程的指令。

（三）报酬发放

承揽关系中，承揽人领取报酬的方式要么是一次性领取，要么是按照工作进度领取，或者是按照劳务数量领取（这一点与劳动关系中的计件工资很相似，但通过运用从属性标准即可以将其区分开来），其报酬标准往往是按照市场价格一事一议。劳动关系和劳务关系中，劳动者报酬一般都是有规律的定期领取，正常情况下数额变动不大。

（四）生产资料提供

承揽关系中，用于工作的生产资料一般由承揽人自备，即承揽人自带工具。劳动关系和劳务关系中，一般由雇主提供生产资料。

（五）继续性标准

承揽关系一般是即时性的、一事一议的，即生意要一单一单地做。劳动合同、劳务合同则属于继续性合同，其履行往往呈现长期性、稳定性特征（劳动合同表现得比较典型，但劳务合同表现得相对较弱，甚至于在这一点上劳务合同与承揽合同更相似一些）。但是，劳动合同类型中也有以完成一定工作成果为期限的劳动合同，这类关系与承揽关系的“一事一议”具有类似性，运用从属性标准同样可以将两者区分开来。

（六）替代性标准

承揽关系中承揽人在有约定的情况下可以将主要工作交由第三人完成，但在劳动关系和劳务关系中一定要由劳动者亲自履行合同义务。

综上所述，实践中合理界定劳动关系、劳务关系、雇佣关系、承揽关系这四者的区别与联系有时候是非常困难的，原因在于某个复杂的社会关系往往交织着四者不同的特征，就像混血儿一样，我们有时候无法准确地说出混血儿到底遗传父亲多一些，还是遗传母亲多一些。本文前述的各种参考标准也仅是反映了四者某些方面的特征，未必全面，对个案进行具体判断时需要综合各种标准。而且，这些参考标准的提出也都是属于采用“逆向”方法进行的提炼，即先假定性质结论而后据此对某些比较典型的差异进行放大式、提纯式的剖析，这种“事后诸葛亮”式的逆向方法在客观上往往会降低区分的难度。但是，在司法实践中往往需要用“正向”方法来面对和区分这四者，即我们事先并不知道诉争的法律关系为何种性质，需要借助一些标准和考察因素来判断这种法律关系更符合哪种定型化的法律关系特征，从而认定诉争关系的性质。在“正向”需求和“逆向”方法之间就会产生上述区分标准不能满足实践需要的困难。作为法官而言，当出现确实无法明确判断法律关系性质的难题时，不妨放弃“正向”思维，从结果公平的裁判角度来确定具体法律关系性质的选择。

裁审要点

1. 注意审查法律关系主体的类型和性质，根据不同的排列组合将其列入可能的法律关系类型。劳动关系：单位—自然人；劳务关系：单位、自然人—自然人；承揽关系：单位、自然人—单位、自然人。

2. 注意审查用人单位对劳动者进行管理的力度和方式。管理力度强、管理劳动全过程及劳动结果的，劳动关系可能性最大；管理力度弱或无，侧重管理劳动结果的，劳务关系可能性大；劳务关系与雇佣关系为同义词，实践中不需要进行区分；不对劳动者劳动过程进行管理，只注重劳动成果特别是有形成果是否符合要求的，承揽关系可能性大。

3. 注意审查劳动者与用人单位在形成“用工关系”时的约定，判断双方形成法律关系时的意思表示与合意。

实操指引

1. 用人单位欲与劳动者建立劳动关系的，应当规范招聘用人程序，签订书面劳动合同，要求劳动者学习和签署用人单位规章制度，依法缴纳社会保险费等。

2. 用人单位欲采用劳务方式用工的，应当建立以劳务成果管理为核心的管理模式，以成果为劳务费用支付标准，减少或者杜绝对劳动者劳动过程的干预和管理。

3. 双方可以通过协议方式明确双方建立法律关系的具体性质，体现出真实意思表示。同时，在具体履行过程中要体现出协议确定的法律关系的具体特征。

第三节 特殊人员劳动关系的确认

裁判观点

1. 实际施工人从建筑、矿山企业违法分包后招用的劳动者主张其与建筑、矿山企业存在劳动关系的，不予支持。

2. 在校学生到用人单位进行实习工作，其与用人单位之间是否成立劳动关系，应当区别情况进行认定。为完成学业要求而实习的，不成立劳动关系或者劳务关系；勤工俭学的，成立劳务关系；大学毕业前以就业为目的到用人单位实习的，可以认定成立劳动关系。

3. 主动型“两不找”，不论劳动者是否重新就业，均宜认定双方已经通过行为表示终止或者解除劳动关系。被动型“两不找”，劳动者没有再就业的，不宜认定双方劳动关系已经终止或者解除；劳动者再就业的，宜认定为双重劳动关系。

4. 出租汽车公司直接雇用司机从事运营的，双方存在劳动关系；司机自购车辆挂靠出租汽车公司从事运营的，双方不成立劳动关系；挂靠出租汽车公司进行营运的司机又雇用司机营运的，后手司机与出租汽车公司不成立劳动关系。

5. 股东与用人单位之间系投资关系，双方不成立劳动关系。在用人单位实施股权激励或者职工持股计划时，被激励的职工与用人单位依然是劳动关系。股东作为董事、独立董事不与用人单位成立劳动关系，职工董事与用人单位成立劳动关系。高级管理人员与用人单位成立劳动关系。

6. 已经享受了养老保险待遇或者领取退休金的人员与用人单位发生用工关系的，双方成立劳务关系而非劳动关系。其中，享受养老保险待遇宜狭义理解为享受城镇职工基本养老保险待遇。已经达到法定退休年龄，但是尚未享受养老保险待遇或者领取退休金的人员，与用人单位发生用工关系的，双方成立劳动关系。

7. 村委会、居委会雇用劳动者劳动，双方形成从属性关系的，可以认定双方建立劳动关系。业主委员会雇用劳动者劳动，双方不能建立劳动关系，可能建立劳务关系。

深度解析

一、实际施工人从建筑、矿山企业违法分包后招用劳动者的劳动关系认定

建筑施工、矿山企业将工程或经营权发包给不具备用工主体资格的实际施工人（包括组织或自然人），实际施工人招用的劳动者与建筑施工或矿山企业是否成立劳动关系，实践中颇有争议。

劳动仲裁部门一般倾向于认定劳动关系，依据是原劳动和社会保障部《关于确立劳动关系有关事项的通知》（劳社部发〔2005〕12 号）第 4 条规定："建筑施工、矿山企业等用人单位工程（业务）或经营权发包给不具备用工主体资格的组织或自然人，对该组织或自然人招用的劳动者，由具备用工主体资格的发包方承担用工主体责任。"劳动仲裁部门一般认为，上述通知中规定的"用工主体责任"就是以劳动关系成立为前提的。实践中也有部分法官认同此种观点，但大多数法官认为不应认定为劳动关系。笔者赞同后者观点，主要理由如下：

第一，最高人民法院出台的司法政策性文件明确规定不应认定为劳动关系。根据最高人民法院 2011 年作出的相关会议纪要规定，发包人将工程发包给承包人，承包人又转包或者分包给实际施工人，实际施工人招用的劳动者请求确认与发包人之间存在劳动关系的，不予支持。

第二，从劳动关系构成要素分析，劳动者被实际施工人雇用，工资由实际施工人发放，其遵从实际施工人的劳动指令和纪律，劳动成果向实际施工人交付，实际施工人从组织和经济的核心要素上均对劳动者实施了实质控制。而作为发包单位的建筑施工、矿山企业几乎不认识也并未招聘这些由实际施工人雇用的劳动者，这些劳动者没有加入发包单位成为其成员进行劳动的意思。

第三，发包单位向实际施工人违法分包，双方应当承担因违法分包而产生的法律责任，而这种责任并不包含将实际施工人雇用的劳动者视为发包单位员工的内容。实际施工人不具备用工主体资格，应当承担违法用工的责任。不能以此为由突破劳动合同相对性和劳动关系实质特征，认定发包企业与包工头雇用的劳动者之间有劳动关系。

第四，主张成立劳动关系的观点的重要原因在于，实践中劳动者在工作中一旦出现伤亡，如果不认定其与发包企业有劳动关系则难以保障劳动者工伤待遇的权利。这种观点的实质是将“用工主体责任”等同于劳动关系中用人单位的责任。由发包企业承担工伤保险责任，不意味着双方必然成立劳动关系。“用工主体责任”性质属于替代性责任，即由发包单位代替实际施工人向劳动者承担给付工伤保险待遇的责任后，再向实际施工人进行追偿。换句话说，发包单位在此情形下承担工伤保险责任的基础不是劳动关系而是替代性责任，这一点在人力资源与社会保障部《关于执行〈工伤保险条例〉若干问题的意见》第7条①中已有体现。反之，一旦认定发包单位与实际施工人雇用的劳动者有劳动关系，则劳动者就可以向发包单位主张劳动法上的一切权利，这对发包单位极不公正，也与建筑施工、矿山企业的生产实际不相符合。

二、在用人单位进行实习工作的在校学生与该单位劳动关系的认定

对于在校学生到用人单位实习过程中是否与该单位成立劳动关系的问题，应当区分不同情况予以认定。

1. 在校学生为完成学业要求而到用人单位进行实习。这种实习工作性质属于社会实践，是学校教学计划中的一部分，本质上仍然是一种学习行为。在校学生实习期间，有可能获得实习单位发放的部分补贴，但更多的情况是学生本人或者学校需要向实习单位缴纳实习费用。故在此类实习过程中，在校学生与实习单位不存在劳动关系或者劳务关系。

2. 在校学生勤工俭学。1995年原劳动部《关于贯彻执行〈中华人民共和国劳动法〉若干问题的意见》（劳部发〔1995〕309号）第12条规定：“在校生利用业余时间勤工助学，不视为就业，未建立劳动关系，可以不签订劳动合同。”勤工俭学的主要目的是贴补学费，而并非以此作为生活的主要来源，其获得的收入并非劳动给付的对价，并不受劳动基准法的调整。在校学生勤工俭学期间，并未从组织上融入所在单位成为其成员，用人单位也无将其作为正式员工的意思。两者之间的关系应当定性为劳务关系，而非劳动关系。

3. 大学生毕业前在已经签署三方协议的情况下在用人单位实习工作。实践中对于此种情形下是否认定劳动关系存有争议。第一种意见认为，大学生已经

---

① 该意见第7条规定：“具备用工主体资格的承包单位违反法律、法规规定，将承包业务转包、分包给不具备用工主体资格的组织或者自然人，该组织或者自然人招用的劳动者从事承包业务时因工伤亡的，由该具备用工主体资格的承包单位承担用人单位依法应承担的工伤保险责任。”

签署三方协议，这意味着其毕业后会到该单位正式工作。其毕业前在该单位的工作行为，是一种准备行为。而且，相当多的情况是，用人单位此时也会将其视为单位的一员而给予工作任务。所以，应当认定双方成立劳动关系。第二种意见认为，三方协议的性质不是劳动合同而是民事合同，大学生即使签订了三方协议，其身份依然是具有学籍的在校学生，无法成为适格的劳动者。而且，大学生在未领到派遣证正式毕业前，用人单位无法办理用工手续，亦无法为其办理开立社保账户、缴纳社保费用等一系列手续。大学生在组织上、经济上均不能满足劳动关系从属性的要求。故，双方不构成劳动关系。

笔者倾向于第一种观点。主要理由有三点：第一，即将毕业的大学生一般已经年满 18 周岁。即使不满 18 周岁的，也都在 16 周岁以上，并具有以自己的劳动收入为主要生活来源的能力，具备完全民事行为能力。从年龄上看，毕业前的大学生具备了成为劳动者的行为能力。第二，用人单位主观上具有把即将毕业的大学生招聘为本单位成员进行劳动的意思表示，劳动者本人以就业为目的，主观上具有成为用人单位成员的意愿，双方意思表示一致。即将毕业的大学生在用人单位的管理和监督下提供劳动，从用人单位处获取作为劳动对价的工资报酬，双方已经具备了组织上、经济上的从属性特征。第三，即将毕业的大学生虽然仍有学籍，用人单位无法为其办理用工手续、社保手续，但是用工手续系劳动行政部门进行行政管理的范畴，缺少用工手续不影响劳动关系的成立。社保关系为劳动关系中的衍生要素而非本质要素，尚未办理社保手续亦不影响劳动关系的成立。此外，最高人民法院亦表达了同样观点。《最高人民法院公报》2010 年第 6 期（总第 164 期）刊登了“郭某诉益丰大药房劳动争议上诉案”，该案的裁判摘要为“即将毕业的大专院校在校学生以就业为目的与用人单位签订劳动合同，且接受用人单位管理，按合同约定付出劳动；用人单位在明知求职者系在校学生的情况下，仍与之订立劳动合同并向其发放劳动报酬的，该劳动合同合法有效，应当认定双方之间形成劳动合同关系”。

上述情形下，大学生起诉要求用人单位承担社保责任，应当如何处理？笔者认为，双方虽然可以成立劳动关系，但是由于社保关系是劳动关系的衍生要素，且社保经办机构无法为尚未毕业的大学生办理社保手续，故用人单位不承担为尚未毕业大学生的劳动者开立并缴纳社会保险费的义务。如果在实际用工至大学生正式毕业前的期间发生工伤事故、非因工负伤或者患病而支出医药费等情况的，用人单位应当按照《社会保险法》《工伤保险条例》或者《城镇职工基本医疗保险条例》等法律法规的规定，承担用人单位应当承担的责任以及本应由社保基金支付的项目。

三、长期“两不找”人员劳动关系的认定

所谓长期“两不找”，是指劳动者在未办理任何解除或终止劳动关系手续的情况下离开用人单位，不再为用人单位提供劳动，用人单位对此也未明确表示禁止，且在劳动者离开用人单位期间也不与劳动者联系要求其回来工作的一种现象。这种情况是一种历史性现象，在二十世纪八九十年代及二十一世纪初的国有企业、集体企业及一部分事业单位中广泛存在。劳动者壮年时离开用人单位，若干年后又找到单位要求补发劳动者离开用人单位期间的工资福利、社保费用等，甚至要求恢复工作岗位。用人单位一般会抗辩称劳动者离开多年，双方已经不存在劳动关系，不同意补发上述费用和恢复工作。

司法实践中对于长期“两不找”人员劳动关系的确认问题，观点并不统一。一种观点认为，两者之间的劳动关系处于中止状态，并没有当然解除或者终止。在此期间，用人单位与劳动者虽然仍存在劳动关系，但是对劳动者不负劳动法上的义务，不需要支付工资福利，也不需要缴纳社会保险费。是否能够认定劳动关系解除或者终止，需要具体考察是否符合法定的解除和终止情形。另一种观点认为，劳动者离开用人单位后并未向用人单位提供劳动，组织上、人身上脱离了与用人单位的从属关系，经济上也不依赖用人单位，双方之间的关系不符合劳动关系的核心特点，故不应该认定双方还存在劳动关系。

笔者认为该问题应当区分不同情况进行认定：

第一，劳动者被动离开用人单位的。这种情况主要指因为企业经营不景气，劳动者被迫离开单位寻求其他雇主的雇用而谋生，原单位对此也予以认可。例如，企业停薪留职人员、下岗待岗人员、企业经营性停产放长假人员等。这类人员与用人单位的劳动关系并未解除或者终止，应当认定双方依然存在劳动关系。《劳动争议司法解释三》第8条规定的双重劳动关系，也从另一侧面印证了双方劳动关系继续存在的结论。在劳动者离开用人单位期间，由于其未向用人单位提供劳动，所以用人单位不负担支付工资福利待遇的义务，但单位应当负担继续缴纳社会保险费的义务。

第二，劳动者主动离开用人单位的。这类劳动者往往不打招呼就离开用人单位，或曰“另谋高就”，或曰“下海”。多年后往往因为境况不如意，加之《劳动合同法》对用人单位单方解除劳动合同限制较严，促使劳动者又找回单位这棵尚可依靠的“大树”主张各种权利。对于此类劳动者，应当认定其与用人

单位之间对劳动关系已经解除或者终止。虽然很多用人单位并未依照《劳动合同法》要求的程序履行严格的解除或者终止合同的告知义务，但应当历史地看待这个问题，不能以目前法治状态下之严格程序来要求当时情景下用人单位的劳动用工管理水平。双方之间已经不存在劳动关系的实质性特征，故再无认定劳动关系存在的理由。至于有的用人单位尚未将劳动者的档案转出等情况，则应当认定为劳动关系解除或者终止后的附随义务尚未履行完毕，而不能仅仅以此为由认为劳动关系依然存续。况且，办理退工退档手续需要劳动关系双方共同完成，很难说退工退档未完成可以单方归责于单位。

这里需要重点讨论一个所谓的制度——劳动关系中止。实务中有人主张，劳资关系出现以“两不找”为典型代表的情况时，劳动者不向用人单位提供劳动，用人单位也不向劳动者发放任何费用和缴纳社保费，但是双方又均未以书面或者口头的形式表达解除或者终止劳动关系的意思表示。此时，不能认定双方劳动关系解除或者终止，应当认定“劳动关系中止”，即双方仍然存在劳动关系，但是基于劳动关系的一切权利义务均中止履行。笔者认为，这种观点是一种在无法明确认定双方能够（或者说可以）以行为方式解除劳动关系时的折中做法。一方面，没有认定劳动关系解除或者终止，给这些当年不辞而别且一直杳无音信的劳动者一种“兜底的保障”；另一方面，免除了用人单位在“劳动关系中止”期间所负有的一切劳动法义务，从而减少了用人成本和负担。但是，笔者认为这种观点有其致命缺点，那就是我国现行劳动法律体系中没有规定“劳动关系中止”，学理上也没有这方面的理论基础。在此基础上，创设一个既无实在法规定也无自然法认可的概念，是不妥的。

四、出租汽车司机的劳动关系认定

（一）出租汽车公司雇用司机从事出租汽车运营的情形

出租汽车公司提供汽车，雇用司机从事出租汽车运营，司机接受出租汽车公司的调度、管理和监督，并从出租汽车公司处按月领取工资报酬。此种情况下，应当认定双方存在劳动关系。

（二）司机自购车辆挂靠出租汽车公司运营的情形

实践中对此种情形下两者是否存在劳动关系争议最大。司机挂靠的根本原因在于我国实行出租汽车特许经营制度，自然人想从事出租汽车司机工作要么被出租汽车公司招用为职工，要么挂靠出租汽车公司。[1] 在挂靠经营中，出租汽车公司实质是将自己的资质有偿提供给挂靠人使用，司机以出租汽车公司名义对外经营，并每月向出租汽车公司缴纳挂靠费用（俗称“份子钱”），剩余收入均归司机所有。司机虽然名义上要服从出租汽车公司的管理，但工作时间、经营线路等均由司机自行决定。各种营运费用（保险、车辆维修）等也均由司机自行承担。即使有的公司形式上为司机缴纳社保费用，但这部分费用也均被摊入“份子钱”的内容。此外，出租汽车司机可以将自己的车辆和运营资格随意转售他人，出租汽车公司并不干预。综上，在该种情形下，出租汽车公司只对挂靠司机存在形式上的从属关系，而这种从属性的表现更多的是为了满足行政管理的需要，而非双方真实意思表示，亦非从财产到人身的形成实质意义上的从属关系，所以不能认定双方存在劳动关系。

（三）挂靠经营者雇用的司机与出租汽车公司的关系

由于雇用司机的是挂靠经营者而非出租汽车公司，出租汽车公司并未对司机的人身和财产以及工作内容形成实质性控制。所以，两者不构成劳动关系。但是，2007 年 12 月 3 日最高人民法院行政审判庭《关于车辆挂靠其他单位经营车辆实际所有人聘用的司机工作中伤亡能否认定为工伤问题的答复》中规定：“……个人购买的车辆挂靠其他单位且以挂靠单位的名义对外经营的，其聘用的司机与挂靠单位之间形成了事实劳动关系，在车辆运营中伤亡的，应当适用《劳动法》和《工伤保险条例》的有关规定认定是否构成工伤。”笔者认为，此条款拟制了一个劳动关系，其所欲达到的效果是防止受伤司机无人问津而导致权益无法得到保护的情况。但在民事司法实践中，很多法院的民事法官并不采纳该文件的观点，这也从一个侧面反映出行政审判与民事审判从理念到观点的差异。最终解决该问题，还是要全面重构挂靠行为的法律制度。

五、股东和董事、经理等高级管理人员的劳动关系认定

（一）股东

1. 一般情形

股东属于出资人，是生产资料的拥有者，其收入来源为企业利润的分红而非工资报酬。即使股东在本单位实际工作，也属于“自己为自己打工”，其工作目的并非获取工资，而是行使对本企业的经营管理权。故，股东与用人单位之间

---

① 据笔者了解，部分地区仍然存在极少量的自然人拥有出租汽车经营牌照的情形。

不能构成劳动关系。另外需要注意的是，判断股东身份是公司法中一个比较复杂的问题，劳动法本身并不判断投资人是否具有股东身份。劳动法关心自然人与公司之间是否有投资或者股权关系的目的在于判断该自然人与公司是否成立劳动关系。故，在司法实务中，只要自然人对公司之间形成投资关系，不论其是否具备股东身份，均宜认定双方存在“股权关系”，从而排除劳动关系。例如，某甲通过协议方式由某乙代持公司股份，在股东名册及工商登记资料上亦未记载某甲为股东，某甲属于隐名股东。从公司法角度而言，在未修改公司名册、工商登记资料，也未经法院判决确认的情况下，某甲尚不属于公司股东，但是这不能否定其与公司之间的投资关系，故某甲与该公司之间不成立劳动关系。

2. 股票期权激励与职工持股情形下劳动关系的认定

股票期权激励是指为了激励特定劳动者（主要是高级管理人员、高级技术人员等）更好地工作，公司授予其一定数量的股票期权，特定劳动者具有在未来以签订合同时约定的价格购买一定数量的公司普通股的选择权，特定劳动者有权在一定时期后出售这些股票，获得股票市价和行权价之间的差价，但在合同期内，期权不可转让，也不能得到股息。职工股是劳动者以个人合法财产，向自己所在的公司投资形成的股份。公司设立职工股的目的，一是筹集资金，二是把职工的利益与公司的经营效益联系起来，调动职工的生产积极性。不论是股票期权激励还是职工持股，都会出现持股人具有股东和劳动者双重身份的问题。此时，应当如何认定持股人与公司之间的法律关系呢？笔者认为，应当将双方的法律关系认定为劳动关系。主要理由如下：

第一，股票期权激励情形下，特定劳动者是否选择购买公司股票尚不确定，只有在公司经营状况良好的情况下才有可能“行权”（即按照其与公司约定的价格购买公司股票）。故获得股票期权并不意味着必然成为公司股东。特定劳动者获得公司股票后，一般仍然无法成为公司决策层成员，公司实行股票期权的目的是让特定劳动者通过行权获得股票行权价与市场价的差价，从而产生激励作用，并非为了让特定劳动者成为“资方”。职工持股也是同样的道理。

第二，特定劳动者行权后或者职工持股后，并不改变这些人与用人单位之间的从属性关系，对于行权后获得的差价利益或者抛售职工股获得的差价利益，在很多人看来属于劳动报酬或者福利范畴。不论这种差价利益属于何种性质，但它们建立在双方有劳动关系基础上是不争的事实。

（二）董事

董事会属于股东大会的执行机构，也是公司的经营决策机构，董事绝大多数都是股东，故董事不属于劳动者范畴。需要注意的是，董事会中的职工董事与公司形成劳动关系，但独立董事与公司则不构成劳动关系。

（三）高级管理人员

高级管理人员是一个内涵和外延均不是特别清楚的概念。一般观念上认为经理、副经理、财务负责人等核心部门负责人可以归入高级管理人员的范畴，但是实务中也争议颇多。参考德国、意大利、美国等国的法律，对于高级管理人员的概念和范围也是模糊和不一致的。此外，各国对于高级管理人员是否属于雇员，观点并不一致。在认可高级管理人员属于雇员的国家中，也认为调整高级管理人员权利义务的规范与普通劳动者应有区别。我国《劳动法》《劳动合同法》等法律对劳动者并未区分层次，上述人员针对公司具有较强的议价能力和取证能力，所以在适用《劳动合同法》时往往体现出对其保护水平过高的情况。实践中，裁判机关面对此种情况，处于平衡不同层次劳动者与用人单位之间的利益关系的朴素观念，往往会产生对此类人员是否属于劳动者的质疑。通过将上述人员归入“雇主”范畴，避免对其适用《劳动合同法》。

笔者认为，判断是否为高级管理人员主要看其是否具有为了雇主利益而拥有决定员工招录、升迁、降级、辞退的权力或者实质性的重大建议权力。如果有，那么可以认定为高级管理人员。高级管理人员虽然具有上述“生杀予夺”的大权，但这种权力最终还是源于股东会、董事会的授予，或者公司章程、规章制度的规定，或者这种体现为“权力”的行为乃是执行股东会、董事会的决议。高级管理人员依然要通过劳动获取工资，其人身和财产依然受到用人单位（资方）的实质性控制，所以应当认定这类人员与企业之间构成劳动关系。至于《劳动合同法》对其保护水平过高的问题，笔者认为这是我国劳动法律没有对劳动者进行分层保护的必然结果，根本解决之道是完善劳动立法，制定调整高级管理人员劳动关系的特殊规则，而非简单地否认高级管理人员与用人单位之间的劳动关系。在处理个案过程中，裁判机构可以通过严格适用程序法、严格适用举证规则、提高认证标准等方法来平衡高层劳动者与低层劳动者法律保护不平衡的问题。

（四）母公司派遣人员担任子公司领导职务

在关联公司尤其是母子公司情形下，实践中经常出现母公司派遣本单位工作人员到子公司担任董事长、总经理、高级管理人员等领导职务的情况。此类劳动者究竟与哪个公司建立劳动关系是司法实践中比较突出的难题。对此问题，应该区别情况分别认定，而不宜“一刀切”。①

1. 劳动者与子公司签订劳动合同、缴纳社保，子公司向劳动者发放劳动报酬的，这些客观事实可以反映出劳动者与子公司之间在主观上具有建立劳动关系的合意，尤其是如果母公司也与劳动者办理了解除或者终止劳动关系手续的更能印证此点。客观上劳动者接受子公司的管理，从子公司领取劳动报酬，在经济上与子公司系形成从属性关系，故可以认定双方存在劳动关系。更进一步，此种情况下，如果母公司没有与该劳动者解除或者终止劳动合同，或者母公司依然认可其与劳动者还有劳动关系，则劳动者与母公司、子公司可以形成双重劳动关系。

2. 劳动者在子公司工作并领取劳动报酬，其劳动合同签订单位、社保缴费单位均为母公司的，一方面，由于母公司与子公司系关联关系，两家公司可以根据生产经营需要调整工资发放主体，故工资发放关系不能作为判断劳动关系归属的决定性因素。另一方面，劳动者到子公司工作系母公司安排，劳动者与子公司之间缺乏建立劳动关系的合意，而且母公司并未与劳动者终止或者解除劳动关系，否则劳动合同应当重新签订，社保缴费单位也应当发生变化。故，在此情况下，应当认定劳动者与母公司有劳动关系，与子公司没有劳动关系。从一般理解上看，上述观点会受到争议。但是，从目前司法大数据查询看，上述观点是主流观点。② 当然，如果子公司与劳动者明确表示认可双方建立劳动关系，母公司也不否认其与劳动者有劳动关系的，则劳动者与母公司、子公司可以形成双重劳动关系。

六、退休人员再就业的劳动关系认定问题

（一）已经享受了养老保险待遇或者领取退休金的人员

《新劳动争议解释一》第32条第1款规定：“用人单位与其招用的已经依法享受养老保险待遇或者领取退休金的人员发生用工争议而提起诉讼的，人民法院应当按劳务关系处理。”据此，已经享受了养老保险待遇或者领取退休金的人员再就业的，其与用人单位形成劳务关系而非劳动关系。但是，这里的养老保险待遇系指何种类型，实践中屡有争议。目前，我国养老保险制度主要有城镇

---

① 《新劳动争议解释一》第46条规定了原用人单位安排劳动者到新用人单位工作且未支付经济补偿的，原用人单位工作年限应当合并计算到新用人单位工作年限中作为计算经济补偿的标准。该条文只针对关联单位情形下的经济补偿而言，并未绝对地将此也作为认定关联单位与劳动者劳动关系认定标准，也证实了此种情形下认定劳动关系的复杂性，不能做“一刀切”式的认定。

② 笔者输入“母公司派遣劳动者到子公司担任领导 劳动关系确认”查询词来查询阿尔法数据库，从2016年至2019年可以查到的各地中级人民法院、高级人民法院的案例看，均持此观点。

职工基本养老保险、城镇居民社会养老保险（以下简称城镇居保）、新型农村社会养老保险（以下简称新农保）三种类型。根据《最高人民法院劳动争议司法解释（三）的理解与适用》一书中对第7条制定的背景依据、条文理解以及审判实务所作的系统阐述可知，该条文中所谓的“养老保险待遇”是指城镇职工基本养老保险待遇，而非其他两种养老保险类型。换句话说，如果劳动者未参加城镇职工基本养老保险，而是参加了城镇居保或者新农保，且已经领取相应养老保险待遇又就业从事劳动的，这类劳动者与用人单位是否构成劳动关系尚无法律或司法解释明确规定。对此问题应当如何认定和处理，实践中争议颇多，后文将作详细剖析。

实践中有一类问题争议非常大，即已达到法定退休年龄但尚未享受养老保险待遇或者领取退休金的人员，与用人单位发生用工关系的，双方是否成立劳动关系。根据现有的裁判文书及审判指导类文件，有的地区法院认为，根据《劳动合同法实施条例》第21条“劳动者达到法定退休年龄的，劳动合同终止”的规定，已经达到法定退休年龄的劳动者与用人单位成立用工关系的，不能认定双方成立劳动关系。笔者认为，一方面，此种观点与《新劳动争议解释一》所持观点不一致。根据《新劳动争议解释一》第32条第1款的规定，判断退休人员与用人单位是否成立劳动关系的标志不是法定退休年龄，而是退休人员是否已经享受了养老保险待遇或者领取退休金。另一方面，此种观点将劳动合同与劳动关系画等号，认为劳动合同终止就代表了劳动关系终止，这种理解有偏颇之嫌。按照是否签订有书面劳动合同，劳动关系可以分为劳动合同关系和事实劳动关系两种，上一份劳动合同虽然终止，但是只要双方还保持或者新建用工状态，则双方可以成立事实劳动关系。

（二）已参加城镇职工基本养老保险，但尚未符合享受养老保险待遇条件的人员

导致这类人员未能享受养老保险待遇或者未能领取退休金的原因主要是社会保险缴费不满15年，或者虽然缴费年限已满15年但尚未办理退休手续。对于缴费不满15年的，劳动者可以选择继续按月缴纳直至满15年后办理退休手续从而享受基本养老保险待遇，或者选择不再继续缴纳而是一次性将养老保险个人账户中的余额取出，还可以选择依法进入城镇居保制度或者新农保制度中。选择继续按照城镇职工基本养老保险制度缴费的，劳动者如继续在用人单位工作，则应当认定双方劳动关系继续存续，如果劳动者仅仅是继续缴纳社保而不再继续工作的，不宜认定双方劳动关系存续。选择变更加入城镇居保或者新农

保的，自劳动者办理完毕一次性取出养老保险个人账户余额手续时，应当认定劳动者与原用人单位劳动关系终止，同时也不能再与新的用人单位形成劳动关系。对于未办理退休手续而导致尚未享受养老保险待遇或未能领取退休金的情形，如果劳动者继续在原用人单位工作的，在正式办理退休手续之前，应当认定双方劳动关系存续；如果劳动者离开原用人单位而与新用人单位形成用工事实的，由于劳动者已经具备了享受养老保险待遇的实体条件，仅因尚未办理退休手续而暂时无法享受养老保险待遇，故劳动者与新用人单位之间不宜认定为劳动关系。

（三）已经达到法定退休年龄，但从未参加过城镇职工基本养老保险的人员

1. 人员分类

此类人员还可细分为两大类：一是满足此条件的城镇居民，二是满足此条件的农村居民。对于后者还可以再进一步区分为两类：一是任何形式的社会保险均未参加，二是虽然没有参加城镇职工基本养老保险，但是参加了新农保的农村居民。上述人员与用人单位形成用工事实的，不宜认定双方必然成立劳务关系，不论这些人员是否已经依法领取了城镇居保待遇或者新农保待遇。

2. 已经领取新农保待遇的人员与用人单位之间关系的定性

城镇职工基本养老保险制度与新农保虽然都名为养老保险，但两者在实际运行过程中体现出性质差异，主要表现在：

（1）保障对象（参保范围）不同。城镇职工基本养老保险制度的目的是保障城镇职工年老或者丧失劳动能力后根据他们对社会所做的贡献和所具备的享受养老保险资格和退休条件，给予其相应的养老保险待遇。故，该制度针对的是城镇职工。新农保针对的是年满 16 周岁（不含在校学生）且未参加城镇职工基本养老保险的农村居民。年满 60 周岁未享受城镇职工基本养老保险待遇的农村有户籍的老年人，可以按月领取养老金。

（2）缴纳意志不同。城镇职工基本养老保险制度是法律规定强制缴纳的，用人单位与建立劳动关系的劳动者必须按照法律规定缴纳保险费。新农保则是自愿缴费，虽然有政策引导，但法律并不强制缴纳。

（3）缴纳社保费用的数额及待遇核算标准不同。在城镇职工基本养老保险制度中，用人单位与劳动者根据法定缴费基数和标准缴纳保险费。根据《社会保险法》第 10 条和第 11 条的规定，城镇职工的基本养老金由统筹养老金和个人账户养老金组成，基本养老金的金额根据个人累计缴费年限、缴费工资、当地职工平均工资、个人账户金额、城镇人口平均预期寿命等因素确定。而在新

农保制度中，每年缴费按照不同金额分为多个档次，农民则可以自由选择缴费档次，多交多得，但领取的养老金绝对数额一般较低。

（4）筹资结构不同。城镇职工基本养老保险的主要筹资方是用人单位，虽然劳动者也按一定比例缴纳保险费，但用人单位缴费比例占大部分。新农保的筹资渠道包括个人缴费、集体补助、地方政府对参保人的补贴三部分组成，未纳入社会统筹。筹资方主要是政府。

鉴于上述差别，因新农保在实际运行中没有纳入社会统筹的范围，并不构成真正意义上的基本养老保险（虽然《社会保险法》将新农保规定为基本养老保险的种类之一，但是该制度的实际运行与法律期待还是有巨大差异的）。无论是缴费数额还是保障标准均与城镇职工基本养老保险差异较大。新农保的待遇水平低，保障能力弱，这并非《新劳动争议解释一》第 32 条第 1 款所涵盖的范围。如果机械运用该条，将领取了新农保待遇的劳动者一概认定为领取了基本养老保险待遇的劳动者，统一按照劳务关系处理，将给农村进城务工人员带来不利影响，进而影响我国城镇化进程。此外，《新劳动争议解释一》与《劳动争议司法解释三》有一脉相承的关系，后者颁布实施时《社会保险法》尚未颁布实施，《劳动争议司法解释三》第 7 条所规定的“享受养老保险待遇”理当理解为“享受城镇职工基本养老保险待遇或领取退休金”，而不能做扩大解释。故，对于享受新农保待遇的劳动者与用人单位形成用工关系的，不应当直接按照《新劳动争议解释一》第 32 条第 1 款的规定当然地按照劳务关系处理，经审理如符合劳动关系成立条件的，则应当认定双方存在劳动关系。

3. 已经领取城镇居保待遇的人员与用人单位之间关系的定性

城镇居保与新农保类似，两者一般被称为城乡居民养老保险制度，均与城镇职工基本养老保险制度在运行过程中存在本质区别。故，对于已经享受城镇居保待遇的劳动者与用人单位之间是否成立劳动关系的判断，可以参照新农保的情形处理。

七、村委会、居委会、业主委员会雇用的人员是否与其成立劳动关系

《民法总则》颁布实施之前，由于《居民委员会组织法》第 2 条和《村民委员会组织法》第 2 条规定居委会、村委会属于居民、村民自我管理、自我教育、自我服务的基层群众性自治组织，故实践中一般认为居委会、村委会不属于劳动法意义上的用人单位，与居委会、村委会形成实际用工关系的劳动者与其不能构成劳动关系。《民法总则》施行后，由于该法第 101 条第 1 款规定：“居民委员会、村民委员会具有基层群众性自治组织法人资格，可以从事为履行

职能所需要的民事活动。”《民法典》第96条、第101条再次对此予以明确规定。因此，居委会、村委会已经被法律明确为特别法人，相应也就具有了劳动法意义上用人单位的主体资格，故居委会、村委会与其形成用工关系的劳动者之间应当认定为劳动关系。

业主委员会的主体资格问题多年来一直争论未定，《物权法》《物业管理条例》乃至《民法典》等法律法规并未明确业主委员会的法律地位。一般认为业主委员会是业主大会的执行机构，其不具备法人资格，也不属于企事业单位，其成立不需要进行社团登记，不属于法律规定的人民团体。加之由于业主大会也不具有民事主体资格，作为业主大会执行机构的业主委员会就更不会具有民事主体资格。综上，业主委员会不具备民事权利能力、民事行为能力和民事责任能力，不属于民事主体范畴，业主委员会聘用的人员与其无法成立劳动关系。从反方向看，如果认定双方成立劳动关系，则业主委员会自始无法完成为劳动者开立社会保险账户、缴纳社会保险费的义务，今后也无法补办，在实践中会造成很多难以克服的障碍。综上，业主委员会与劳动者不能成立劳动关系。

八、“互联网+”背景下代驾司机、网约车司机、外卖送餐员、网络主播等涉及互联网平台企业的劳动关系确认问题

近年来，随着“互联网+”新经济模式发展壮大，各种生产要素以信息技术为纽带，以互联网平台企业为中心进行了重新组合，涌现了诸如代驾司机、网约车司机、外卖送餐员、网络主播等诸多新兴职业，一些传统职业也借助互联网平台展现出新的职业形式。在此情形下，互联网平台企业与上述借助互联网平台提供劳动的劳动者之间是否形成劳动关系，便成为劳动法领域争议和关注的焦点。正确处理该问题，不能被纷繁复杂的互联网形式所迷惑，仍然要坚持从属性的劳动关系核心特征，结合上述新兴职业或新兴职业形式的具体表现要素来综合认定，以下举例说明。

以网约车司机为例，判断其与互联网平台企业不成立劳动关系可以考察以下要素：第一，网约车司机无须按时登录平台App记录上下班时间考勤，不会因此受到平台企业处罚；第二，网约车司机使用平台App接单不具有强制性，其可以选择或者拒绝平台App派送的订单，不会因此受到平台企业处罚，平台App只是起到信息中介的作用；第三，网约车司机同时可以使用其他企业的平台App接单，平台企业无权进行干预与处罚；第四，网约车司机与平台企业一事一议地按单结算劳务费；第五，网约车司机在主观意思上系兼职工作，其没

有加入该平台企业成为一员的意思表示，平台企业也无招聘该网约车司机进入其组织体内进行工作的意思表示；第六，网约车司机已与其他单位建立劳动关系，该单位与平台企业系合作关系；第七，平台企业虽然可以基于平台 App 记录和了解乘客对网约车司机的评价，但无法进行劳动法意义上的奖惩；第八，平台企业并不为网约车司机提供从事营运的机动车。

实践中，也有一些平台企业被法院认定与劳动者建立劳动关系，法院的判决理由就是紧紧围绕双方是否具有劳动关系从属性特征展开论述。例如，北京市第三中级人民法院审理的张某与乐快公司劳动争议案①中，张某通过乐快公司的 App 为客户提供厨师上门业务，张某要求法院确认其与乐快公司建立劳动关系，乐快公司应向其支付经济补偿金、工资差额等。在张某与乐快公司签订的《合作协议》中虽然约定："双方确认并强调，本协议系商务合作协议，无须接受甲方管理，双方不存在任何人身隶属关系，乙方为劳务成果承担相应的责任，乙方同意接受双方之间的法律关系不直接或间接构成劳动关系。"但是二审法院认为："劳动关系的建立固然要尊重双方当事人的意思自治，但不同于一般的民商事法律关系，劳动法律关系中当事人的意思自治要受到劳动法、劳动合同法等法律、法规及劳动行政部门颁布的规范性文件的严格限制，劳动关系认定与否是由强制性规范予以认定的范畴，不能仅凭当事人的书面约定就排除劳动关系，仍要结合双方的'合作'模式和劳动者的具体工作内容予以确定。根据查明的事实，乐快公司对张某进行指派、调度及奖惩等，按月发放张某较为固定的报酬，张某受乐快公司的劳动管理，在乐快公司安排的工作地点，代表乐快公司从事该公司安排的有报酬的劳动；双方符合有关法律法规规定的用人单位和劳动者的主体资格；乐快公司仅经营厨师类业务平台，张某主要提供厨师技能，综合以上因素考虑，应当认定双方具有较强的从属关系，而从属关系正是认定劳动关系的本质特征。"

裁审要点

一、实际施工人从建筑、矿山企业违法分包后招用劳动者的劳动关系认定

1. 注意审查招用和管理劳动者进行劳动的主体是建筑、矿山企业还是违法分包或转包的实际施工人。如果招用和管理的主体是实际施工人，建筑、矿山

① 北京市第三中级人民法院（2017）京 03 民终 11768 号民事案件。

企业并未与劳动者形成从属性的用工关系，则劳动者主张与建筑、矿山企业成立劳动关系的，不予支持；如果建筑、矿山企业参与招用劳动者，对劳动者的劳动进行管理，双方形成从属性用工关系的，可以认定双方成立劳动关系。

2. 注意审查招聘信息发布主体、招聘决定作出主体、实际对劳动者实施管理的主体、工资发放主体等事实，综合确定从属性关系。

3. 正确区分用工主体责任与劳动关系中用人单位责任的区别。

二、在用人单位进行实习工作的在校学生与该单位劳动关系的认定

1. 审查在校生到用人单位实习工作的目的及所从事工作的内容。

2. 将大学生区分为已经签订了三方协议的大学生和普通大学生两种类型。

3. 审查已经签订三方协议的大学生所工作的单位与三方协议所记载的单位是否相同。

4. 已经签订三方协议的大学生到三方协议记载的接收单位工作，其所工作的内容与三方协议的规定是否矛盾，是否与三方协议无关。易言之，是否属于工作的“准备行为”。接收单位是否对该大学生进行了实质性的管理。

三、长期“两不找”人员劳动关系的认定

1. 重点审查劳动者离开用人单位的具体原因、当时与此相关的手续以及当时用人单位对此问题的文件、会议记录等。

2. 审查用人单位是否还在为劳动者继续缴纳社保、发放生活费。如果社保、生活费等均已停缴停发，应继续审查人事档案是否已经依法转移。

3. 审查用人单位与劳动者是否签订过停薪留职协议或者放长假协议，如果签订过类似协议，则一般情况下应当尊重协议内容，在未出现法定情形时不得单独变更，同时可以参考《劳动合同法》第40条（过错性辞退）、第41条（经济性裁员）的规定，在出现特定情形时可以允许一方当事人（一般是用人单位）单方变更此类协议。

4. 审查目前劳动关系双方对于劳动关系状态的意见。

四、出租汽车司机的劳动关系认定

审查出租汽车公司与司机之间签订的劳动合同、考勤管理、工资发放、奖惩规定、出租汽车真实权属、司机营运资格转让是否受出租汽车公司实质性影响等因素，综合判断双方法律关系的性质。

五、股东和董事、经理等高级管理人员的劳动关系认定

1. 准确区分投资者（生产资料拥有者）与受到激励的劳动者：审查持股人员所持股份的来源、性质，审查工商登记资料、股东名册、出资协议等；审查自然人针对本用人单位所取得收入的主要来源，区分是投资收益占比多，还是工资报酬占比多；审查自然人日常工作内容，判断出公司决策由谁作出。

2. 区分董事的不同类型给予不同的认定。

3. 审查高级管理人员劳动合同的签订主体、工资发放主体、社保缴费单位，确定高级管理人员实际提供劳动的用人单位，以便应对签订劳动合同与实际用工不符的情况。

4. 公司之间具有较为紧密的关联关系时，如果劳动者被原公司安排到新公司工作的，应当注意审查劳动合同签订主体和社保缴费主体，工资发放事实因为关联关系的存在而不宜作为此种情形下认定劳动关系的核心标准，向新公司提供劳动的事实也因为系原公司安排所致而不宜认为是认定劳动关系的唯一关键因素。

六、退休人员再就业的劳动关系认定

1. 审查退休人员是否已经享受城镇职工基本养老保险待遇或者领取事业单位退休金。

2. 审查已经享受了城镇职工基本养老保险待遇或者领取事业单位退休金的退休人员与用人单位之间是否继续保持或者新建用工关系，双方形成人身、财产上的从属性关系。如果答案肯定，则应当认定双方成立劳务关系；如果答案否定，则双方不成立劳动关系，双方仍可能存在劳务关系。

七、村委会、居委会、业主委员会雇用的人员是否与其成立劳动关系

1. 审核村委会、居委会是否与劳动者形成人身上、财产上的从属性关系，从而判断双方成立劳动关系还是劳务关系。

2. 业主委员会雇用劳动者进行劳动的，不论劳动形态如何，自始不能成立劳动关系。

八、“互联网+”背景下劳动者与平台企业劳动关系认定问题

1. 审查与劳动者签订劳动合同的单位是互联网平台企业还是其合作单位，审查劳动者社保关系单位。

2. 了解劳动者收入构成、发放办法，了解互联网平台企业对劳动者有无直接的、基于行政管理性质的奖惩情况（包括扣减收入、暂停接单资格等），了解劳动者有无接单、拒单自由。

3. 注意审查劳动者提供劳动的时间、方式，其是否有自行安排工作的自由等。

4. 劳动者是否存在同时接受几家互联网平台企业的订单的情形。

实操指引

一、建筑、施工企业分包用工

1. 建筑、矿山企业在分包时应当依法进行，在法律允许分包的领域选择有用工主体资格的分包单位，签订合法分包合同。杜绝对分包单位的用工情况进行管理或者下达指令，着眼于工作成果的验收。务必建立健全并严格落实工作场所的安全生产制度，防止重大安全生产责任事故发生。

2. 实际施工人招用劳动者进行劳动的，应当为劳动者缴纳工伤保险或者人身意外保险，分散用工风险。

二、聘用在校生用工

1. 以完成学业为目的的实习，接收单位应当作出以下工作以便规避用工风险：

（1）和学校签订实习协议，学校提交教学计划，由学校统一派遣学生实习，要求学校派带队老师统一管理，或者要求学生出具学校开具的实习介绍信，以此为据接收学生实习。

（2）接收单位安排的实习内容应当与教学计划相符。

（3）生产类接收单位大规模、统一接收在校生实习的，尤其应当要求学校出具为实习学生购买人身意外保险的证明。

2. 在校生勤工俭学的，接收单位应当要求学生提供学生证，与学生签订勤工俭学协议，明确用工性质和劳务报酬。工作岗位工伤风险较大的，可以考虑要求学生自行购买或者由接收单位为学生购买人身意外保险。

3. 即将毕业大学生到接收单位工作的，接收单位应当作出以下工作以便规避用工风险：

（1）如果已经签订三方协议的，接收单位意欲排除劳动关系的，应当与大学生签订实习协议，明确双方用工性质及劳务报酬；接收单位意欲固定劳动关系的，可以签订劳动合同，并按照劳动关系的特点对大学生进行管理。

（2）如果没有签订三方协议的，操作建议可以参考勤工俭学。

三、长期“两不找”用工

1. 用人单位在处理主动型“两不找”人员时，应当按照以下步骤操作：

（1）清查是否与该劳动者签订过停薪留职协议或者放长假协议。如已经签署，需要核查本单位是否存在可以单方变更该协议的法定事由，否则即应当依约履行。

（2）如果未签署过上述协议，用人单位应当进一步核查其是否仍在为劳动者缴纳社保或者发放工资或者生活费。用人单位还在缴纳社保或者发放生活费的，可以停缴社保、停发工资或生活费。

（3）用人单位在核实清楚此类人员有效的联系方式、联系地址、联系人员后，向其发出返岗工作通知。只有在穷尽手段依然不能将返岗工作通知送达给劳动者的，方可选择登报公告的方式。

（4）劳动者收到返岗工作通知拒绝返岗或者无法取得联系而进行公告后，用人单位可以考虑向劳动者发出通知或公告，终止或者解除双方劳动合同。

（5）需要特别注意的是，如果用人单位有工会的，用人单位在停缴此类劳动者社保、工资或者生活费时，以及在解除或者终止劳动合同前，务必征得工会同意。

2. 杜绝主动型“两不找”人员出现的方法

（1）当出现劳动者不辞而别的时候，用人单位应首先向其发出返岗工作通知书，拒不返岗工作或者不答复的，在征得工会意见后，向其发出旷工解除劳动合同通知书。

（2）在劳动合同中约定或者在规章制度中规定，劳动者不请假、不打招呼而擅自脱离工作岗位满一定期限的行为属于擅自离岗，视为劳动者主动解除劳动合同。

3. 对于被动型“两不找”人员，用人单位欲终止或解除劳动合同的，应当采取协商一致的方式进行。

四、出租司机用工及与其类似形态用工

1. 出租汽车公司与司机建立劳动关系的，应当按照法律规定、劳动合同约定、用人单位规章制度规定等对司机进行管理。

2. 出租汽车公司对于挂靠司机问题，应当与其签订营运合同，其内容应当在实质上与劳动合同加以区别。同时，鉴于挂靠司机需要借助出租汽车公司取得营运资格，出租汽车公司为了满足其对外的对行政机关管理的要求，出租汽车公司会在某些方面对挂靠司机实施某种管理。在此情况下，应当在本单位规章制度中、挂靠合同中，以合作关系作为立足点，明确规定此类司机与出租汽车公司之间“管理”的性质、范围和内容。

五、股东、高管人员用工

1. 对于中小企业而言，股东本人往往也深度参与企业生产经营，甚至会从企业获得“劳动报酬”，股东与劳动者身份区分在劳动法上的意义主要在于促使企业规避工伤风险，尤其是刚刚通过投资进入企业的投资人在工作过程中的工伤风险。所以，有必要明确签订投资入股协议，固定其投资人（股东）身份。

2. 用人单位应当通过合法程序制定针对高级管理人员的规章制度，或者在规章制度中规定适用于高级管理人员的特殊条款，或者在与高级管理人员签订劳动合同时约定特殊待遇、特殊责任的条款。

六、聘用退休人员用工

1. 用人单位招用退休人员，意欲将其作为本单位的一分子进行劳动，并在将来的劳动过程中进行实质性管理的，应当注意以下事项：

（1）核实清楚退休人员是否已经享受基本养老保险待遇或者领取退休金的事实及原因，需要查看该人员退休证以及享受基本养老保险待遇或者领取退休金的凭据，否则有可能成立劳动关系。

（2）核实退休人员身体状况是否与岗位相称或者是否有健康方面的高危风险。

（3）注意提供适宜的劳动条件，防止出现因用人单位过错导致人身损害发生。

2. 用人单位招用尚未享受基本养老保险待遇或者领取退休金的退休人员，又不想建立劳动关系的，应当与该人员签订劳务合同，并在劳动者提供劳务过程中注重结果验收而非对劳动过程进行管理，尽量以结果作为核发报酬的依据（类似计件工作），在意思表示、工资发放、出勤要求等方面需要明显区别于一般正常劳动关系的员工。

3. 用人单位与退休人员建立劳动关系的，建议为其缴纳工伤保险或者人身意外保险。

七、村委会、居委会、业主委员会用工

1. 村委会、居委会、业主委员会均可以通过劳务派遣的方式进行用工，但是应注意工作岗位须为临时性、辅助性、可替代性，用工时长不宜超过6个月。

2. 村委会、居委会直接雇用劳动者劳动的，如不欲建立劳动关系，应当签订劳务合同，明确双方不具有建立劳动关系的意思表示。

第四节 双重劳动关系问题

裁判观点

1. 我国法律不禁止双重劳动关系。

2. 双重劳动关系可以分为主动型和被动型、聚合型和竞合型，彼此之间可以进行组合，对不同组合会给予不同裁判。

深度解析

一、双重劳动关系的判定

双重劳动关系一般是指一个劳动者在某一特定时期内与两个不同用人单位均有用工关系，均符合劳动关系的本质特征。正确认识双重劳动关系问题的重要实践价值在于依法保障以“兼职”用工、非全日制用工等灵活用工形式为代表的劳动者和以下岗再就业等国企改革为代表的劳动者的合法权利，也可以保护用人单位在劳动关系中享有的竞业限制、商业秘密保护、服务期等合法权利，还可以准确界定劳务派遣、借调等用工形式与劳动关系的区别。

传统劳动法理论一般认为一个劳动者在特定时间段内只能与一个用人单位建立劳动关系，但是在我国的立法和司法实践中早已突破了这一理论。《劳动合同法》第39条规定：“劳动者有下列情形之一的，用人单位可以解除劳动合同：……（四）劳动者同时与其他用人单位建立劳动关系，对完成本单位的工作任务造成严重影响，或者经用人单位提出，拒不改正的……”对此条款作相反解释，即为如果劳动者同时与其他用人单位建立劳动关系，对本单位的工

作任务没有造成严重影响，那么本单位不能依据本条款解除劳动合同。这就说明，法律没有禁止劳动者同时与其他用人单位建立劳动关系。《劳动合同法》第91条规定："用人单位招用与其他用人单位尚未解除或者终止劳动合同的劳动者，给其他用人单位造成损失的，应当承担连带赔偿责任。"该条款设定的事实前提就是存在双重劳动关系，而且，按照此条款的规定，如果没有给其他用人单位造成损失，则本用人单位招用尚未解除或者终止劳动合同的劳动者是没有任何法律责任的。进一步讲，本用人单位即使招用了此类劳动者，最多是向因此而受到损失的其他用人单位承担赔偿责任，法律也没有要求本用人单位不得招用。《劳动合同法》第五章规定了非全日制用工，在采取此类用工模式的情况下，劳动者当然可以在一定期间内与多家用人单位成立劳动关系。另外，《新劳动争议解释一》第32条第2款规定："企业停薪留职人员、未达到法定退休年龄的内退人员、下岗待岗人员以及企业经营性停产放长假人员，因与新的用人单位发生用工争议而提起诉讼的，人民法院应当按劳动关系处理。"上述劳动者的共同特征在于均未与原用人单位解除或者终止劳动关系，在此情况下，根据上述司法解释的规定，这类劳动者与新用人单位建立用工关系的，应当按照劳动关系处理。这同样是认可了双重劳动关系的存在。

二、双重劳动关系的类型

（一）主动型与被动型

按照劳动者建立双重劳动关系的主观意愿，可以将双重劳动关系分为主动型和被动型。劳动者主动追求与多家用人单位建立双重劳动关系的，属于主动型双重劳动关系，这类关系以兼职劳动、非全日制劳动等为代表。劳动者因为用人单位原因，为了生计不得已在与用人单位没有解除或者终止劳动关系的情况下与其他用人单位建立劳动关系，通过提供劳动来获得劳动报酬，这类属于被动型双重劳动关系，《新劳动争议解释一》第32条第2款规定的停薪留职人员、未达到法定退休年龄的内退人员、下岗待岗人员以及企业经营性停产放长假人员均属于此类。

（二）聚合型与竞合型

根据时间段是否同一以及劳动者能否同时提供劳动为标准，可以将双重劳动关系分为聚合型和竞合型。社会观念一般将一个自然日作为计算工作时间、劳动报酬的一般单位，在一个自然日不同时间段内与两个用人单位建立劳动关系，劳动者可以在不同时间段内向不同用人单位分别提供劳动的，属于聚合型双重劳动关系。例如，下班后利用休息时间兼职劳动；再如，非全日制用工。在一个时间段内，劳动者同时与两家用人单位建立劳动关系，劳动者客观上不可能“分身”分别向不同用人单位提供劳动的，属于竞合型双重劳动关系，如《劳动合同法》第39条第4项、第91条以及《新劳动争议解释一》第32条第2款规定的情形。

三、不同类型双重劳动关系问题的处理

（一）被动型+竞合型

被动型双重劳动关系一般都是竞合型的，劳动者主观上并不想建立双重劳动关系，而是因为生计原因，不得已与新用人单位成立劳动关系，以便通过提供劳动获得劳动报酬养家糊口，此类劳动者以中低层劳动者为主，经济条件一般较差。此种情况下，原用人单位一般不但不会追究劳动者建立双重劳动关系的责任，反而会认可、鼓励此种行为，而且这种情形也是国家通过各种政策予以鼓励的，它对于提高就业率、推进国有企业改革、稳定民生具有重要意义。劳动者与原用人单位之间的劳动关系并未解除或终止，原用人单位并不向劳动者发放工资①，一般还会继续为劳动者缴纳社会保险②。其他劳动法意义上的权利义务均处于中止状态。

（二）被动型+聚合型

此种情形在实践中不会出现，这是由被动型双重劳动关系产生的原因所决定的，前文已经作出详细阐述，此处不再赘述。

（三）主动型+聚合型

主动型双重劳动关系有可能是聚合型的，也有可能是竞合型的。在主动型+聚合型双重劳动关系下，由于劳动者可以在不同时间段内为不同的用人单位提供劳动，一般不会出现冲突的情况，所以在司法实践中可以依法分别处理涉及该劳动者的劳动关系、劳动权利义务等问题，最典型的例子就是非全日制用工模式。但是，以下情形应为例外：因为劳动者精力所限，致使为完成其中一份工作而影响到另一份工作时，受到影响的用人单位就可以根据《劳动合同法》

---

① 用人单位一般会向内退人员发放一定数量的生活费，故用人单位内退人员除外。

② 有的用人单位使用自有资金为劳动者缴纳社保，也有的用人单位会享受到各地政府的相应政策待遇，由政府出资以用人单位名义为劳动者缴纳社保。

第 39 条第 4 项的规定解除劳动合同。此外，劳动合同或者用人单位规章制度中如果明确规定不允许劳动者在职期间与其他用人单位建立劳动关系，笔者倾向于认为如果没有进一步明确是何种双重劳动关系，则应当认定为此处所说的情形不包括聚合型双重劳动关系，即该规定并未限制劳动者全日制工作下班后因“兼职”劳动而成立另一个劳动关系，也未限制非全日制用工情形下的双重劳动关系。

（四）主动型+竞合型

在主动型+竞合型双重劳动关系情形下，劳动者因在同一劳动时段同时与两家用人单位建立劳动关系，一般情况下其无法“分身”分别为两家用人单位提供劳动，故只要其在同一劳动时段提供劳动就必然会影响到另外一家用人单位的利益。应该讲，主动型+竞合型双重劳动关系一定是全日制工作制下的双重劳动关系，不会兼容非全日制用工模式。在此情况下，受到影响的用人单位可以根据《劳动合同法》第 39 条第 4 项、第 91 条的规定主张相应的权利。这里需要特别说明，此种情形下存在一种特殊情况，即当两家用人单位存在某种关联或者合作关系时，劳动者在同一劳动时段提供一份劳动就可以在一定条件下同时满足两家用人单位的需要，劳动者因该份劳动给付可以获得两份劳动报酬。例如，甲、乙两公司合作开发一款软件，劳动者丙同时为两家公司工作，其工作内容无法截然区分哪项是为甲公司工作，哪项是为乙公司工作，丙的工作内容和成果均为甲、乙公司合作开发软件的必备内容。

	聚合型	竞合型
被动型	不存在	受到国家、用人单位鼓励
主动型	下班后“兼职”劳动、非全日制用工	全日制用工。不被鼓励，存在例外。

裁审要点

1. 被动型+竞合型双重劳动关系中，旧劳动关系依然存续，但劳资权利义务关系基本处于中止状态，新劳动关系处于履行状态。鉴于目前社保缴费体制限制，两个劳动关系中只能有一个关系办理社保手续。

2. 被动型+聚合型双重劳动关系不存在。

3. 主动型+聚合型双重劳动关系中，两个劳动关系互不影响，应当分别依法处理，不宜以一个劳动关系否定另一个劳动关系的存在。

4. 主动型+竞合型双重劳动关系中，重点审查劳动者在此情况下的双重关系是否互相影响并达到严重影响工作任务的程度，或者用人单位明确向劳动者提出不允许存在此类型的双方劳动关系，劳动者拒不改正的。同时，还需要审查用人单位的规章制度对此有无规定。

实操指引

1. 主动型+聚合型双重劳动关系中，用人单位不宜以劳动者又建立劳动关系为由解除劳动合同，即使双方在劳动合同或者规章制度中明确规定不允许劳动者存在双重劳动关系。因为，此种情形下的双重劳动关系是发生在两个互不影响的时间段内，用人单位无权干涉劳动者休息时间的生活和工作情况。用人单位也不宜援引《劳动合同法》第 39 条第 4 项的规定①解除劳动合同，因为此法条规定的双重劳动关系仅限于主动型+竞合型，否则就会出现《劳动合同法》与《就业促进法》第 3 条所规定的“劳动者依法享有平等就业和自主择业的权利”相矛盾，侵犯劳动者个人自由的情况。

2. 主动型+竞合型双重劳动关系中，用人单位如不能接受双重劳动关系的，应当注意以下事项：

（1）入职招聘时即应明确规定，存在双重劳动关系属于不符合招聘录用条件的情形。用人单位应当明确要求劳动者在招聘入职表格中填写此类情况。

（2）要求劳动者提供终止或者解除劳动关系证明书，核查失业证记载情况。

（3）通过核查劳动者社保缴纳情况来判断是否存在双重劳动关系。

（4）在劳动合同、规章制度中明确规定不允许劳动者与其他用人单位建立劳动关系，并将此情形规定为可以解除劳动合同的情形，或者将法律规定的“对完成本单位工作任务造成严重影响”在规章制度中予以量化和可考察化。否则，何为“严重影响”就比较难以证明，会给用人单位的劳动用工秩序造成消极影响。用人单位如果发现劳动者成立主动型+竞合型双重劳动关系的，要及时书面通知其改正。劳动者拒不改正的，用人单位应立刻依法解除劳动关系，并不支付经济补偿。

3. 主动型+竞合型双重劳动关系中，用人单位如能接受双重劳动关系的，应当注意以下事项：

---

① 《劳动合同法》第 39 条规定：“劳动者有下列情形之一的，用人单位可以解除劳动合同：……（四）劳动者同时与其他用人单位建立劳动关系，对完成本单位的工作任务造成严重影响，或者经用人单位提出，拒不改正的……”

（1）在招聘入职表格中明确要求劳动者填写劳动关系情况以及是否具有保密义务、竞业限制情形。

（2）针对工作岗位特点，在劳动合同中明确要求劳动者从事另外工作不得影响本岗工作，并详细列举影响本岗工作的情形及判断标准。

（3）要求劳动者书面陈述其具有保密义务或者竞业限制义务的具体内容，以此为基础为其安排合理岗位。同时约定如出现劳动者陈述不实导致其他单位索赔的，本单位在承担相应赔偿责任后可以向劳动者追偿，以及要求劳动者承担其他劳动法上的责任（如解除合同）。

（4）核查劳动者社保缴纳情况，以便明晰本单位承担的社保缴纳义务。

第五节　非法用工问题

裁判观点

1. 只在以下两种情形时可以认定非法用工关系：第一，无营业执照或者未经依法登记、备案的单位以及被依法吊销营业执照或者撤销登记、备案的单位雇用劳动者进行劳动；第二，有用工主体资格的用人单位使用童工。

2. 非法用工关系属于独立的法律关系类型，其既不构成劳动关系，也不构成劳务关系。

3. 非法用工关系下，劳动者已经付出劳动的，该单位或者其出资人应当依照《劳动合同法》有关规定向劳动者支付劳动报酬、经济补偿、赔偿金；给劳动者造成损害的，应当承担赔偿责任。

4. 非法用工情形下人员伤亡的，不适用《工伤保险条例》进行赔偿，而应当根据《非法用工单位伤亡人员一次性赔偿办法》由非法用工单位向伤亡人员或其近亲属进行赔偿。

深度解析

一、非法用工的概念和构成

非法用工的概念来源于原劳动和社会保障部于2003年9月23日颁布、2004

年1月1日开始实施的《非法用工单位伤亡人员一次性赔偿办法》①，该赔偿办法第2条只规定了“非法用工单位伤亡人员”的概念，并未直接对非法用工的概念作出界定，但是司法实践普遍据此规定认为非法用工是指没有用工主体资格的单位雇用劳动者劳动或者用人单位使用童工的用工情况。为了方便理解，可以将非法用工关系看成一种在主体资格方面有致命缺陷的、不被法律认可的“劳动关系”，这一点对于区分非法用工关系与劳务关系至关重要。

非法用工包括两种情形：第一，无营业执照或者未经依法登记、备案的单位以及被依法吊销营业执照或者撤销登记、备案的单位雇用劳动者进行劳动。此种情况下，单位不具备用工主体资格。第二，用人单位使用童工。在此种情况下，用人单位虽然具有用工主体资格，但是劳动者却是童工，使用童工是被各国法律及国际公约所禁止的。

二、非法用工关系的定性

（一）缺乏合法经营资格的非法用工单位与劳动者之间的关系

对于此类单位与劳动者之间形成的关系是否为劳动关系、是否为有效劳动合同，观点不一致。第一种意见认为此类用工关系应属劳动关系，第二种意见认为此类主体不能构成劳动法上的用人单位，其与所雇用的人员所签订的劳动合同为无效合同，双方不能形成劳动合同关系。最高人民法院倾向于第二种意见②，笔者也赞同，但是笔者认为还可以作进一步划分：

1. 自始不具备合法经营资格的用人单位雇用劳动者劳动的，如果双方关系已经具备除主体资格外的其他劳动关系特征的，构成非法用工关系，单位与劳动者之间不能形成劳动关系或者劳务关系。

2. 用人单位被吊销营业执照之前已经与劳动者建立劳动关系的，营业执照被吊销后，根据《劳动合同法》第44条的规定，该单位与劳动者之间的劳动合同终止，双方的劳动关系也相应终止。如果该单位仍然延续之前的用人模式继续使用原劳动者，则双方构成非法用工关系。如果用人单位在营业执照被吊销前已经与劳动者构成劳务关系的，则双方法律关系定性不受营业执照是否被吊销的影响。

---

① 上述赔偿办法于2010年12月31日被修订，2011年1月1日正式实施，第2条没有变动。

② 最高人民法院民事审判第一庭编著：《最高人民法院劳动争议司法解释（三）的理解与适用》，人民法院出版社2010年版，第70~71页。

（二）用人单位与童工之间的关系

用人单位雇用童工劳动的，除极个别的法定情形外，双方均不成立包括劳动关系在内的合法的法律关系，双方只能成立非法用工关系。

三、非法用工的法律后果及法律责任

因为非法用工关系是一种在主体资格方面有致命缺陷的“劳动关系”，在法律上不属于劳动关系，所以一方面劳动关系双方无法享受到完全的劳动法权利，另一方面在劳动报酬、工伤待遇等事关劳动者核心权益方面，法律规定相应待遇水平不能低于正常劳动关系项下的保护水平。在程序方面，非法用工发生的争议被纳入劳动争议范畴处理。具体如下：

（一）劳动报酬、伤害待遇方面不低于劳动关系项下保护水平

1. 根据《劳动合同法》第93条的规定，对不具备合法经营资格的用人单位的违法犯罪行为，依法追究法律责任；劳动者已经付出劳动的，该单位或者其出资人应当依照《劳动合同法》有关规定向劳动者支付劳动报酬、经济补偿、赔偿金；给劳动者造成损害的，应当承担赔偿责任。

2. 根据《工伤保险条例》第66条的规定，无营业执照或者未经依法登记、备案的单位以及被依法吊销营业执照或者撤销登记、备案的单位的职工受到事故伤害或者患职业病的，由该单位向伤残职工或者死亡职工的近亲属给予一次性赔偿，赔偿标准不得低于本条例规定的工伤保险待遇；用人单位不得使用童工，用人单位使用童工造成童工伤残、死亡的，由该单位向童工或者童工的近亲属给予一次性赔偿，赔偿标准不得低于本条例规定的工伤保险待遇。

3. 根据《非法用工单位伤亡人员一次性赔偿办法》第4条的规定，职工或童工受到事故伤害或者患职业病，在劳动能力鉴定之前进行治疗期间的生活费按照统筹地区上年度职工月平均工资标准确定，医疗费、护理费、住院期间的伙食补助费以及所需的交通费等费用按照《工伤保险条例》规定的标准和范围确定，并全部由伤残职工或童工所在单位支付。

（二）不能享有的劳动法律制度下的部分权利

劳动者要求非法用工单位承担未签订书面劳动合同二倍工资、未订立无固定期限劳动合同二倍工资、未休年休假工资等，不能予以支持。

（三）非法用工发生的赔偿争议按照劳动争议处理

《工伤保险条例》第66条第2款规定：“前款规定的伤残职工或者死亡职工

的近亲属就赔偿数额与单位发生争议的，以及前款规定的童工或者童工的近亲属就赔偿数额与单位发生争议的，按照处理劳动争议的有关规定处理。”《非法用工单位伤亡人员一次性赔偿办法》第 8 条规定：“伤残职工或者死亡职工的近亲属、伤残童工或者死亡童工的近亲属就赔偿数额与单位发生争议的，按照劳动争议处理的有关规定处理。”据此，因非法用工发生人员伤残或者死亡的，因赔偿数额发生争议的，按照劳动争议处理。

（四）非法用工单位出资人的法律责任

《劳动合同法》第 93 条规定：“对不具备合法经营资格的用人单位的违法犯罪行为，依法追究法律责任；劳动者已经付出劳动的，该单位或者其出资人应当依照本法有关规定向劳动者支付劳动报酬、经济补偿、赔偿金；给劳动者造成损害的，应当承担赔偿责任。”该条款已经明确了此类用工主体的出资人对劳动者负有支付劳动报酬、经济补偿、赔偿金的责任。《新劳动争议解释一》第 29 条规定：“劳动者与未办理营业执照、营业执照被吊销或者营业期限届满仍继续经营的用人单位发生争议的，应当将用人单位或者其出资人列为当事人。”该条款虽然只是从程序角度阐述了当事人诉讼地位问题，但是结合《劳动合同法》第 93 条的规定可知，司法解释的该条款也蕴含了此类用工主体的投资人的实体法律责任。在司法实践中，也有大量判决判令此类用工主体的投资人对劳动者承担实体责任。

四、非法用工单位伤亡人员的赔偿范围

由于非法用工关系不属于劳动关系，单位无法为劳动者办理参加工伤保险的手续，一旦在工作中出现人员伤亡，劳动者无法通过工伤保险制度获得赔偿。为了保护此类劳动者的权益，人力资源和社会保障部根据《工伤保险条例》第 66 条第 2 款的授权制定了《非法用工单位伤亡人员一次性赔偿办法》。根据该办法的规定，非法用工单位必须按照该办法的规定向伤残职工或者死亡职工的近亲属、伤残童工或者死亡童工的近亲属给予一次性赔偿。具体标准和范围详述如下。

（一）支付主体

非法用工单位是唯一支付主体。非法用工单位拒不支付一次性赔偿的，伤残职工或者死亡职工的近亲属、伤残童工或者死亡童工的近亲属可以向人力资源和社会保障行政部门举报。经查证属实的，人力资源和社会保障行政部门应

当责令该单位限期改正。

（二）赔偿范围

1. 劳动者受到伤害或者患职业病的情形

（1）治疗期间的费用：劳动能力鉴定之前进行治疗期间的生活费按照统筹地区上年度职工月平均工资标准确定，医疗费、护理费、住院期间的伙食补助费以及所需的交通费等费用按照《工伤保险条例》规定的标准和范围确定。

（2）一次性赔偿金：一次性赔偿金数额应当在受到事故伤害或者患职业病的职工或童工经劳动能力鉴定后确定。一级伤残的为赔偿基数的16倍，二级伤残的为赔偿基数的14倍，三级伤残的为赔偿基数的12倍，四级伤残的为赔偿基数的10倍，五级伤残的为赔偿基数的8倍，六级伤残的为赔偿基数的6倍，七级伤残的为赔偿基数的4倍，八级伤残的为赔偿基数的3倍，九级伤残的为赔偿基数的2倍，十级伤残的为赔偿基数的1倍。赔偿基数，是指非法用工单位所在工伤保险统筹地区上年度职工年平均工资。

（3）劳动能力鉴定费：一次性赔偿金的发放前提是劳动者经劳动能力鉴定为伤残的，所以只要经过劳动能力鉴定的，所发生的劳动能力鉴定费就由非法用工单位支付。

（4）残疾辅助器具费：该费用在《非法用工单位伤亡人员一次性赔偿办法》中并未规定，但是在实践中伤者经常需要配备残疾辅助器具，而辅助器具会因伤者身体情况变化而定期更换，配备及更换的费用一般都较高，该费用是否包含在一次性赔偿金中是一个实践中的难点问题。从该赔偿办法的条文含义看，配备残疾器具辅助费应该已经包含在一次性赔偿金中，定期更换的费用则没有明确规定。从相反解释角度看，定期更换的费用也应当包含在一次性赔偿金中，但是往往因为更换费用较高，会给人一种不公平的感觉。应该说，这一问题在一定程度上体现了《非法用工单位伤亡人员一次性赔偿办法》的局限性，将来彻底解决需要通过修改该赔偿办法的方式来完成。就个案而言，笔者认为可以遵循法律规定的非法用工人员伤亡待遇不得低于《工伤保险条例》所规定的对合法劳动关系中劳动者保护水平的原则，结合具体案情酌情处理。①

2. 劳动者死亡的情形

（1）治疗期间的费用：劳动者在治疗期间死亡的，如果有治疗费用发生的，

① 实践中笔者参与处理的一起此类案件就采取了这个原则。

均应由非法用工单位支付，标准同前。

（2）一次性赔偿金：按照死亡时上一年度全国城镇居民人均可支配收入的20倍支付一次性赔偿金。

（3）一次性丧葬补助：按照死亡时上一年度全国城镇居民人均可支配收入的10倍一次性支付丧葬补助等其他赔偿金。

（4）劳动能力鉴定费：如果劳动者在劳动能力鉴定期间死亡的，如已经发生劳动能力鉴定费，则该费用由非法用工单位支付。

裁审要点

1. 非法用工关系不属于劳动关系，而是一种独立的法律关系、为了解决特定违法用工情形下的劳动报酬，特别是伤亡补偿的制度安排，所以在裁判中不能认定其为劳动关系或者劳务关系。

2. 劳动者提供劳动的，应当依照《劳动合同法》第93条的规定，判令非法用工单位依照《劳动合同法》有关规定向劳动者支付劳动报酬、经济补偿、赔偿金；给劳动者造成损害的，应当承担赔偿责任。

3. 基于《非法用工单位伤亡人员一次性赔偿办法》判令非法用工单位向伤亡人员支付的赔偿原则上属于一次性、包干性赔偿。

实操指引

1. 有合法用工主体资格的用人单位在招用劳动者时，务必仔细核查劳动者身份证明，防止劳动者通过冒名顶替、虚报年龄等方式进入用人单位提供劳动，从而杜绝用人单位使用童工的风险。

2. 无营业执照或者未经依法登记、备案的单位以及被依法吊销营业执照或者撤销登记、备案的单位为了完成某些特定事项需要用工的，应当以劳务关系或者承揽关系为内容建立双方法律关系。

第二章 劳动合同的订立及效力

第一节 劳动合同的订立与告知、说明义务

裁判观点

1. 用人单位的告知义务为主动性义务。在劳动合同订立时，用人单位如未主动告知劳动者工作内容、工作条件、工作地点、职业危害、安全生产状况、劳动报酬，以及劳动者要求了解的其他情况，劳动者因此主张劳动合同无效的，如经查证证明符合《劳动合同法》第26条第1项情形的，应当支持。

2. 劳动者的说明义务主要是被动性义务，在用人单位询问与劳动合同有直接相关的基本情况时，劳动者如未能如实说明，导致用人单位违背真实意思订立劳动合同的，用人单位主张劳动合同无效，应予支持。

3. 在涉及劳动合同本质目的或本质属性的因素（或者叫作对订立劳动合同具有重大影响的因素）上，劳动者负有主动说明义务。劳动者未说明，用人单位因此而违背真实意思订立劳动合同的，该劳动合同无效。

4. 劳动者或者用人单位依照《劳动合同法》第26条第1项的规定主张劳动合同无效的，应当在合理期限内提出。

5. 用人单位向劳动者发出入职通知书、招聘确认书等签订劳动合同要约的，应当受其约束。用人单位撤回该要约的，撤回通知应当不迟于要约到达劳动者的时间。用人单位发出的要约到达劳动者但双方尚未形成用工事实的，双方虽然不成立劳动关系，但是如果用人单位反悔而拒绝录用该劳动者的，劳动者有证据证明其因此而受到损害的，用人单位应当予以赔偿。该损害包括但不限于劳动者丧失与其他用人单位签订劳动合同机会而产生的合理损失、劳动者为准

备与该用人单位订立劳动合同而支出的合理成本、劳动者为继续寻找新的就业机会所花费的合理费用等。

深度解析

一、用人单位的告知义务

《劳动合同法》第 8 条规定："用人单位招用劳动者时，应当如实告知劳动者工作内容、工作条件、工作地点、职业危害、安全生产状况、劳动报酬，以及劳动者要求了解的其他情况；用人单位有权了解劳动者与劳动合同直接相关的基本情况，劳动者应当如实说明。"该条款确立了劳动合同订立过程中用人单位的告知义务和劳动者的说明义务。

就用人单位而言，其应当在订立劳动合同时向劳动者如实告知工作内容、工作条件、工作地点、职业危害、安全生产状况、劳动报酬，以及劳动者要求了解的其他情况。用人单位的告知义务主要为主动性义务，即使劳动者就上述事项未向用人单位询问，用人单位也要如实告知。同时，用人单位就劳动者主动要求了解的事项，只要是和订立劳动合同有关，用人单位就应当如实告知。用人单位所告知的内容构成要约内容，成为日后劳动合同的一部分。

二、劳动者的说明义务

对于劳动者而言，用人单位有权了解劳动者与劳动合同直接相关的基本情况，劳动者应当如实说明。但是，劳动者的此项说明义务其性质究竟为主动性义务还是被动性义务，说明义务的范围究竟有多大，说明的内容如果不真实将会导致何种后果，是实践中争议较大的难点问题。

就此问题，我国现行法律法规和司法解释均无明确规定，理论界和实务界也有不同观点和不同案例，尚未形成通说。笔者认为，就性质而言，劳动者的说明义务主要是被动性义务，但是在涉及劳动合同本质目的或本质属性的因素（或者叫作对订立劳动合同具有重大影响的因素）上，劳动者负有主动说明义务。就范围而言，劳动者说明义务的范围只能限于与订立劳动合同直接相关的情况，这一范围应当被严格限制和解释，不允许随意扩大，而且以确保劳动者隐私不受侵犯为前提条件。就内容而言，只要用人单位询问的内容是订立劳动合同所必需的、直接相关的，那么劳动者就负有如实说明义务；反之，则劳动者可以拒绝说明，或者即使说明的内容是虚假的，劳动者也不承担责任。就时间而言，劳动者此处的说明义务应当限于劳动合同订立过程中。一旦双方订立了劳动合同，那么劳动者根据《劳动合同法》第 8 条所负有的说明义务即告结束。

（一）劳动者的说明义务主要是被动性义务

《劳动合同法》第 8 条的立法目的是在保护劳动者隐私[①]的前提下，最大限度减少劳动合同订立过程中劳动关系双方信息不对称的问题，督促缔约双方都能够诚实信用地向对方陈述与订立合同有关的信息，促使缔约双方能够在意思表示真实的情况下订立劳动合同。由于用人单位在绝大多数情况下均处于优势地位，所以法律规定用人单位的告知义务为主动性义务。而劳动者相对处于劣势地位，实践中用人单位也常常以各种方式获取劳动者各方面的信息，其中有很多信息并非订立和履行劳动合同所必需。仅从此方面分析，劳动者的说明义务也应当为被动性义务。更进一步讲，确立劳动者说明义务为被动性义务的意义还在于可以避免用人单位在劳动合同履行过程中对于自己在招聘过程中没有询问劳动者的情况，借口劳动者在订立合同时没有如实说明为由随意解除劳动合同，侵害劳动者合法权利。

（二）劳动者的说明义务不是绝对的被动性义务

劳动者说明义务的被动性不是绝对的，在涉及劳动合同本质目的或本质属性的因素（或者叫作对订立劳动合同具有重大影响的因素）上，劳动者负有主动说明义务。上述因素的确定应当考察劳动合同订立的本质目的，应当考察劳动合同对劳动者最核心、最本质的属性的要求，而且这种“目的”和“要求”应当是人尽皆知，并符合社会规范和社会心理的一般性要求，以至于可以认为是“显而易见”和“不言自明”的，无须用人单位单独特别询问。就此问题，国外的立法例有类似规定。例如，德国劳动法对劳动关系双方在雇佣的初期阶段，认为雇主和雇员之间的准备关系就像每一个先合同信任关系一样，在双方之间会产生带有劳动法特点的特定义务。雇员必须在没有要求的情况下，在未来劳动关系中，对劳动合同中与劳动给付义务的履行相关联的有实质意义的所有情况，有真实陈述并公开的义务。如应聘舞蹈演员的女性求职者有义务告知招聘方是否已怀孕，或应聘卡车司机的求职者应告知招聘方是否处于吊销驾照期间或是否已很长时间没有从事该项工作了。劳动者对与劳动合同的成立具有重要意义的情况的主动披露，应作为劳动者的一项法定义务。这里需要特别强调的是，我国现行法律并未就该项义务的具体表现进行列举式规定，故该项义

---

① 《民法典》人格权编第六章规定了自然人的隐私权。

务的"显而易见"和"不言自明"的具体边界和表现需要由法官结合具体案情进行具体解释和界定，法官在解释时应当坚持劳动者说明义务系被动性义务的原则进行严格把握界限，防止泛化。

（三）劳动者说明义务的范围应受严格限制

认定劳动者的主动说明义务还应当严格限定范围，应以"与劳动合同直接相关的基本情况"为限，尤其不能与保护劳动者隐私相冲突。如果两者相互冲突，那么劳动者即不负担说明义务，不论是主动说明还是被动说明。劳动者履行说明义务，其目的只是获取劳动的岗位和机会，实现自身的生存和发展，其本质可以归入行使劳动权范畴。劳动者隐私则属于人格权范畴，属于与人身须臾不可分离的固有的核心人格利益。两者在权利位阶上不但是平等的，而且是可以同时实现的，不存在不相容的情形。如果需要劳动者通过揭示隐私的方式来实现劳动权，则明显与法律的基本精神相悖。所以，讨论劳动者说明义务是主动性还是被动性的问题，应当以不侵犯劳动者隐私权为前提条件。例如，除特殊情况或者法律允许的情况外，用人单位不得询问劳动者的婚育情况、家庭构成情况、身体基因情况等。

（四）劳动者说明义务是诚实信用原则的具体体现

《劳动合同法》第 3 条规定诚实信用原则是订立劳动合同需要遵循的基本原则。该法第 8 条规定的用人单位和劳动者的说明义务即为诚信原则的具体体现。对于劳动者而言，这种诚信原则体现在三个方面：第一，对于用人单位询问的与订立劳动合同直接相关的问题，劳动者应当如实说明；第二，涉及劳动合同本质目的或本质属性的因素，即使用人单位没有单独特别询问，劳动者也应当主动如实说明；第三，对于用人单位没有询问，而且也不属于涉及劳动合同本质目的或本质属性的因素，劳动者如果自愿主动向用人单位说明的，应当保证说明的内容是真实的。对于用人单位而言，诚信原则体现为不论劳动者是否询问，都应当如实向劳动者告知工作内容、工作条件、工作地点、职业危害、安全生产状况、劳动报酬，以及劳动者要求了解的其他情况。只有两者同时具备，才能实现《劳动合同法》第 8 条的立法目的。

（五）劳动者说明义务的履行时间应当限定在订立劳动合同过程中

《劳动合同法》第 8 条规定的劳动者说明义务的履行时间应限定在劳动合同缔约过程中，一旦劳动合同成立，则该条规定的劳动者说明义务即不复存在。这是因为法律规定劳动者负担此项义务的目的在于确保劳动关系双方在订立劳动合同过程中尽量如实披露各自对于订立劳动合同直接相关的信息，最大限度确保信息对称，促使双方在意思真实情况下订立劳动合同。合同成立后，对于劳动者和用人单位是否彼此匹配的问题，已经基本不需要再通过口述（面试）或者提供其他书面说明的方式来证明，履行劳动合同本身即为试验双方是否匹配的试金石。在此，法律通过试用期制度给予双方调整的机会，用以弥补订立合同过程中信息披露不充分、有瑕疵等问题。所以，判断劳动者说明义务是否履行，应当考察劳动合同成立之前的缔约阶段。

三、不履行告知义务与说明义务的法律责任

（一）劳动关系双方共同的法律责任

1. 劳动合同无效

如果劳动关系双方未履行告知义务和说明义务，将可能导致对方在订立劳动合同时产生误认，进而作出不真实的意思表示而签订劳动合同。根据《劳动合同法》第 26 条第 1 项的规定，以欺诈、胁迫的手段或者乘人之危，使对方在违背真实意思的情况下订立或者变更劳动合同的，劳动合同无效。

2. 赔偿责任

《劳动合同法》第 86 条规定："劳动合同依照本法第二十六条规定被确认无效，给对方造成损害的，有过错的一方应当承担赔偿责任。"如果劳动关系双方未依法履行告知义务和说明义务，对方因此签订无效劳动合同而受到损害的，行为方要承担赔偿责任。

（二）用人单位单方的法律责任

1. 支付劳动报酬

根据《劳动合同法》第 28 条的规定，对于劳动者已付出劳动的，用人单位应当向劳动者支付劳动报酬。劳动报酬的数额，参照本单位相同或者相近岗位劳动者的劳动报酬确定。

2. 解除劳动合同并支付经济补偿

《劳动合同法》第 38 条规定："用人单位有下列情形之一的，劳动者可以解除劳动合同：……（五）因本法第二十六条第一款规定的情形致使劳动合同无效的……"该法第 46 条规定："有下列情形之一的，用人单位应当向劳动者支付经济补偿：（一）劳动者依照本法第三十八条规定解除劳动合同的……"据此，如果用人单位违反告知义务而成立欺诈，使得劳动者在受欺诈的情况下签

订无效合同的，劳动者可以以此为由解除劳动合同，用人单位应当向劳动者支付经济补偿。该情形也是我国法律规定的推定解雇制度的情形之一。

四、劳动者未履行说明义务对劳动合同效力的影响

在司法实践中，有观点认为劳动者在订立劳动合同时未履行说明义务的，必然构成欺诈，进而导致劳动合同无效。该观点忽略了劳动关系重视履行的原则，对欺诈的认定简单化，不能应对复杂的司法实践。综观各地司法案例，笔者认为目前主流的司法观点是劳动者未如实履行说明义务并不必然构成欺诈，劳动合同并非必然无效。

（一）用人单位招聘时对工作岗位明确提出录用条件

1. 录用条件不违法

劳动者未履行如实说明义务，使得用人单位误认为劳动者符合录用条件的，应当认定违反了用人单位订立劳动合同的真实意思表示，劳动者构成欺诈，双方签订的劳动合同无效。在此种情形下，即使劳动者在入职后能够完成工作任务，符合工作岗位要求，也不能以此为由认定劳动合同有效。因为，劳动者能够完成工作任务的前提是获得工作岗位，但该岗位的获得却是以欺诈用人单位、损害应聘时其他竞争者合法权益为前提条件的，最关键的是劳动者的行为使得用人单位违反了真实意思。从反方向看，如果劳动市场中遍布这种“先上车后补票”的逆取顺守现象，诚实信用原则将不能确立，整个劳动力市场和用人秩序也将被打乱。故，不能支持劳动者的此种行为。

2. 录用条件违法

劳动者对违法录用条件涉及的事项没有如实说明的，不构成欺诈，因此签订的劳动合同有效。例如，用人单位招聘办公室文员岗位，要求应聘者说明是否为乙肝病毒携带者，应聘者为了得到此工作选择对用人单位隐瞒实情。事后用人单位发现劳动者隐瞒实情，以此为由主张劳动者违反公司录用条件、劳动合同无效。用人单位的该项主张不能成立，因为用人单位的该项录用条件违反了《就业促进法》《人力资源和社会保障部、教育部、卫生部关于进一步规范入学和就业体检项目维护乙肝表面抗原携带者入学和就业权利的通知》（人社部发〔2010〕12号）的规定，劳动者对此进行隐瞒不违反《劳动合同法》的规定，该事项不属于说明义务的范围，双方订立的劳动合同是有效的。又如，用人单位在招聘一般流水线工人时对于女性应聘者要求其说明婚育状况，用人单位的该行为是违法的，女性应聘者即使对此进行隐瞒或者撒谎也不构成欺诈。但是，

如果用人单位招聘的岗位是需要接触放射源的工作，则询问女性婚育状况就会被认为是合理的。因为现代医学研究认为，如果女性未婚而经常性接触放射源，有可能会对日后的生育产生不良影响，故用人单位的此种要求会被认定为是合理的。

（二）用人单位未明确设定录用条件

用人单位未明确设定录用条件，即使其在招聘过程中也会要求劳动者回答、说明某些问题或者事实情况，但是从法律意义上而言，用人单位的这些要求是毫无意义的。不论劳动者所作出的说明是否属实，在一般情况下均与订立劳动合同、匹配工作岗位要求毫不相关，因为该工作岗位根本没有录用条件限制，除非法律对该工作岗位有特殊要求。对此问题，可以区分不同情况予以处理：

1. 用人单位未明确设定录用条件，但相关法律法规规定有任职条件的，如某些从事特种作业的劳动者必须具有特种作业资格，某些行业对劳动者的身体情况有一定要求的，劳动者未如实履行说明义务（此时的说明义务即为特殊的主动说明义务），不具备任职条件的，应认定为劳动者构成欺诈，双方签订的劳动合同无效。

2. 用人单位未明确设定录用条件，相关法律法规也未规定任职条件的，劳动者在法律上是不存在一般性说明义务的，不管劳动者在日后是否能够胜任工作，均不宜认定劳动者构成欺诈，双方签订的劳动合同应当认定为有效。但是，如果涉及上文所讨论的劳动合同本质要素的“显而易见”“不言自明”的要求时，劳动者未尽到主动说明义务，致使用人单位陷入错误认识而签订劳动合同，不论劳动者是否胜任工作，均应认定双方签订的劳动合同无效。

五、用人单位因欺诈签订劳动合同而主张劳动合同无效的期间

用人单位发现劳动者未履行说明义务后，应当在多长时间内主张己方受欺诈进而主张劳动合同无效呢？应当讲，由于劳动法律法规对此并未作出规定，故这是一个司法实践中面临的难题。笔者认为，有必要对用人单位的上述权利做出限制，否则会导致不良用人单位一旦发现劳动者的此项“把柄”，就会在用人单位意欲解除劳动合同而又不想承担法律责任时，以此作为“终极武器”，以欺诈签订的劳动合同无效为由而主张免除己方责任，造成劳动关系不稳定、劳资利益失衡。对此问题，可以参照《民法典》第 152 条的规定进行处理，将《民法典》规定的撤销权类比为用人单位的主张合同无效权。同时，《民法典》所规定的行使撤销权的除斥期间如果放置于劳动关系视野下，我们会发现该除

斥期间一般会显得较长，与劳动用工管理的规律不符，故可以由裁判机关结合劳动合同的期限长短、劳动者未履行说明义务的情节轻重等因素，酌情确定合理期间。如果用人单位在合理期限内未对此提出主张，则其在日后提出的欺诈订立劳动合同应当无效的请求就不宜得到支持。

六、用人单位通知劳动者签订劳动合同而又反悔

用人单位在决定录用劳动者后，一般会向劳动者发出录用通知（即通常所说的“offer”），告知劳动者来用人单位报到上班的时间、地点及其他通知事项。在用人单位发出录用通知到劳动关系双方形成实际用工期间，双方仍然处于建立劳动关系之前的订约阶段。对此阶段劳动关系双方权利义务如何界定，我国劳动法律法规目前尚无明文规定。对此，笔者认为可以按照《民法典》合同编的原理与规定进行处理。

劳动关系双方在订立劳动合同、建立劳动关系过程中根据诚实信用原则互相具有信赖利益，均负有先合同义务。如果在此期间有一方当事人违反此义务的，就会造成对方信赖利益的损失，违反义务一方应当承担赔偿责任。这里的信赖利益分为两个方面：第一，劳动关系双方为订立劳动合同、建立劳动关系而进行准备所支出的费用，如洽谈订约所花费的交通费、通信费、材料费等；第二，劳动关系双方因与对方订立劳动合同、建立劳动关系所失去的或拒绝的其他订约机会以及继续履行原劳动合同所能得到的收益，即机会成本。例如，劳动者为了和A企业订立劳动合同，拒绝了B企业发来的录用通知，B企业录用通知所给出的薪酬待遇就是劳动者的机会成本。又如，劳动者为了和A企业订立劳动合同，遂向本单位提出辞职，劳动者因辞职而丧失的可以在原单位获得的工资报酬、奖金等收入就是劳动者的机会成本。

在劳动关系双方订立劳动合同、建立劳动关系的过程中，双方仍然属于平等的民事主体，除劳动法律法规有规定的应予遵循外，可以适用《民法典》合同编的相关规定。当用人单位发出的录用通知到达劳动者后又反悔的，劳动者可以根据《民法典》关于缔约过失责任的相关规定请求用人单位承担赔偿责任，赔偿责任的范围即为信赖利益受到损失的范围。

最后，需要解释的是，劳动关系双方在建立劳动关系（订立劳动合同）前因磋商缔约而发生争议的，该争议属于劳动争议案件受理范围。实践中，有人对此持不同观点，认为该类纠纷发生于劳动关系建立之前，本质上属于平等民事主体因财产和人身关系发生的争议，故应当属于普通民事诉讼范畴，不属于

劳动争议案件受理范围。笔者不认同该观点。《劳动争议调解仲裁法》第2条规定："中华人民共和国境内的用人单位与劳动者发生的下列劳动争议，适用本法：（一）因确认劳动关系发生的争议；（二）因订立、履行、变更、解除和终止劳动合同发生的争议……"劳动关系双方在缔约过程中发生的争议即属于该条款第2项规定的因订立劳动合同发生的争议。而且，劳动关系双方因缔结劳动合同、劳动关系发生争议，虽然此时双方尚未建立劳动关系，但是双方的信赖利益及争议却是由建立劳动关系、签订劳动合同所引发的，此类争议的本质应当属于劳动争议。

裁审要点

1. 在查明用人单位存在未履行主动告知义务或者劳动者未履行如实说明义务的情况下，还应当着重审查劳动合同的对方是否因此而违反了真实意思表示，进而签订了劳动合同。

2. 应审查用人单位或者劳动者知晓对方未履行说明义务或者告知义务的时间，以及是否在合理期限内提出确认劳动合同无效的主张。该"合理期限"应当参照劳动合同期限、试用期期限、当事人可以发现对方未履行义务的合理期限等因素，酌情合理确定。

3. 对于用人单位提出的与工作岗位无直接关系的问题，劳动者拒绝回答或者作虚假回答的，不宜认定劳动者未履行说明义务，进而认定劳动者存在欺诈行为。

4. 劳动合同无效的，应当审查受到欺诈、胁迫或者乘人之危而订立无效劳动合同的实际损失（包括直接损失和间接损失），以此为据，认定主张赔偿的具体数额。

5. 用人单位发出录用通知后又反悔的，应当审查撤回录用通知到达劳动者的时间。如果撤回通知早于或者与录用通知同时到达劳动者的，用人单位无须为此承担法律责任；如果撤回通知晚于录用通知到达劳动者的，劳动者信赖利益将可能因此受到损害。在此情况下，应当进一步审查劳动者是否有证据证明其信赖利益受损。

实操指引

1. 用人单位可以将《劳动合同法》第8条所规定的要求用人单位主动告知的内容写入招聘广告、入职登记表、劳动合同（包括岗位说明书、薪酬告知书等劳动合同类文件）中。

2. 用人单位应当根据拟招聘岗位的要求，以制作面试记录、情况询问表格等书面询问形式主动了解劳动者基本情况，同时特别要披露该岗位核心要求，特别提醒劳动者予以关注和说明。

3. 用人单位不得将民族、性别、年龄、籍贯、生肖、星座、特定疾病、基因情况、婚姻状况、毕业院校级别，与岗位不匹配的职业资格证明等列为岗位要求，并要求劳动者对此进行说明①，但是法律对于该工作岗位有特定要求的除外。

4. 在用人单位发出录用通知后又反悔，劳动者意欲主张赔偿损失的，第一，应当保存用人单位发来的录用通知书。如果录用通知书系电子形式（电子邮件、短信、微信等），可以考虑做好证据公证，并且该电子形式应当能够体现发件人身份为该用人单位。第二，如果劳动者主张赔偿为订约而实际支出的费用的，则劳动者应当提供实际支出的票据。第三，如果劳动者主张机会成本损失的，则其应当提供其他用人单位发来的入职通知书，自己向原用人单位提交的辞职信，原用人单位出具的解除劳动合同证明，原用人单位工资发放记录、未休年假证明等证据。

第二节　书面劳动合同的订立

裁判观点

1. 劳动关系成立的标志并非劳动合同签订，而是双方形成用工关系。用人单位与劳动者自实际用工之日建立劳动关系。劳动合同是证明双方存在劳动关系的重要证据。

2. 劳动关系双方虽然未订立名称为劳动合同的文本，但订立的其他书面文件已经包含劳动合同期限、工作内容和工作地点、工作时间和休息休假、劳动报酬、社会保险等内容，明确了双方的主要劳动权利义务，具备劳动合同本质特征的，应当认定双方已经订立了书面劳动合同。

3. 因用人单位原因导致自用工之日起满 1 个月没有与劳动者订立书面劳动

---

① 用人单位要求劳动者履行说明义务的形式有两种：一种是用人单位通过询问，要求劳动者主动作出回答并提交有关资料证明；另一种是通过对劳动者进行鉴定、检查的方式，从鉴定、检查单位获取鉴定、检查结果，从而了解劳动者情况，最典型的例子为入职体检。

合同的，用人单位应当每月向劳动者支付二倍工资，并补签书面劳动合同；自用工之日起满1年仍未与劳动者订立书面劳动合同的，视为双方已经订立无固定期限劳动合同，同时该节点之后的二倍工资不再支付，该节点之前因未签订书面劳动合同的二倍工资仍然应当支付。用人单位向劳动者每月支付未订立书面劳动合同二倍工资的最长期限为11个月，自用工之日起满1个月至用工满1年。

4. 用人单位违法不与劳动者订立无固定期限劳动合同的，自应当订立之日起每月向劳动者支付二倍工资，直至订立无固定期限劳动合同时止。

5. 代签劳动合同得到劳动者事先授权或者事后追认的，法律效果与劳动者本人签订书面劳动合同相同。

6. 劳动合同约定到期届满自动延期的，如果约定自动延期期限的，应当予以确认，并认定第二次签订书面劳动合同；如果没有约定自动延期期限的，可以认定双方协商一致签订无固定期限劳动合同。

7. 因用人单位原因未与劳动者订立书面劳动合同而每月需向劳动者支付的二倍工资，用人单位违法不与劳动者订立无固定期限劳动合同而每月需向劳动者支付的二倍工资，均不属于劳动报酬性质，应当适用《劳动争议调解仲裁法》第27条规定的普通仲裁时效。

8. 计算用人单位因己方原因未与劳动者订立书面合同而每月支付二倍工资的时候，应当以正常工作时间应得工资作为二倍工资计算基数，不包含加班费、奖金、绩效以及其他不属于劳动报酬类的津贴、补贴等。用人单位违法不订立无固定期限劳动合同的二倍工资基数，与上相同。

9. 用人单位与劳动者一方签订的集体合同，不能替代用人单位与劳动者个体所签订的书面劳动合同。用人单位以订立集体合同为由主张未签订书面劳动合同免责的，不宜支持。

10. 用人单位与劳动者签订的劳动合同被劳动仲裁、人民法院认定为无效合同的，劳动者主张用人单位未与其签订书面劳动合同应向其支付二倍工资的，不宜支持。

深度解析

一、劳动合同的类型

《劳动合同法》第12条规定：“劳动合同分为固定期限劳动合同、无固定期限劳动合同和以完成一定工作任务为期限的劳动合同。”该法第13条、第14

条、第 15 条分别对上述劳动合同进行了定义。固定期限劳动合同，是指用人单位与劳动者约定合同终止时间的劳动合同。无固定期限劳动合同，是指用人单位与劳动者约定无确定终止时间的劳动合同。以完成一定工作任务为期限的劳动合同，是指用人单位与劳动者约定以某项工作的完成为合同期限的劳动合同。

从我国现行法律体系看，我国劳动合同以期限作为唯一分类标准。至于以劳动者或者用人单位的主体类型作为分类标准，或者以普通行业、特种行业等行业类型作为分类标准，抑或以典型性用工、非典型性用工（如劳务派遣、网络平台用工等）等用工模式作为分类标准，则未被现行法律法规所规定和关注。

二、书面劳动合同的订立

（一）书面劳动合同订立的时间

《劳动法》第 16 条规定："劳动合同是劳动者与用人单位确立劳动关系、明确双方权利和义务的协议。建立劳动关系应当订立劳动合同。"《劳动合同法》第 10 条进一步规定："建立劳动关系，应当订立书面劳动合同。已建立劳动关系，未同时订立书面劳动合同的，应当自用工之日起一个月内订立书面劳动合同。用人单位与劳动者在用工前订立劳动合同的，劳动关系自用工之日起建立。"据此，用人单位应当于用工之日起一个月内与劳动者订立书面劳动合同。需要特别注意，双方订立书面劳动合同不意味着双方必然形成劳动关系，劳动关系建立的标志是用工而非签订劳动合同。

（二）签订书面劳动合同的认定问题

1. 认定签订书面劳动合同采取实质性判断标准，不唯合同名称论

在司法实务中，并非必须要求劳动关系双方签订名称为"劳动合同"的合同，才符合《劳动合同法》第 10 条的要求，只要双方签订的书面合同类文件包括劳动合同所必需的要素，即可认定双方已经签订书面劳动合同。《劳动合同法》第 17 条规定："劳动合同应当具备以下条款：（一）用人单位的名称、住所和法定代表人或者主要负责人；（二）劳动者的姓名、住址和居民身份证或者其他有效身份证件号码；（三）劳动合同期限；（四）工作内容和工作地点；（五）工作时间和休息休假；（六）劳动报酬；（七）社会保险；（八）劳动保护、劳动条件和职业危害防护；（九）法律、法规规定应当纳入劳动合同的其他事项。劳动合同除前款规定的必备条款外，用人单位与劳动者可以约定试用期、培训、保守秘密、补充保险和福利待遇等其他事项。"司法实践认为，《劳动合同法》

第17条虽然规定了9种劳动合同应当具备的“必备”条款，但是并非必须完整具备该法条规定的全部条款的合同才属于劳动合同。因为，有些条款的内容即使没有在劳动合同中约定，相关的法律法规对此也有规定，只需劳动关系双方严格遵守即可。而且，从劳动合同签订和履行的实践看，缺乏一些所谓的“必备”条款也并不影响双方劳动权利义务的确定。故，司法实践中一般认为，满足或者主要满足了上述法条所规定的项目或者内容，即可认为劳动关系双方签订的合同类文件包含了劳动合同必备要素。例如，《天津法院劳动争议案件审理指南》第18条规定：“虽然未订立名称为劳动合同的文本，但订立的其他书面文件已经包含了劳动合同期限、工作内容和工作地点、工作时间和休息休假、劳动报酬、社会保险等内容，明确了双方的主要劳动权利义务，具备劳动合同本质特征的，应当认定双方已经订立了书面劳动合同。”

2. 签订书面劳动合同为事实状态

判断劳动关系双方是否签订了书面劳动合同，属于事实判断和性质判断范畴，不涉及劳动合同效力问题。只要劳动关系双方签订的合同在性质上属于劳动合同，则在事实上双方就签订了书面劳动合同，即使该劳动合同无效，也不能否认上述事实。如果劳动合同被劳动仲裁部门或者人民法院依法认定为无效，劳动者主张用人单位未与其签订书面劳动合同应当支付二倍工资的，由于双方在事实上已经签订了劳动合同，故劳动者的该项请求不应当予以支持。

（三）订立书面劳动合同与订立集体合同

1. 集体劳动合同的特征

《劳动法》第33条规定：“企业职工一方与企业可以就劳动报酬、工作时间、休息休假、劳动安全卫生、保险福利等事项，签订集体合同。集体合同草案应当提交职工代表大会或者全体职工讨论通过。集体合同由工会代表职工与企业签订；没有建立工会的企业，由职工推举的代表与企业签订。”第34条规定：“集体合同签订后应当报送劳动行政部门；劳动行政部门自收到集体合同文本之日起十五日内未提出异议的，集体合同即行生效。”第35条规定：“依法签订的集体合同对企业和企业全体职工具有约束力。职工个人与企业订立的劳动合同中劳动条件和劳动报酬等标准不得低于集体合同的规定。”上述三个条文奠定了我国集体劳动合同制度的基石。《劳动合同法》则设立专门章节用了6个条款（第51条至第56条）对集体合同作出进一步细化和扩展。

从上述规定看，集体劳动合同具有如下特征：（1）集体合同的主体一方是劳动者的团体组织——工会或职工代表，劳动者个人不能签订集体合同；（2）集体合同以集体劳动关系中全体劳动者的最低劳动条件、劳动标准和全体职工的权利义务为主要内容，目的是协调用人单位内部劳动关系，确定劳动者的共同利益；(3) 集体合同是要式合同，体现出强烈的国家意志的影响，集体合同必须报送劳动行政部门，劳动行政部门在法定期限内未提出异议的，集体合同方能发生法律效力；(4) 集体合同的效力高于劳动合同的效力，其效力及于用人单位和全体劳动者，如果集体合同为区域性、行业性的，则对当地本行业、本区域的用人单位和劳动者具有约束力。劳动合同约定的劳动者的个人劳动条件和劳动报酬标准不得低于集体合同或专项集体合同的规定，否则无效。

2. 集体合同与劳动合同的关系

集体合同与劳动合同不能互相替代，两者具有鲜明的区别，主要体现在：(1) 主体不同。集体合同的主体是用人单位与工会或者行业组织工会（没有组织工会的，为职工推选的职工代表），而劳动合同的签订主体则是劳动者个人与用人单位。(2) 内容不同。集体合同不仅规定用人单位一般性的劳动权利义务，而且可以涉及劳动关系的各个方面，内容相当宽泛，具有整体性。专项集体合同所涉及的内容仅仅涉及劳动关系的某一方面。而劳动合同的内容则是劳动者个人的劳动条件和劳动标准的约定，内容细致具体，针对性和可操作性相对较强。(3) 效力不同。《劳动合同法》第 54 条规定，依法订立的集体合同对用人单位和劳动者具有约束力。第 55 条规定，用人单位与劳动者订立的劳动合同中劳动报酬和劳动条件等标准不得低于集体合同规定的标准。依据法律法规，集体合同适用于用人单位与该用人单位的全体劳动者，劳动合同则适用于劳动者个人与用人单位。集体合同的法律效力高于劳动合同，对劳动合同内容有规范作用。当劳动合同与集体合同发生冲突时，应优先适用集体合同。劳动合同中的劳动条件和劳动报酬等标准不得低于集体合同的约定，否则无效，无效部分以集体合同标准代替。(4) 产生的时间不同。一般而言，集体合同产生于劳动关系运行过程中，它不以单个劳动者参加劳动为前提，而劳动合同通常产生于作为劳动者参加劳动之前或者之中。(5) 签订的目的不同。签订集体合同的目的是维护员工的集体合法权益，调整和改善群体劳动关系，促进企业和员工全体的共同发展。签订劳动合同的目的仅在于确定劳动者和用人单位之间单个的、具体的权利义务关系，针对的对象是特定明确的个体。[①] (6) 证据功能不同。法律要求劳动关系双方签订书面劳动合同的主要目的之一在于能够从证据角度

---

① 程延园：《劳动关系》（第四版），中国人民大学出版社 2016 年版，第 255~256 页。

固定和证明双方存在劳动关系，但由于集体合同是劳动者一方以团体形式与用人单位订立的，故订立集体合同的事实不能必然推导出某个具体的劳动者与该用人单位有劳动关系。所以，劳动合同与集体合同在证据的证明力方面功能不同。

综上，集体合同与劳动合同在订立主体、合同内容、订立目的、合同效力等诸多方面均存在显著差别，两者在功能上、性质上并非同一，故两者不可互相替代。当用人单位已经订立集体合同但未与劳动者订立劳动合同时，仍应当根据《劳动合同法》的规定判断用人单位对此是否有过错，进而认定用人单位是否应当承担未签订书面劳动合同的法律责任。

三、未订立书面劳动合同的法律后果及原因分析

（一）用人单位向劳动者每月支付二倍工资

《劳动合同法》第82条规定了用人单位不与劳动者签订书面劳动合同的法律责任。该条规定："用人单位自用工之日起超过一个月不满一年未与劳动者订立书面劳动合同的，应当向劳动者每月支付二倍的工资……"针对该条款的理解与适用，《劳动合同法》实施之初司法实践普遍认为只要用人单位在客观上未与劳动者签订书面劳动合同，即应当承担向劳动者支付二倍工资的法律责任。随着各界对《劳动合同法》的实践和理解加深，目前普遍认为该项制度的立法目的在于督促用人单位及时与劳动者签订书面劳动合同，以便明确双方劳动权利义务，便于发生纠纷时劳动者有维权依据。故，针对该条款的适用应当区分未签订书面劳动合同的具体原因而分别处理。具体如下：

1. 因用人单位原因导致在用工之日起一个月内未与劳动者签订书面劳动合同的，用人单位应当向劳动者每月支付二倍工资

结合上文对《劳动合同法》第82条立法目的的探讨，只有当用人单位在主观上存在过错导致未能在法定期限内与劳动者签订书面劳动合同的情况下，用人单位才负有向劳动者每月支付二倍工资的法律责任。如何认定用人单位主观上存在过错呢？笔者认为，主要应当结合用人单位在签订书面劳动合同过程中是否履行了主动义务，且该主动义务系用人单位可以控制的范围。以下列举实践中常见的用人单位过错情形：

（1）用人单位与劳动者签订空白劳动合同

有证据证明用人单位提供空白合同交劳动者签订，劳动者签名后用人单位将空白合同收回，日后发生纠纷需要出示劳动合同时再填写具体内容。此情形

下，用人单位利用自身优势地位违反诚实信用原则与劳动者签订的书面劳动合同，不符合法律对于签订劳动合同的规定，应当视为双方未签订书面劳动合同。

（2）没有证据证明用人单位主动要求劳动者签订书面劳动合同

一般认为用人单位对于何时何地以何种方式签订劳动合同是有主动权的，如果没有证据证明用人单位曾经主动履行要求劳动者签订书面劳动合同的义务，则不论劳动者是否曾经主动向用人单位提出签订劳动合同的意思表示，都应当认定用人单位主观有过错。

（3）用人单位与劳动者签订过各类书面文件，但均不符合劳动合同本质特征

实践中，有的用人单位未与劳动者签订书面劳动合同，但是却与劳动者签订诸如入职告知书、岗位责任书、薪酬确认书等书面文件。根据判断劳动合同的实质性标准，双方虽然未签订名为劳动合同的文件，但是只要签署的其他书面文件符合劳动合同本质特征，具备劳动合同主要条款的，均可被认定为已经签订了书面劳动合同。但是，如果双方签订的各类书面文件不具备上述要件的，就不能认定双方已经签订了书面劳动合同。裁判机关在此时会认为，既然用人单位可以与劳动者签订其他文件，那么必然可以与劳动者签订书面劳动合同，所以用人单位对目前没有签订书面劳动合同的结果有过错，应承担每月支付二倍工资的法律责任。进一步说，如果用人单位与劳动者签订了名为劳动合同的文件，但是该文件不具备劳动合同的主要条款，不能反映劳动合同的主要特征，不能将劳动关系双方主要的劳动权利义务予以明确，则该文件依然不能被认定为劳动合同。用人单位在此情况下依然要承担因未签订书面劳动合同而每月向劳动者支付二倍工资的法律责任。

（4）原劳动合同到期后劳动者继续在用人单位工作，用人单位也不拒绝

司法实务对此问题的处理呈现两种观点：第一种观点认为，不应当支持劳动者的请求。原因在于，《最高人民法院关于审理劳动争议案件适用法律问题的解释》（为便于区分，以下简称《劳动争议司法解释一》）第16条第1款规定："劳动合同期满后，劳动者仍在原用人单位工作，原用人单位未表示异议的，视为双方同意以原条件继续履行劳动合同。一方提出终止劳动关系的，人民法院应当支持。"根据该规定，劳动关系双方虽然没有书面劳动合同，但是视为按照原条件继续履行劳动合同，双方劳动权利义务关系通过这种途径以书面形式表现出来，不违反《劳动合同法》要求订立书面劳动合同的规定。第二种观点则认为，应当支持劳动者的请求。理由为，首先，《劳动争议司法解释一》颁布实施时间早于《劳动合同法》，《劳动争议司法解释一》的制定思想、制定背景、

时代要求均与《劳动合同法》不同，《劳动合同法》实施之后对于书面劳动合同的签订有了新的规定，理应严格遵照执行。其次，如果不支持劳动者的该项请求，则意味着剥夺了劳动者可以达到某种符合要求签订无固定期限劳动合同的条件，[①] 对劳动者甚为不公。

从目前司法实践看，很多法院采取了第二种观点，只是在某些细节上有差别。有的地区认为，劳动合同到期后，应当给予用人单位 1 个月的签订书面劳动合同的宽限期，用人单位在 1 个月内没有与劳动者签订书面劳动合同的，应当自满 1 个月之时开始每月向劳动者支付二倍工资。例如，《天津法院劳动争议案件审理指南》第 14 条第 1 款规定："劳动合同期满未续签书面劳动合同，劳动者继续在原用人单位工作，原用人单位未表示异议，劳动者主张用人单位支付未与其签订书面劳动合同二倍工资的，应予支持。二倍工资的支付期限为劳动合同期满一个月的次日至双方补签书面劳动合同的前一日，但最长不超过十一个月。"

有的地区认为，不应当再给予用人单位 1 个月的签订书面劳动合同的"宽限期"。例如，北京地区的司法观点认为，劳动合同期满后未订立劳动合同，劳动者仍在原用人单位继续工作，应适用《劳动合同法》第 10 条、第 14 条第 3 款、第 82 条，《劳动合同法实施条例》第 6 条、第 7 条的规定进行处理。在此情况下，因为用人单位对原劳动合同期满和继续用工的法律后果均有预期，因此不需要再给予一个月的宽限期，原劳动合同期满次日，即是用人单位应当订立劳动合同之日和承担未订立劳动合同的法律后果之日。

《新劳动争议解释一》实施后，上述问题基本有了定论。《新劳动争议解释一》第 34 条第 1 款规定："劳动合同期满后，劳动者仍在原用人单位工作，原用人单位未表示异议的，视为双方同意以原条件继续履行劳动合同。一方提出终止劳动关系的，人民法院应予支持。"该款与《劳动争议司法解释一》第 16 条对照，不易一字。笔者认为，上述第二种观点理由中关于订立无固定期限劳动合同的利益具有相当的说服力，否则也不会有那么多地方的高级人民法院采纳此观点。笔者认同第二种观点，根本原因在于该条款规范的对象是事实劳动关系。第一，在该条款指向的情形下，劳动关系双方没有签订劳动合同，但形

① 例如，如果适用《劳动争议司法解释一》第 16 条的规定，意味着劳动者与用人单位在日后所形成的劳动关系中始终都不需要再签订书面劳动合同，劳动者永远不能达到"连续订立二次固定期限劳动合同"的条件，无法要求用人单位与其签订无固定期限劳动合同。这就从实质上剥夺了劳动者的法定权利。

成事实劳动关系。事实劳动关系与劳动合同关系的根本区别在于劳动关系双方有无签订劳动合同。最高人民法院在解释《劳动争议司法解释一》第16条时，明确指出本条款规范的是因此情形而成立的事实劳动关系。第二，既然劳动关系双方没有签订劳动合同，那么根据《劳动合同法》的规定，用人单位就应当承担未签订书面劳动合同二倍工资的法律责任，进而保障了劳动者在将来可能要求签订无固定期限劳动合同的权利。第三，至于该条款规定的人民法院应当支持任何一方提出终止劳动关系的请求，根本原因在于双方形成事实劳动关系后未就劳动关系期限有约定，而事实劳动关系又不同于劳动合同关系，不会因为事实劳动关系可以随时终止而与《劳动合同法》规定的劳动合同类别相矛盾。[①] 第四，不宜将劳动关系双方成立事实劳动关系认定为双方签订了劳动合同从而已经成立劳动合同关系。最高人民法院在解释《劳动争议司法解释一》第16条时，明确讲"双方同意以原条件继续履行劳动合同"不意味着双方以原合同条件重新签订劳动合同，也讲原劳动合同的期限条款不是必定包含在"原条件"之中，而是有赖于劳动关系双方对期限进行重新约定。[②] 这就意味着，不能将劳动关系双方成立事实劳动关系认定为双方续签了劳动合同。原劳动和社会保障部办公厅《关于对事实劳动关系解除是否应该支付经济补偿金问题的复函》（劳社厅函〔2001〕249号）对此也有同样的意见，该函认为"……劳动合同期满后，劳动者仍在原用人单位工作，用人单位未表示异议的，劳动者和原用人单位之间存在的是一种事实上的劳动关系，而不等于双方按照原劳动合同约定的期限续签了一个新的劳动合同。一方提出终止劳动关系的，应认定为终止事实上的劳动关系"。最高人民法院民一庭在对《新劳动争议解释一》第34条进行说明时，也认为"视为双方同意以原条件继续履行劳动合同"的，不能免除用人单位应当与劳动者订立书面劳动合同的法定责任，并倾向认为不需要在原劳动合同期满后再给予1个月宽限期。[③]

（5）用人单位因疏忽大意未与劳动者签订书面劳动合同

用人单位因疏忽大意或者管理不严格而导致未与劳动者签订书面劳动合同，

---

① 根据《劳动法》《劳动合同法》的规定，劳动合同只有三类，即固定期限劳动合同、无固定期限劳动合同、以完成一定工作任务为期限的劳动合同，而没有不定期劳动合同。故，不能将事实劳动关系认作是不定期劳动合同关系，就像不定期租赁合同关系一样。

② 最高人民法院民事审判第一庭编著：《最高人民法院劳动争议司法解释的理解与适用》，人民法院出版社2006年版，第125~127页。

③ 最高人民法院民事审判第一庭编著：《最高人民法院新劳动争议司法解释（一）理解与适用》，人民法院出版社2021年版，第356~387页。

其本身并不存在故意不签订的情况，应该说用人单位此时的主观状态恶性极小，但是依法其依然应当承担每月支付二倍工资的法律责任。易言之，只要用人单位主观存在过失，就应当承担法律责任。例如，劳动者入职不到1个月即发生工伤事故，依法进入停工留薪期。用人单位依法支付了停工留薪期的工资福利，但是因疏忽大意没有催促劳动者签订书面劳动合同。后，劳动者要求用人单位每月向其支付未签订书面劳动合同二倍工资。用人单位因为在未签订书面劳动合同问题上存在过错，故其应当承担该法律责任。

（6）用人单位与劳动者均有过错

劳动关系双方对于未签订书面劳动合同均有过错的，不影响用人单位因己方过错而承担每月支付二倍工资的法律责任。理由在于，一方面，法律只规定用人单位未与劳动者签订书面劳动合同而应当每月支付二倍工资的法律责任，没有规定用人单位可以因劳动者对此也有过错而免责；另一方面，用人单位在签订书面劳动合同过程中一般是主动的、具有优势地位的，未能签订书面劳动合同的原因主要在于用人单位。即使劳动者有过错，用人单位也完全可以通过其他途径进行弥补，不能仅仅以劳动者亦有过错来免除用人单位的法律责任。

2. 非因用人单位原因导致在用工之日起一个月内未签订书面劳动合同，用人单位也没有终止用工关系的，用人单位不向劳动者每月支付二倍工资

“非因用人单位原因”既包括劳动者原因，也包括非劳动关系双方原因，其落脚点均为用人单位对此无过错。只有在用人单位无过错的情况下，用人单位才不承担每月向劳动者支付未签订书面劳动合同二倍工资的法律责任。

根据《劳动合同法实施条例》第5条规定：“自用工之日起一个月内，经用人单位书面通知后，劳动者不与用人单位订立书面劳动合同的，用人单位应当书面通知劳动者终止劳动关系，无需向劳动者支付经济补偿，但是应当依法向劳动者支付其实际工作时间的劳动报酬。”第6条第1款规定：“用人单位自用工之日起超过一个月不满一年未与劳动者订立书面劳动合同的……劳动者不与用人单位订立书面劳动合同的，用人单位应当书面通知劳动者终止劳动关系，并依照劳动合同法第四十七条的规定支付经济补偿。”根据上述规定，如果劳动者不与用人单位签订书面劳动合同的，用人单位“应当”书面通知劳动者终止劳动关系，自用工之日起1个月内通知的，用人单位无须支付经济补偿；用工之日起满1个月不满1年通知的，用人单位还需要支付经济补偿。在劳动用工实践中，相当多的用人单位并不必然通知劳动者终止劳动关系，而是继续维持劳动关系。在司法实践中，一般认为上述条款所规定的系用人单位的权利，用

人单位可以终止劳动合同也可以不终止，并非只要没有在法定期限内签订书面劳动合同，用人单位就必然要承担每月支付二倍工资的法律责任。如果未签订书面劳动合同系非用人单位的原因，用人单位即不承担每月支付二倍工资的法律责任。非因用人单位原因的主要表现如下：

（1）劳动者采取各种方法故意不与用人单位签订书面劳动合同。实践中，有部分劳动者基于想获得二倍工资的目的，在用人单位要求签订书面劳动合同时采取各种方式拖延、拒绝签订。只要用人单位没有留存要求劳动者签订劳动合同的证据，将来劳动者的此目的即可以实现。

这里需要着重讨论一下公司高级管理人员未签订书面劳动合同的责任归属问题。公司高级管理人员未签订书面劳动合同的，用人单位不必然需要支付二倍工资，应区分情况处理：第一，该高级管理人员的职责范围系负责该用人单位人力资源管理，包括签订和管理所在用人单位的劳动合同的，如果未签订书面劳动合同，则一般应当认定系劳动者原因所致，用人单位不承担二倍工资的责任。如果该劳动者虽然负责人力资源管理，但是其可以决定和管控的对象不包括自己，而是由上级领导管理，则该劳动者未签订书面劳动合同的，仍然应当认定系用人单位原因所致。最常见的例子就是根据用人单位的规章制度规定，人力资源总监或者负责人力资源事务的副总经理的劳动合同由总经理或董事长负责签订。第二，该高级管理人员不负责人力资源、劳动合同管理，则其未签订书面劳动合同的，除有证据证明系该高级管理人员原因所致外，一般认定系用人单位原因导致，用人单位应当支付二倍工资。第三，在出现企业集团情况下，高级管理人员与集团公司签订劳动合同，但是其实际工作地点、工作内容等却在集团内的其他公司，此时首先应当确定与该高级管理人员建立劳动关系的主体是集团公司还是实际工作的公司，在确定了劳动关系的基础上再考察真正的用人单位是否与该劳动者签订了书面劳动合同。

对此问题，有的地区法院已经作出明确规定。例如，北京市高级人民法院和北京市劳动争议仲裁委员会曾联合出台相关会议纪要认为，用人单位法定代表人依据《劳动合同法》第 82 条规定向用人单位主张二倍工资的，一般不予支持。用人单位高管人员依据《劳动合同法》第 82 条规定向用人单位主张二倍工资的，可予支持，但用人单位能够证明该高管人员职责范围包括管理订立劳动合同内容的除外。对有证据证明高管人员向用人单位提出签订劳动合同而被拒绝的，仍可支持高管人员的二倍工资请求。用人单位的人事管理部门负责人或主管人员依据《劳动合同法》第 82 条规定向用人单位主张二倍工资的，如用人单位能够证明订立劳动合同属于该人事管理部门负责人的工作职责，可不予支持。有证据证明人事管理部门负责人或主管人员向用人单位提出签订劳动合同，而用人单位予以拒绝的除外。

（2）劳动者从原单位离职，但是原单位未在法定期限内为劳动者开具终止或者解除劳动合同通知书，或者未为劳动者办理退工退档手续，导致新用人单位无法为劳动者办理用工手续的情况下无法签订书面劳动合同。

（3）劳动合同逾期终止期间未签订书面劳动合同。《劳动合同法》第 45 条规定："劳动合同期满，有本法第四十二条规定情形之一的，劳动合同应当续延至相应的情形消失时终止。但是，本法第四十二条第二项规定丧失或者部分丧失劳动能力劳动者的劳动合同的终止，按照国家有关工伤保险的规定执行。"第 42 条规定："劳动者有下列情形之一的，用人单位不得依照本法第四十条、第四十一条的规定解除劳动合同：（一）从事接触职业病危害作业的劳动者未进行离岗前职业健康检查，或者疑似职业病病人在诊断或者医学观察期间的；（二）在本单位患职业病或者因工负伤并被确认丧失或者部分丧失劳动能力的；（三）患病或者非因工负伤，在规定的医疗期内的；（四）女职工在孕期、产期、哺乳期的；（五）在本单位连续工作满十五年，且距法定退休年龄不足五年的；（六）法律、行政法规规定的其他情形。"基于此，在出现劳动合同因法定情形逾期终止的事由时，会存在劳动合同书面期限届满到劳动合同逾期终止之日的期间，劳动关系双方在这个期间内一般是没有签订书面劳动合同的情况。那么，劳动者提出用人单位应当支付在上述期间未签订书面劳动合同的二倍工资的请求能否得到裁判机关的支持呢？笔者认为，答案是否定的。一方面，上述所谓的未签订书面劳动合同的"空档期"是由法定原因导致的，用人单位对此没有过错；另一方面，上述"空档期"是由法定特殊原因导致的，此期间未签订书面劳动合同不会影响劳动关系双方劳动权利义务的确定和查明，更不会影响双方劳动关系的确认，如果要求用人单位仍然承担未签订书面劳动合同二倍工资的法律责任，则是与该制度设立目的相矛盾的。目前，有些地区法院已经对此作出明确规定。例如，北京市法院的倾向性观点认为，存在劳动者患病或者非因工负伤在规定的医疗期内，女职工在孕期、产期、哺乳期期间等《劳动合同法》第 42 条规定的情形，劳动合同期满时，用人单位未与劳动者续订劳动合同，是否认定为未订立劳动合同而支付二倍工资？劳动合同期满，有《劳动合同法》第 42 条规定的情形的，劳动合同应当续延至相应的情形消失时终止，故在续延期间用人单位与劳动者无须订立书面劳动合同，故不应支付二倍工资。

（二）用工满1年仍未签订书面劳动合同，视为双方订立无固定期限劳动合同

《劳动合同法》第14条第3款规定："用人单位自用工之日起满一年不与劳动者订立书面劳动合同的，视为用人单位与劳动者已订立无固定期限劳动合同。"司法实务中已经对此条的理解达成共识，即用人单位自用工之日起满1年不与劳动者订立书面劳动合同的，法律后果只有一个，即视为自用工之日起满1年的当日，双方已经订立无固定期限劳动合同。之前用人单位因未签订书面劳动合同而向劳动者每月支付二倍工资至"视为"已订立无固定期限劳动合同之时终止，用人单位不需要再支付。

（三）补订书面劳动合同

《劳动合同法实施条例》第6条规定："用人单位自用工之日起超过一个月不满一年未与劳动者订立书面劳动合同的，应当依照劳动合同法第八十二条的规定向劳动者每月支付两倍的工资，并与劳动者补订书面劳动合同；劳动者不与用人单位订立书面劳动合同的，用人单位应当书面通知劳动者终止劳动关系，并依照劳动合同法第四十七条的规定支付经济补偿。前款规定的用人单位向劳动者每月支付两倍工资的起算时间为用工之日起满一个月的次日，截止时间为补订书面劳动合同的前一日。"根据上述规定，用人单位除向劳动者支付未签订书面劳动合同的二倍工资外，还要与劳动者补订书面劳动合同。

四、代签、补签劳动合同

（一）代签劳动合同

代签劳动合同可以分为两种情况，一种是劳动者事先同意或者委托他人代替自己与用人单位签订书面劳动合同，另一种是他人代签劳动合同虽然事先没有得到劳动者同意，但是劳动者事后予以追认。这两种情形都可以认为劳动关系双方已经签订书面劳动合同。如果未征得劳动者同意或者追认的，应当认定双方未签订书面劳动合同。

（二）补签劳动合同

1. 补签日期为劳动合同实际签订日期

用人单位如果与劳动者补签书面劳动合同的日期是补签当日，则属于履行《劳动合同法实施条例》第6条所规定的义务的范畴，此种补签行为不能免除用人单位向劳动者支付二倍工资的法律责任，用人单位仍然需要按月支付自实际

用工满 1 个月至补签书面劳动合同之日期间的二倍工资。

2. 补签日期为应当签订书面劳动合同之日

如果劳动关系双方自愿在补签书面劳动合同时将合同签订日期“倒签”为应当签订书面劳动合同之日的，从形式上看，双方签订书面劳动合同的日期符合法律要求；从实质上看，可以认为劳动者以其行为放弃了二倍工资的权利，而且也达到了法律要求的劳动关系双方应当订立书面劳动合同，以便发生争议时方便劳动者维权的立法目的。故在此种情况下，用人单位不再承担每月支付未签订书面劳动合同二倍工资的责任。如果“倒签”系劳动者受胁迫或者欺诈所为，则不应认定“倒签”显示的日期与“倒签”行为之日区间双方已经签订书面劳动合同，用人单位应当承担每月支付二倍工资的法律责任。

五、劳动合同约定到期后自动延期问题

实践中，经常有用人单位为了规避劳动合同到期后未及时续订的法律责任，在劳动合同中提前约定合同到期后自动延期的条款。该约定是否能够达到视为双方续订书面劳动合同的效力，实践中理解不一。笔者认为，劳动合同虽然受到国家意志影响较大，但是其终究属于合同，国家意志只是在劳动基准、劳动保护等依靠市场自身力量无法形成平等保护的领域影响劳动合同，对于其他内容应当尊重双方当事人的一致原则。再结合《劳动合同法》第 26 条的规定，劳动合同中关于劳动合同到期双方没有续签也没有终止则视为合同顺延的约定应当认定其效力。但是，自动顺延至何时，视为自动顺延后劳动合同属于固定期限劳动合同还是无固定期限劳动合同，则应当区分不同约定内容而有所分别。

（一）明确自动顺延的期限

如果双方在劳动合同中明确自动顺延的期限，则应当认定双方第二次签订了固定期限的书面劳动合同，劳动合同期限以前一份劳动合同中约定的自动顺延期限为准。

如果自动顺延的期限到期，双方还没有续订书面劳动合同或者终止劳动合同的意思表示，劳动者继续在用人单位处工作的，应当区分两种情况处理：

1. 如果此时劳动者未表达想与用人单位签订无固定期限劳动合同的意思表示，则应当认定用人单位应自自动顺延期限届满之日起 1 个月内与劳动者签订书面劳动合同。用人单位逾期不签订的，应当支付二倍工资，用人单位自自动顺延期限届满之日起满 1 年未与劳动者签订书面劳动合同的，视为双方签订无

固定期限劳动合同。理由在于：第一，第一份劳动合同中约定了该劳动合同到期自动顺延的条款，但是第二份自动顺延的劳动合同中并无条款约定该“自动顺延的劳动合同”到期后仍然自动顺延。易言之，自动顺延只在第一份直接约定了该条款的劳动合同中出现，“自动顺延的劳动合同”中并没有约定此条款。第二，如果允许自动顺延无休止顺延下去，则劳动关系双方只需要签订一份劳动合同就一劳永逸了，也可以通过此种方法架空连续订立二次固定期限劳动合同等法定的需要订立无固定期限劳动合同的条款。

2. 如果此时劳动者表达了其想与用人单位签订无固定期限劳动合同的意思表示，则由于双方已经连续订立 2 次固定期限劳动合同，故用人单位应当与劳动者签订无固定期限劳动合同。[①]

（二）未明确自动顺延的期限

如果劳动合同中只约定合同到期双方没有终止合同的意思，也没有续签书面劳动合同的，视为原劳动合同自动顺延，但是没有约定自动顺延的具体期限，则应当认定为双方合意签订无固定期限劳动合同。理由在于，《劳动合同法》第 14 条第 1 款规定：“无固定期限劳动合同，是指用人单位与劳动者约定无确定终止时间的劳动合同。”既然双方均同意自动顺延且又无顺延的终止时间，故依据上述法律规定，可以认定双方合意签订无固定期限劳动合同。

六、未签订书面劳动合同二倍工资的确认

（一）二倍工资的计算基数

目前司法实务界对于二倍工资的计算基数如何确定存在分歧。第一种观点认为，未签订书面劳动合同支付二倍工资的制度目的在于督促用人单位与劳动者签订书面劳动合同，该二倍工资属于对用人单位不履行该义务的罚则，而非劳动者劳动给付的对价，即不属于劳动报酬性质。故，该二倍工资的计算基数应以劳动者正常工作时间的应得工资为准，不包括奖金、绩效、加班费等成分。

第二种观点认为，确定二倍工资的基数应当以劳动者实际取得的工资报酬为准，不应扣除劳动者实际得到的报酬。例如，《深圳市中级人民法院关于审理劳动争议案件的裁判指引》（2015 年）第 70 条规定：“《劳动合同法》第八十二

---

① 连续订立 2 次固定期限劳动合同，劳动者要求用人单位与其签订无固定期限劳动合同，是否应当支持，实践中有不同认识。请参阅本书后面对此问题的详细分析。

条规定的二倍工资差额的计算基数应为包括加班工资在内的当月应得工资，但不包含支付周期超过一个月或未确定支付周期的劳动报酬。”

笔者同意第一种观点，确定二倍工资的基数必须探究该制度设立的初衷，在切实保护劳动者合法权益的同时，不宜过分加重用人单位的责任程度。该制度的最终目的在于促进双方签订书面劳动合同，要求用人单位支付二倍工资是手段而非目的，二倍工资不是劳动对价而仅是确定用人单位法律责任的标准，自然不能包括所有劳动时间所对应的劳动报酬，否则也容易诱发或鼓励实践中部分劳动者恶意不签订书面劳动合同的道德风险，与本制度设立初衷相矛盾。

（二）未签订书面劳动合同二倍工资的给付期间

根据《劳动合同法》第82条的规定，未签订书面劳动合同的二倍工资的给付期间为自实际用工之日起满1个月的次日至满1年前一日，最长不超过11个月。实际用工满1年仍未签订书面劳动合同的，视为双方已经订立无固定期限劳动合同以后期间的二倍工资不再支付。

在用人单位向劳动者给付未签订书面劳动合同二倍工资时，应当按月支付，而非按天支付，理由在于《劳动合同法》第82条后段明确规定：“应当向劳动者每月支付二倍的工资。”例如，劳动者于2018年1月1日入职用人单位发生实际用工，双方于2018年10月8日才签订书面劳动合同。劳动者可以主张用人单位支付二倍工资的期限为2018年2月1日至2018年10月7日，用人单位因在此期间未签订书面劳动合同而应当按月支付二倍工资的月份为2月至9月共8个月，10月虽然有7天时间仍未签订书面劳动合同，但是10月却不需要支付二倍工资。

但是，有些地区似乎并不如上理解，而是对二倍工资的支付期间采取按天计算的方式。例如，北京市高级人民法院2015年出台有关劳动争议纪要以列举案例的形式说明未签订书面劳动合同二倍工资的计算方法：蒋某于2012年4月15日到公司工作，双方未签订劳动合同，至2013年5月15日双方劳动关系终止。蒋某于2013年10月28日申请仲裁要求支付未签订劳动合同的二倍工资。——注：该案是未签订劳动合同的情形。自2012年5月15日用工满一个月应开始支付二倍工资，到2013年4月15日用工满一年视为订立无固定期限劳动合同。不考虑时效问题，蒋某能主张二倍工资的时间段为2012年5月15日至2013年4月14日。如用人单位提出时效抗辩，则蒋某于2013年10月28日申请仲裁，往前计算一年为2012年10月28日。故该案二倍工资支付期间为2012年10月28日至2013年4月14日。

（三）未签订书面劳动合同二倍工资的仲裁时效

1. 劳动争议仲裁时效的一般规定

《劳动争议调解仲裁法》第 27 条规定了劳动争议案件的仲裁时效。按照该条规定，仲裁时效可以区分为普通仲裁时效和特别仲裁时效。两者的时效期间相同，均为 1 年。但是，两者在仲裁时效起算点上存在差异。根据该法第 27 条第 1 款规定，普通仲裁时效“从当事人知道或者应当知道其权利被侵害之日起计算”；特别仲裁时效则只适用于劳动报酬争议领域，只要双方劳动关系存续的，仲裁时效就不起算，双方劳动关系终止的，终止之日即为仲裁时效起算点。《劳动争议调解仲裁法》第 27 条第 4 款对此有明确规定：“劳动关系存续期间因拖欠劳动报酬发生争议的，劳动者申请仲裁不受本条第一款规定的仲裁时效期间的限制；但是，劳动关系终止的，应当自劳动关系终止之日起一年内提出。”

2. 未签订书面劳动合同二倍工资适用普通仲裁时效

未签订书面劳动合同的二倍工资不是劳动对价，不属于劳动报酬，故应当适用普通仲裁时效的规定，即劳动者在知道或者应当知道用人单位未与其签订书面劳动合同之日起 1 年内有向用人单位主张二倍工资的权利。

实践中，衡量二倍工资是否超过仲裁时效应当按照月来计算还是按照天来计算，还是按照应当支付二倍工资的整体来计算，司法尺度不统一，详述如下：

（1）观点一：按照月来衡量是否超过仲裁时效。例如，广东地区的法院和劳动人事仲裁部门曾倾向认为，劳动者请求用人单位支付未订立书面劳动合同二倍工资差额的仲裁时效，依照《劳动争议调解仲裁法》第 27 条第 1 款、第 2 款和第 3 款的规定确定。用人单位应支付的二倍工资差额，从劳动者主张权利之日起往前倒推一年，按月计算，对超过一年的二倍工资差额不予支持。

（2）观点二：按照天数来衡量是否超过仲裁时效。例如，北京地区的法院和劳动人事争议仲裁部门一般认为，二倍工资中属于劳动者正常工作时间劳动报酬的部分，适用《调解仲裁法》第 27 条第 4 款的规定；增加一倍的工资属于惩罚性赔偿的部分，不属于劳动报酬，适用《调解仲裁法》第 27 条第 1 款的规定，即一年的仲裁时效。二倍工资适用时效的计算方法为：在劳动者主张二倍工资时，因未签劳动合同行为处于持续状态，故时效可从其主张权利之日起向前计算一年，据此实际给付的二倍工资不超过十二个月，二倍工资按未订立劳动合同所对应时间用人单位应当正常支付的工资为标准计算。2015 年 1 月北京法院进一步明确，二倍工资仲裁时效按天起算，不再按整段起算，时效可从劳动者主张权利之日起向前计算一年，据此实际给付的二倍工资不超过 12 个月。

（3）观点三：将未签订书面劳动合同应当支付的二倍工资作为一个整体来衡量是否超过仲裁时效。此观点理由主要是用人单位未签订书面劳动合同是持续的侵权状态，二倍工资作为该状态的法律后果也应当呈整体形态一并计算。例如，《天津法院劳动争议案件审理指南》第14条第2款规定："本条及第12条规定的二倍工资的性质不属于劳动报酬，应当将其作为一个整体按照《中华人民共和国劳动争议调解仲裁法》第二十七条第一款的规定计算仲裁时效。"举例而言，劳动者于2015年1月1日入职用人单位提供劳动，双方始终没有签订书面劳动合同，2016年11月30日劳动者离职并同时主张未签订书面劳动合同二倍工资。劳动者可以要求二倍工资的期间为2015年2月1日至2015年12月31日共计11个月。因为按照整体计算，故二倍工资的仲裁时效计算起点为持续侵权状态满11个月的次日即2016年1月1日，仲裁时效终点为2016年12月31日。只要劳动者在仲裁时效终点前向用人单位主张权利的，则之前所有月份的二倍工资都会得到支持。本例中，劳动者主张权利的时间为2016年12月30日，并未超过仲裁时效计算终点，故11个月的二倍工资都会被支持。

裁审要点

1. 双方订立书面劳动合同不意味着双方必然形成劳动关系，劳动关系建立的标志是用工而非签订劳动合同。

2. 双方是否订立书面劳动合同，不但应从形式上考察，更应考察双方签订的合同类文件是否包含劳动合同的主要条款，是否能够确定主要劳动权利义务关系，从而在实质上判断已经签订了书面劳动合同。上述劳动合同是指个体劳动合同，而非集体合同。

3. 确定用人单位是否应当支付未签订书面劳动合同二倍工资，应当重点考察未能签订的原因是否为用人单位过错所致。

4. 劳动合同系代签的，应重点审查是否有委托代签劳动合同的权限或者劳动者是否予以追认。

5. 确定用人单位应当支付未签订书面劳动合同二倍工资的金额时，一是应明确二倍工资的性质不是"工资"，二是应明确二倍工资的计算基数为基本工资，三是应注意支付的期限最长不应超过11个月。

6. 注意区分"未签订书面劳动合同二倍工资"与"未依法签订无固定期限订立合同的二倍工资"。

实操指引

1. 用人单位录用劳动者后，应当在实际用工之日起1个月内签订书面劳动合同。如果劳动者不签订的，用人单位应当保留非己方原因未能签订书面劳动合同的证据，或者直接终止劳动关系。

2. 用人单位应当注意保留劳动者入职阶段签订的一系列文件，重点是关于岗位、薪酬、规章制度、劳动保护、社会保险等方面的文件，可以有效预防不签订书面劳动合同的风险。

3. 用人单位因己方原因未能在实际用工之日起1个月内与劳动者签订书面劳动合同的，应当及时补签，并妥善协商未签订期间的二倍工资问题。

4. 用人单位应当与劳动者本人签订书面劳动合同，客观条件不允许劳动者本人签署的，应当要求劳动者提交代签人的委托书，或者通过可以印证为本人同意的方式签订劳动合同。

5. 建议劳动关系双方明确约定劳动合同期限，固定期限劳动合同即将到期前1个月及时决定是否续签，如果决定续签要及时通知对方。不建议约定劳动合同到期后自动延期，如必须约定自动延期的，建议明确延期的具体期限。

6. 双方可以约定或者明确“二倍工资”的计算基数。

第三节　无固定期限劳动合同的订立

裁判观点

1. 劳动者以《劳动合同法》第14条第2款为依据，主张用人单位应当与其签订无固定期限劳动合同，劳动者依据充分的，一般予以支持。用人单位违法不与劳动者订立无固定期限劳动合同的，应当依照《劳动合同法》第82条第2款的规定，自应当订立无固定期限劳动合同之日起向劳动者每月支付二倍的工资。

2. 用人单位自用工之日起超过1个月不满1年未与劳动者订立书面劳动合同的，应当向劳动者每月支付二倍工资，超过1年仍然没有订立书面劳动合同的，视为双方已订立无固定期限劳动合同，自“视为”之日起，用人单位不再负担向劳动者支付二倍工资的义务，但用人单位仍然应当向劳动者支付“视为”

之日以前因未签订书面劳动合同的二倍工资。

3. 劳动者以双方连续订立两次以完成一定工作任务为期限劳动合同为由，主张用人单位应当与其签订无固定期限订立合同的，一般不予支持。

深度解析

根据《劳动合同法》第 14 条的规定，无固定期限劳动合同的订立分为两种类型：第一，应当订立；第二，视为订立。两者的法定情形和法律后果均有差异。

一、应当订立无固定期限劳动合同的情形[①]

（一）“劳动者在该用人单位连续工作满十年的”

1. “连续工作满十年”中“连续工作”的理解

有观点认为，“连续工作”的含义是在正常劳动时间内连续提供劳动，如果中间出现医疗期、停工留薪期等停止工作的情况，则不能认定“连续工作”。对此问题，《劳动部办公厅对〈关于如何理解“同一用人单位连续工作时间”和“本单位工作年限”的请示〉的复函》（劳办发〔1996〕191 号）有相关规定。[②]该复函规定，“同一用人单位连续工作时间”是指劳动者与用人单位保持劳动关系的时间。按照上述复函的意见，笔者认为，劳动者依法享有的休息休假、医疗期、停工留薪期等期间利益属于法定权利，应当纳入劳动关系存续期间计算，属于“连续工作”的范畴。易言之，“连续工作满十年”是指劳动关系存续期间满 10 年，并非指劳动者不间断地提供劳动满 10 年，这其中可以出现休假的情况。

2. 司法实践对“连续工作满十年”理解的差异

虽然上述复函对“连续工作”的问题有了明确答复，但是对于劳动关系存续期间如果出现《劳动合同法》第 45 条规定的劳动合同延期终止的法定情形时，法定情形存续期间是否纳入“连续工作”年限，司法实践中却仍存在争议，以下举例说明。

上海市高级人民法院 2009 年曾出台相关文件认为，遇到法定顺延情形而延长合同终止期间的，属于法律对劳动者特殊情况的照顾，但不能因此违反法律

---

① 根据《劳动合同法》第 14 条的规定，在符合法定条件且劳动者提出或者同意续订、订立无固定期限劳动合同的，应当订立无固定期限劳动合同。

② 值得注意的是，该复函只规定了在同一用人单位连续工作的认定问题，没有涉及劳动者变更用人单位的情形。

关于合同终止的有关规定随意扩大解释，将订立无固定期限合同的后果纳入其中。显然，上海法院不会支持劳动者提出的订立无固定期限劳动合同的主张。

然而，江苏法院却持相反意见。江苏省高级人民法院和江苏省劳动争议仲裁委员会2009年曾联合出台指导意见认为，劳动合同期限届满后，因下列情形而续延，致使劳动者在同一用人单位连续工作满十年，劳动者提出订立无固定期限劳动合同的，应予支持：（一）从事接触职业病危害作业的劳动者未进行离岗前职业健康检查，或者疑似职业病病人在诊断或者医学观察期间的；（二）患病或者非因工负伤，在规定的医疗期内的；（三）女职工在孕期、产期、哺乳期的。"又如《天津法院劳动争议案件审理指南》第17条规定："【特殊情况下劳动者要求订立无固定期限劳动合同的处理】根据《中华人民共和国劳动合同法》第四十二条、四十五条的规定，劳动合同期满，有下列情形劳动合同应当延续至相应情形消失时终止而使劳动者连续工作满十年的，除劳动者提出订立固定期限劳动合同外，用人单位拒绝与劳动者订立无固定期限劳动合同的，不予支持。（1）从事接触职业病危害作业的劳动者未进行离岗前职业健康检查，或者疑似职业病病人在诊断或者医学观察期间的；（2）患病或者非因工负伤，在规定的医疗期内的；（3）女职工在孕期、产期、哺乳期的。"深圳中院所持意见与江苏高院、天津高院基本一致。

笔者认为，上述观点对"连续"的理解过于狭窄，不符合《劳动合同法》的立法本意。此处的"连续"应指双方劳动关系存续的时间，而非客观上连续提供劳动的意思。理由如下：

（1）《劳动部办公厅〈关于如何理解"同一用人单位连续工作时间"和"本单位工作年限"的请示〉的复函》中明确规定："一、'同一用人单位连续工作时间'是指劳动者与同一用人单位保持劳动关系的时间。二、按照《劳动法》及有关配套规章的规定，劳动者患病或非因工负伤，依法享有医疗期，因此在计算'同一用人单位连续工作时间'时，不应扣除劳动者依法享有的医疗期时间。"人社部的解释不但对司法实践具有重要参照价值，而且从劳动法理角度看也是正确的。

（2）上海市高级人民法院的意见对合同终止与无固定期限劳动合同的关系存有误解。固定期限劳动合同必有合同到期终止的那一天，只不过当劳动者符合法定应当订立无固定期限劳动合同的条件时，劳动者只要选择了想和用人单位续订劳动合同（而且为无固定期限合同），那么用人单位只能订立，此时的主动权完全在劳动者。也就是说，续订无固定期限劳动合同并非合同终止的法律后果，而是在同一用人单位连续工作满10年的法律后果。可能正是因为只有在合同终止时方可计算出劳动者在同一用人单位连续工作的年限，才让上海市高级人民法院的意见对此产生误解和混淆。

（3）并非《劳动合同法》第45条规定的所有情形都会导致合同期限顺延，以致连续工作期限满10年。第一，《劳动合同法》第45条规定丧失或者部分丧失劳动能力劳动者的劳动合同的终止，按照国家有关工伤保险的规定执行。一方面，根据《工伤保险条例》的规定，劳动者被鉴定为一级至四级伤残的，用人单位须保留其劳动关系，即不可能解除或者终止劳动合同，所以根本不可能再有订立劳动合同的问题；另一方面，劳动者被鉴定为五级、六级伤残的，只有当职工提出解除或者终止劳动合同关系的，用人单位才可以跳出劳动合同，否则就只能保留劳动关系。但是，职工主动提出解除或者终止劳动合同的请求与职工提出续订无固定期限劳动合同的请求是不可能同时出现的；最后，劳动者被鉴定为七级以下伤残的，才会出现本文讨论的问题。第二，在本单位连续工作满15年，且距法定退休年龄不足5年的。如果劳动者满足了这个条款的条件，那么必然满足在同一用人单位连续工作满10年的条件。所以，这个条款完全不会产生合同期限顺延的问题。第三，只有《劳动合同法》第42条规定的其他三种情况，才会出现本部分讨论的问题。

综上，笔者认为上海市高级人民法院的意见略有不当之处，但是江苏省高级人民法院的意见也忽略了职工因工负伤被鉴定为七级以下伤残的情况，似有继续完善的必要。天津市高级人民法院的意见则最为准确，唯一遗憾的是未能进一步细化说明《劳动合同法》第45条所指向的该法第42条第2项中的某些情形才有适用场合。毫无疑问，江苏省高级人民法院、天津市高级人民法院的意见所指向的司法方向值得认同，因为这不仅有前述复函作为参照依据，更是因为劳动者出现的这些身体情况要么是因工作所致，要么是作为一个自然人非常正常的生理情况，法律对这些情况是予以特殊保护的，其重要体现之一就是维护劳动者享有一个稳定工作岗位，符合《劳动合同法》立法本意。

3. “该用人单位”的理解

通过设立关联企业、违法派遣等方式，让劳动者轮流与这些单位签订劳动合同，以此规避在同一用人单位连续工作时间的，不会被裁判机关认可。司法实践中，法院对同一用人单位的理解始终秉持实质性观点。例如，《新劳动争议解释一》第46条规定：“劳动者非因本人原因从原用人单位被安排到新用人单位工作，原用人单位未支付经济补偿，劳动者依据劳动合同法第三十八条规定与新用人单位解除劳动合同，或者新用人单位向劳动者提出解除、终止劳动合同，在计算支付经济补偿或赔偿金的工作年限时，劳动者请求把在原用人单位的工作年限合并计算为新用人单位工作年限的，人民法院应予支持。用人单位符合下列情形之一的，应当认定属于‘劳动者非因本人原因从原用人单位被安排到新用人单位工作’：（一）劳动者仍在原工作场所、工作岗位工作，劳动合同主体由原用人单位变更为新用人单位；（二）用人单位以组织委派或任命形式对劳动者进行工作调动；（三）因用人单位合并、分立等原因导致劳动者工作调动；（四）用人单位及其关联企业与劳动者轮流订立劳动合同；（五）其他合理情形。”又如，《劳动合同法实施条例》第10条规定：“劳动者非因本人原因从原用人单位被安排到新用人单位工作的，劳动者在原用人单位的工作年限合并计算为新用人单位的工作年限……”只有秉持实质性标准，才会将有关联关系的前后两个用人单位的工作年限合并计算。

（二）“用人单位初次实行劳动合同制度或者国有企业改制重新订立劳动合同时，劳动者在该用人单位连续工作满十年且距法定退休年龄不足十年的”

1. 此条款中“在该用人单位连续工作满十年”的理解[①]

在用人单位初次实行劳动合同制度或者国有企业改制重新订立劳动合同时，劳动合同所约定的期限往往会与劳动者实际在该用人单位工作的年限不符，一般情况下，劳动合同约定的期限短于劳动者实际已经在该用人单位工作的年限。故，在判断“连续工作满十年”时，应当以劳动者实际工作年限即劳动关系存续年限为准，而非以劳动合同约定的期限为准。

此外，国有企业改制可能会出现几种情况：第一，原企业主体继续存续，只是出资人（股东）或者企业性质[②]发生变化；第二，原企业被其他企业吸收合并而丧失民事主体资格。在第一种情况下，企业的民事主体资格没有发生变化，该企业继续存续，所以该企业与劳动者重新订立劳动合同的，不影响计算劳动者在该企业工作年限的计算。在第二种情况下，与劳动者签订劳动合同的主体已经不再是原企业，而是吸收合并后的新企业，原企业主体资格已经注销。笔者认为，如果严格按照法人制度理解的话，不能认为是本条规定的“国有企业改制重新订立劳动合同”。但是，新企业之中已经融合了原企业的成分，两者之间有事实上的关联关系。结合《劳动合同法》倾向保护劳动者的立法本意，应当对此条规定的“国有企业改制”适度进行扩张解释。在此种情况下，如果劳动者未从原企业领取终止合同的经济补偿的，则应当将劳动者在原企业的工作年限计入在新企业的工作年限，劳动者在新旧两家企业工作的情况符合“在

---

① 该部分内容与本节前述内容有重合，在此不再重复阐述，可以参阅本节前述内容。

② 主要是由全民所有制企业变更为有限公司或者股份公司。

该用人单位连续工作”的条件；如果劳动者已经从原企业领取了终止合同经济补偿的，则不能将劳动者在原企业的工作年限计入新企业的工作年限，不能将在原企业工作的经历归入到新企业连续工作的范畴。

2. “法定退休年龄”的理解

《国务院关于工人退休、退职的暂行办法》（国发〔1978〕104号）第1条规定：“全民所有制企业、事业单位和国家机关、人民团体的工人，符合下列条件之一的，应该退休：（一）男年满六十周岁，女年满五十周岁，连续工龄满十年的。（二）从事井下、高空、高温、特别繁重体力劳动或者其他有害身体健康的工作，男年满五十五周岁、女年满四十五周岁，连续工龄满十年的。本项规定也适用于工作条件与工人相同的基层干部。（三）男年满五十周岁，女年满四十五周岁，连续工龄满十年，由医院证明，并经劳动鉴定委员会确认，完全丧失劳动能力的。（四）因工致残，由医院证明，并经劳动鉴定委员会确认，完全丧失劳动能力的。”第13条规定：“集体所有制企业、事业单位工人的退休、退职，由省、市、自治区革命委员会参照本办法，结合本地区集体所有制单位的实际情况，自行制定具体办法，其各项待遇，不得高于本办法所定的标准。”该办法是第五届全国人大常委会第二次会议原则批准，具有法律效力。实践中，该办法即为目前确定劳动者法定退休年龄的法律依据。

除一般的法定退休年龄外，我国还有特殊工种提前退休制度。原劳动和社会保障部《关于制止和纠正违反国家规定办理企业职工提前退休有关问题的通知》（劳社部发〔1999〕8号）第1条规定：“国家法定的企业职工退休年龄是：男年满60周岁，女工人年满50周岁，女干部年满55周岁。从事井下、高空、高温、特别繁重体力劳动或其他有害身体健康工作（以下称特殊工种）的，退休年龄为男年满55周岁、女年满45周岁；因病或非因工致残，由医院证明并经劳动鉴定委员会确认完全丧失劳动能力的，退休年龄为男年满55周岁、女年满45周岁……”第2条第4项规定：“劳动保障部门要加强对特殊工种的管理和审批工作。设有特殊工种的企业，每年要向地市级劳动保障部门报送特殊工种名录、实际用工人数及在特殊工种岗位工作的人员名册及其从事特殊工种的时间。按特殊工种退休条件办理退休的职工，从事高空和特别繁重体力劳动的必须在该工种岗位上工作累计满10年，从事井下和高温工作的必须在该工种岗位上工作累计满9年，从事其他有害身体健康工作的必须在该工种岗位上工作累计满8年。原劳动部和有关行业主管部门批准的特殊工种，随着科技进步和劳动条件的改善，需要进行清理和调整。新的特殊工种名录由劳动保障部会同有关部门清理审定后予以公布，公布之前暂按原特殊工种名录执行。”根据上述规定，特殊工种退休和正常退休的区别在于特殊工种可以提前 5 年退休，其他与正常退休相同。需要注意的是，特殊工种可以提前 5 年退休并非指一定提前 5 年，而是指可以提前退休的最长期限是 5 年，劳动者可以根据实际情况在 5 年之内选择具体提前退休的时间。

3. 内部退休、内部退养不属于法定退休年龄范畴

内部退休、内部退养在实践中被笼统称为“内退”，这是企业根据自身经营状况和劳动用工状况所自主制定和实施的一种停止工作和退出工作岗位并从企业领取生活费直至正式办理退休手续的做法，它不属于国家法律规定的退休制度的范畴。所以，不能以内退年龄作为达到法定退休年龄的标准。

（三）“连续订立二次固定期限劳动合同，且劳动者没有《劳动合同法》第三十九条和第四十条第一项、第二项规定的情形，续订劳动合同的”

1. 关于“二次”的理解

《劳动合同法》第 97 条第 1 款规定：“本法施行前已依法订立且在本法施行之日存续的劳动合同，继续履行；本法第十四条第二款第三项规定连续订立固定期限劳动合同的次数，自本法施行后续订固定期限劳动合同时开始计算。”根据该规定，连续订立合同的次数从 2008 年 1 月 1 日《劳动合同法》生效之日起计算。不论此前订立过多少次固定期限劳动合同，都须从 2008 年 1 月 1 日起重新计算连续订立的次数。

2. 关于“连续订立”的理解

目前没有任何法律或者司法解释对“连续订立”的含义作出明确规定，学理上对此也鲜有讨论，但这却是司法实践中迫切需要回答的问题。有观点认为，如果两次劳动合同订立中间有一段时间的间隙，只要这个间隙是合理的期间，那么就可以认为是“连续订立”。但是，何谓“合理期间”又会产生无数争议和不确定性，不利于司法实践。鉴于该法定事由是使用人单位丧失选择劳动合同期限类型主动权的条款，是国家意志强烈介入民事主体订立合同的表现，故应当从平衡劳动关系双方利益角度对“连续订立”进行严格解释。具体如下：

（1）“连续订立”应当是指劳动关系双方在劳动关系没有间断的情况下订立后一次合同，最典型的表现是前合同的终止时间与后合同的起始时间之间没有时间间隔。

（2）如果前合同终止后，劳动者仍然在该用人单位工作且用人单位未提出异议的，应当认定符合《劳动争议司法解释一》第 16 条的规定，视为劳动关系

双方继续履行原劳动合同。劳动关系双方在签订后合同时虽然两份合同时间有间隙，但依然属于连续订立。

（3）如果前合同到期终止，劳动者领取经济补偿金后没有在其他用人单位再次就业，而是又回到原单位继续工作并订立劳动合同的，只要劳动关系曾经中断过（典型表现是前后合同中间有间隔），不论中断时间有多长，都不应认定为“连续订立”。

（4）如果前合同已经到期终止，劳动关系双方虽然没有“无缝”签订后合同，但始终在协商过程中，可以视为双方有“连续订立”的意思表示。此时，只要劳动者没有领取经济补偿金，或者虽然领取但在已经签订完后合同时将其退还原用人单位，原用人单位也接受退回的经济补偿金的，仍应当认定为“连续订立”。

3. 连续订立二次固定期限劳动合同后用人单位是否必须遵从劳动者意愿签订无固定期限劳动合同

司法实践对该问题的处理根据用人单位是否具有订立劳动合同的主动权而区分为两种做法：

（1）第一种观点认为，连续订立二次固定期限劳动合同，在第二次劳动合同到期后，只要劳动者要求订立无固定期限劳动合同的，用人单位就必须签订。这种观点目前为我国大部分地区的主流观点。例如，北京市高级人民法院、北京市劳动争议仲裁委员会曾联合出台会议纪要认为，根据《劳动合同法》第 14 条第 2 款第 3 项规定，劳动者有权选择订立固定期限劳动合同或者终止劳动合同，用人单位无权选择订立固定期限劳动合同或者终止劳动合同。上述情形下，劳动者提出或者同意续订、订立无固定期限劳动合同，用人单位应当与劳动者订立无固定期限劳动合同。又如，《天津法院劳动争议案件审理指南》第 16 条规定：“劳动者与用人单位连续订立二次以上固定期限劳动合同，且劳动者没有《中华人民共和国劳动合同法》第三十九条和第四十条第一项、第二项规定的情形，劳动者提出或者同意续订劳动合同，除劳动者提出订立固定期限劳动合同外，用人单位拒绝与劳动者订立无固定期限劳动合同的，不予支持。”

（2）第二种观点认为，连续订立二次固定期限劳动合同，在第二次劳动合同到期前，用人单位需要书面告知劳动者有权利要求订立无固定期限劳动合同。第二种观点与第一种观点相近，但是明确要求用人单位履行的告知义务，让劳动者行使选择权。例如，《江苏省劳动合同条例》第 18 条第 1 款规定：“在《中华人民共和国劳动合同法》实施后，用人单位与劳动者连续订立了二次固定期限劳动合同，且劳动者没有《中华人民共和国劳动合同法》第三十九条和第四十条第一项、第二项规定情形的，用人单位应当在第二次劳动合同期满三十日前，书面告知劳动者可以订立无固定期限劳动合同。”

（3）第三种观点认为，连续订立二次固定期限劳动合同，在第二次劳动合同到期后，只有双方形成续订劳动合同的合意，且劳动者要求订立无固定期限劳动合同的，用人单位才与劳动者订立无固定期限劳动合同。易言之，如果用人单位在第二次固定期限劳动合同到期后不同意续订劳动合同的，劳动者即使提出续订无固定期限劳动合同，也不能支持，因为双方未形成续订劳动合同的合意。上海地区采取此种观点。

笔者认为，全国各地对此问题的处理之所以形成如此大的差别，根源在于立法和司法解释的缺位，解决该问题的根本之道依然在于完善顶层设计，寄希望于全国人大或者最高人民法院对此作出明确规定。以下内容的论述，均以全国大多数地区的司法实践为基础进行。

4. 因劳动合同期限之外的条款不能达成一致而无法签订无固定期限劳动合同的法律责任

连续两次签订的固定期限合同到期后，如果劳动关系双方均同意续订无固定期限劳动合同，但是对劳动合同期限条款以外的内容不能达成一致，导致双方最终无法订立无固定期限劳动合同的，用人单位是否需要承担责任呢？这是实践中经常出现的焦点、难点问题。笔者认为，在续订时不应苛求主要劳动合同条款不做任何变化，只要新条款不存在明显不利因素的，应当允许在岗位职责、劳动强度、技术要求、工作地点、工作待遇等方面进行微调。用人单位超过合理范围故意提高订立无固定期限劳动合同条件致使劳动者无法同意合同条款的，应当认定用人单位恶意推动劳动合同不成立，用人单位应当承担违法终止劳动合同的法律责任。

5. 连续订立三次以上固定期限劳动合同的情形

（1）如果在连续两次订立固定期限劳动合同后，劳动者选择订立固定期限劳动合同，在第三次订立的固定期限劳动合同履行过程中，劳动者要求与用人单位重新签订无固定期限劳动合同的，法院一般不予支持。因为，固定期限劳动合同订立后，双方对于劳动合同的期限已经有明确约定，劳动者单方要求修改合同期限的，违背了双方意思表示一致，法律对此也没有作出支持劳动者这一请求的规定。

（2）如果在连续两次订立固定期限劳动合同后，劳动者选择订立固定期限劳动合同，在第三次订立的固定期限劳动合同到期后，劳动者要求与用人单位签订无固定期限劳动的，该主张是否能予以支持，实践中有不同观点。否定观点认为，《劳动合同法》只规定了连续二次订立固定期限劳动合同的情形，没有规定连续三次及以上订立固定期限劳动合同的情形，故应当严格依照法律规定，认定劳动者的该主张不能成立。肯定观点认为，根据“举轻以明重”的原则，既然连续二次订立固定期限劳动合同的情形下，劳动者在劳动合同到期后要求签订无固定期限劳动合同的主张都被法律所肯定，那么连续三次订立的情形更应得到肯定，这也符合《劳动合同法》倡导劳动关系双方订立长期合同、稳定劳资关系的立法目的。笔者赞同此观点。司法实践中也有法院已经明文予以肯定，如《天津法院劳动争议案件审理指南》第 16 条规定：“劳动者与用人单位连续订立二次以上固定期限劳动合同，且劳动者没有《中华人民共和国劳动合同法》第三十九条和第四十条第一项、第二项规定的情形，劳动者提出或者同意续订劳动合同，除劳动者提出订立固定期限劳动合同外，用人单位拒绝与劳动者订立无固定期限劳动合同的，不予支持。”

6. 与关联企业连续订立二次固定期限劳动合同的情形

如果劳动者与用人单位签订的固定期限劳动合同到期后，又与该用人单位的关联企业签订固定期限劳动合同的，第二份劳动合同到期后，劳动者请求与原用人单位或者其关联企业订立无固定期限劳动合同的，应当如何处理呢？这涉及如何认定关联企业的问题。

关联企业是指具有法律规定特定关联关系的公司法人。根据《公司法》第 265 条的规定，关联关系是指公司控股股东、实际控制人、董事、监事、高级管理人员与其直接或者间接控制的企业之间的关系，以及可能导致公司利益转移的其他关系。但是，国家控股的企业之间不仅因为同受国家控股而具有关联关系。在公司法领域，认定关联企业、关联关系的意义在于判断是否适用“揭开公司面纱”制度而保护债权人；在劳动法领域，判断关联企业的意义则在于确定各个关联企业之间是否构成“共同雇主”。

根据最高人民法院对指导案例 15 号《徐工集团诉川交工贸公司等买卖合同纠纷案》的解读，认为“关联公司”的概念未被《公司法》明确，需要参照相关财税法规予以确定。[①] 例如，《企业所得税法实施条例》第 109 规定：“企业

① 最高人民法院案例指导工作办公室：《指导案例 15 号〈徐工集团诉川交工贸公司等买卖合同纠纷案〉的理解与参照》，载江必新主编：《最高人民法院司法解释与指导性案例理解与适用》（第 2 卷），人民法院出版社 2014 年版，第 436~442 页。

所得税法第四十一条所称关联方，是指与企业有下列关联关系之一的企业、其他组织或者个人：（一）在资金、经营、购销等方面存在直接或者间接的控制关系；（二）直接或者间接地同为第三者控制；（三）在利益上具有相关联的其他关系。”《税收征收管理法实施细则》第51条对于“关联企业”的认定也是遵照上述三个标准。国家税务总局发布的《特别纳税调整实施办法（试行）》（国税发〔2009〕2号）第9条进一步明确列举了8种构成关联关系的情形：“（一）一方直接或间接持有另一方的股份总和达到25%以上，或者双方直接或间接同为第三方所持有的股份达到25%以上。若一方通过中间方对另一方间接持有股份，只要一方对中间方持股比例达到25%以上，则一方对另一方的持股比例按照中间方对另一方的持股比例计算。（二）一方与另一方（独立金融机构除外）之间借贷资金占一方实收资本50%以上，或者一方借贷资金总额的10%以上是由另一方（独立金融机构除外）担保。（三）一方半数以上的高级管理人员（包括董事会成员和经理）或至少一名可以控制董事会的董事会高级成员是由另一方委派，或者双方半数以上的高级管理人员（包括董事会成员和经理）或至少一名可以控制董事会的董事会高级成员同为第三方委派。（四）一方半数以上的高级管理人员（包括董事会成员和经理）同时担任另一方的高级管理人员（包括董事会成员和经理），或者一方至少一名可以控制董事会的董事会高级成员同时担任另一方的董事会高级成员。（五）一方的生产经营活动必须由另一方提供的工业产权、专有技术等特许权才能正常进行。（六）一方的购买或销售活动主要由另一方控制。（七）一方接受或提供劳务主要由另一方控制。（八）一方对另一方的生产经营、交易具有实质控制，或者双方在利益上具有相关联的其他关系，包括虽未达到本条第（一）项持股比例，但一方与另一方的主要持股方享受基本相同的经济利益，以及家族、亲属关系等。”

从上述指导案例看，认定关联企业应当从三个方面的标准进行判断：第一，人员混同。关联公司的经理、财务负责人、出纳会计、工商手续经办人等均相同，其他管理人员亦存在交叉任职的情形，一家公司的人事任免存在由其关联公司决定的情形。第二，业务混同。关联公司实际经营中均涉及相同业务，在生产经营过程中存在共用经营手段、经营协议的情形，对外进行宣传时信息混同。第三，财务混同。关联公司使用共同账户，资金往来及资金管理无法做出明确区分，对外的债权债务均计算在某一关联公司名下，彼此之间无法区分。故，关联公司之间表征人格的因素（人员、业务、财务等）高度混同，导致各自财产无法区分，形成关联关系，丧失独立人格，构成人格混同。

根据上述判断标准，如果与劳动者签订劳动合同的主体系符合上述特征的关联企业的，则各关联企业之间构成“共同雇主”。劳动者请求与原用人单位或者其关联企业订立无固定期限劳动合同的，应予支持。

7. 原用人单位被吸收合并或分立后重新签订劳动合同的情形

劳动者与原用人单位已经签订固定期限劳动合同，该用人单位在劳动合同履行过程中被吸收合并，劳动者又与吸收合并后的新单位签订固定期限劳动合同的，能否被认定为“连续订立二次以上固定期限劳动合同”的情形呢？笔者认为，该问题的处理思路应与前文对“在该用人单位连续工作满十年”的论述一致，重点在于对同一用人单位和连续订立二次的理解。第一，可以将新用人单位与被吸收合并的原用人单位视为一体。第二，根据《劳动合同法》第 34 条规定：“用人单位发生合并或者分立等情况，原劳动合同继续有效，劳动合同由承继其权利和义务的用人单位继续履行。”如果劳动者未与新用人单位重新订立劳动合同，则劳动者与原用人单位的劳动合同继续有效，由新用人单位继续履行。而鉴于新用人单位与原用人单位被视为一体，故在此情况下，不存在连续订立二次固定期限劳动合同的客观事实。第三，如果劳动者与新用人单位重新签订固定期限劳动合同，则应当认定为劳动者与同一用人单位二次签订固定期限劳动合同。基于此，如果重新签订的固定期限劳动合同到期，劳动者根据《劳动合同法》第 14 条第 2 款第 3 项的规定请求与该新用人单位签订无固定期限劳动合同的，宜予以支持。

如果原用人单位分立出新用人单位，劳动者到新用人单位工作并签订固定期限劳动合同的，不宜认定为劳动者与同一用人单位“连续订立二次以上固定期限劳动合同”。理由在于新用人单位系因原用人单位分立而产生，除非有证据证明两家用人单位存在前文所述的“关联关系”，属于“共同雇主”，否则不能认定两者属于同一用人单位。

二、视为订立无固定期限劳动合同

《劳动合同法》第 14 条第 3 款规定：“用人单位自用工之日起满一年不与劳动者订立书面劳动合同的，视为用人单位与劳动者已订立无固定期限劳动合同。”根据上述法律规定，我国无固定期限劳动合同订立制度中存在“视为订立”的情形。

正确适用上述条款，依然应当注意区分自用工之日起满一年未订立书面劳动合同的原因。如果因用人单位自身原因所致，则应当根据上述条款认定双方已经视为订立无固定期限劳动合同；如果非因用人单位原因所致，则不应认为上述条款有适用的余地。

三、连续订立以完成一定工作任务为期限劳动合同与是否应当订立无固定期限劳动合同的关系

实践中，如果劳动关系双方连续订立两次或两次以上以完成一定工作任务为期限劳动合同的，劳动合同期满后，劳动者要求用人单位续订无固定期限劳动合同的，用人单位是否有义务必须续订？笔者认为，劳动者的这一要求不能得到支持。主要理由在于，法律规定的在连续订立的劳动合同到期后应当订立无固定期限劳动合同的情形，仅仅针对双方连续订立的是固定期限劳动合同，并非包括以完成一定工作任务为期限的劳动合同。法律要求用人单位应当订立无固定期限合同，是法律科以用人单位的一种义务，在法律没有明确规定的情况下，不能作扩张解释。

四、违法不订立无固定期限劳动合同的法律责任

《劳动合同法》第 82 条第 2 款规定："用人单位违反本法规定不与劳动者订立无固定期限劳动合同的，自应当订立无固定期限劳动合同之日起向劳动者每月支付二倍的工资。"据此，未订立无固定期限劳动合同的法律责任为每月支付二倍工资。

（一）二倍工资的支付期限

根据《劳动合同法》第 82 条第 2 款的规定，用人单位在违法不订立无固定期限劳动合同时每月应当支付的二倍工资的起点为"应当订立无固定期限劳动合同之日"，但是没有关于终点的规定。故，此处的二倍工资不存在"未订立书面劳动合同"情形下最长 11 个月支付期限的情形，即用人单位支付二倍工资的终点不以时间为衡量依据，而是以用人单位订立无固定期限劳动合同的行为为终点。易言之，只要用人单位违法不订立无固定期限劳动合同的情形存在，其就应当一直向劳动者每月支付二倍工资，直至违法行为消灭时止。实践中，有些法院认为违法不订立无固定期限劳动合同支付的二倍工资最长不能超过 11 个月，不但缺乏法律依据，也与《劳动合同法》第 82 条第 2 款相矛盾。

《新劳动争议解释一》施行后，对上述问题可能会产生争议。《新劳动争议解释一》第 34 条第 2 款规定："根据劳动合同法第十四条规定，用人单位应当与劳动者签订无固定期限劳动合同而未签订的，人民法院可以视为双方之间存

在无固定期限劳动合同关系，并以原劳动合同确定双方的权利义务关系。”[①] 据此，有人可能会认为既然已经被视为双方存在无固定期限劳动合同关系，且以原劳动合同确定双方权益义务关系的，则不存在要求用人单位向劳动者支付违法不签订无固定期限劳动合同二倍工资的责任。笔者认为，这种观点不妥。理由为：第一，《劳动合同法》第 82 条第 2 款明确规定违法不签订无固定期限劳动合同的，用人单位应当支付二倍工资。《新劳动争议解释一》不可能改变和架空上述法律规定。第二，按照《新劳动争议解释一》的规定，只是视为双方存在无固定期限劳动合同关系，并以原劳动合同确定双方权利义务关系，并未规定这种情况视为双方已经依照《劳动合同法》签订了无固定期限劳动合同。这两者的区别还是相对明显的。如果不作如此理解，则意味着《劳动合同法》第 82 条第 2 款会因为上述司法解释的规定，而变得在事实上无法适用。据此，笔者认为，《新劳动争议解释一》的实施不会改变用人单位应当承担未依法签订无固定期限劳动合同的法律责任。

（二）二倍工资的仲裁时效

违法不订立无固定期限劳动合同的二倍工资虽然在实体上没有时间限制，但是其仍受到仲裁时效限制。由于此二倍工资不属于劳动报酬性质，其当然应当适用《劳动争议调解仲裁法》第 27 条第 1 款规定的普通仲裁时效，时效起算点应自用人单位违法不订立无固定期限劳动合同之日起计算，即此时为劳动者知道或者应当知道其权利受到侵害之日。例如，劳动者在 2014 年 4 月 1 日达到了在本单位“连续工作满十年”的法定条件，其向用人单位提出订立无固定期限劳动合同的要求，但是用人单位并未同意，双方继续履行劳动合同。至 2018 年 3 月 31 日，劳动者向劳动争议仲裁委员会申请劳动仲裁，请求用人单位支付 2014 年 4 月 1 日至 2018 年 4 月 5 日违法不签订无固定期限劳动合同的二倍工资。就本案而言，用人单位应当向劳动者每月支付二倍工资的期间为 2014 年 4 月 1 日至 2018 年 3 月 31 日，共计 48 个月。但是，如果用人单位抗辩劳动者的此项诉求已经超过仲裁时效的，则用人单位实际只需要向劳动者支付 2018 年 3 月 31 日前 12 个月的二倍工资，剩余的 36 个月二倍工资已经超过仲裁时效而不会得到裁判机关的支持。例如，《天津法院劳动争议案件审理指南》第 15 条规定：“劳动者要求订立无固定期限劳动合同，用人单位违反《中华人民共和国劳动合

① 该条款系在《劳动争议司法解释一》第 16 条第 2 款的基础上微调而来，只将“根据劳动法第二十条”改为“根据劳动合同法第十四条”。

同法》第十四条的规定不与劳动者订立无固定期限劳动合同，用人单位自应当订立无固定期限劳动合同之日起至补签无固定期限劳动合同的前一日，向劳动者每月支付二倍工资。本条规定的二倍工资性质不属于劳动报酬，应当按照《中华人民共和国劳动争议调解仲裁法》第二十七条第一款的规定按月计算仲裁时效。”

（三）二倍工资的计算基数

用人单位违法不订立无固定期限劳动合同的二倍工资与违法未签订书面劳动合同的二倍工资在性质上完全相同，故，仍应当以正常工作时间应得工资作为二倍工资计算基数，不包含加班费、奖金、绩效以及其他不属于劳动报酬类的津贴、补贴等。

裁审要点

1. 在审查是否应当裁判用人单位支付未签订书面劳动合同二倍工资时，首先应当通过审查当事人陈述、入职登记表、考勤记录、工资发放记录、劳动给付记录、社保缴费记录、档案转移记录、个人所得税记录等证据确定实际用工日期。

2. 判断是否应当由用人单位支付未签订书面劳动合同二倍工资以及未签订无固定期限劳动合同二倍工资时，要注意审查是否系用人单位原因所致。如果并非用人单位原因所致，不宜支持劳动者的二倍工资请求。

3. 计算二倍工资基数时，需要扣除不属于劳动对价的各种费用，只以劳动者正常工作时间的劳动报酬作为二倍工资计算基数。识别劳动对价（劳动报酬）的基本方法为：除基本工资外，劳动报酬会随着劳动时间或者劳动成果的变化而变化；与劳动时间或者劳动成果无关，只与劳动者身份有关，呈现固定化发放的费用一般属于福利待遇范畴，不属于劳动对价。

4. 劳动关系双方客观表现上没有签订一份无固定期限劳动合同，其法律原因及后果并非同一，而是需要区分“视为订立无固定期限劳动合同”和“用人单位违法不订立无固定期限劳动合同”两种法定情形。

5. 用人单位违法不订立无固定期限劳动合同情形下的二倍工资没有时间上的限制，但是要受到仲裁时效的限制。

6. 特别应当注意《第八次全国法院民事商事审判工作会议（民事部分）纪要》（以下简称《八民会纪要》）第27条关于仲裁时效的规定，即“当事人在仲裁阶段未提出超过仲裁申请期间的抗辩，劳动人事仲裁机构作出实体裁决后，当事人在诉讼阶段又以超过仲裁时效期间为由进行抗辩的，人民法院不予支持。当事人未按照规定提出仲裁时效抗辩，又以仲裁时效期间届满为由申请再审或者提出再审抗辩的，人民法院不予支持”。

实操指引

1. 用人单位加强对劳动合同的管理，规范劳动合同的签订、续订、保存、变更等制度。

2. 用人单位在招聘录用劳动者时应该在录用条件中明示录用者必须与用人单位签订书面劳动合同，否则视为不符合录用条件，试用期期间予以解除劳动关系；或者将此列为严重违反公司规章制度应予解除劳动关系的行为。

3. 用人单位书面通知劳动者签订劳动合同，劳动者拒签书面劳动合同的，书面通知终止劳动关系。

4. 注意保留员工拒绝签订劳动合同的证据，如访谈笔录、证人证言、邮寄回执、录音录像等。

5. 制作入职登记表、薪酬确认书、岗位说明书等书面文件交由劳动者办理入职手续时签署，达到签订书面劳动合同的效果。

第四节　劳动合同效力

裁判观点

1. 有欺诈、胁迫、乘人之危情形的不必然导致劳动合同无效，前述行为必须导致当事人违背真实意思订立或变更劳动合同的，劳动合同才无效。

2. 用人单位免除自己的法定责任、排除劳动者权利的，不论劳动者对此有无过错，由于用人单位己方存在过错，故应依法承担相应责任。

3. 用人单位原因导致劳动合同无效的，劳动者可以请求解除该劳动合同。反之，法律并未规定。

4. 劳动合同可以全部无效，也可以部分无效。部分无效的，一般不影响劳动合同其他部分的效力。

5. 劳动关系双方签订的与劳动权利义务有关的合同类文件效力的判定均适

用《劳动合同法》第26条的规定。

6. 劳动合同无效，不影响劳动者参照无效劳动合同向用人单位主张劳动报酬，不能适用互相返还因无效合同而取得的财产的民法规则。因劳动合同无效而导致一方损失的，有过错一方承担赔偿责任。

深度解析

一、劳动合同[①]无效与劳动合同不成立

劳动合同成立是判断劳动合同效力的前提，没有依法成立的劳动合同不存在效力问题。[②] 由于劳动合同是劳动关系的重要书面表现，所以劳动关系成立是劳动合同成立的前提条件。双方当事人如果签订有“劳动合同”，但是由于不满足劳动关系成立的要件，故双方签订的“劳动合同”在法律性质上并非属于劳动合同，而可能是劳务合同或者承揽合同等，则此时判断双方所签订合同是否成立乃至法律效力，则需要依照民法的规定进行判断。下面，笔者以外国人在我国内地就业问题为例说明劳动合同成立与无效的关系。

外国人在我国大陆就业的，根据《外国人在中国就业管理规定》第2条、第5条、第6条、第8条的规定，外国人在我国内地就业实行就业许可制度。用人单位拟聘雇或者接受被派遣外国人的，应当为其申请办理《外国人就业许可证书》，持此证书方可与用人单位建立劳动关系。因此，外国人虽然与用人单位签订“劳动合同”，如果没有就业许可证或者就业许可证到期的，不能与用人单位构成劳动关系。双方所签订的“劳动合同”在法律性质上并非属于劳动合同，而应当属于劳务合同范畴，故双方之间所谓的“劳动合同”并不成立。

对此问题，各地法院的观点并不统一。一种观点认为，双方所签订的合同为劳动合同，且劳动合同无效。例如，2009年8月北京市高级人民法院、北京市劳动争议仲裁委员会曾联合出台会议纪要认为，外国人、港澳台地区居民未依法办理《外国人就业证》、《台港澳人员就业证》的，其与用人单位签订的劳动合同应为无效劳动合同。外国人、港澳台地区居民已经付出劳动的，由用人单位参照合同约定支付劳动报酬。按照这个观点，双方发生争议的，仍然需要

---

① 劳动合同的含义是广义的，不仅局限于名称为“劳动合同”的文件，还包括劳动关系双方在劳动给付、劳动管理全过程中签订的涉及劳动关系双方劳动用工权利义务的合同类文件，如岗位协议书、薪酬福利协议书、服务期协议书、保密协议书、竞业限制协议书、待岗协议书、内部退养协议书、解除或者终止劳动关系协议书、工伤（职业病）补偿协议书等。

② 劳动合同成立亦不代表劳动关系成立，劳动关系成立的标志是劳动关系双方形成用工关系。

首先去劳动仲裁机构申请劳动仲裁，而不能直接去法院提起民事诉讼。另一种观点认为，双方之间不存在劳动关系。例如，上海市高级人民法院民一庭倾向认为，《外国人在中国就业管理规定》第 24 条规定："外国人在中国就业的用人单位必须与其就业证所注明的单位相一致……"如外国人实际就业单位与就业证注明不一致的，违反了行政管理的强制性规定。故其与实际就业单位之间应认定不存在劳动关系。根据上海高院的该意见分析，必然的逻辑结论就是对于外国人没有就业证、就业证到期未续期的，外国人与用人单位之间也不存在劳动关系。

笔者认同上海市高级人民法院的意见。《新劳动争议解释一》第 33 条规定："外国人、无国籍人未依法取得就业证件即与中华人民共和国境内的用人单位签订劳动合同，当事人请求确认与用人单位存在劳动关系的，人民法院不予支持。持有《外国专家证》并取得《外国人来华工作许可证》的外国人，与中华人民共和国境内的用人单位建立用工关系的，可以认定为劳动关系。"根据该司法解释，外国人、无国籍人没有取得就业证，即使与用人单位签订了"劳动合同"，也不存在劳动关系。在不存在劳动关系的前提下，法律意义上的劳动合同自然不能成立，双方所签订的合同的性质只能按照民法的规定进行认定。双方如果因用工发生争议的，应当直接向法院起诉，而不需要先去劳动仲裁机构申请劳动仲裁。

二、劳动合同无效的法定事由

（一）以欺诈、胁迫的手段或者乘人之危，使对方在违背真实意思的情况下订立或者变更劳动合同的

1. 劳动法与民法在合同无效认定问题上的区别

根据《民法典》第 148 条至第 150 条的规定，以欺诈、胁迫等手段使得对方违背真实意思订立合同的，并不属于无效合同，而是可撤销合同。但是，在《劳动合同法》领域中，只要是以欺诈、胁迫或者乘人之危使得对方违反真实意思而签订劳动合同的，不论该劳动合同是否损害国家利益，均属于无效劳动合同，这一点与民法有明显区别。

2. 欺诈、胁迫、乘人之危需达到法定程度

一方当事人在订立劳动合同时存在欺诈、胁迫、乘人之危行为的，并不必然导致劳动合同无效，它必须造成对方当事人违反真实意思表示而订立劳动合同的，该劳动合同才依法为无效劳动合同。如果一方当事人仅仅有欺诈、胁迫、

乘人之危行为，但是对方当事人并未因此而陷于意思表示错误的，双方所签订的劳动合同依然有效。例如，用人单位招聘启事上要求劳动者具有大学本科学历、在专业刊物上发表过文章，劳动者在应聘时为了增加应聘成功的概率，除向招聘单位提供了上述证明材料外，还提供了其在学生会任职、在社会上勤工俭学的材料。事后，用人单位发现该劳动者提供的学历证书、发表文章的材料都是真实的，但是其在学生会任职、在社会上勤工俭学的材料为虚假材料。在此情况下，用人单位如果主张劳动合同无效的，不会得到裁判机关支持。理由在于，劳动者虽然有欺诈行为，但用人单位招聘该劳动者的条件并不包含劳动者欺诈行为所指向的内容，故用人单位作出的录用决定并未受到该欺诈行为的影响，其与劳动者签订劳动合同的意思表示是真实的。

（二）用人单位免除自己的法定责任、排除劳动者权利的

1. 劳动者主要权利

根据《宪法》及《劳动法》《劳动合同法》《就业促进法》《社会保险法》等法律规定，劳动者享有以下 9 项主要权利，劳动者权利所对应的即为用人单位法定责任。详述如下：

（1）劳动者有平等就业的权利。劳动就业权是有劳动能力的公民获得参加社会劳动和切实保证按劳取酬的权利。公民的劳动就业权是公民享有其他各项权利的基础。如果公民的劳动就业权不能实现，其他一切权利也就失去了基础。对劳动者平等就业权产生最大威胁的是就业歧视。《就业促进法》第 3 条第 2 款规定："劳动者就业，不因民族、种族、性别、宗教信仰等不同而受歧视。"实践中，比较严重的就业歧视主要有性别歧视、健康歧视、学历歧视、地域歧视等。

（2）劳动者有选择职业的权利。是指劳动者根据自己的意愿选择适合自己才能、爱好的职业。劳动者在劳动力市场上作为就业的主体，具有支配自身劳动力的权利，可根据自身的素质、能力、志趣和爱好，以及市场资讯，选择用人单位和工作岗位。实践中，劳动者辞职基本没有限制，只需要提前 30 天通知用人单位即可。能够从实体上限制劳动者就业的，只有服务期制度和竞业限制制度。正是在这"一松一紧"中体现了法律对于劳动者职业选择权的侧重保护。

（3）劳动者有取得劳动报酬的权利。劳动报酬是劳动合同的必备条款之一。劳动者付出劳动的，其有权依照合同及国家法律从用人单位处取得劳动报酬。及时足额向劳动者支付工资，则是用人单位的义务。若用人单位违反上述义务，劳动者则有权依法要求劳动监察部门追究其责任，也可以依照《劳动争议调解仲裁法》的规定申请劳动仲裁及提起诉讼寻求法律救济。

（4）劳动者有获得劳动安全卫生保护的权利。这是保证劳动者在劳动过程中的生命安全和身体健康，是对享受劳动权利的主体切身利益最直接的保护，包括防止工伤事故和职业病。与此相对应，用人单位应当建立健全预防和妥善处理工伤、职业病的制度和设施，不能强迫劳动，不得违章指挥、强令冒险作业危及劳动者人身安全。

（5）劳动者享有休息的权利。我国宪法规定，劳动者有休息的权利，国家发展劳动者休息和休养的设施，规定职工的工作时间和休假制度。《国务院关于职工工作时间的规定》第 3 条规定："职工每日工作 8 小时、每周工作 40 小时。"《劳动法》第 38 条规定："用人单位应当保证劳动者每周至少休息一日。"此外，根据《劳动法》第 41 条至第 43 条的规定，用人单位由于生产经营需要，经与工会和劳动者协商后可以延长工作时间，一般每日不得超过 1 小时；因特殊原因需要延长工作时间的，在保障劳动者身体健康的条件下延长工作时间每日不得超过 3 小时，但是每月不得超过 36 小时。用人单位不得违法延长劳动者的工作时间。上述主要规定，都体现了劳动者依法享有的休息权。

（6）劳动者享有社会保险和福利的权利。根据《劳动法》《社会保险法》的规定，我国劳动保险包括养老保险、医疗保险、工伤保险、失业保险、生育保险等。福利范围较广，可以分为法定福利和约定福利。法定福利主要有防暑降温费、冬季采暖补贴、集中供热补贴、带薪年假、婚丧假等，约定福利则是各个用人单位根据自身情况酌情发放给劳动者，法律尊重用人单位的此项自主权利。

（7）劳动者有接受职业技能培训的权利。我国宪法规定，公民有受教育的权利和义务。所谓受教育既包括受普通教育，也包括受职业教育。公民要实现自己的劳动权，接受职业技能培训是必由之路。

（8）劳动者有提请劳动争议处理的权利。用人单位与劳动者发生劳动争议，任何一方均可依法申请调解、劳动仲裁、提起诉讼。实践中，劳动仲裁机构以及人民法院对于劳动争议案件受理范围有一定限制，并非所有劳动关系双方发生的争议都属于劳动争议，都会被纳入劳动仲裁和司法解决范畴。《劳动争议调解仲裁法》第 2 条规定了劳动争议的范围：因确认劳动关系发生的争议；因订立、履行、变更、解除和终止劳动合同发生的争议；因除名、辞退和辞职、离职发生的争议；因工作时间、休息休假、社会保险、福利、培训以及劳动保护发生的争议；因劳动报酬、工伤医疗费、经济补偿或者赔偿金等发生的争议；法律、法规规定的其他劳动争议。如何确定劳动争议受理范围，一直是劳动仲裁和审判的难点问题。但是，可以确定无疑的是，大部分的劳动关系双方因劳动而产生的争议都可以纳入劳动争议范畴。

（9）法律规定的其他权利。从政治权利、生存权利、发展权利到民主管理权利、控告检举权利等，范围非常广。例如，依法参加和组织工会的权利，依法享有参与民主管理的权利，劳动者依法享有参加社会义务劳动的权利，从事科学研究、技术革新、发明创造的权利，依法解除劳动合同的权利，对用人单位管理人员违章指挥、强令冒险作业有拒绝执行的权利，对危害生命安全和身体健康的行为有权提出批评、举报和控告的权利，对违反劳动法的行为进行监督的权利等。

2. 用人单位免除自己法定责任、排除劳动者权利的表现

实践中，用人单位会通过订立劳动合同、制定规章制度的方式免除自己的法定责任、排除劳动者权利，主要表现为：

（1）要求劳动者签订空白劳动合同。

（2）要求劳动者签订放弃社保权利、劳动仲裁和诉讼权利的合同。

（3）要求劳动者签订出现工伤用人单位概不负责的合同；以已经发放高工资为由约定劳动者出现职业病的，用人单位不承担责任。

（4）在劳动合同或者规章制度中规定，劳动者须无条件服从单位调岗调薪的决定。①

（5）以主人翁责任感、以厂为家、和衷共济等为名义，通过劳动合同或者规章制度的规定，要求劳动者自愿接受低于法定最低工资标准的工资，或者提供一定时间的义务劳动或者义务加班，或者无偿提供工作职责之外的劳动给付；要求劳动者自愿放弃年休假等福利待遇；要求劳动者自愿缩短产假、婚丧假、探亲假等法定假期；要求劳动者自愿放弃住房公积金；要求劳动者同意用人单位以实物代替部分工资发放。

（6）以风险提示为由，明示用人单位不提供相应的劳动工具、防护器具，要求劳动者自行准备；或者以提供风险提示为由，免除用人单位自身应当承担的工伤、职业病预防措施。

（7）以规范管理等为名义，要求劳动者提供工作风险押金、身份证，或者规定劳动者工作失误导致用人单位对外承担赔偿责任的，劳动者须全额赔偿。

（8）用人单位为劳动者提供了宿舍，以保障安全、规范管理为由，约定劳动者工作日下班后不得离开宿舍区外出，或者约定劳动者离开宿舍区外出的必

① 某些极其特殊的用人单位及劳动者如涉及国家秘密、重大政治责任等因素的，不应受此限制。

须经用人单位审批同意，限制劳动者人身自由。[1]

（9）约定劳动者离职时，只要没有办理完毕交接手续，即不予办理档案转接手续；提前约定劳动者放弃将来解除或者终止劳动合同时的经济补偿、赔偿金等权利；约定劳动者辞职未被批准的，不得离职再就业，限制劳动者职业选择权。

上述列举的主要情形虽然有劳动关系双方合同约定，但是由于免除了用人单位的法定责任、排除了劳动者权利，均属于无效。

（三）违反法律、行政法规强制性规定的

《劳动合同法》第26条第1款第3项所规定的“违反法律、行政法规强制性规定的”劳动合同无效或者部分无效，该情形属于法律的兜底条款，主要解决《劳动合同法》第26条第1款第1项、第2项规定情形有遗漏的情况。笔者认为，从劳动法理论的角度考察，此处的法律、行政法规强制性规定应当指向劳动基准法等保证劳动者最基本权利的条文，例如最低工资、安全生产、社会保险等，这些条文的规定大多属于明确用人单位法定责任的范畴。

三、劳动合同无效的法律后果

（一）支付劳动报酬

《劳动合同法》第28条规定：“劳动合同被确认无效，劳动者已付出劳动的，用人单位应当向劳动者支付劳动报酬。劳动报酬的数额，参照本单位相同或者相近岗位劳动者的劳动报酬确定。”

（二）按照过错承担赔偿责任

《劳动合同法》第86条规定：“劳动合同依照本法第二十六条规定被确认无效，给对方造成损害的，有过错的一方应当承担赔偿责任。”《新劳动争议解释一》第41条第2款规定：“由于用人单位原因订立无效劳动合同，给劳动者造成损害的，用人单位应当赔偿劳动者因合同无效所造成的经济损失。”

现实中，因签订无效劳动合同而给对方造成损害的例子，最典型的是劳动关系双方约定用人单位不给劳动者缴纳社会保险，或者用人单位将应当缴纳社会保险的费用直接支付给劳动者，由劳动者自行决定是否以个人名义缴纳社会

① 一般情况下，这种约定限制了劳动者人身自由，应属无效约定。但是在特别环境下，该约定有效。例如，中国公司在个别安全形势严峻的国家开展驻外项目的，为了保障劳动者人身安全，此种约定有效。

保险。根据《社会保险法》《劳动合同法》的规定，劳动关系双方所签订的上述合同属于无效合同，劳动者如果据此主张用人单位承担社保损失的赔偿责任的，应当区分双方过错程度予以支持。

（三）有权解除劳动合同

1. 劳动者有权解除劳动合同，用人单位应当支付经济补偿

《劳动合同法》第 38 条规定：“用人单位有下列情形之一的，劳动者可以解除劳动合同：……（五）因本法第二十六条第一款规定的情形致使劳动合同无效的……”第 46 条规定：“有下列情形之一的，用人单位应当向劳动者支付经济补偿：(一) 劳动者依照本法第三十八条规定解除劳动合同的……”《新劳动争议解释一》第 41 条第 1 款规定：“劳动合同被确认为无效，劳动者已付出劳动的，用人单位应当按照劳动合同法第二十八条、第四十六条、第四十七条的规定向劳动者支付劳动报酬和经济补偿。”根据上述规定，劳动者可以在因用人单位原因导致劳动合同无效的情况下解除该合同，并依法获得经济补偿。

2. 用人单位有权解除劳动合同，不需要支付经济补偿

《劳动合同法》第 39 条规定：“劳动者有下列情形之一的，用人单位可以解除劳动合同：……（五）因本法第二十六条第一款第一项规定的情形致使劳动合同无效的……”用人单位以此为由主动解除劳动合同的属于合法行为，根据《劳动合同法》第 46 条的规定，用人单位不需要向劳动者支付经济补偿。

裁审要点

1. 裁判部门在审理劳动争议纠纷涉及劳动合同时，一般应当主动审查劳动合同效力，并结合当事人的仲裁或者诉讼请求而对劳动合同效力表态。

2. 因欺诈、胁迫或乘人之危签订的劳动合同，必须落实前述行为是否导致对方当事人陷入错误，作出不真实的意思表示。如果没有造成意思表示不真实的，不能认定劳动合同无效。

3. 劳动合同无效，不导致劳动关系不成立或者无效，而是使得双方可能处于事实劳动关系状态。[①] 无效的劳动合同不能作为确定劳动关系双方劳动用工权利义务内容的依据，双方的权利义务内容依照法律或政策规定的标准确定。

---

① 这里之所以使用“可能”二字，是因为劳动关系双方之间可能签订有多份确定劳动用工权利义务的协议，部分协议无效的，不影响其他协议的效力。同样，在一份劳动合同中，部分内容无效不影响其他部分条款的效力。在这种情况下，劳动关系双方还有可以作为确定双方权利义务关系的合同存在，就不会出现纯粹意义上的事实劳动关系。

4. 劳动合同无效的，一方要求另一方赔偿因无效劳动合同而导致的损失，一方面应当着重审查损失的客观性、合理性；另一方面应当注重区分双方过错程度，以便确定分担损失的比例。此处的“过错”是法律意义上的概念，是指违反法律签订无效劳动合同时的主观状态，包括故意、重大过失、一般过失等程度，而非普通大众理解的善意恶意。例如，劳动关系双方约定用人单位将本应缴纳社保费用的资金全部支付给劳动者个人，任由劳动者决定是否缴纳社保费用。从形式上看，用人单位似乎并没有节约此项开支，而且用人单位的该行为在很多时候是应劳动者请求而为之，看上去用人单位主观上是善意的，不应当承担过错责任。但是，用人单位明知《劳动法》《社会保险法》等法律法规的规定，还作出了上述行为，扰乱了社保缴费秩序和法定的劳资权利义务关系，主观上具有过错。

实操指引

1. 用人单位在招录劳动者建立劳动关系过程中，应当根据招聘岗位要求，向劳动者明示招聘条件，并通过填写应聘表格等形式对劳动者的应聘条件进行询问并存档备查。

2. 劳动者应当妥善保管用人单位发出的与工作岗位（岗位性质、工作地点、薪酬待遇等）相关的承诺性、邀约性文件，以备用人单位作出欺诈、胁迫等行为后的维权之用。

3. 用人单位应当重视企业合规性审查，梳理法律法规关于劳动用工的基准性、强制性规定，在工资报酬、安全保护、工伤职业病、社保公积金等重点领域防止出现突破法律底线的做法。

第三章　试用期

第一节　试用期的内容

裁判观点

1. 试用期包含在劳动合同期限内，试用期内劳动关系双方系劳动关系。双方劳动合同仅约定试用期的，试用期不成立，该期限为劳动合同期限。

2. 试用期可以书面约定，也可以口头约定，但是都需要遵守《劳动合同法》关于签订书面劳动合同的规定。

3. 劳动关系双方只能约定一次试用期。用人单位基于调整劳动者工作岗位而与劳动者约定试用期的，该约定无效。劳动者离职后又回到原用人单位工作的，不论与之前的工作岗位是否一致，均可以再次约定试用期。

4. 劳动关系双方欲延长或者缩短试用期的，属于变更劳动合同的范畴，应当协商一致。未协商一致即作出延长或者缩短试用期决定的，该决定无效。

5. 用人单位认为劳动者在试用期的表现不符合录用标准而拟解除劳动合同的，应当在试用期满前告知劳动者，并作出解除劳动合同的行为。试用期满之后，用人单位再以上述理由解除劳动合同的，属于违法解除。

6. 用人单位以劳动者不符合录用条件为由在试用期内解除劳动合同的，需要在录用时明确告知劳动者录用条件，并且有证据证明劳动者不符合录用条件。

7. 劳动关系双方可以约定试用期的劳动报酬标准，但是不能低于法律规定的最低标准（详见《劳动合同法》第 20 条的规定）。如果低于法定最低标准，劳动者要求补齐的，应当予以支持。

深度解析

我国《劳动法》作为调整劳动用工关系的根本法律，在第21条（总括规定试用期制度）、第25条第1项（用人单位试用期内解除劳动合同）、第32条第1项（劳动者试用期内解除劳动合同）规定了试用期制度。之后，劳动部等部门通过制定关于劳动合同制度的多项部门规章进一步完善了试用期制度内容。至《劳动合同法》颁布实施，该法第17条、第19条、第20条、第21条、第37条、第39条、第70条、第83条系统规定了试用期制度。试用期的价值和作用在于给予劳动关系双方一定时间考察对方是否符合本方招录或者应聘的要求，如果彼此发现不符合各自条件的，双方当事人尤其是用人单位可以相对便捷地解除劳动关系。以下，从司法实践角度对试用期制度中的主要问题做一个系统梳理。

一、试用期的期限

劳动关系双方可以约定试用期的期限，但是不能违反法律的强制性规定。根据《劳动合同法》第19条及第70条的规定，以劳动合同期限和类型为标准，分别规定了能否约定试用期以及试用期的期限，列表如下：

劳动合同期限	试用期最长期限
3个月~1年（不含）	1个月
1年~3年（不含）	2个月
3年以上或无固定期限劳动合同	6个月
3个月以下（不含3个月）	不可约定试用期
以完成一定的工作任务为期限	不可约定试用期
非全日制用工	不可约定试用期

二、试用期的次数

（一）“只能约定一次试用期”的立法本意

《劳动合同法》第19条第2款规定：“同一用人单位与同一劳动者只能约定一次试用期。”法律并未规定只能约定一次试用期的具体前提，劳动用工实践的情况非常复杂，如果绝对化理解上述法律条文，将会导致用人单位在实际用工过程中的用工自主性大大降低，扭曲劳动力市场的真实信息。例如，某劳动者从数控机床操作岗位离职后三年又回到原工作单位继续从事原工作内容，而此时数控机床已经升级换代，如果不允许用人单位与劳动者约定试用期，则明显与试用期制度初衷相违背，是不恰当的。笔者认为，“只能约定一次试用期”的立法本意是稳定劳动关系，避免用人单位依仗优势地位滥用试用期制度使用“便宜人”，但是并不抹杀试用期制度考察新人、考察新单位新岗位的制度核心。故，应当结合工作岗位与劳动者能力的实质性内容来理解“只能约定一次试用期”的含义。

（二）“只能约定一次试用期”的实践处理标准

1. 劳动关系存续期间发生工作岗位变化的，不能再次约定试用期

只能约定一次试用期，应当是针对同一段劳动关系存续期间而言的。同一段劳动关系存续期间，不论劳动者工作岗位发生实质性变化还是非实质性变化，不论工作岗位的调整是根据合同约定进行①，还是根据法律规定进行②，均不能再次约定试用期。但是，劳动关系双方续订劳动合同的，双方劳动关系虽然处于延续状态，但应当区别对待，后文详述。

劳动者工作岗位发生非实质性变化的，说明劳动者原有的工作能力是可以与新岗位匹配的，所以无须再次约定试用期；劳动者工作岗位发生实质性变化的，属于劳动合同变更的范畴，而试用期的功能在于劳动关系双方建立劳动关系之初双方彼此熟悉和考察，如果在劳动合同变更时又约定试用期的，明显违反试用期制度本意，是违法的。

实践中，劳动关系存续期间，劳动者变更工作岗位的，用人单位会设定或者与劳动者约定一定时期的考察期，主要观察劳动者对于新岗位是否适应、称职，这个期间不属于法律意义上的试用期。如果劳动者在新岗位上不适应、不胜任（不属于《劳动合同法》第 39 条规定的情形），用人单位应当为劳动者恢复原工作岗位或者将其调整到其他工作岗位，而不能直接解除劳动合同，更不能适用试用期的规定解除劳动合同。

2. 续订劳动合同时变更工作岗位，须分情况处理

（1）工作岗位没有发生实质性变化，不得再次约定试用期

续订劳动合同时，如果劳动者工作岗位、工作内容、工作性质没有发生实

---

① 一般是指在劳动者身体状况正常和用人单位生产经营状况正常的情况下，依约进行的工作岗位调整。

② 一般是指医疗期满后、工伤治疗终结后劳动者不能从事原工作岗位，用人单位依法将劳动者调整到新的工作岗位上工作。

质性变化，用人单位不得与劳动者再次约定试用期，此为通说。

（2）工作岗位发生实质性变化，应当允许再次约定试用期，但实践中有不同观点

一种观点认为，工作岗位发生实质性变化的，可以重新约定试用期，理由在于工作岗位发生实质性变化，意味着劳动者对新的工作岗位必须有一个学习、适应的过程，试用期就是对这一过程的体现，劳动合同续订时，重新约定试用期也不应禁止。因此，用人单位和劳动者可以重新约定试用期。另一种观点认为，即使劳动合同续订时劳动者工作岗位发生实质性变化的，也不能重新约定试用期。理由在于“同一用人单位与同一劳动者只能约定一次试用期”应是以“双方处于同一段劳动关系”为前提，即使是工作岗位发生了变更，续签劳动合同也是原有劳动合同的续延，而非双方建立了新的劳动关系，仅因岗位发生变化，就允许同一段劳动关系中多次约定试用期与法律意愿不符，如果第一种意见成立，则试用期的次数就仅与岗位有无变化相关联，那么在同一个劳动合同有效期内，只要岗位发生变化就应当可以再次约定试用期，这显然并无法律依据。①

笔者认为，从试用期本意出发，在续订劳动合同时如果实质性变更了劳动者工作岗位、工作性质的，应当允许双方再次约定试用期。续订劳动合同时，双方劳动关系因续订劳动合同而连续，如果将劳动关系比喻为管道，则续订行为就是连接管道的接口。从整体看，这条劳动关系的管道是一根；但从形成原因看，这一根外观完整的劳动关系管道是经由续订劳动合同这个接口将两段劳动关系无间歇地连接起来的，这种经过接口连接的劳动关系与一段完整无缝的劳动关系仍然有差别。仍然使用比喻的方法，连接为一体的劳动关系管道因为工作岗位发生实质性变化而呈现出接口左右颜色不同的特征，没有接口的劳动关系管道则通体颜色不变。从劳动关系建立的角度看，意思表示一致是关键要件，有几次意思表示一致，就应当有几次劳动关系。续订劳动合同之时双方又重新达成了建立劳动关系的意思表示一致，所以续订②前后是两段劳动关系，尤其在实质性变更了工作岗位、劳动条件、劳动报酬等情况下更是如此。两段劳动关系因为续订劳动合同的行为而在整体上呈现出一段劳动关系的外观，但是

---

① 李盛荣、马千里：《劳动争议案件司法观点集成》，法律出版社 2017 年版，第 186 页。

② “续订”应作狭义理解，只指向时间或次数概念，即只要双方在上次劳动合同到期时再次签订劳动合同的，不论劳动合同实体条件有无变化，均认定为续订。当然，如果有读者认为，再次订立的劳动合同如果在实质性条款上发生变化的，应当叫作重新订立劳动合同而非续订劳动合同，也是可以的。那么，本文在论述续订劳动合同时能否再次约定试用期时，请读者按照实质性标准来理解内容即可，不需要纠结于具体叫法，毕竟法律对于何谓续订、何谓重新订立没有规定。

其前后两段劳动关系的内容是不同的。既然劳动关系的内容发生实质性变化，按照试用期的制度初衷，就应当允许双方再次约定试用期。所以，此种情况下再次约定试用期并非在同一段劳动关系中约定，更不是在同一劳动合同有效期内约定，持否定论观点的同志所担心的事由并不存在。此外，从目前依然有效的规定看，也支持肯定论的观点。例如，劳动部《关于实行劳动合同制度若干问题的通知》（劳部发〔1996〕354 号）第 4 条规定："用人单位对工作岗位没有发生变化的同一劳动者只能试用一次。"

3. 劳动者离职后又回原用人单位工作的，应当允许再次约定试用期

劳动者离职后又回到原用人单位工作的，不论其工作岗位、工作内容、工作性质有无实质性变化，其与原用人单位之间法律关系的变迁均属于先解除或终止劳动关系后又重新建立劳动关系。前已述及，只能约定一次试用期是针对同一段劳动关系而言的，当双方当事人之间劳动关系解除或终止后又重新建立劳动关系的，应当允许再次约定试用期。从法律分析角度而言，劳动关系建立之初允许约定试用期乃是试用期制度应有之义。从合理性角度而言，劳动者离职后重回原用人单位工作的，一般会间隔一段时间，包括劳动关系双方在内的万事万物都在变化之中，所以不论劳动者重回原用人单位后的工作岗位、工作内容、工作性质有无实质性变化，都应当允许双方通过再次约定试用期而互相考察。至于间隔时间的长短有无限制，则不宜再考虑，因为决定是否允许再次约定试用期的因素是是否为同一段劳动关系。

此外，笔者认为有一种例外情形需要考虑，那就是在关联单位之间进行劳动用工的情形。如果劳动者系因原用人单位安排而离职到新用人单位工作，后来又是因原用人单位或者新用人单位安排回到原用人单位继续工作的，不应允许再次约定试用期。从形式上看，劳动关系发生变化，应当允许再次约定试用期，但是这种变化的根源在于原用人单位的安排而非单纯的劳动者选择，这种用工在企业集团形式下非常普遍，各个用人单位不但是关联单位，而且在这种用人形式下可以被认为是构成"共同雇主"，劳动关系在实质上没有发生变化，故不应当允许再次约定试用期。

三、试用期的约定形式

（一）试用期可以采取书面形式约定，但有例外

试用期属于劳动合同期限的一部分，《劳动合同法》第 10 条第 1 款规定："建立劳动关系，应当订立书面劳动合同。"故，劳动关系双方在书面劳动合同

中约定试用期的，应当予以认可。但是，《劳动合同法》第19条第4款规定："试用期包含在劳动合同期限内。劳动合同仅约定试用期的，试用期不成立，该期限为劳动合同期限。"据此，如果劳动合同仅约定试用期的，即使系采取书面形式，该试用期也不成立。

（二）试用期可以采取口头形式约定

劳动关系双方口头约定试用期的，该约定是否有效，实践中有不同认识。否定论者认为，试用期虽然不是《劳动合同法》第17条所规定的劳动合同必备条款，但是《劳动合同法》规定了用人单位建立劳动关系应当签订书面劳动合同，同时《劳动合同法》规定试用期应包含在劳动合同期限内。因此，应当理解为试用期的约定均是体现在书面劳动合同中，那么口头约定的试用期则不具有法律效力。[①]

笔者认为，在劳动争议审判过程中如能查明双方系口头约定试用期，只要该约定没有违反试用期的规定的，应当认可其效力。实践中，双方成立劳动关系但没有订立书面劳动合同的情况比较常见，此时双方成立的是事实劳动关系，诸如劳动报酬、劳动时间、劳动条件等所谓《劳动合同法》第17条规定的"必备条款"均没有书面形式体现，但是当事人可能已经以口头形式或者以行为认可等方式对此进行了约定。大量的司法判决显示，人民法院一经查实上述内容均会依法予以确认。而且从司法规律看，人民法院也必然会对双方当事人之间就劳动用工的权利义务如何约定进行调查，而并非只要发现双方未签订书面劳动合同即认为双方对权利义务没有约定，也并非只要发现双方未签订书面劳动合同即认为双方口头约定的诸如劳动报酬、劳动时间等内容均为无效。所以，口头约定试用期不宜认定为无效。

口头约定试用期最大的问题是举证问题。与一切通过口头形式订立的合同一样，口头约定试用期很难用其他书面证据予以证明。不论是劳动者还是用人单位，只要其主张试用期为口头约定的，都面临着难以举证证明的困境。人民法院在查明此问题时，可以结合工资流水、入职登记表、规章制度等综合判断。

四、试用期的工资

工资属于受劳动基准法律规范的重点内容，双方当事人可以自由约定工资，但是不得低于法律规定的最低工资标准。根据《劳动合同法》第20条的规定，劳动者在试用期的工资不得低于本单位相同岗位最低档工资或者劳动合同约定

---

① 李盛荣、马千里：《劳动争议案件司法观点集成》，法律出版社2017年版，第187页。

工资的 80%，并不得低于用人单位所在地的最低工资标准。如果劳动关系双方约定的试用期工资低于上述标准，劳动者要求补足的，应当予以支持。

五、违法约定试用期的法律后果

用人单位违反《劳动合同法》与劳动者约定试用期的，违法部分的约定无效。如果违法的试用期已经履行的，用人单位依法还应当承担两项责任：第一，用人单位应当按照转正后工资标准支付超过法定试用期期间的工资；第二，用人单位以劳动者试用期满月工资为标准，按已经履行的超过法定试用期的期间向劳动者支付赔偿金。对此，《劳动合同法》第 83 条有明确规定。例如，用人单位与劳动者签订 1 年劳动合同，但却约定试用期为 6 个月，超过法定试用期期间 4 个月。劳动者试用期工资标准为每月 4000 元，转正后工资标准为每月 5000 元。根据上述规定，违法的试用期已经履行的，则用人单位应当向劳动者补发工资 4000 元（1000 元×4 个月），且还应当支付劳动者赔偿金 20000 元（转正后工资 5000×4 个月）。

裁审要点

1. 通过审查劳动合同、劳动合同类文件以及劳动关系双方的口头约定，确定试用期期间，并根据劳动合同类型、期限（没有书面劳动合同的应当根据实际用工性质）来认定试用期是否违法。

2. 由于试用期属于劳动合同期限范畴，应围绕当事人的诉讼请求来审查劳动关系双方是否按照劳动法律规定承担了相应义务，享受了相应权利。

3. 当出现劳动者与同一用人单位约定多次试用期的，应当注意考察双方约定多次试用期时的劳动关系状况（即所谓的“段数”），工作岗位、工作性质等是否发生实质性变化及其原因。还要注意考察劳动者变动劳动关系的原因是否为用人单位安排，不同用人单位之间是否存在关联关系。

实操指引

1. 用人单位在招聘劳动者时即应当将录用条件予以告知并留存相应证据备查。录用条件应当尽量客观化、可操作化、可量化，避免将纯粹的主观标准（如工作努力、群众认可等）作为录用条件。

2. 用人单位不能与劳动者单独订立“试用期协议”，应当在劳动合同中对试用期的期限、工资标准等予以明确。

第二节 试用期与其他劳动法特殊期间的关系

裁判观点

1. 除当事人另有约定外，试用期与培训期可以兼容。

2. 劳动者在试用期内进入医疗期或者停工留薪期的，医疗期、停工留薪期是否从试用期中扣除，裁判机关应当尊重劳动关系双方的约定或者用人单位合法规章制度的规定。

3. 劳动关系双方约定妇女在试用期内进入孕期、产期、哺乳期属于不符合录用条件的，该规定是否合法需要综合考察工作岗位、工作性质而具体认定，不可违背反歧视原则，也不可搞“一刀切”。

4. 在试用期内，劳动者因工伤事故导致劳动能力完全丧失或部分丧失的，用人单位不能以不符合录用条件为由解除劳动关系，停工留薪期内用人单位也不能以不符合录用条件为由解除劳动关系。

5. 试用期与服务期重合，劳动关系双方均可在试用期内解除劳动合同，是否需要支付服务期违约金，应当区分解除主体、解除原因等情况处理。

深度解析

一、试用期与培训期

劳动者刚进入用人单位工作时，往往要接受用人单位的岗前培训，该培训期是否应当包括在试用期之内呢？笔者认为，试用期主要是劳动关系双方互相考察的期间，用人单位需要考察劳动者是否胜任工作、是否能够遵守用人单位各项规章制度，劳动者也需要考察该用人单位提供的工作岗位、劳动条件是否适合自己的能力和心意。培训期主要是用人单位对劳动者进行规章制度、单位文化、工作技能等培训的时间，虽然不能有效考察出劳动者是否胜任工作，但是依然可以对劳动者进行工作纪律、人员素质等方面的考察。故，应将培训期纳入试用期范围，试用期与培训期可以兼容。

二、试用期与医疗期

医疗期，是指职工因患病或非因工负伤停止工作治病休息而用人单位不得无故解除劳动合同的期限，最长不得超过 24 个月。医疗期的性质属于解雇保护期，是一个法律概念，而非医学意义上的疾病治愈期。当劳动者在试用期内即进入医疗期的，用人单位能解除劳动合同吗？

《劳动法》第 21 条、《劳动合同法》第 21 条的规定几乎完全一致，用人单位只有在三大类情形下才可以在试用期内解除劳动合同。第一大类是劳动者具有法定的过错情形，如经证实不符合录用条件，严重违反用人单位规章制度、行为严重失职徇私舞弊造成单位重大损害等；第二大类是非因工负伤、患病的，医疗期结束后不能胜任原工作及调整后的工作；第三大类是不能胜任工作及调岗后的工作。第一大类情形下，用人单位可以即时主动解除与劳动者的劳动合同关系。第二大类、第三大类情形下，用人单位需要提前 30 日通知劳动者或者多支付 1 个月工资（代通知金）方可辞退。试用期是劳动合同期限的一部分，劳动者虽然在试用期内，也依然与用人单位形成劳动关系，劳动关系双方均应享受和负担劳动法上的权利义务。故，当劳动者在试用期内进入医疗期的，应当区分情况分别处理：

1. 录用条件约定劳动者病休达到一定期限，视为不符合录用条件的，如该期限为合理期限，则一般应予尊重，用人单位可以以劳动者不符合录用条件为由在试用期内解除劳动关系。一般而言，在录用条件中都会设定身体健康一项，关于身体健康的含义可以由用人单位设定，但范围应当与招聘的工作岗位相适应，不得违背《就业促进法》中确立的反歧视原则。当劳动者在试用期中患病或者非因工负伤而进入医疗期的，用人单位应当按照医疗期的规定履行义务。同时，当劳动者的上述情形属于“不符合录用条件”的时候，用人单位可以在医疗期满以后以此理由解除合同。原劳动部《关于贯彻执行〈中华人民共和国劳动法〉若干问题的意见》第 30 条对此也有明确规定：“劳动法第二十五条[①]为用人单位可以解除劳动合同的条款，即使存在第二十九条[②]规定的情况，只要

① 《劳动法》第 25 条规定：“劳动者有下列情形之一的，用人单位可以解除劳动合同：（一）在试用期间被证明不符合录用条件的；（二）严重违反劳动纪律或者用人单位规章制度的；（三）严重失职，营私舞弊，对用人单位利益造成重大损害的；（四）被依法追究刑事责任的。”

② 《劳动法》第 29 条规定：“劳动者有下列情形之一的，用人单位不得依据本法第二十六条、第二十七条的规定解除劳动合同：（一）患职业病或者因工负伤并被确认丧失或者部分丧失劳动能力的；（二）患病或者负伤，在规定的医疗期内的；（三）女职工在孕期、产期、哺乳期内的；（四）法律、行政法规规定的其他情形。”

劳动者同时存在第二十五条规定的四种情形之一，用人单位也可以根据第二十五条的规定解除劳动合同。”

2. 劳动合同约定当试用期期间劳动者进入医疗期应当将医疗期从试用期内扣除，待医疗期满或者结束后继续计算试用期的，法律对此并无禁止性规定，应当予以尊重。

3. 劳动合同未约定试用期与医疗期关系的，也未在录用条件中约定劳动者病休达到一定期限即视为不符合录用条件的，则医疗期不从试用期内扣除，用人单位以劳动者在试用期期间即进入医疗期为由解除劳动关系的，不应予以支持。

三、试用期与妇女孕期、产期、哺乳期

处理试用期与妇女“孕期、产期、哺乳期”（以下简称“妇女三期”）的关系与处理试用期和医疗期的关系类似。《劳动合同法》第42条规定：“劳动者有下列情形之一的，用人单位不得依照本法第四十条、第四十一条的规定解除劳动合同：……（四）女职工在孕期、产期、哺乳期的……”据此，当妇女在试用期内出现“妇女三期”情形的，用人单位不可根据该法第40条（非因工负伤、患病的医疗期结束后不能胜任原工作及调整后的工作）、第41条（不能胜任工作及培训或调岗后的工作）的规定解除劳动合同。但是，上述法律关于解雇保护的规定并未包含《劳动合同法》第39条情形。因此，如果用人单位可以证明劳动者不符合录用条件的，即使该劳动者处于“妇女三期”，用人单位仍可以此为由单方解除劳动合同。实践中，有的用人单位将劳动者在试用期内出现“妇女三期”本身规定为不符合录用条件，该规定是否合法需要综合考察工作岗位、工作性质而具体认定，不可违背反歧视原则，也不可搞“一刀切”。

这里还需要关注一个问题，那就是《劳动合同法》第39条规定的“在试用期间被证明不符合录用条件的”与第41条规定的“不能胜任工作”的关系问题。严格讲，这两者还是有所区别的，一般而言“不能胜任工作”比“不符合录用条件”所反映出的对劳动者的要求更加严格。录用条件仅仅是劳动者进入用人单位的初始条件，劳动者入职后一般都要接受用人单位在劳动技能、劳动纪律等方面的培训，要完全适应工作岗位要求还需要进一步提高各方面技能和水平。胜任工作则意味着劳动者顺利通过试用期考察，转正后依然可以符合工作岗位的要求，后者明显比前者要求更高。

四、试用期与停工留薪期

停工留薪期与医疗期的概念十分接近，但两者的区别是本质性的。停工留

薪期是《工伤保险条例》确立的一项制度，是指劳动者因工作遭受事故伤害或者患职业病需要暂停工作接受工伤医疗的法定期间。在停工留薪期内，劳动者原工资、福利、保险等待遇不变，由用人单位按月支付。故，停工留薪期发生的前提是劳动者因工作遭受事故伤害或者患有职业病，医疗期发生的前提则是劳动者非因工负伤或者患病。

试用期的期间普遍较短，所以一般出现因工作遭受事故伤害的可能性较大，而罹患职业病的可能性几乎不存在。当试用期中出现工伤的，一般应当按照《工伤保险条例》的规定处理。但是，如果工伤的造成是劳动者自身原因导致（如违规操作）的，用人单位能否以该违规操作为依据主张劳动者不符合录用条件而与其解除劳动合同呢？这个问题较为复杂，以下分几个层次进行讨论：

1. 根据《劳动法》第 29 条和《劳动合同法》第 42 条的规定，在本单位患职业病或者因工负伤并被确认丧失或者部分丧失劳动能力的，用人单位不能以《劳动合同法》第 40 条、第 41 条为依据解除劳动合同。

2. 工伤保险法律制度关心的是如何通过社会保险的方式分担用人单位和劳动者因工伤事故发生的损失，所以它不区分劳动者对工伤事故的发生是否有过错。而《劳动合同法》第 39 条规定的用人单位可以即时解除劳动合同的基础是劳动者有“过错”，其中就包括劳动者不符合录用条件。两者关心的问题不一致，当两者发生交叉时，需要法律作出价值选择和利益平衡。笔者认为，这两者所关心的问题虽然并不一致，但是并不矛盾。工伤保险法律制度重点解决劳动者工伤后的待遇保障和用人单位风险分散问题，劳动合同法规定的解雇制度（包括试用期解雇制度）关心的是用人单位劳动用工秩序问题。这两者完全可以达到平衡兼顾。如果用人单位已经对劳动者进行了操作技能、安全避险等相关培训，在劳动保护、劳动条件和职业危害防护方面也尽到了职责，但劳动者仍然违规操作导致工伤事故的，劳动者的过错是明显的，认定其不符合录用条件也是充分的。但与此同时，劳动者的情形只要符合《工伤保险条例》《工伤认定办法》的规定，则用人单位及工伤保险基金依然要依法承担工伤保险责任。当用人单位依法履行了工伤保险制度规定的法定责任后，并不妨碍其依照试用期制度的规定以“不符合录用条件”为由解除与劳动者的劳动关系。

综上，在试用期内，当劳动者因工伤事故导致劳动能力完全丧失或部分丧失时，用人单位不能以不符合录用条件为由解除劳动关系。当劳动者没有完全或者部分丧失劳动能力的，用人单位在履行相应的工伤保险义务的同时可以以不符合录用条件为由解除劳动关系。由于停工留薪期在劳动能力鉴定程序之前，故停工留薪期内用人单位是不能依照试用期制度以不符合录用条件为由解除劳动关系的。

五、试用期与服务期

根据《劳动合同法》第22条的规定，服务期是指用人单位为劳动者提供专项培训费用，对其进行专业技术培训，从而可以与劳动者约定劳动者必须在一定时间内为该用人单位劳动的期限。服务期的最大特征在于用人单位通过为劳动者支付专项培训费用，进行专业技术培训的方式限制劳动者一定期间内的自由择业权，而试用期的最大特征在于劳动关系双方尤其是劳动者解除劳动合同的成本比较低，程序也更加便利。

当这两者发生重合时，最大的问题就是劳动者如果想主动解除劳动合同，究竟是否可以适用试用期提前3天通知用人单位即可解除劳动合同的规则，还是受到服务期协议的限制。有观点认为，劳动法侧重保护劳动者，按照有利于劳动者的原则，当两者出现重合时，劳动者在试用期内提出辞职的可以不支付服务期约定的违约金。笔者认为，这种观点失之偏颇，对于诚信经营的用人单位非常不公平。换位思考一下，能够在试用期内就投入资金对劳动者进行专项技术培训的用人单位是多么看重新招录的劳动者，其愿意率先投入培训经费，也大多是认定该劳动者不能通过试用期的比率很小。应该说，这样的用人单位一般比较诚信。如果按照前述观点，极有可能造成劳动者“泡培训”的道德风险，即劳动者可以游走于这两个期限之间，充分享受试用期解除劳动合同的便利和专项技术培训所带来的自身人力资源增值，而不需要承担什么责任。笔者认为，试用期的规定与服务期的规定并不矛盾，不能采用非此即彼的态度看待两者。同时，还需要仔细分析解除劳动合同的主体及原因。因此，应当按照以下情形分别处理，才能构建和谐劳动关系。

（一）劳动者在试用期内主动解除劳动合同的

1. 劳动者以《劳动合同法》第38条为依据主动解除劳动合同的，如果经查用人单位确实存在上述法条规定情形的，由于系用人单位违法在先导致劳动者被迫辞职，服务期因此而未能履行完毕，故劳动者无须向用人单位支付服务期协议规定的违约金。

2. 用人单位对劳动者主动辞职无过错的，劳动者除应当遵守《劳动合同法》关于试用期提前解除劳动合同的规定外，还应当按照服务期协议的约定向用人单位支付违约金。理由在于，服务期未能履行完毕的责任在劳动者一方，劳动者处于试用期内不是法律规定的可以免除服务期协议相关违约责任的事由。当然，如果服务期协议对此有例外约定的，从其约定。

（二）用人单位在试用期内主动解除劳动合同的

1. 劳动者存在《劳动合同法》第 39 条规定的情形，用人单位以此为由解除劳动合同的，由于系劳动者过错导致劳动合同解除、服务期未能履行完毕，故劳动者应当按照试用期协议的约定向用人单位支付违约金。

2. 非因劳动者过错，用人单位根据《劳动合同法》第 40 条第 1 项、第 2 项的规定主动解除劳动合同的，服务期未能履行完毕的责任不在劳动者一方，故劳动者无须按照服务期协议的约定向用人单位支付违约金。

裁审要点

涉及试用期与其他劳动法期间交叉或者重合的，即使出现所谓的“冲突”，也是一种法律假象，应当立足各自期限的法律规定分别处理。一般应当尊重双方约定，在双方没有约定或者约定不明，且法律亦未明确规定时，需要考虑劳动关系双方主观状态并按照适当向劳动者倾斜的原则予以处理。

实操指引

对于试用期与劳动法上特殊期限的关系，建议劳动关系双方在订立劳动合同时根据具体需要进行明确约定。

第三节　试用期内解除劳动合同

裁判观点

1. 试用期内，劳动者提前 3 天通知用人单位即可解除劳动合同，不需要说明理由。

2. 用人单位不得以《劳动合同法》第 41 条、第 40 条第 3 项为由，单方解除试用期内劳动者的劳动合同。

3. 劳动关系双方以试用期制度为由单方解除劳动合同的，应在试用期届满前作出单方解除劳动合同的意思表示。

深度解析

一、劳动者单方解除劳动合同

根据《劳动合同法》第 37 条的规定，劳动者在试用期内提前 3 日通知用人单位，可以解除劳动合同。法律在此赋予劳动者的是无理由解除权，劳动者只需提前 3 天通知用人单位即可，不需要说明解除劳动合同的理由。由于该无理由辞职权是法定的，没有附加其他条件，所以即使用人单位主张劳动者的这种辞职行为给自己造成了损失，也无法得到法律支持。

二、用人单位单方解除劳动合同

《劳动合同法》第 21 条规定："在试用期中，除劳动者有本法第三十九条和第四十条第一项、第二项规定的情形外，用人单位不得解除劳动合同。用人单位在试用期解除劳动合同的，应当向劳动者说明理由。"据此，可以得出如下结论：

第一，用人单位根据《劳动合同法》第 41 条进行经济性裁员的，试用期内的劳动者不在经济性裁员范围之内。

第二，用人单位不能以《劳动合同法》第 40 条第 3 项，即"劳动合同订立时所依据的客观情况发生重大变化，致使劳动合同无法履行，经用人单位与劳动者协商，未能就变更劳动合同内容达成协议的"为由，与试用期内的劳动者单方解除合同。

此外，还要特别注意《劳动合同法》第 43 条的规定，用人单位在试用期内单方解除劳动合同的，依然需要通知工会。①

三、试用期解除劳动合同的时间

用人单位或者劳动者意欲适用试用期规则单方解除劳动合同的，应当在试用期届满前作出单方解除劳动合同的行为，试用期届满后单方解除劳动合同的

---

① 用人单位建立工会组织的，用人单位单方解除劳动合同时需要通知本单位工会，自不待言。未建立工会组织的，是否还需要通知用人单位所在地工会或者所在行业的工会，实践中对此有不同认识和做法，本书将在"劳动合同解除"一章详述。

将不被裁判机关认可。理由在于，试用期是劳动关系双方彼此考察对方的期限，是否合适应当在试用期内作出决定，如果试用期满还未作出解除劳动合同的决定，则会被认为没有解除劳动合同的意思，此时再根据试用期规则解除劳动合同的自然不被认可。

裁审要点

1. 用人单位以试用期制度为依据单方解除劳动合同的，需要审查用人单位解除劳动合同的具体法律理由。

2. 用人单位主张试用期内的劳动者不符合录用条件的，应当注意审查录用条件是否已经事先告知劳动者，录用条件本身是否合法合理、对劳动者试用期期间工作的考核证据等。

3. 注意审查用人单位主张劳动者不符合试用期录用条件的时间。

实操指引

1. 用人单位应当在招聘时、入职时将录用条件以书面方式告知劳动者，或者在签订劳动合同时将其写入劳动合同。

2. 用人单位注意保留试用期考核劳动者的证据。

3. 用人单位认为劳动者不符合录用条件的，应当在试用期届满前作出解除劳动合同的行为，不可拖延至试用期满后。

第四章　薪酬福利与工时休假

第一节　工时与工资

裁判观点

1. 裁判机关认定用人单位欠付劳动者工资的，应当判令用人单位在一定期限内支付，但不宜再判令支持欠付工资的利息，但是劳动合同另有约定的除外。原劳动部《违反和解除劳动合同的经济补偿办法》于 2017 年 11 月 24 日被废止后，亦不应再判令用人单位支付欠付工资金额 25%的经济补偿金。

2. 劳动者根据《劳动合同法》第 85 条的规定请求用人单位按照欠付工资金额 50%以上 100%以下的标准向劳动者加付赔偿金的，如该请求未向劳动行政部门提出，则不应支持，但应当告知劳动者可以向劳动行政部门提出解决。人民法院判决支持加付赔偿金，应以劳动行政部门责令用人单位支付欠付的工资但用人单位逾期未支付为前提。

3. 劳动者以用人单位的工资欠条为证据直接向人民法院起诉，诉讼请求不涉及劳动关系其他争议的，视为拖欠劳动报酬争议，按照普通民事纠纷受理，无须劳动者先行提出劳动争议仲裁。如工资欠条中约定利息的，应当予以认定。

4. 用人单位欠付劳动者的经济补偿、赔偿金、未休带薪年休假工资差额、未签订书面劳动合同二倍工资差额、未依法签订无固定期限劳动合同二倍工资差额的，其行为在性质上均不属于欠付工资的范畴。

5. 工资分为实发工资与应发工资。应发工资中包含劳动者应当缴纳的个人账户社会保险费用、住房公积金、个人所得税等，不宜单纯以劳动者实发工资数额为标准认定用人单位发放工资的标准低于劳动合同约定或者法定最低工资标准。

6. 用人单位因生产经营困难导致无法及时足额发放工资的，只要迟延发放未超过一个工资支付周期，且已经履行了与职工、工会协商的过程的，不宜认定为拖欠工资，不宜判令用人单位承担欠付工资的法律责任。

7. 因劳动者本人原因给用人单位造成经济损失的，用人单位可按照劳动合同的约定要求其赔偿经济损失。经济损失的赔偿，可从劳动者本人的工资中扣除，但每月扣除的部分不得超过劳动者当月工资的 20%。若扣除后的剩余工资部分低于当地月最低工资标准，则按最低工资标准支付。

8. 用人单位在劳动关系存续期间错误多发工资，用人单位主张劳动者返还的，应当作为劳动争议案件处理。用人单位在劳动关系解除或者终止后错误多发工资，用人单位主张劳动者返还的，应当作为不当得利案件处理。

9. 因劳动者原因未提供劳动的，不能获得工资。因用人单位原因导致劳动者不能提供劳动的，用人单位应当正常支付工资。用人单位因生产经营严重困难、停产停业，给劳动者放长假的，如果双方不能就这期间的工资标准协商一致，应当根据所在地劳动行政部门相关政策发放生活费。

10. 判断劳动者工时制时，应当综合考虑劳动行政部门对工时制度的审批结论、劳动合同约定、劳动者具体工作时间情况而最终确定。

深度解析

一、工时制度

（一）工时制度的类别

所谓工时制度，是指规范劳动者工作时间的法律制度。根据我国法律、行政法规的规定，目前主要有三种工时制度：标准工时制、综合工时制、不定时工时制。

1. 标准工时制

标准工时制，也被称为标准工作制，是由法律、行政法规确定的一昼夜中工作时间长度、一周中工作日天数，并要求各用人单位和一般职工普遍实行的基本工时制度。标准工时制是其他特殊工时制的计算依据和参照标准。因此，标准工时制对于保障劳动者休息权利和劳动报酬权利具有重要的意义，是各国劳动立法中的重要内容。

标准工时制中的标准并不是一成不变的，随着社会经济的发展，标准也在不断发展和提高。《劳动法》第 36 条规定：“国家实行劳动者每日工作时间不超过八小时、平均每周工作时间不超过四十四小时的工时制度。”随后，1995 年 3

月 25 日《国务院关于修改〈国务院关于职工工作时间的规定〉的决定》第 3 条规定："职工每日工作 8 小时、每周工作 40 小时。"该规定缩短了标准工时制下劳动者每周工作时长。

2. 综合工时制

综合工时制，是指针对因工作性质特殊，需连续作业或受季节及自然条件限制的企业部分职工，采用的以周、月、季、年等为周期的综合计算工作时间的一种工时制度。在综合计算工作时间的周期内，具体某一天、某一周的工作时间可以超过 8 小时或 40 小时，但是在综合计算周期内的总实际工作时间不应超过总法定标准工作时间，超过部分应视为延长工作时间并应当依法由用人单位支付加班费。而且，延长工作时间的小时数平均每月不得超过 36 小时。如果在整个综合计算周期内的实际平均工作时间总数不超过该周期法定标准工作时间总数，只是该综合计算周期内的某一具体日超过法定标准工作时间，其不超过部分不应视为延长工作时间。

根据《关于企业实行不定时工作制和综合计算工时工作制的审批办法》（劳部发〔1994〕503 号）第 5 条规定，企业对符合下列条件之一的职工，可实行综合计算工时工作制：（1）交通、铁路、邮电、水运、航空、渔业等行业中因工作性质特殊，需连续作业的职工；（2）地质及资源勘探、建筑、制盐、制糖、旅游等受季节和自然条件限制的行业的部分职工；（3）其他适合实行综合计算工时工作制的职工。

3. 不定时工时制

不定时工时制，是指没有固定工作时间的限制，而是针对因生产特点、工作性质特殊需要或职责范围的关系，需要连续上班或难以按时上下班，无法适用标准工作时间或需要机动作业的劳动者而采用的一种工作时间制度。

根据《关于企业实行不定时工作制和综合计算工时工作制的审批办法》（劳部发〔1994〕503 号）第 4 条的规定，企业对符合下列条件之一的职工，可以实行不定时工作制：（1）企业中的高级管理人员、外勤人员、推销人员、部分值班人员和其他因工作无法按标准工作时间衡量的职工；（2）企业中的长途运输人员、出租汽车司机和铁路、港口、仓库的部分装卸人员以及因工作性质特殊，需机动作业的职工；（3）其他因生产特点、工作特殊需要或职责范围的关系，适合实行不定时工作制的职工。

4. 其他的特殊工时制

主要是指缩短工作时间制度和非全日制工作时间制度。缩短工作时间制度主要的根据是《劳动部贯彻〈国务院关于职工工作时间的规定〉的实施办法》和《女职工劳动保护规定》，适用范围包括从事矿山井下、高山、有毒有害、特别繁重和过度紧张的体力劳动者，从事夜班工作的劳动者，以及在哺乳期的女职工。非全日制工作时间制度的主要根据是原劳动和社会保障部《关于非全日制用工若干问题的意见》和《劳动合同法》第 68 条，劳动者在同一用人单位一般平均工作时间不超过 4 小时，每周工作时间累计不超过 24 小时。

（二）特殊工时制度的采用

1. 实践中的观点

对于大多数劳动者而言，均采用的是标准工时制，这一点大多通过劳动合同明确约定，也有考勤记录等予以佐证，认定难度不大。但是，实践中往往存在劳动合同约定标准工时制，但是实际工作特征却符合综合工时制或者不定时工时制（以下将两者统一称为特殊工时制），或者劳动合同约定采用特殊工时制，但是实际工作特征却与标准工时制基本相同的情况。在此情况下，对于特殊工时制的采用，应当遵循何种判断标准，实践中有不同的观点和做法。

（1）认定特殊工时制必须以劳动行政部门批准为前提

该观点认为，认定劳动者实行特殊工时制必须以劳动行政部门审批为前提条件，如果未经审批的，不能认定为特殊工时制。理由如下：《劳动法》第 39 条规定："企业因生产特点不能实行本法第三十六条①、第三十八条②规定的，经劳动行政部门批准，可以实行其他工作和休息办法。"《国务院关于修改〈国务院关于职工工作时间的规定〉的决定》第 5 条规定："因工作性质或者生产特点的限制，不能实行每日工作 8 小时、每周工作 40 小时标准工时制度的，按照国家有关规定，可以实行其他工作和休息办法。"据此，用人单位实行特殊工时制应当报请劳动行政部门批准是法律的规定，未经批准不能认定特殊工时制。

（2）认定特殊工时制以劳动关系双方约定为准

该观点认为，《劳动法》第 39 条的规定是管理性规定，不属于效力性规定，如果劳动关系双方通过合同约定确定了工时制度，即使没有经过劳动行政部门的审批，违反的也仅仅是管理性规定而非效力性规定，劳动关系双方的约定应认定为有效，故应当按照双方约定来确定工时制度。

---

① 《劳动法》第 36 条："国家实行劳动者每日工作时间不超过八小时、平均每周工作时间不超过四十四小时的工时制度。"

② 《劳动法》第 38 条："用人单位应当保证劳动者每周至少休息一日。"

（3）结合劳动行政部门审批、劳动合同约定以及实际工作特点综合认定

该观点认为，确定劳动者具体实行的工时制度应当综合各方面因素确定：第一，劳动合同约定采用特殊工时制，劳动行政部门也审批通过的，或者劳动合同虽然没有约定采用特殊工时制，但是劳动行政部门审批为特殊工时制的，应当认定劳动者实行的是特殊工时制；第二，劳动合同约定采用特殊工时制，但是未经劳动行政部门审批，或者劳动合同未约定具体工时制度，劳动行政部门也未审批为特殊工时制的，如该劳动者属于《关于企业实行不定时工作制和综合计算工时工作制的审批办法》（劳部发〔1994〕503 号）规定的可以实行特殊工时制的人员范围，而且其工作特点也与上述规定基本吻合的，可以认定劳动者实行的是特殊工时制。

（4）以劳动行政部门审批为原则，兼顾劳动者工作特点，对于特殊劳动者可以认定为特殊工时制

该观点认为，劳动行政部门的审批是认定劳动者工时制度的基础，除特殊劳动者外，即使劳动者工作特征与特殊工时制相近或者相符，或者用人单位无法根据标准工时制对工作进行计算的，只要没有经过劳动行政部门的审批，仍然应当认定为标准工时制，只是在计算劳动者加班费时应当考虑劳动者工作特点，酌情确定加班费金额。对于符合上述特点的高级管理人员，则可以认定为特殊工时制。例如，江苏省高级人民法院和江苏省劳动争议仲裁委员会 2009 年曾联合出台指导意见认为，劳动者与用人单位因加班工资发生争议，用人单位主张由于劳动者工作性质、工作岗位的特点无法对其实行标准工时制度而实行不定时工作制或综合计算工时工作制，但用人单位未依法履行审批手续的，仍然应当认定其实行标准工时工作制。但劳动者的工作岗位具有不定时工作制或综合计算工时工作制的特点、依据标准工时计算加班工资明显不合理，或者工作时间无法根据标准工时进行计算，或者其上级单位、行业主管部门已办理了相应岗位、工种的不定时工作制或综合计算工时工作制审批手续的，可以根据实际情况酌情计算劳动者加班工资。2011 年，上述两部门又进一步认为，高级管理人员与用人单位发生加班工资争议，用人单位虽未办理不定时工作制审批手续，但高级管理人员的工作性质、工作岗位符合不定时工作制特点，依据标准工时制计算加班工资明显不合理，或者工作时间无法根据标准工时制进行计算的，可以认定高级管理人员实行的是不定时工作制，对其请求支付加班工资的主张不予支持。

2. 对上述实践观点的总结评析

《劳动法》是调整劳动关系的基本法，其目的在于保障劳动者合法权益。劳

动领域的一切制度运行均应以《劳动法》作为适法基础。《劳动法》第 39 条规定："企业因生产特点不能实行本法第三十六条、第三十八条规定的，经劳动行政部门批准，可以实行其他工作和休息办法。"该条款是确定采取特殊工时制的基础。再结合原劳动部《关于企业实行不定时工作制和综合计算工时工作制的审批办法》（劳部发〔1994〕503 号）的规定，用人单位因生产特点而不能采取标准工时制的，经劳动行政部门批准，按照国家有关规定，可以采用特殊工时制。综上，用人单位可以采取特殊工时制的要件有 3 个：第一，用人单位的某些工作岗位因生产特点不能采取标准工时制；第二，用人单位向劳动行政部门申请采取在某些岗位实行特殊工时制并得到批准；第三，申请实行特殊工时制的工作岗位应当符合国家规定的可以实行特殊工时制的条件和特点。

针对第一要件，用人单位拟申请特殊工时制的岗位是因生产特点而不能采取标准工时制，至于是否真的不能采取标准工时制，一方面，需要结合《关于企业实行不定时工作制和综合计算工时工作制的审批办法》（劳部发〔1994〕503 号）的规定认定；另一方面，则需要结合劳动关系双方劳动合同的约定来认定，因为从认识论的角度看，距离利益最近的双方当事人一般最能合适地判断工作岗位的实际情况。

针对第二要件，劳动行政部门批准是《劳动法》明确授予劳动行政部门的权力，是国家意志干预社会经济关系的体现，也是劳动法社会性的体现。站在工资和休假立法的角度看，法律通过由国家机关审批的方式介入劳动关系双方对工时工资的约定，有利于防止资方利用优势地位压缩或者剥夺劳方的合法权益。所以，笔者认为在一般情况下劳动行政部门审批是采用特殊工时制的前提条件。但是，行政审批的加入使得特殊工时制的实行变得更加刚性。我国《劳动法》自 1995 年实施至今，社会经济生活发生了巨大变化，劳动新形态层出不穷，法律所要调整的劳动关系内容也变得更加复杂。无条件地维持一个非常刚性的条件，最终的结果只能是造成法律调整社会关系、平衡社会利益的能力下降。所以，有必要在特殊情况下对上述刚性标准进行操作上的软化，以便维护社会基本公平。

针对第三要件，该要件和第一要件构成互为因果的关系，即劳动行政部门审批通过可以采用特殊工时制的工作岗位应当符合《关于企业实行不定时工作制和综合计算工时工作制的审批办法》（劳部发〔1994〕503 号）的规定，当该工作岗位的内容和特点在实际履行过程中发生变化而不再满足上述规定的条件时，或者劳动行政部门的审批期限到期时，该工作岗位不再实行特殊工时制。

结合上述分析，笔者认为第一种观点过于刚性，第二种观点又没有兼顾《劳动法》关于劳动行政部门审批的规定，所以它们均不足以采信。第三种观点没有将劳动行政部门审批放在更加突出的因素考虑，忽略《劳动法》对劳动基准的刚性规定。第四种观点则在灵活确定适用特殊工时制人员范围时仅限于高级管理人员，人员范围小于《关于企业实行不定时工作制和综合计算工时工作制的审批办法》（劳部发〔1994〕503 号）的规定，灵活性不足。但是，第三种、第四种观点的合理性也比较充分，因为它们兼顾了《劳动法》的基础性规定和根据劳动者种类以及工作岗位内容而灵活确定特殊工时制，故在实践中更宜将第三种、第四种观点融合。具体而言可以采取以下方式：

（1）双方约定采用特殊工时制，也经劳动行政部门批准的，或者双方虽未明确约定采用的工时制度，但劳动者在劳动行政部门已经批准采用特殊工时制度的工作岗位上工作的，一般应当认定劳动者实行特殊工时制。

（2）双方约定采用特殊工时制，但是未经劳动行政部门批准的，或者双方既未约定采用的工时制度，劳动者实际工作的岗位也未经劳动行政部门批准采用特殊工时制的，一般仍应当认定劳动者实行标准工时制。如果劳动者的种类和工作内容基本符合《关于企业实行不定时工作制和综合计算工时工作制的审批办法》（劳部发〔1994〕503 号）的规定，或者用人单位上级部门已经就同类别工作岗位办理了特殊工时制审批，而且按照标准工时制计算加班时间及加班费明显不合理的，可以认定用人单位的该工作岗位采用特殊工时制，酌情确定在该岗位工作的劳动者的加班费数额。

（三）三种工时制度的区别

1. 适用对象不同

标准工时制适用于一般劳动者，我们平时见到的绝大多数劳动者都是标准工时制。

综合工时制适用于三种特定劳动者：（1）交通、铁路、邮电、水运、航空、渔业等行业中因工作性质特殊，需连续作业的职工；（2）地质及资源勘探、建筑、制盐、制糖、旅游等受季节和自然条件限制的行业的部分职工；（3）其他适合实行综合计算工时工作制的职工。

不定时工时制适用于三种特定劳动者：（1）企业中的高级管理人员、外勤人员、推销人员、部分值班人员和其他因工作无法按标准工作时间衡量的职工；（2）企业中的长途运输人员、出租汽车司机和铁路、港口、仓库的部分装卸人员以及因工作性质特殊，需机动作业的职工；（3）其他因生产特点、工作特殊需要或职责范围的关系，适合实行不定时工作制的职工。

综合分析三种工时制度适用的对象，笔者认为可以大致划分一个区别标准：标准工时制适用于绝大多数普通劳动者；综合工时制适用于需要在一个时期连续工作的劳动者；不定时工时制适用于需要机动工作（缺少工作规律）的劳动者。

2. 工作时间不同

标准工时制要求每天工作 8 小时，每周 40 个小时，用人单位应保证劳动者每周至少休息 1 日。因生产经营需要，经与工会和劳动者协商，一般每天延长工作时间不得超过 1 小时，特殊原因每天延长工作时间不得超过 3 小时，每月延长工作时间不得超过 36 小时。

综合工时制以月、季、年为周期综合计算工作时间。在综合计算周期内，某一具体日（或周）的实际工作时间可以超过 8 小时（或 40 小时），但综合计算周期内的总实际工作时间应当不能超过总法定标准工作时间，超过部分应当支付加班费。

不定时工时制则更为灵活，不受《劳动法》第 41 条规定的日延长工作时间标准和月延长工作时间标准的限制。

3. 是否需要劳动行政部门审批不同

标准工时制不需要审批。综合工时制、不定时工时制需要劳动行政部门批准，但是在司法实务中，很多法院倾向于认为行政审批并不是特殊工时制成立的唯一充要条件，还需要结合具体个案具体认定。

表：标准工时制、综合计算工时制、不定时工作制综合对比

	标准工时制	综合计算工时制	不定时工作制
性质	工作时间定工作量	工作时间定工作量	直接确定工作量
范围	一般劳动者	特定的三类人员	特定的三类人员
内容	8 小时/天， 40 小时/周	一个周期内平均 8 小时/天，40 小时/周	无固定时间要求
要求	不需要批准	需劳动部门批准	需劳动部门批准
加班	工作时间超过标准时间就是加班，休息日、法定节假日安排工作也是加班	一个周期内超过总标准工作时间即属于延时加班；法定节假日安排工作属于法定节假日加班	一般不存在加班，只有法定节假日安排工作才属于加班

二、工资

（一）工资的种类

工资是指用人单位根据国家规定和劳动合同的约定，以货币形式直接支付给劳动者的劳动报酬，一般认为工资是劳动者提供劳动（劳动给付）的对价。按照不同的标准，工资可以分为以下类型：1. 计时工资与计件工资；2. 正常工作时间工资与加班工资；3. 标准工资（俗称基本工资）与辅助工资（名目繁多，常见的主要是奖金、津贴、补贴等）。此外，在计算加班费、经济补偿、赔偿金、工伤保险待遇等问题上，经常以各种标准的工资作为计算基数，让人目不暇接，如社会平均工资、企业平均工资、最低工资、统筹地区职工上年度平均工资、劳动者一定期间（如解除或者终止合同前12个月）的平均工资、应发工资、实发工资、税前（后）工资等。

实务中解决工资及与工资相关争议的主要依据是《劳动法》、《劳动合同法》、《劳动争议调解仲裁法》、《社会保险法》、《企业破产法》、《工伤保险条例》、《失业保险条例》、原劳动部《工资支付暂行规定》及《对〈工资支付暂行规定〉有关问题的补充规定》、各省市的工资支付规定、国家统计局《关于工资总额组成的规定》、原劳动和社会保障部《最低工资规定》、原劳动和社会保障部《工资集体协商试行办法》等。当然，最高人民法院已经出台的《新劳动争议解释一》也对工资问题作出过部分规定，这是很重要的裁判依据。

（二）工资与福利的区别

实践中，经常对诸如未签订书面劳动合同二倍工资差额、未休带薪年休假工资差额、高温津贴、中夜班津贴、交通补贴等是否属于工资范畴产生争论。该争论所指向的问题本质在于工资与福利如何区分，其意义在于厘清实践中用人单位所发放的各种费用的性质，以便确定争议裁判途径和标准。

1. 工资的范围

对于工资的范围应当如何划定，在实践中是比较困难的问题。例如，根据《国家统计局关于工资总额组成的规定》，工资总额由6个部分构成：（1）计时工资。计时工资是指按计时工资标准（包括地区生活费补贴）和工作时间支付给个人的劳动报酬。（2）计件工资。计件工资是指对已做工作按计件单价支付的劳动报酬。（3）奖金。奖金是指支付给职工的超额劳动报酬和增收节支的劳动报酬。（4）津贴和补贴。津贴和补贴是指为了补偿职工特殊或额外的劳动消耗和因其他特殊原因支付给职工的津贴，以及为了保证职工工资水平不受物价影响支付给职工的物价补贴。津贴包括补偿职工特殊或额外劳动消耗的津贴、保健性津贴、技术性津贴、年功性津贴及其他津贴。补贴特指物价补贴，包括为保证职工工资水平不受物价上涨或变动影响而支付的各种补贴。（5）加班加点工资。加班加点工资是指按规定支付的加班工资和加点工资。（6）特殊情况下支付的工资。特殊情况下支付的工资是指根据国家法律、法规和政策规定，因病、工伤、产假、计划生育假、婚丧假、事假、探亲假、定期休假、停工学习、执行国家或社会义务等原因按计时工资标准或计时工资标准的一定比例支付的工资，以及附加工资和保留工资。

又如，根据财政部《关于企业加强职工福利费财务管理的通知》的规定，“企业为职工提供的交通、住房、通讯待遇，已经实行货币化改革的，按月按标准发放或支付的住房补贴、交通补贴或者车改补贴、通讯补贴，应当纳入职工工资总额，不再纳入职工福利费管理；尚未实行货币化改革的，企业发生的相关支出作为职工福利费管理，但根据国家有关企业住房制度改革政策的统一规定，不得再为职工购建住房。企业给职工发放的节日补助、未统一供餐而按月发放的午餐费补贴，应当纳入工资总额管理”。

从上述规定可知，对工资范围的规定和理解并非一成不变，而是处于变化中，让人难以把握。对此，财政部有关部门在调查研究中曾经指出，“……工资总额的内涵及外延定义久远、过于陈旧，难以规范当前出现的多种用工形式。对于工资总额的组成，国家统计总局、财政部、国税总局的多项文件均有涉及，但彼此不尽相同，定义散乱、模糊。对于工资总额的发放对象，目前仅能够在国家统计局统制字〔1990〕1号的附件中了解到当时的一般性规定……”“会计准则和财务通则对工资总额关注不够”，建议“重新定义工资总额，细化工资总额的组成，消除歧义”。① 综上，对于工资范围的认定面临的困难确实较大。

2. 区分工资和福利的基本方法

工资，是劳动者所提供的劳动的对价，属于劳动报酬，其表现为货币而非实物。一般而言，没有提供劳动则不能获得工资，提供的劳动给付多则获得的工资就多，提供的劳动给付少则获得的工资就少。福利，不是劳动给付的对价，而是用人单位根据法律规定或者自行决定向劳动者发放的用以维持和提高生活水平、增加劳动者幸福感和忠诚度的辅助性财产物质，其可以表现为货币、实

---

① 《规范工资总额管理 强化国企工资双重调控》，载财政部网站，http：//www.mof.gov.cn/mof-home/liaoning/lanmudaohang/dcyj/201409/t20140919_1141710.html，最后访问时间：2019年11月1日。

物或者其他财产性权益。例如，财政部《关于企业加强职工福利费财务管理的通知》第1条规定："企业职工福利费是指企业为职工提供的除职工工资、奖金、津贴、纳入工资总额管理的补贴、职工教育经费、社会保险费和补充养老保险费（年金）、补充医疗保险费及住房公积金以外的福利待遇支出，包括发放给职工或为职工支付的以下各项现金补贴和非货币性集体福利……"基于此，可以从以下方面入手区分工资与福利。

（1）表现形式方面。工资只能表现为货币，《劳动法》第50条规定："工资应当以货币形式按月支付给劳动者本人……"福利则可以表现为货币、实物或者其他财产性权益。例如，用人单位为劳动者提供的生日蛋糕、团体旅游、商业性人身或者财产保险等。

（2）支付金额方面。工资是劳动给付的对价，工资会随着劳动给付的多少而发生变化。例如，全勤劳动者的工资比缺勤劳动者的工资要高，绩效高的劳动者工资比绩效低的劳动者工资要高。还有一些工资性收入如各类津贴，是对劳动者在特殊工作条件、环境下工作而发生的额外消耗、额外付出的弥补，这些消耗和付出也是劳动给付的一部分，所以这些津贴也属于工资的范畴。这些额外消耗和付出多，那么劳动者就多得，付出的少则少得。例如，高温津贴按照劳动者在法定的高温条件下劳动时间支付，中夜班津贴按照劳动者中班和夜班的时长支付。福利则更多是按照人头、级别来确定应发金额或者数量，一般不因劳动给付的多少而有所变化。例如，冬季采暖补贴属于法定福利，即使劳动者在冬季采暖补贴发放周期内存在缺勤、工作绩效下降等消极性情况的，冬季采暖补贴也不会被扣减。

（3）法律法规将某些费用纳入工资管理的，即使这些费用不满足上述特征，在实务中也倾向认定为工资。财政部《关于企业加强职工福利费财务管理的通知》第2条规定："企业为职工提供的交通、住房、通讯待遇，已经实行货币化改革的，按月按标准发放或支付的住房补贴、交通补贴或者车改补贴、通讯补贴，应当纳入职工工资总额，不再纳入职工福利费管理；尚未实行货币化改革的，企业发生的相关支出作为职工福利费管理，但根据国家有关企业住房制度改革政策的统一规定，不得再为职工购建住房。企业给职工发放的节日补助、未统一供餐而按月发放的午餐费补贴，应当纳入工资总额管理。"据此，有些地区的裁审尺度与此保持一致。例如，天津市高级人民法院、天津市人力资源和社会保障局2019年联合出台的关于审理劳动人事争议案件的会议纪要认为，用人单位已经实行货币化改革，按月按标准向劳动者发放或者支付的交通补贴

(车改补贴)、通讯补贴、餐费补贴等应纳入劳动者的工资构成。

综上，上述区分方法只能从大貌上勾勒出工资与福利的分野，供实务操作进行参考，但是无法做到绝对精确。以下对实务中经常出现的费用进行一般性归类，其他名目的费用具体属于工资还是福利，还是其他性质的费用，应当结合具体情况具体分析：

(1) 未签订书面劳动合同二倍工资差额、未依法签订无固定期限劳动合同二倍工资差额、未休年休假工资差额、经济补偿、赔偿金、加付赔偿金等均不属于工资范畴。

(2) 防暑降温费、冬季采暖补贴、集中供热补贴属于福利。

(3) 高温津贴、中夜班津贴、矿山井下津贴、野外矿工津贴、林区津贴、山区津贴、驻岛津贴、艰苦气象台站津贴等属于工资。

(4) 奖金、提成等一般属于工资。

(三) 欠付工资问题

1. 欠付工资与克扣工资的识别

劳动者提供劳动后，用人单位应当及时足额支付工资。《工资支付暂行规定》(劳部发〔1994〕489 号) 第 7 条规定："工资必须在用人单位与劳动者约定的日期支付。如遇节假日或休息日，则应提前在最近的工作日支付。工资至少每月支付一次，实行周、日、小时工资制的可按周、日、小时支付工资。"第 8 条规定："对完成一次性临时劳动或某项具体工作的劳动者，用人单位应按有关协议或合同规定在其完成劳动任务后即支付工资。"用人单位如果未能及时足额支付工资的，其行为性质应根据不同原因而有所分别。

欠付工资，是一种客观状态，用人单位既可能是因为主观过错欠付工资，也可能是因为计算错误导致欠付工资，还可能是因为经济效益下滑、停工停产等无法及时足额支付工资。如果用人单位故意欠付工资的，属于克扣工资；如果用人单位因单纯计算错误导致欠付工资，不属于克扣工资，实践中一般认为用人单位没有主观恶性；如果用人单位因生产经营困难或者停工停产等法定事由而导致欠付工资的，在一定期限内既不属于法律意义上的欠付工资，也不属于克扣工资。此外，根据《工资支付暂行规定》第 15 条的规定，用人单位扣减以下工资的，属于依法代扣行为，不属于克扣工资：(1) 用人单位代扣代缴的个人所得税；(2) 用人单位代扣代缴的应由劳动者个人负担的各项社会保险费用；(3) 法院判决、裁定中要求代扣的抚养费、赡养费；(4) 法律、法规规定可以从劳动者工资中扣除的其他费用。

2. 欠付工资的法律后果问题

（1）用人单位应当补齐工资差额并依法支付加倍赔偿金

《劳动合同法》第 85 条规定：“用人单位有下列情形之一的，由劳动行政部门责令限期支付劳动报酬、加班费或者经济补偿；劳动报酬低于当地最低工资标准的，应当支付其差额部分；逾期不支付的，责令用人单位按应付金额百分之五十以上百分之一百以下的标准向劳动者加付赔偿金：（一）未按照劳动合同的约定或者国家规定及时足额支付劳动者劳动报酬的；（二）低于当地最低工资标准支付劳动者工资的；（三）安排加班不支付加班费的；（四）解除或者终止劳动合同，未依照本法规定向劳动者支付经济补偿的。”据此，用人单位欠付工资、加班费的，应当补齐，同时还需要按照劳动行政部门的指令支付上述法律规定的应付金额 50%—100%的加付赔偿金。特别说明，加付赔偿金的支付是以劳动行政部门下达支付指令为前提的。如果劳动者在未经该行政程序处理的情况下，直接在劳动仲裁和诉讼中主张该权利的，仲裁机关和法院不予支持。

（2）25%经济补偿金规则不再适用

原劳动部《违反和解除劳动合同的经济补偿办法》（劳部发〔1994〕481 号，已失效）第 3 条规定：“用人单位克扣或者无故拖欠劳动者工资的，以及拒不支付劳动者延长工作时间工资报酬的，除在规定的时间内全额支付劳动者工资报酬外，还需加发相当于工资报酬百分之二十五的经济补偿金。”该补偿办法在司法实践中曾经得到广泛应用，在 2017 年年底其被人力资源和社会保障部废止之前，如果用人单位克扣或者无故拖欠工资的，由于其具有主观过错，故裁判机关通常会依据上述规定判令用人单位支付欠付工资数额 25%的经济补偿金。该规定在 2008 年 1 月至 2017 年 12 月与《劳动合同法》长期共存，也就意味着该办法规定的 25%经济补偿金与《劳动合同法》规定的加付赔偿金长期共存。

关于两者的关系如何处理，实践中有不同方式。

有的地区认为两者是并列关系，因为它们所规范的情形不一致，25%经济补偿金所针对的是克扣和故意拖欠工资，用人单位主观恶性明显，而加付赔偿金则针对的是欠付工资的客观状况，对于用人单位主观情况没有作出区分，而且劳动者主张 25%经济补偿金不需要经过劳动行政部门先行处理，但是加付赔偿金则需要劳动行政部门先行处理。

有的地区则认为，加付赔偿金制度已经取代了 25%经济补偿金，在司法实务中不应当同时判令。例如，北京市高级人民法院、北京市劳动争议仲裁委员会出台的相关规定认为，劳动者依据劳部发［1994］481 号《违反和解除劳动合同的经济补偿办法》第三条、第四条规定主张给付经济补偿金，仲裁委、法院应当向劳动者释明其应依据《劳动合同法》第八十五条规定先经劳动行政部门处理，劳动者坚持主张给付经济补偿金的，应驳回其请求。又如，上海市高级人民法院 2010 年出台的相关文件认为，1994 年劳动部《违反和解除劳动合同的经济补偿办法》规定，用人单位克扣或无故拖欠劳动者工资、拒不支付劳动者延长工作时间工资报酬的，除在规定时间内全额支付劳动报酬外，还需向劳动者加发相当于工资报酬 25%的经济补偿金；用人单位低于当地最低工资标准支付劳动报酬的，在补足低于标准部分的同时，另向劳动者支付相当于低于部分 25%的经济补偿金；用人单位解除劳动合同后，未按规定给予劳动者经济补偿的，除全额发给经济补偿金外，还须按该经济补偿金数额的 50%支付额外经济补偿金。现《劳动合同法》第 85 条对此问题作出新的规定，即用人单位未按规定或约定及时足额支付劳动报酬、低于当地最低工资标准支付劳动者工资、安排加班不支付加班费、未按法律规定支付解除或终止劳动合同的经济补偿的，由劳动行政部门责令期限支付，逾期不支付的，用人单位按应付金额 50%—100%的标准向劳动者加付赔偿金。我们认为，因《劳动合同法》第 85 条对逾期支付劳动报酬、加班费、经济补偿等的法律责任已做了新的规定，应按《劳动合同法》第 85 条规定执行。

2017 年 12 月底，人力资源和社会保障部废止了《违反和解除劳动合同的经济补偿办法》（劳部发〔1994〕481 号），实务中再出现拖欠劳动者工资的情况，也不再适用 25%经济补偿金的规则，而是依法适用加付赔偿金的规则。

（3）欠付工资利息的主张一般不予支持

劳动者往往会在要求用人单位补齐工资的同时，要求用人单位支付欠付工资的利息，该主张是否应予支持呢？笔者认为，该主张一般不应予以支持。从司法实践的裁判尺度看，一般均不支持该主张。从法律规定看，《劳动合同法》第 85 条规定了用人单位欠付工资的法律后果，即一方面要承担行政责任，另一方面要依法支付加付赔偿金。考虑到工资属于劳动法律法规调整范畴，与一般债权的性质有所差异，在《劳动合同法》对工资问题作出特殊规定的情况下，不应再适用支付利息这一普通债权的救济规则。易言之，对欠付劳动者工资期间利益的保护不是通过普通债权利息方式实现，而是通过加付赔偿金等劳动法律特有的制度实现。

例外情况是，如果劳动关系双方通过协议的方式明确用人单位应当支付欠付工资并计算相应利息的，该协议不违反法律、行政法规的强制性规定，应当认可其效力。在此情况下，如果用人单位未依约履行支付义务的，应当支持劳动者所主张的欠付工资本金及利息。有些地区法院已经对此明确了裁判倾向，如上海市高级人民法院民一庭在2015年曾出台相关研讨纪要认为，虽拖欠劳动报酬的基础法律关系是劳动争议纠纷，但只要用人单位对欠薪事实无异议且出具书面欠条，原劳动法律关系就已转化为一般民事欠款纠纷。故劳动者持欠条直接到法院起诉，要求用人单位支付所拖欠的劳动报酬，应依照普通民事诉讼程序进行审理。如用人单位在欠条上写明支付劳动报酬的期限和相应利息的，法院可判决支持劳动者要求支付劳动报酬利息的诉请。如用人单位在欠条上仅明确支付劳动报酬期限但未约定支付利息的，法院可判决不支付利息；但如用人单位未按约定期限支付劳动报酬，劳动者因而要求用人单位支付逾期付款利息的，法院应予支持。

（4）劳动者以欠付工资为由解除劳动合同的经济补偿

劳动者以用人单位未及时足额发放工资为由主动解除劳动合同的，其可以根据《劳动合同法》第38条的规定要求用人单位支付解除劳动合同的经济补偿。《劳动合同法》第38条规定："用人单位有下列情形之一的，劳动者可以解除劳动合同：……（二）未及时足额支付劳动报酬的……"第46条规定："有下列情形之一的，用人单位应当向劳动者支付经济补偿：（一）劳动者依照本法第三十八条规定解除劳动合同的……"应当强调的是，这里所指的"未及时足额支付劳动报酬"应当考量用人单位主观状态。笔者认为，只有在用人单位主观有过错的情况下才适宜适用该条款，由于此条涉及推定解雇制度，后文将专节讨论，此处暂不赘述。

（5）支付加付赔偿金

根据《劳动合同法》第85条的规定，用人单位未按照劳动合同的约定或者国家规定及时足额支付劳动者劳动报酬、低于当地最低工资标准支付劳动者工资、安排加班不支付加班费的，由劳动行政部门责令限期支付差额部分，逾期不支付的，责令按应付金额50%以上100%以下的标准向劳动者加付赔偿金。

《新劳动争议解释一》第1条规定："劳动者与用人单位之间发生的下列纠纷，属于劳动争议，当事人不服劳动争议仲裁机构作出的裁决，依法提起诉讼的，人民法院应予受理：……（八）劳动者依据劳动合同法第八十五条规定，要求用人单位支付加付赔偿金发生的纠纷……"根据最高人民法院的观点，该司法解释只是规定了人民法院应当受理劳动者提出的此类诉讼请求，但是适用加付赔偿金制度时有一个统一的前提，即用人单位在劳动行政部门责令限期支付相应的报酬、经济补偿等情况下而逾期未支付。[①]

（6）承担刑事责任

恶意拖欠工资，有可能触犯刑法，构成拒不支付劳动报酬罪。我国《刑法》第276条之一第1款规定："以转移财产、逃匿等方法逃避支付劳动者的劳动报酬或者有能力支付而不支付劳动者的劳动报酬，数额较大，经政府有关部门责令支付仍不支付的，处三年以下有期徒刑或者拘役，并处或者单处罚金；造成严重后果的，处三年以上七年以下有期徒刑，并处罚金。"

构成此罪名的犯罪主体可以是自然人也可以是单位。《刑法》第276条之一第2款规定："单位犯前款罪的，对单位判处罚金，并对其直接负责的主管人员和其他直接责任人员，依照前款的规定处罚。"

该罪名具有减轻处罚的法定条件。该条第3款规定："……尚未造成严重后果，在提起公诉前支付劳动者的劳动报酬，并依法承担相应赔偿责任的，可以减轻或者免除处罚。"

3. 欠付工资的免责事由

前已述及，用人单位未能及时足额支付工资报酬将会承担的法律责任。但是，并非所有未能及时足额支付工资的行为均属于欠付工资。由于用人单位生产经营状态往往会发生变化，当其出现经营困难、停产停业等比较极端的情况时就可能导致工资发放不足额不及时。如果不区分情形地、绝对地要求用人单位及时足额发放工资，将不利于用人单位渡过难关，最终损害劳动者权利。很多地区都出台专门规定，认可用人单位在特定情形下、在一定周期内（一般为一个工资发放周期即1个月）迟延支付工资的行为不属于欠付工资。例如，《上海市企业工资支付办法》（沪人社综发〔2016〕29号）第10条规定："企业确因生产经营困难，资金周转受到影响，暂时无法按时支付工资的，经与本企业工会或职工代表协商一致，可以延期在一个月内支付劳动者工资，延期支付工资的时间应告知全体劳动者。"又如，北京市人民政府颁布的《北京市工资支付规定》第26条规定："用人单位因生产经营困难暂时无法按时支付工资的，应当向劳动者说明情况，并经与工会或者职工代表协商一致后，可以延期支付工资，但最长不得超过30日。"[②]

---

① 最高人民法院民事审判第一庭编著：《最高人民法院劳动争议司法解释（三）的理解与适用》，人民法院出版社2010年版，第63页。

② 因新型冠状病毒感染肺炎疫情导致停产停工进而影响工资发放的，人力资源和社会保障部、最高人民法院已经出台多份文件进行引导和规定，在认定疫情影响工资的问题时还应当重点依据这些相关文件。

结合各地政府出台的类似规定，可以大致梳理出此类情况的免责条件：第一，用人单位出现生产经营困难导致无法按时支付工资，但尚未达到无法支付工资的境地；第二，用人单位与工会或者职工代表协商一致迟延发放工资；第三，迟延发放的时间一般不超过一个月。当这些条件同时符合时，法律上不认定用人单位属于违法欠付工资，用人单位也就无须承担法律责任。就司法实践而言，认定用人单位是否违法欠付工资的标准比较模糊，有些判决按照上述政府规定的条件严格适用（本地政府有规定的情况下），有些则会综合具体案情和经济形势做进一步的放宽（本地政府对此没有明确规定），总之不能做到完全的整齐划一。

当用人单位出现停产停工、濒临倒闭等更为极端的情况时，会长期拖欠劳动者工资或者根本无力支付工资。对此，各地也有相应文件予以规范，大多都规定劳动者提供劳动的，可以重新约定工资标准，但是不得低于最低工资标准。例如，《北京市工资支付规定》第 27 条规定："非因劳动者本人原因造成用人单位停工、停业的，在一个工资支付周期内，用人单位应当按照提供正常劳动支付劳动者工资；超过一个工资支付周期的，可以根据劳动者提供的劳动，按照双方新约定的标准支付工资，但不得低于本市最低工资标准；用人单位没有安排劳动者工作的，应当按照不低于本市最低工资标准的 70%支付劳动者基本生活费。国家或者本市另有规定的从其规定。"又如，《上海市企业工资支付办法》第 12 条规定："企业停工、停产在一个工资支付周期内的，应当按约定支付劳动者工资。超过一个工资支付周期的，企业可根据劳动者提供的劳动，按双方新的约定支付工资，但不得低于本市规定的最低工资标准。"再如，《天津市工资支付规定》（津劳局〔2003〕440 号）第 27 条规定："非因劳动者本人原因造成用人单位停工停产，未超过一个工资支付周期的，用人单位应当按劳动合同约定的工资标准支付劳动者工资；超过一个工资支付周期用人单位安排劳动者工作，经与劳动者协商一致，可以变更劳动合同，调整其工资标准，但不得低于本市最低工资标准……"原劳动部《工资支付暂行规定》也有类似规定。

（四）用人单位扣减工资问题

1. 用人单位罚款问题

实践中，经常有用人单位在规章制度中规定或者劳动合同中约定，劳动者违反规章制度相关规定或者违反劳动合同相关约定的，处以一定金额的罚款。此种做法被很多用人单位认为是将管理与经济效益挂钩的有效做法，可以降低管理成本，提高劳动者工作效率和责任心。但是，这种做法存在较大风险，需要区别不同情况分别认定。第一，因劳动者原因造成用人单位经济损失的，根据双方劳动合同的约定，用人单位可以扣减劳动者工资作为经济损失的赔偿，但是扣除部分不得超过劳动者当月工资的20%，如果超过该限额则超过部分属于克扣工资。《工资支付暂行规定》（劳部发〔1994〕489号）第16条："因劳动者本人原因给用人单位造成经济损失的，用人单位可按照劳动合同的约定要求其赔偿经济损失。经济损失的赔偿，可从劳动者本人的工资中扣除。但每月扣除的部分不得超过劳动者当月工资的20%。若扣除后的剩余工资部分低于当地月最低工资标准，则按最低工资标准支付。"第二，因劳动者违反规章制度或者劳动合同，没有造成或者没有直接造成用人单位经济损失的，用人单位作为一种处罚措施扣减劳动者应得工资（即罚款）的，属于克扣工资的违法行为。当劳动者存在上述行为时，用人单位有权根据规章制度或者劳动合同对劳动者进行处罚，但是不应当以扣减工资的形式作出，如果必须通过与劳动者经济效益相关联的方式作出的话，可以选择扣减非劳动给付对价的其他费用。

2. 劳动者造成用人单位经济损失的赔偿责任

上述问题可以进一步引申，如果劳动者因自身过错造成用人单位经济损失的，应当如何承担赔偿责任。《工资支付暂行规定》（劳部发〔1994〕489号）第16条从正面肯定了劳动者应当承担赔偿责任，也规定了可以通过每月扣减劳动者工资的方式来实现赔偿，但是没有规定赔偿责任的范围。易言之，焦点问题是，劳动者是应当就用人单位的全部经济损失进行赔偿还是仅赔偿一部分。从全国各地的判决看，司法实践中尚未对此问题达成统一认识。有些案件反映出法院以用人单位经济损失大小为标准，损失大的判令劳动者酌情赔偿部分损失，损失小的判令劳动者全额赔偿；有些案件反映出法院以劳动者过错程度为标准来判令劳动者赔偿范围的大小；还有些案件综合考虑了上述两种因素。笔者认为，这个问题更趋近于一个侵权责任法问题，准确地讲是一个侵权责任法与劳动法交叉的问题，可以通过考察以下因素来最终确定劳动者赔偿范围的大小：

（1）劳动者的过错比例和过错程度

劳动者在工作过程中如果因为过失造成用人单位经济损失的，应考察劳动者过失的大小和程度，结合具体案情确定劳动者的责任比例。如果劳动者在工作过程中故意造成用人单位经济损失的，劳动者应当承担全部的赔偿责任，情节严重的，还可能构成犯罪。

（2）用人单位经营风险防范措施

劳动者在工作过程中因过失造成用人单位经济损失，这一情节属于用人单位用工风险和经营风险的一部分，用人单位应当根据自身生产经营范围和特点有针对性地采取防范措施，而不能简单地将责任全部推给劳动者而无视自身用工、经营风险的防范和负担。防范措施既包括对劳动者的劳动技能培训、劳动风险预防教育等非物质措施，也包括防止本单位发生经营类经济损失的物质措施，如库房需要配备消防罐、玉器商店应当配备消费者挑选玉器时防止玉器滑落打碎的软垫、高风险职业的职业责任保险等。上述防范措施类似侵权责任法中的经营者为履行安全保障义务所采取的措施。

（3）劳动者工资数额与用人单位经济损失数额的比例

由于劳动者维持生活的基本来源是工资，劳动者赔偿用人单位经济损失的基础也是工资，故处理此类纠纷时必须考虑工资与经济损失的比例问题，不能出现劳动者因赔偿经济损失而造成其基本生活不能维持的情况。具体赔偿比例，需要结合个案具体情况，综合上述因素通盘考虑。实践中有人主张根据《工资支付暂行规定》第16条的规定，认定劳动者向用人单位赔偿经济损失的比例不能超过20%，笔者认为这种认识也是不妥的。上述规定仅是规定用人单位按照劳动合同的约定每月通过扣减劳动者工资的方式赔偿自身经济损失时，扣减工资的金额不能超过工资总额的20%，并不是说劳动者对于用人单位的经济损失只承担最高20%的赔偿责任。

3. 用人单位扣减工资的合法事由

用人单位扣减劳动者工资的情况比较常见，合法扣减的事由主要集中在三方面：第一，劳动者请假。劳动者请事假时，用人单位可以根据劳动合同、规章制度扣减相应的工资。劳动者所请的假是病假（医疗期）、哺乳假、产假、探亲假等国家法律法规明确规定的假期的，用人单位依法向劳动者发放对应的工资待遇，客观上扣减工资的，属于合法行为。第二，用人单位依法代扣劳动者工资。根据《工资支付暂行规定》第15条的规定，用人单位扣减以下工资的，属于依法代扣行为，不属于克扣工资：用人单位代扣代缴的个人所得税；用人单位代扣代缴的应由劳动者个人负担的各项社会保险费用；法院判决、裁定中要求代扣的抚养费、赡养费；法律、法规规定可以从劳动者工资中扣除的其他费用。第三，劳动者赔偿用人单位经济损失，该问题前已述及不再赘述。

（五）用人单位多发工资问题

用人单位因为主观或者客观原因错误地向劳动者多支付了工资，用人单位可以要求劳动者返还。实践中的问题是，用人单位向人民法院请求劳动者返还多支付的工资，究竟是属于劳动争议案件还是属于返还不当得利纠纷案件。如果属于劳动争议案件，则用人单位应当遵循“一裁两审”的规定，首先向劳动人事仲裁部门申请仲裁；如果属于返还不当得利案件，则用人单位可以直接向人民法院起诉。笔者结合司法实践中的主流观点，对该问题作以下梳理和分析：

1. 劳动关系存续期间多发工资

劳动关系存续期间，用人单位因为主观或者客观原因错误地向劳动者多支付工资的，不论用人单位是在劳动关系存续期间提出返还请求，还是在劳动关系解除或者终止后提出返还请求，均属于劳动争议案件。理由在于，《劳动争议调解仲裁法》第2条规定：“中华人民共和国境内的用人单位与劳动者发生的下列劳动争议，适用本法：……（五）因劳动报酬、工伤医疗费、经济补偿或者赔偿金等发生的争议……”多发工资的情形发生在劳动关系存续期间，不论用人单位何时请求劳动者返还，都改变不了劳动关系双方多发工资的争议属于上述法律条文规定的“因劳动报酬……发生的争议”。故，此类案件属于劳动争议案件无疑。从司法实践看，绝大多数此类案件都按照劳动争议案件审理，极个别按照返还不当得利纠纷处理，这也说明人民法院将此类案件定性为劳动争议案件是主流观点。①

2. 劳动关系解除或者终止后多发工资

劳动关系解除或者终止后，用人单位可能因为如下原因多发给劳动者工资：第一，由于工作失误等原因，错误地将劳动者不应获得的工资予以发放；第二，用人单位补发劳动关系存续期间欠发的劳动者工资时，由于计算错误或者对劳动者归类错误导致多补了劳动者工资；第三，用人单位因与劳动者发生劳动争议尤其是关于解除或者终止劳动关系的争议，劳动者提起劳动人事争议仲裁或者诉讼期间，当地社保部门在双方争议尚无终审裁决之前不允许用人单位办理社保终止缴费手续，或者用人单位鉴于终止、解除劳动关系的事实尚未被法院确定，为了防范违法风险，用人单位只得继续缴纳社保费用至统筹账户和劳动者个人账户。待裁审机关最终认定劳动关系双方解除或者终止劳动关系时，用人单位已经多为劳动者缴纳社保费用。

（1）因用人单位工作失误导致多发工资

此种情形下的多发工资都发生在劳动关系解除或者终止之后，一般是因为用人单位劳资人员错误地认为劳动者仍然在职而予以发放工资，此时多发的工资不属于劳动关系存续期间因劳动关系双方争议所导致的结果，所以此类纠纷

① 钱海玲主编：《法官智典》，人民法院出版社2018年版，第102页。

宜认定为返还不当得利纠纷案件，适用民法的相关规定予以处理。

（2）用人单位补发工资时因计算错误或者归类错误导致多发工资

用人单位所发放工资的行为虽发生在劳动关系终止或者解除之后，但是其发放工资的行为系补发劳动关系存续期间的工资。由于用人单位对补发工资的数额计算错误，或者对劳动者归类错误导致补发工资数额错误，最终产生多发工资的后果。该结果的产生归根结底还是劳动关系存续期间双方对工资发生的争议，所以虽然多发工资的行为发生在劳动关系终止或者解除之后，但是仍然应当按照劳动争议案件处理。

（3）用人单位被迫续缴社保费而多发工资①

劳动者个人社保账户中的资金是个人工资的沉淀，故用人单位在劳动关系终止或者解除之后向劳动者个人社保账户续缴的社保费，从性质上说属于多发给劳动者的工资。待用人单位终止或者解除劳动关系的行为被法院确认为有效后，用人单位终止或者解除劳动关系后即不存在为劳动者缴纳社保费的法定义务，劳动者实际获得的个人账户中因用人单位多缴纳社保的利益具有不当得利性质，用人单位要求返还这部分利益的，属于不当得利纠纷，应当按照普通民事案件受理。

（六）劳动者未提供劳动能否获得工资

劳动者如果未提供劳动的，用人单位是否还应当向劳动者发放工资，应当区别情况分别处理：

1. 劳动者原因未提供劳动

劳动者因旷工或者请事假而未提供劳动的，用人单位可以不发放相应的工资。

劳动者因正常休假（法定节假日、病假、探亲假、产假、护理假、婚假、丧假、带薪年休假等）而未提供劳动的，用人单位仍然应当依法向劳动者发放工资或者相应待遇。

2. 用人单位非违法原因导致劳动者未提供劳动

用人单位因自身生产经营问题停产、停业，给劳动者放经营性长假，导致劳动者放假期间没有提供劳动的，用人单位是否还应当向劳动者支付工资，这个问题在实践中经常出现，有些地区的裁审部门已经对此进行了探索。例如，天津市高级人民法院、天津市人力资源和社会保障局2019年联合出台关于审理

---

① 关于用人单位为劳动者垫付社保的返还、劳动者为用人单位垫付社保的返还、劳动者以其他单位名义缴纳社保后要求用人单位返还社保费、劳动者以个人名义缴纳社保费后要求用人单位返还等社保垫付返还类纠纷的处理，参见本书第十二章的内容。

劳动人事争议案件的会议纪要认为，因用人单位过错导致劳动者待岗，劳动者要求待岗期间工资待遇的，应予支持。待岗期间工资待遇标准按照劳动者待岗前十二个月的月平均工资（加班费除外）标准计算。符合《天津市工资支付规定》第 27 条规定，非因劳动者本人原因造成用人单位停工停产，未超过一个工资支付周期的，用人单位应当按照劳动合同约定的工资标准支付劳动者工资。超过一个工资支付周期，用人单位没有安排劳动者工作的，就待岗工资双方可以协商解决，如果双方协商一致，按协商协议执行。

从劳动给付和对价的角度看，劳动者没有提供劳动，用人单位没有获得劳动给付，所以也就没有义务给劳动者发放工资。但是，从导致劳动者不能提供劳动的原因角度看，导致上述情形的根源在于用人单位而非劳动者，而劳动者不能提供劳动从某种意义上说也是遵照用人单位的指令行事，且劳动者生活的主要来源是通过提供劳动获取工资。故，结合劳动法倾斜保护的原则和尊重劳动协商的原则，应当在兼顾企业利益的情况下，着重考虑劳动者核心利益的保护。具体而言，当用人单位出现停产、停业，劳动者放长假的情况时，可以按照以下步骤处理该问题：

首先，由劳动关系双方按照劳动合同的约定或者规章制度的规定处理工资发放事宜；其次，如果劳动合同没有约定，规章制度也没有规定的，可以由劳动关系双方协商放长假期间的工资发放事宜；最后，如果双方无法协商达成一致，用人单位一般应当按照本地区劳动行政部门颁布实施的规范性文件或者政策的规定向劳动者发放生活费。例如，《北京市工资支付规定》第 27 条规定："……用人单位没有安排劳动者工作的，应当按照不低于本市最低工资标准的 70%支付劳动者基本生活费……"如果本地区没有类似规定，用人单位可以参照本地区最低生活保障的标准向劳动者发放生活费。

3. 用人单位因政府指令停工导致劳动者不能提供劳动

用人单位合法经营过程中因政府指令而停工的，在一个工资支付周期内，应当按劳动合同约定的工资标准支付劳动者工资；超过一个工资支付周期，用人单位安排劳动者工作的，经与劳动者协商一致，可以变更劳动合同，调整其工资标准，但不得低于本市最低工资标准。如果用人单位停工停产超过一个工资支付周期，也未安排劳动者工作的，可以按照当地劳动行政部门公布的标准向劳动者发放最低生活费。如果用人单位因违法生产经营而被政府责令停工整改的，在停工整改期间应当按劳动合同约定的工资标准支付劳动者工资。

裁审要点

1. 注意查清工资决定因素、工资项目构成、工资支付标准、工资支付周期、工资支付形式、工资扣除事项等工资制度的核心要素。

2. 准确界定工资类收入与福利待遇、法定惩罚性赔偿（主要是“二倍工资”）的界限。

3. 准确把握银行记录、工资表、工资台账、考勤记录、社保缴费基数、个人所得税纳税信息等涉及证明工资情况的关键证据。

4. 查清用人单位实际实行的工时制度。

5. 合理区分用人单位故意拖欠、克扣工资与因非主观过错原因导致的欠发工资的情形。

6. 确定劳动者因工作失误而向用人单位承担赔偿责任时，需要审查劳动者过错程度、用人单位用工风险防范措施、劳动者工资总额与实际损失的比例等要素。用人单位因此扣发劳动者工资冲抵损失的，需要审查扣发比例。

7. 用人单位错误多发工资要求返还的，需要考察错误多发工资事实的发生时间、错误多发工资的具体原因，以此作为应当按照劳动争议案件处理还是按照不当得利返还纠纷案件处理的依据。

8. 用人单位因自身原因停产停工，导致劳动者未能提供劳动的，首先应当查明该自身原因是什么，应针对用人单位是否违法而在工资发放问题上区别对待。

9. 用人单位因经营困难而停产停业，劳动者放假未提供劳动，劳动者要求用人单位支付放假期间工资或者生活费的，一般应当审查劳动合同、规章制度对此问题事先有无规定，再审查劳动关系双方对此问题是否达成协议。如果均无规定的，应当查清当地最低工资标准或者最低生活保障标准，以便为参照当地劳动行政部门颁布的政策执行打好基础。

实操指引

1. 重视劳动合同、规章制度的作用，将工资标准、支付周期、工资调整机制、扣减工资等事项约定于劳动合同或者规定在规章制度中。

2. 用人单位应当制作工资台账、考勤记录等用以证明劳动者工作时间、工资发放情况，并保存至少 2 年备查，如雇用农民工的，应保存至少 3 年备查。条件允许的，可以要求劳动者核对无误后签字确认。

3. 用人单位应当梳理完善规章制度，重视工会作用，当出现生产经营困难的，应当按照规章制度的规定及时启动工资调整机制甚至减员增效机制，做到劳资协力共渡难关。

4. 用人单位应当根据自身经营特点和风险多发领域，一方面，采取增设物质措施、购买商业保险等手段规避和分散用人及经营风险；另一方面，加强劳动技能、劳动风险教育，防止出现因劳动者过失造成用人单位经济损失而很难赔偿的问题。

第二节　休假制度

裁判观点

1. 劳动者在法定休假日、休息日休息的，不需要向用人单位申请，劳动合同或者规章制度规定劳动者需要履行审批手续的，该规定无效。

2. 劳动者请假的，应当按照劳动合同约定或者规章制度规定履行请假手续。未履行请假手续擅自休假的，用人单位有权依照劳动合同或者规章制度予以处罚。劳动者已经履行请假手续，且相应单证齐备，但用人单位无正当理由不予批准，劳动者休假时长未超过法律规定的，用人单位主张劳动者旷工的，一般不予支持。

3. 劳动者依法依规休假期间，用人单位违反法律或者劳动合同扣减劳动者工资福利的，应予补齐。

深度解析

一、法定休假日

根据国务院于 2014 年 1 月 1 日施行的《全国年节及纪念日放假办法》规定，我国法定休假日共包括三类：全体公民放假的节日及纪念日、部分公民放假的节日、少数民族习惯的节日。

1. 全体公民放假的节日

（1）元旦：放假 1 天（1 月 1 日）。

（2）春节：放假 3 天（农历正月初一、初二、初三）。

（3）清明节：放假1天（农历清明当日）。

（4）劳动节：放假1天（5月1日）。

（5）端午节：放假1天（农历端午当日）。

（6）中秋节：放假1天（农历中秋当日）。

（7）国庆节：放假3天（10月1日、2日、3日）。

以上共计11天，根据《全国年节及纪念日放假办法》第6条的规定，上述11天法定节假日如果适逢星期六、星期日，应当在工作日补假。根据《劳动法》第44条的规定，在上述法定节假日安排劳动者工作的，用人单位应当支付不低于工资的300%的工资报酬。

2. 部分公民放假的节日及纪念日

（1）妇女节（3月8日）：妇女放假半天。

（2）青年节（5月4日）：14周岁以上的青年放假半天。

（3）儿童节（6月1日）：不满14周岁的少年儿童放假1天。

（4）中国人民解放军建军纪念日（8月1日）：现役军人放假半天。

根据《全国年节及纪念日放假办法》第6条的规定，上述部分公民放假的假期如果适逢星期六、星期日的，不予补假。用人单位安排劳动者在上述日期工作的，无须支付加班费。

3. 少数民族习惯的节日

由各少数民族聚居地区的地方人民政府，按照各该民族习惯，规定放假日期。例如，泼水节、古尔邦节、开斋节、藏历新年等。

4. 其他不放假的节日或纪念日

根据《全国年节及纪念日放假办法》第5条规定，二七纪念日、五卅纪念日、七七抗战纪念日、九三抗战胜利纪念日、九一八纪念日、教师节、护士节、记者节、植树节等其他节日和纪念日，均不放假。

二、休息日

我国《宪法》和《劳动法》对于劳动者的休息休假都作出了明确规定，休息休假权是指劳动者按照法律规定享有的休息和休假的权利。根据《劳动法》第38条的规定，用人单位应当保证劳动者每周至少休息一日。但是，具体每周休息一日还是两日，是周六、周日休息，还是周一至周五的某两日或某一日休息，用人单位可以根据实际情况灵活安排。实践中，绝大多数企业均实行周六日的“双休”制度。

按照《劳动法》第 44 条的规定，用人单位在休息日安排劳动者工作又不能安排补休的，应当支付不低于工资的 200%的工资报酬。

三、带薪年休假

带薪年休假制度最早规定在《劳动法》第 45 条中，后来被 2008 年 1 月 1 日正式实施的国务院《职工带薪年休假条例》所具体化。之后，原人事部于 2008 年 2 月 15 日颁布实施了《机关事业单位工作人员带薪年休假实施办法》，原人力资源和社会保障部于 2008 年 9 月 18 日颁布实施了《企业职工带薪年休假实施办法》。于是，我国带薪年休假制度初具规模。

（一）享受带薪年休假的条件

1. 基本条件

《职工带薪年休假条例》第 2 条规定："机关、团体、企业、事业单位、民办非企业单位、有雇工的个体工商户等单位的职工连续工作 1 年以上的，享受带薪年休假（以下简称年休假）。单位应当保证职工享受年休假。职工在年休假期间享受与正常工作期间相同的工资收入。"

2. "连续工作 1 年以上"的理解

此处的"连续工作 1 年以上"并非指劳动者在同一用人单位连续工作 1 年以上，而是指劳动者连续工作的时间满 1 年以上，不因其所在用人单位的更换而重新计算。

就此问题，实践中曾有很大争议。人力资源和社会保障部于 2009 年 4 月 15 日作出《关于〈企业职工带薪年休假实施办法〉有关问题的复函》（人社厅函〔2009〕149 号），解释如下："一、关于带薪年休假的享受条件：《企业职工带薪年休假实施办法》第三条中的'职工连续工作满 12 个月以上'，既包括职工在同一用人单位连续工作满 12 个月以上的情形，也包括职工在不同用人单位连续工作满 12 个月以上的情形……"上述复函将此实践中有争议的问题予以明确。

此外，对于"连续工作 1 年以上"的"连续"应当如何认识，实务中的观点并不一致。有的人主张严格适用，如果劳动者变更用人单位的，新旧两段劳动关系应当连续，中间不宜有空隙。有的人主张扩张解释，一方面劳动者在同一用人单位工作期间如果出现《劳动合同法》第 45 条规定情形的，劳动者因法定情形出现而需要停止工作休息的，不能认为劳动者未连续工作；另一方面劳动者变更用人单位的，新旧两段劳动关系之间即使存在空档，也不宜认为劳动者必然不符合“连续工作”的要求，只要有证据认为劳动者有就业意愿，就应当按照劳动者累计工作时间来认定连续工作时间，故劳动者在同一或者不同用人单位工作期间，以及依照法律、行政法规规定视同工作期间的，应当计为累计工作时间。

笔者认为第二种观点更加合理，实践中也为更多的裁审机构所认可，相当多的人力资源从业者也都是按此操作的。该问题与订立无固定期限劳动合同法定情形中的“连续工作满十年”具有同一性，对于“连续工作”的理解应当保持两者的一致性。所以，劳动者在同一用人单位工作期间如果出现《劳动合同法》第 45 条规定情形的，劳动者因该法定情形出现而需要停止工作休息的，不能认为劳动者未连续工作。对于劳动者变更用人单位的，新旧劳动关系之间如果存在空档期，也不宜绝对地认定劳动者不符合“连续工作 1 年以上”中“连续工作”的条件，应当从宽解释。

（二）带薪年休假天数的确定与安排

1. 基本规则

根据《职工带薪年休假条例》第 3 条的规定，职工累计工作已满 1 年不满 10 年的，年休假 5 天；已满 10 年不满 20 年的，年休假 10 天；已满 20 年的，年休假 15 天。

单位根据生产、工作的具体情况，并考虑职工本人意愿，统筹安排职工年休假。年休假在 1 个年度内可以集中安排，也可以分段安排，一般不跨年度安排。单位因生产、工作特点确有必要跨年度安排职工年休假的，可以跨 1 个年度安排。

实务中的一个常见问题是，带薪年休假的安排是否必须经劳动关系双方协商一致，即如果用人单位安排劳动者在某个期间休年假，但是劳动者不同意，用人单位是否可以强制安排？笔者认为，从《职工带薪年休假条例》的用语看，用人单位有权坚持自己的决定，强制安排休年假。因为条例规定的是，用人单位“考虑职工本人意愿”，统筹“安排”职工休年假，“考虑”并非遵从的意思，“安排”即带有一定的强制意味。可以说，在考虑了劳动者意愿后，用人单位具有最终的决定权。

2. 休假天数的确定方法

（1）职工新进入用人单位，并且已经连续工作满一年，当年度年休假天数按照在本单位剩余日历天数折算确定，折算后不足 1 整天的部分不享受年休假。折算方法为：（当年度在本单位剩余日历天数÷365 天）×职工本人全年应当享受的年休假天数。

（2）用人单位与职工解除或者终止劳动合同时，当年度未安排职工休满应休年休假的，应当按照职工当年已工作时间折算应休未休年休假天数并支付未休年休假工资报酬，但折算后不足 1 整天的部分不支付未休年休假工资报酬。折算方法为：（当年度在本单位已工作日历天数÷365 天）×职工本人全年应当享受的年休假天数-当年度已安排年休假天数。用人单位当年已安排职工年休假的，多于折算应休年休假的天数不再扣回。

这里需要注意两种情形。第一，劳动者主动辞职且不具有《劳动合同法》第 38 条规定情形的，劳动者主张用人单位向其支付未休年休假工资的，不宜予以支持。因为劳动者主动辞职就剥夺了用人单位在本年度内为其安排补休的机会，所以此种情况下不宜支持劳动者的诉求。第二，用人单位违法辞退劳动者的，劳动者主张用人单位向其支付未休年休假工资的，宜予以支持。

（三）不享受带薪年休假的情形

根据《职工带薪年休假条例》第 4 条的规定，职工有下列情形之一的，不享受当年的年休假：

1. 职工依法享受寒暑假，其休假天数多于年休假天数的；
2. 职工请事假累计 20 天以上，且单位按照规定不扣工资的；
3. 累计工作满 1 年不满 10 年的职工，请病假累计 2 个月以上的；
4. 累计工作满 10 年不满 20 年的职工，请病假累计 3 个月以上的；
5. 累计工作满 20 年以上的职工，请病假累计 4 个月以上的。

（四）未休带薪年休假的补偿及其性质

单位确因工作需要不能安排职工休年休假的，经职工本人同意，可以不安排职工休年休假。对职工应休未休的年休假天数，单位应当按照该职工日工资收入的 300%支付年休假工资报酬。职工在年休假期间享受与正常工作期间相同的工资收入。实践中，一般认为未休带薪年休假工资补偿不属于工资范畴，而是属于法定福利，所以在处理此类纠纷时应当适用普通仲裁时效，欠付未休带薪年休假工资补偿的也不认为属于未及时足额支付工资的情况。

四、婚假

根据原国家劳动总局、财政部于 1980 年 2 月 20 日颁布的《关于国营企业职工请婚丧假和路程假的问题的通知》（〔1980〕劳总薪字 29 号）的规定，职工本人结婚，可以根据具体情况，由本单位行政领导批准，酌情给予1天至3天的婚假。另外，如果职工结婚时双方不在一地工作的，可以根据路程远近，另给予路程假。2002年9月1日，我国开始施行《人口与计划生育法》。各省、自治区、直辖市随后根据本地区实际情况纷纷制定本地区的人口与计划生育条例，但是对婚假的规定并不一致，同时对于晚婚的一般都给予晚婚假[①]。《人口与计划生育法》于2015年12月29日被修订，于2016年1月1日施行。随后，各地区也都纷纷修改人口与计划生育条例，婚假一般都规定为3天，但是大部分地区取消了晚婚假。根据各地人口与计划生育条例的规定，婚假期间一般都是工资福利照发。

五、产假

（一）产假的天数

我国的产假制度集中规定在国务院《女职工劳动保护特别规定》（2012年4月28日施行）中。根据该规定第7条第1款，女职工生育享受98天产假，其中产前可以休假15天；难产的，增加产假15天；生育多胞胎的，每多生育1个婴儿，增加产假15天。

有些地区根据各自人口与计划生育条例的规定，会增加产假的天数。例如，《天津市人口与计划生育条例》第18条规定："依法办理结婚登记的公民，享受婚假十日。符合法律、法规规定生育子女的夫妻，女方在享受国家规定的生育假（产假）的基础上增加生育假（产假）六十日，男方享受十五日的陪产假。"

符合法律、法规规定生育子女的夫妻，在子女三周岁以下期间，用人单位每年给予夫妻双方各十日的育儿假。农村居民符合法律、法规规定生育子女的，由所在乡、镇人民政府、街道办事处、居民委员会、村民委员会根据实际情况给予奖励。"

此外，女职工流产的，也依法享有产假。根据《女职工劳动保护特别规定》第7条第2款的规定，女职工怀孕未满4个月流产的，享受15天产假；怀孕满4个月流产的，享受42天产假。

（二）产假待遇

根据国务院《女职工劳动保护特别规定》第5条和第8条的规定，女职工产假期间的待遇主要有两个方面：一方面是用人单位不得因女职工生育而解除

---

① 晚婚是指男方年满25周岁，女方年满23周岁初婚。

劳动合同或聘用合同；另一方面是保障女职工产假期间的工资待遇与生产之前持平。此外，还有地区会给予额外奖励。

1. 不得因生育而被辞退

《女职工劳动保护特别规定》第5条规定："用人单位不得因女职工怀孕、生育、哺乳降低其工资、予以辞退、与其解除劳动或者聘用合同。"

2. 工资待遇保持不变

《女职工劳动保护特别规定》第8条规定："女职工产假期间的生育津贴，对已经参加生育保险的，按照用人单位上年度职工月平均工资的标准由生育保险基金支付；对未参加生育保险的，按照女职工产假前工资的标准由用人单位支付。女职工生育或者流产的医疗费用，按照生育保险规定的项目和标准，对已经参加生育保险的，由生育保险基金支付；对未参加生育保险的，由用人单位支付。"

3. 其他奖励

有的地区会给予依法生育的女职工以一定增加产假的奖励或者经济奖励。例如，《天津市人口与计划生育条例》第18条第2款规定，符合法律、法规规定生育子女的夫妻，女方在享受国家规定的生育假（产假）的基础上增加生育假（产假）六十日，男方享受十五日的陪产假。

六、护理假

护理假是由产期女职工的配偶享受的假期。我国现行法律未规定护理假，各地的人口与计划生育条例基本是将护理假作为生育奖励政策而规定的，具体天数各地不统一。例如，《天津市人口与计划生育条例》第18条第2款规定："符合法律、法规规定生育子女的夫妻，女方在享受国家规定的生育假（产假）的基础上增加生育假（产假）六十日，男方享受十五日的陪产假。"《陕西省人口与计划生育条例》第48条第2款规定："职工合法生育子女的，在法定产假的基础上增加产假六十天，同时给予男方护理假十五天，夫妻异地居住的给予男方护理假二十天……"

关于护理假期间如何确定劳动者工资待遇的问题，有些省份予以明确规定，一般都是视同劳动者在护理假期间正常出勤，工资福利不受影响。例如，《江苏省人口与计划生育条例》第24条规定："依法办理结婚登记的夫妻，在享受国家规定婚假的基础上，延长婚假十天。符合本条例规定生育子女的夫妻，女方在享受国家规定产假的基础上，延长产假不少于三十天，男方享受护理假不少于十五天。推动实行父母育儿假制度。产假、护理假和育儿假的具体实施办法，由省人民政府制定。前两款规定的假期视为出勤，在规定假期内照发工资，不影响福利待遇，国家法定休假日不计入前两款规定的假期。用人单位根据具体情况，可以给予其他优惠待遇。”

七、哺乳假

《女职工劳动保护特别规定》第 9 条规定：“对哺乳未满 1 周岁婴儿的女职工，用人单位不得延长劳动时间或者安排夜班劳动。用人单位应当在每天的劳动时间内为哺乳期女职工安排 1 小时哺乳时间；女职工生育多胞胎的，每多哺乳 1 个婴儿每天增加 1 小时哺乳时间。”哺乳假期间，视为女职工正常出勤，不得扣发工资福利。

八、探亲假

（一）适用对象

1981 年颁布施行的《国务院关于职工探亲待遇的规定》确立了我国的探亲假制度。探亲假是指职工探望与自己不住在一起，又不能在公休假日团聚的配偶或父母的带薪假期。该规定第 2 条规定：“凡在国家机关、人民团体和全民所有制企业、事业单位工作满一年的固定职工，与配偶不住在一起，又不能在公休假日团聚的，可以享受规定探望配偶的待遇；与父亲、母亲都不住在一起，又不能在公休假日团聚的，可以享受本规定探望父母待遇。但是，职工与父亲或与母亲一方能够在公休假日团聚的，不能享受本规定探望父母的待遇。”值得注意的是，该规定仅适用于国家机关、人民团体和全民所有制企业、事业单位工作满一年的固定职工。[①] 目前国家还没有对上述单位之外的用人单位的探亲假作出具体规定。实践中，裁审机关往往根据各个用人单位自己的规定或者劳动关系双方的约定来确定劳动者是否享有探亲假待遇。

（二）假期天数

职工探亲假期分为三种情况：第一，职工探望配偶的，每年给予一方探亲假一次，假期为 30 天。第二，未婚职工探望父母，原则上每年给假一次，假期为 20 天。如果因为工作需要，本单位当年不能给予假期，或者职工自愿两年探

---

① 固定职工，是在我国推行劳动合同制度之前、在计划经济体制下的一种普遍性用工规则。现在，“固定职工”一词已经随着改革的不断深入而成为一个历史性词汇。在实践中，在国家机关、人民团体、国有企业等单位工作的具有正式编制或者建立劳动合同关系的人员，仍然享有探亲假待遇。

亲一次的，可以两年给假一次，假期为45天。第三，已婚职工探望父母的，每四年给假一次，假期为20天。另外，根据《国务院关于职工探亲待遇的规定》第3条第2款的规定，用人单位根据实际需要给予路程假。探亲假和路程假均包括公休假日和法定节日在内。

（三）假期待遇

职工在规定的探亲假期和路程假期内，按照本人的标准工资发给工资。职工探望配偶和未婚职工探望父母的往返路费，由所在单位负担。已婚职工探望父母的往返路费，在本人月标准工资30%以内的，由本人自理，超过部分由所在单位负担。

九、丧假

根据原国家劳动总局、财政部《关于国营企业职工请婚丧假和路程假的问题的通知》的规定，国有企业职工的直系亲属死亡时，企业可以根据具体情况，酌情给予职工1天至3天的丧假。在批准的婚丧假和路程假期间，职工的工资照发。途中的车船费等，全部由职工自理。实践中，其他类型的用人单位也都参照上述规定执行。

十、社会活动假

原劳动部办公厅印发《关于〈中华人民共和国劳动法〉若干条文的说明》第51条第1款规定："劳动者在法定休假日和婚丧假期间以及依法参加社会活动期间，用人单位应当依法支付工资。"第4款规定："依法参加社会活动是指：行使选举权；当选代表，出席政府、党派、工会、青年团、妇女联合会等组织召开的会议；担任人民法庭的人民陪审员、证明人、辩护人；出席劳动模范、先进工作者大会；《工会法》规定的不脱产工会基层委员因工会活动占用的生产时间等。"

十一、病假

病假，是指劳动者非因工受伤或者因病需要停止工作进行休息的假期。病假一般与医疗期相关联。我国的医疗期制度主要根据原劳动部《企业职工患病或非因工负伤医疗期规定》（劳部发〔1994〕479号）建立，患病或非因工负伤职工的病假假期根据本人实际参加工作年限和在本单位工作年限，给予3个月到24个月的医疗期。医疗期与病假问题是劳动法上比较重要的制度，后文将设专节进行详述。

十二、事假

事假，是指员工因个人或家庭原因需要请假的可以向用人单位申请并经批准的可以实施的假期。事假为无薪假，事假以天或小时为计算单位。员工请事假的，用人单位可以根据劳动合同或者规章制度的规定扣减员工事假期间的工资。

裁审要点

1. 注意审查劳动者请求休假的类型、劳动合同或者规章制度对请假程序、请假单据等的规定。法定假期与约定假期的处理思路、程序和结果均不相同。

2. 注意审查用人单位实际中是否按照请假规定执行，劳动者请假时是否履行了相应规定。

3. 用人单位未批准休假，应当注意审查未批准的原因。

4. 注意审查劳动者休假期间待遇是否受到损害。

实操指引

1. 用人单位应当明确各类假期的管理制度，明确请假程序、审批流程、请假依据等，依法保障劳动者休假权利。对于法律没有明确规定的假期，用人单位应当通过制定劳动合同、规章制度等手段，明确假期内容、实施步骤、假期待遇安排等，防止出现休假的法律风险。

2. 劳动者或者用人单位应当保留请假、审批的证据材料。

3. 劳动关系双方均应注意保留用人单位实际执行请假制度、如何执行请假制度的证据。

第三节　加班费

裁判观点

1. 劳动者主张用人单位支付加班费的，应当对存在有效加班事实承担举证证明责任。劳动者有证据证明用人单位掌握加班证据的，用人单位应当提供，否则用人单位承担不利结果。但是，在此情况下，仍然需要考察劳动者诉请加班事实及加班费的合理性，不宜简单认为用人单位承担不利结果就意味着劳动者的诉请绝对地、必然地成立。对于劳动者明显超出常情常理的诉讼请求，不宜予以支持。

2. 计算加班费数额时，应当确定加班费计算基数。劳动关系双方约定了加班费计算基数，且不低于最低工资标准的，从其约定。劳动关系双方未约定加班费计算基数的，应根据集体劳动合同确定。没有集体劳动合同的，应按照劳动者应得工资确定。劳动者应得工资难以确定的，以劳动者主张权利或者劳动关系解除、终止前 12 个月（不足 12 个月的按照实际工作时间计算）的平均工资（含奖金）作为计算加班费的基数。

3. 劳动者起诉要求用人单位支付加班费，用人单位抗辩所发工资中已经足额包含加班费的，应当区分情况处理：（1）劳动关系双方约定了正常工作时间工资标准，且约定应发工资中包含加班费的，宜从其约定。但核算后的加班费基数标准不符合双方约定的，劳动者要求用人单位补齐，宜予支持。（2）劳动关系双方约定了正常工作时间工资标准，但未约定应发工资中是否包含加班费的，如用人单位有证据证明应发工资中已经包含正常工作时间工资和加班费的，可以认定用人单位已经支付的工资中包含加班费。但核算后的加班费基数标准不符合双方约定的，劳动者要求用人单位补齐，宜予支持。（3）劳动关系双方未约定正常工作时间工资标准，亦未约定应发工资中是否包含加班费的，如用人单位有证据证明应发工资中已经包含正常工作时间工资和加班费的，可以认定用人单位已经支付的工资中包含加班费，但核算后的加班费基数标准不得低于最低工资标准。

4. 用人单位实际安排劳动者加班的时长超过法律规定的最长时长的，不应认定超过法定上限时长的加班无效，而应当按照法律法规、劳动合同等支持劳动者获得该部分加班费。至于用人单位违法要求劳动者超出法定标准加班的，其应当承担相应的行政法律责任，但是行政法律责任的承担不影响用人单位承担民事法律责任。

5. 休息日加班的，用人单位可以通过安排倒休、补休冲抵加班，不需要支付加班费。法定节假日加班、延时加班的，不能通过倒休、补休方式冲抵。

6. 计件工资制下计算加班费数额的，应当确定用人单位规定的计件定额是否科学可行，是否超过了本单位大多数正常劳动者的劳动效率。

7. 加班和值班的区别主要在于用人单位安排劳动者所从事的工作内容。用人单位安排劳动者从事与本职工作无直接关系的值守任务，一般应当认定为值班，劳动者要求用人单位支付加班费的，不宜支持，但劳动者可以要求用人单位依照劳动合同、规章制度、集体合同的规定给予相应待遇。如果用人单位安排劳动者从事的值守任务属于劳动者本职工作范围的，应当认定为加班，但是应当考虑到劳动者在值守加班期间的工作强度、工作时间、可以休息等因素，酌情减少加班费。

8. 用人单位与劳动者就劳动报酬的计算、支付达成结算协议的，一般应认定有效，但有证据证明签订协议时存在欺诈、胁迫、重大误解、显失公平或者乘人之危等违背当事人真实意思表示的情形除外。同时，如果有证据证明上述协议所确定的工资低于最低工资标准的，用人单位应当补齐差额。

深度解析

一、加班费的种类

根据《劳动法》第 44 条和《工资支付暂行规定》第 13 条的规定，加班费分为三种：延时加班费、休息日加班费、法定节假日[①]加班费。根据《劳动法》第 44 条的规定，有下列情形之一的，用人单位应当按照下列标准支付高于劳动者正常工作时间工资的工资报酬：（1）安排劳动者延长工作时间的，支付不低于工资的百分之一百五十的工资报酬；（2）休息日安排劳动者工作又不能安排补休的，支付不低于工资的百分之二百的工资报酬；（3）法定休假日安排劳动者工作的，支付不低于工资的百分之三百的工资报酬。

二、用人单位支付加班费的条件

首先，根据《劳动法》第 44 条和《工资支付暂行规定》第 13 条的规定，只有当用人单位安排劳动者加班或者劳动者的加班得到了用人单位的批准或认可，用人单位才有义务向劳动者支付加班费。劳动者自愿加班，或者因劳动者原因导致正常工作时间内无法完成工作任务而导致加班的，用人单位可以不支付加班费。其次，用人单位安排劳动者在休息日加班的，如果用人单位安排补休的，则用人单位不需要向劳动者支付加班费。特别注意，从《劳动法》第 44 条和《工

① 法定节假日也可以被称为法定休假日、法定休假节日，特指在元旦、春节、清明节、端午节、劳动节、国庆节六个法定节日休假的时间，共计 11 天假期。为了统一称呼，以后本书将其统一称作法定节假日。

资支付暂行规定》第13条的字面含义分析，用人单位安排劳动者延时加班或者法定节假日加班的，用人单位不能用补休调休的方式来代替加班费的给付。

三、工时制度与加班费的关系

用人单位采用标准工时制的，应当按照《劳动法》《工资支付暂行规定》的规定支付加班费，即存在延时加班费、休息日加班费、法定节假日加班费。

用人单位采用综合工时制的，按照原劳动部《关于贯彻执行〈中华人民共和国劳动法〉若干问题的意见》第60条、第62条的规定，在综合计算周期内，某一具体日（或周）的实际工作时间可以超过8小时（或40小时），平均每周工作时间不超过40小时，超过部分应视为延长工作时间并按《劳动法》的规定支付延时加班费。如果工作日正好是法定节假日时，应当依照《劳动法》第44条第3项的规定支付法定节假日加班费。总结而言，在综合工时制下，存在延时加班费和法定节假日加班费。

用人单位采用不定时工时制的，一般不存在给付加班费的问题。原劳动部《工资支付暂行规定》第13条共有4款，前3款分别对标准工时制下加班费计算问题、计件工资的加班费计算问题、综合工时制下加班费计算问题进行了规定，但是在第4款明确规定："实行不定时工时制度的劳动者，不执行上述规定。"《天津市工资支付规定》（津劳局〔2003〕440号）第20条规定："经劳动保障部门批准实行不定时工作制的用人单位，在实行不定时工作制岗位上工作的劳动者，可不执行加班工资的有关规定。"从上述规定看，不定时工时制下不存在加班费。但是，实践中对此有不同的观点和规定。例如，同是天津市的规定，《天津市特殊工时工作制行政许可管理办法》（津人社规字〔2018〕9号）规定，经批准实行不定时工作制的用人单位，在法定休假日安排劳动者工作的，应当根据《劳动法》第44条第3项之规定，按照不低于工资的百分之三百标准，支付高于正常工作时间工资的工资报酬。根据该规定，不定时工时制下存在法定节假日加班费。综合上述规定，我们会发现现有法规对于不定时工时制下是否存在法定节假日加班费问题的规定并不统一。考察司法判决情况，人民法院的观点也并不统一。就天津市而言，从已经公布的判决情况看，倾向于支持法定节假日加班费。

四、非全日制用工的加班费问题

《劳动合同法》第68条规定："非全日制用工，是指以小时计酬为主，劳动者在同一用人单位一般平均每日工作时间不超过四小时，每周工作时间累计不超过二十四小时的用工形式。”据此，非全日制不能简单以工作时间来判断是否属于加班，而应当将工作时间作为是否属于非全日制用工的重要判断标准。因此，经劳动关系双方协商一致，劳动者从事非全日制工作的，无论是休息日还是法定节假日工作的，均不应认定是加班。对于每周超过 24 小时的非全日制用工，不是简单认定是否支付加班费的问题，而是应当认定该非全日制用工不成立，应当认定用人单位的用工模式为全日制用工，按全日制用工适用《劳动法》《劳动合同法》的规定确定劳动关系双方权利和义务。

五、值班与加班

（一）值班与加班的区别

用人单位安排劳动者在休息时间值班是比较常见的。当劳动关系双方发生纠纷的时候，劳动者往往会主张值班就是加班，要求用人单位向其支付值班期间的加班费。从司法实践看，值班与加班存在以下区别：

1. 值班一般是指用人单位为临时负责接听、看门、防火、防盗或为处理突发事件、紧急公务处理等原因，安排本单位有关人员在夜间或非工作时间进行值守。值班时，劳动者一般不从事本岗位正常工作时间内进行的劳动活动，值班内容也与值班人员的日常工作内容没有必然联系。加班则属于延长工作时间进行劳动，其内容与正常工作时间的内容没有区别。

2. 值班时除了要保证不脱岗、能够应对突发情况之外，值班人员可以休息或者自主安排其他活动。加班则是劳动者在原工作岗位上继续工作，仍然要遵守劳动纪律。①

3. 加班费的计算在法律上有明确规定，但是值班费如何给付则要看劳动关系双方的约定或者用人单位的规章制度，法律对此尚无规定。

（二）值班与加班的劳动补偿

按照上述标准来区别两者是相对容易的，但是在相当多的案件中劳动关系

---

① 部分法院对此持不同观点。例如，北京市高级人民法院、北京市劳动争议仲裁委员会联合出台的关于劳动争议案件法律适用问题研讨会会议纪要认为，下列情形中，劳动者要求用人单位支付加班工资的，一般不予支持：（1）用人单位因安全、消防、节假日等需要，安排劳动者从事与本职工作无关的值班任务；（2）用人单位安排劳动者从事与其本职工作有关的值班任务，但值班期间可以休息的。在上述情况下，劳动者可以要求用人单位按照劳动合同、规章制度、集体合同等支付相应待遇。据此，第二种情形下，劳动者工作的性质为值班而非加班。笔者认为，此种情形下不应当是定性为值班的问题，而是计算加班费时应当按照有效加班时间酌减加班费金额的问题。

双方对值班是否需要发放值班费并无约定，用人单位的规章制度对此也没有规定，那么劳动者值班享有补偿权利吗？对此，实践中有不同观点，第一种观点认为应当给予一定补偿，第二种观点认为劳动者值班属于劳动者对企业负担义务的一部分，不应再主张值班费。相比而言，笔者认为第一种观点更为可取。至于补偿的标准如何确定，笔者认为可以参照最低工资标准确定。

对于从事保安、维修等工作岗位的劳动者而言，用人单位安排值班的，值班内容与劳动者正常工作时间内的工作内容基本一致，此时不宜将劳动者的工作性质认定为值班，而应当认定为加班。鉴于劳动者在“值班”期间可以休息，“值班”期间的工作强度低于正常工作时间内的工作强度等因素，在确定此类加班费的时候可以酌情减少。在此需要特别说明的是，确定值班还是加班的核心要素在于劳动者工作岗位、工作内容的确定，而不应笼统按照行业或者工种确定。以保安为例，保安可以分为很多种，一类是居民小区负责安全保卫、巡逻巡查的保安，另一类是金融机构对外营业期间负责营业场所安保任务的保安。如果同时安排两者在夜间值守的，则前者更适宜认定为加班性质，后者则更适宜认定为值班性质。

六、加班费的计算方法

（一）一般计算方法

1. 标准工时制下的加班费

延时加班费=（工作日实际工作时间-正常工作时间）×加班费基数×150%；

休息日加班费=休息日工作时间×加班费基数×200%；

法定节假日加班费=法定节假日工作时间×加班费基数×300%。

2. 综合工时制下的加班费

延时加班费=（实际工作时间-正常工作时间-法定节假日工作时间）×加班费基数×150%；

法定节假日加班费=法定节假日工作时间×加班费基数×300%。

（二）法定节假日加班费的倍数问题[①]

实践中往往对法定节假日加班费的计算问题产生误认。例如，劳动者日常工作时间每天（工作8小时）工资为100元，用人单位安排劳动者在元旦当天

---

① 为方便论述和计算，本部分举例的加班费计算中，加班费基数统一采取劳动者正常工作时间平均工资作为标准。关于加班费基数问题，下一部分详细讨论。

工作 1 天，则劳动者应得的劳动报酬应当是 300 元还是 400 元？从各地判决看，有的判决 300 元，有的判决 400 元。为正确解决这个问题，需要对法定节假日的性质有一个清晰的认识。

根据原劳动部颁布的《关于职工全年月平均工作时间和工资折算问题的通知》，年工作日＝365 天－104 天（休息日）－11 天（法定节假日）＝250 天，月计薪天数＝（365 天－104 天）÷12 月＝21.75 天，故法定节假日为计薪日，休息日为不计薪日。这意味着，劳动者在法定节假日即使不工作，法律也要求用人单位支付工资。故，用人单位安排劳动者在法定节假日加班的，除了要支付加班费本身之外，还需要支付劳动者本来就享有的该日的工资报酬。而在延时加班期间和休息日加班期间，由于延时部分和休息日不计薪，故用人单位安排劳动者在此期间加班的只需要支付加班劳动的对价即可。综上，用人单位安排劳动者在法定节假日加班的，不仅需要支付该日固有的工资，还需要支付 300%的加班费。就上一段的例子而言，判令用人单位支付劳动者 400 元是正确的。

（三）21.75 天与 20.83 天的作用

根据《关于职工全年月平均工作时间和工资折算问题的通知》（劳社部发〔2008〕3 号）的规定，劳动者正常的月工作日为 20.83 天，月计薪天数为 21.75 天。这两个天数在人力资源管理和劳动争议案件处理过程中具有重要作用。

21.75 天是月计薪天数，它的主要作用在于计算正常工作时间内的单位工资水平（日薪、小时薪），以便计算加班费。例如，劳动者每月工资 21750 元，用人单位安排劳动者在某月的休息日加班 2 天，则该劳动者的日平均工资为 21750 元÷21.75 天＝1000 元，其休息日加班费为 1000 元×200%×2 天＝4000 元。

20.83 天是月工作天数，它的主要作用在于计算劳动者超时工作的时间。例如，劳动者每月正常工作天数为 20.83 天，则每月正常工作小时数为 8 小时×20.83 天＝166.64 小时，每季度正常工作小时数为 166.4 小时×3 个月＝499.92 小时。如果劳动者采取按照季度核算的综合计算工时制，则劳动者每季度超出 499.92 小时的时间均应计算延时加班费（假设劳动者超时工作时间没有涵盖法定节假日）。接上段例子，劳动者每月工资 21750 元，则其每小时工资为 21750 元÷21.75 天÷8 小时＝125 元。劳动者在某一季度累计工作了 699.92 小时（假设劳动者超时工作时间没有涵盖法定节假日），则其延时加班费为 125 元×（699.92 小时－499.92 小时）×150%＝37500 元。

七、加班费基数

确定加班费基数是计算加班费金额的基础，实践中可以按照以下原则和顺序确定加班费基数。

（一）劳动关系双方约定加班费基数的，一般应予尊重

如果劳动关系双方约定了加班费计算基数，且不低于最低工资标准，也不低于集体劳动合同约定的标准，宜从其约定。一般而言，加班费基数对于劳动者而言是关系到超时工作期间劳动对价的重要衡量因素，涉及其核心权利；对于用人单位而言，这是涉及其经营用工成本及模式的重要影响因素。故，劳动关系双方对加班费基数确定的关心及衡量是最强烈和慎重的。所以，可以认为劳动关系双方约定的加班费基数是双方慎重对待自身权利的反映，一般应予尊重。鉴于劳动者整体呈现弱势态势，不宜放任劳动关系双方任意约定加班费基数，必须遵循劳动基准法对于工资问题的红线，也必须重视集体劳动合同的相关规定。故，劳动关系双方约定的加班费基数如果低于最低工资标准的，该约定无效；如果低于集体劳动合同规定的标准的，应当按照集体劳动合同执行。各地法院对此有类似规定，如《天津法院劳动争议案件审理指南》第33条规定："用人单位与劳动者约定了加班费计算基数，且不低于最低工资标准的，从其约定……"又如2017年北京市高级人民法院、北京市劳动人事争议仲裁委员会联合出台相关文件认为，（1）用人单位与劳动者在劳动合同中约定了加班费计算基数的，以该约定为准；双方同时又约定以本市规定的最低工资标准或低于劳动合同约定的工资标准作为加班费计算基数，劳动者主张以劳动合同约定的工资标准作为加班费计算基数的，应予支持。（2）劳动者正常提供劳动的情况下，双方实际发放的工资标准高于原约定工资标准的，可以视为双方变更了合同约定的工资标准，以实际发放的工资标准作为计算加班费计算基数。实际发放的工资标准低于合同约定的工资标准，能够认定为双方变更了合同约定的工资标准的，以实际发放的工资标准作为计算加班费的计算基数。

（二）劳动关系双方未约定加班费基数的，应按照以下顺序确定

1. 集体劳动合同对加班费基数有约定的，遵其约定。在没有单独约定的情况下，集体劳动合同是最接近劳动关系双方合意的文件。如果集体劳动合同对加班费基数有规定，且该约定不低于最低工资标准的，一般应当尊重。例如，《天津法院劳动争议案件审理指南》第33条规定，用人单位与劳动者未约定加班费计算基数的，应根据集体劳动合同确定。

2. 集体劳动合同没有约定的，应按照劳动者正常工作时间的工资标准确定加班费基数。加班是劳动者在延长工作时间提供劳动给付的体现，在双方没有

对加班费基数作出特别约定的情况下，劳动者在正常工作时间内与延长工作时间内的劳动给付对价应当相同。故，按照劳动者正常工作时间的工资标准作为确定加班费基数的依据是适宜的。按照该标准，意味着加班费基数中不能含有加班费本身，也不能含有非工资性收入（如福利待遇等）。例如，《天津法院劳动争议案件审理指南》第33条规定："……用人单位与劳动者未约定加班费计算基数的，应根据集体劳动合同确定。没有集体劳动合同的，应按照劳动者应得工资确定。劳动者应得工资难以确定的，以劳动者主张权利或者劳动关系解除、终止前12个月的平均工资（含奖金）作为计算加班费的基数。月平均工资指劳动者在法定工作时间内提供正常劳动后应得的月工资收入。双方对月平均工资有约定且不低于最低工资标准的，从其约定；没有约定或者约定不明的，按照《中华人民共和国劳动合同法》第十八条的规定确定月平均工资；按照《中华人民共和国劳动合同法》第十八条的规定仍然不能确定月平均工资的，应当按照劳动者应得的月收入扣除法定福利待遇、用人单位可自行决定给付的福利待遇以及非工资性补贴（如冬季取暖补贴、集中供热补贴、防暑降温费、上下班交通补贴、洗理卫生费福利、托儿补助费、计划生育补贴等）确定，低于最低工资标准的以最低工资标准计算。"

八、工资中包含加班费问题的处理

用人单位与劳动者约定了正常工作时间工资标准，且约定应发工资中包含加班费的，宜从其约定。但是，如果出现以下情形，劳动者要求补齐差额的，宜予以支持：第一，双方对加班费基数有约定，经核算后的加班费基数低于约定标准的；第二，双方对加班费基数没有约定，经核算后的加班费基数低于双方约定的正常工作时间工资标准的（如双方约定的正常工作时间工资标准低于最低工资标准的，应当以最低工资标准为准）。

用人单位与劳动者未约定正常工作时间工资标准，亦未约定应发工资中是否包含加班费的，如用人单位有证据证明应发工资中已经包含正常工作时间工资和加班费的，可以认定用人单位已经支付的工资中包含加班费，但核算后的加班费基数标准不得低于最低工资标准。

裁审要点

1. 查清用人单位对劳动者执行的工时类型。

2. 注意查清加班费的计算基数、加班费计算标准、加班类型、加班时长、工资中是否包含加班费、已发工资金额等关键事实。

3. 审理加班费案件尤其注意要准确分配举证证明责任。

4. 根据工作岗位内容为主要识别要素，合理区分值班和加班。

5. 非全日制用工的，不能适用加班费制度。但是，需要注意工作时间长度决定劳动者的用工形态是否为非全日制用工，即要注意非全日制用工性质的确定。

实操指引

1. 用人单位应当制作工资台账、考勤记录等用以证明劳动者工作时间、工资发放情况，并保存至少 2 年备查。条件允许的，可以要求劳动者核对无误后签字确认。用人单位发放工资中包含加班费的，应当注意保存加班费计算方法和包含加班费的证据。

2. 用人单位应当制定加班审批流程，并留有具体实施的证据，有效杜绝“无效加班”“泡加班”的情况。合理运用法律规定，通过调休等方式减少加班费成本。

3. 用人单位应当根据本单位实际情况，与劳动者协商确定各类加班费基数。

4. 对于不宜使用标准工时制的，用人单位应当与劳动者明确约定采用的工时制度，并申请劳动行政部门审批。在实际履行中，也应当按照约定的工时制度的特点履行。

第四节　工资加班费的仲裁时效问题

裁判观点

1. 工资、加班费均属于劳动报酬，应当适用特殊仲裁时效。

2. 当事人抗辩劳动报酬超过仲裁时效，但是在劳动仲裁阶段没有提出时效抗辩，在诉讼阶段再提出的，裁判机关不予支持。

3. 劳动者以用人单位的工资欠条为证据直接向人民法院起诉，诉讼请求不涉及劳动关系其他争议的，视为拖欠劳动报酬争议，按照普通民事纠纷受理，应当适用《民法典》规定的 3 年诉讼时效。

深度解析

一、工资加班费纠纷的仲裁时效

（一）一般劳动争议

《劳动争议调解仲裁法》第 27 条第 1 款规定：“劳动争议申请仲裁的时效期间为一年。仲裁时效期间从当事人知道或者应当知道其权利被侵害之日起计算。”第 4 款规定：“劳动关系存续期间因拖欠劳动报酬发生争议的，劳动者申请仲裁不受本条第一款规定的仲裁时效期间的限制；但是，劳动关系终止的，应当自劳动关系终止之日起一年内提出。”工资属于劳动报酬，所以工资纠纷应当适用特殊仲裁时效，即第 27 条第 4 款的规定。特别注意，加班费也属于工资范畴，所以劳动关系双方关于加班费纠纷的仲裁时效也与工资相同。除工资、加班费外的各种法定或者约定福利、经济补偿、赔偿金、未签订书面劳动合同二倍工资差额、未依法签订无固定期限劳动合同二倍工资差额、未休年休假工资差额等均应适用普通仲裁时效，仲裁时效起算点自劳动者知道或者应当知道之日计算。

（二）单纯拖欠工资

《新劳动争议解释一》第 15 条规定：“劳动者以用人单位的工资欠条为证据直接提起诉讼，诉讼请求不涉及劳动关系其他争议的，视为拖欠劳动报酬争议，人民法院按照普通民事纠纷受理。”据此，此类案件不再作为劳动争议案件，而是作为普通民事纠纷受理，自然应当直接适用《民法典》有关 3 年诉讼时效的规定。

二、仲裁时效抗辩的适用

不论在劳动仲裁阶段还是在诉讼阶段，当事人提出仲裁时效抗辩的，裁审机构才会审查；不提出的，裁审机构不会主动审查仲裁时效。

当事人提出仲裁时效抗辩的，必须在仲裁阶段提出。劳动争议仲裁阶段未提出，到诉讼阶段提出，不会得到法院支持。《八民会纪要》第 27 条规定：“当事人在仲裁阶段未提出超过仲裁申请期间的抗辩，劳动人事仲裁机构作出实体裁决后，当事人在诉讼阶段又以超过仲裁时效期间为由进行抗辩的，人民法院不予支持。当事人未按照规定提出仲裁时效抗辩，又以仲裁时效期间届满为由申请再审或者提出再审抗辩的，人民法院不予支持。”

三、工资台账、考勤记录问题

在工资类劳动纠纷的处理实务中，工资台账、考勤记录等作为可以证明工资发放情况、劳动者劳动出勤情况的重要证据材料经常会左右此类案件处理的方向和结果。同时，实践中经常出现劳动者主张2年以上甚至更长时间的加班费，在劳动者持有充分证据的情况下，裁审机关予以支持。很多人以仲裁时效制度为依据，对此表示不解。应该讲，这种不解是错误的。综上，有必要对工资台账、考勤记录的重点问题作一阐述。

（一）保存期限与提交

原劳动部《工资支付暂行规定》（劳部发〔1994〕489号）第6条第3款规定："用人单位必须书面记录支付劳动者工资的数额、时间、领取者的姓名以及签字，并保存两年以上备查。用人单位在支付工资时应向劳动者提供一份其个人的工资清单。"其他地区也有类似规定。例如，《天津市工资支付规定》（津劳局〔2003〕440号）第9条规定："用人单位实行工资支付登记制度。用人单位应建立劳动者工资台帐，用于准确统计劳动者工资支付数据，其主要内容应包括：支付单位名称、支付时间、支付对象姓名、支付项目和金额、加班时间和加班工资金额、工时数、应发金额、扣除项目和金额、实发金额、领取人等书面记录，保存两年以上备查。"又如，《北京市工资支付规定》第13条规定："用人单位应当按照工资支付周期编制工资支付记录表，并至少保存二年备查。工资支付记录表应当主要包括用人单位名称、劳动者姓名、支付时间以及支付项目和金额、加班工资金额、应发金额、扣除项目和金额、实发金额等事项……"实践中，在发生工资类纠纷需要落实工资发放情况时，仲裁部门和法院往往据此认为用人单位应当提供至少2年的工资台账。2年期限的计算一般是按照劳动者提出劳动仲裁时的时点向前计算2年。如果劳动者有证据证明用人单位保管有超过2年的工资台账的，用人单位提供工资台账的责任则不限于前述所言的2年，而应当全部提供。当有充分证据可以证实劳动者加班事实的，只要劳动者主张权利的时间符合《劳动争议调解仲裁法》第27条规定的仲裁时效的，裁审机关就会予以支持。

值得注意的是，还有个别地区的裁审部门根据《会计档案管理办法》的规定，认为工资台账属于会计档案的一种，应当按照上述办法的规定确定工资台账的保存时间和提交期限。但是，这种认识与主流意见不符。

此外，涉及农民工的工资台账保存问题时，保存期限为3年。2020年5月1

日施行的《保障农民工工资支付条例》第15条第1款规定："用人单位应当按照工资支付周期编制书面工资支付台账，并至少保存3年。"

（二）对工资台账、考勤记录提出异议的举证责任问题

劳动者如果对用人单位提供的工资台账、考勤记录有异议，应当提供证据证明工资台账、考勤记录的虚假或者错误。如果劳动者无法提供这方面的证据，而且工资台账、考勤记录从形式上看也没有明显违反常理之处，那么一般会被裁审机关予以认定。

裁审要点

1. 准确理解和运用《劳动争议调解仲裁法》关于特殊仲裁时效的规定，工资加班费纠纷应当适用特殊仲裁时效，注意普通时效与特殊时效在计算时效期间起算点上的不同。

2. 裁审机关不能主动审查仲裁时效。

实操指引

当事人抗辩对方的请求超过仲裁时效期间的，应当在劳动争议仲裁期间提出。逾期提出的，人民法院不予支持。

第五节　农民工工资保障

裁判观点

1. 农民工依照《保障农民工工资支付条例》（本节正文简称《条例》）的规定，向建设单位、施工总承包单位主张清偿工资的，建设单位、施工总承包单位应当依法清偿，清偿后可以在法定情形下向直接招用农民工的个人或者单位追偿。

2. 仲裁和诉讼程序中，农民工主张用人单位应当提供3年的工资发放记录，用人单位不能提供的，用人单位承担不利后果。

深度解析

一、《保障农民工工资支付条例》的意义和作用

(一) 首次单独以农民工为对象制定行政法规

1. 单独立法意义重大

在《条例》颁布前，我国仅对妇女儿童、老年人、残疾人等特殊人群单独立法，以体现法律对其特殊保护。《条例》颁布后，农民工成为得到行政法规确认的单独特殊保护的群体，农民工也上升为法律概念，意义重大。但是，这种立法带有身份色彩，具体在实践中能够发挥出何种规范和引导作用，有待观察。

2. 首次明确农民工概念和界定方法

农民工的概念在《条例》实施前只是一种非正式的叫法。《条例》首次对农民工的概念进行了界定，是指为用人单位提供劳动的农村居民。这一概念可以解决大多数农民工身份界定和法律适用问题，但是仍然存在需要进一步明确的领域，最主要的是如何界定形式上已经取消农村户籍地区的居民的务工身份。

3. 工资支付领域效力级别最高

迄今为止，我国在工资支付领域中就单行规范性文件效力而言，效力最高的只是1995年原劳动部《工资支付暂行规定》。《条例》的颁布将农民工工资保障的规定上升为行政法规，已经超过了对其他任何劳动群体的工资保障力度。

(二) 多部门联动保障力度空前

1. 多部门协同保障农民工工资支付

根据《条例》规定，多达20个部门从各自职能领域出发协同保障农民工工资支付。例如，人力资源和社会保障部门负责组织协调、管理指导和农民工工资支付情况的监督检查，查处欠薪案件；住房城乡建设部门、交通运输部门、水利部门等负责督办因违法发包、转包、违法分包、挂靠、拖欠工程款等导致的欠薪案件；发展改革部门负责政府投资项目的审批管理，依法审查政府投资项目的资金来源和筹措方式，按规定及时安排政府投资，加强社会信用体系建设，组织对拖欠农民工工资失信联合惩戒对象依法依规予以限制和惩戒；财政部门负责政府投资资金的预算管理，根据经批准的预算按规定及时足额拨付政府投资资金；公安机关负责及时受理、侦办涉嫌拒不支付劳动报酬刑事案件，依法处置因农民工工资拖欠引发的社会治安案件；等等。

2. 赋予职能部门更多职权

《条例》强调和赋予了职能部门更多职权，以便从行政监管、信用体系、司法衔接等方面全面保障农民工工资支付。例如，人力资源和社会保障部门享有向金融、登记部门查询账户、车辆、房产的权力，而且人力资源和社会保障部门责令支付工资的决定可以直接申请人民法院执行，直接具有执行力。此外，《条例》建立了拖欠农民工工资“失信联合惩戒对象名单制度”，在政府资金支持、政府采购、招投标、融资贷款、市场准入、税收优惠、评优评先、交通出行等方面依法依规予以限制。对于建设单位不提供担保、政府项目拖欠工程款的则纳入征信记录管理。

（三）全面强化农民工工资保障的监管体系

1. 全面强化市场主体对农民工工资支付的“自力监管”

全面强化“自力监管”主要体现在以下五个方面：

（1）施工总承包单位对分包单位劳动用工实施全方位监督管理，掌握分包单位用工、工资发放等情况，分包单位必须配合（第28条）。

（2）金融机构日常管理农民工工资专用账户（总承包单位开立），发现资金未按约定拨付等情况的，及时通知总承包单位，由施工总承包单位报告人力资源社会保障行政部门和相关行业工程建设主管部门，并纳入欠薪预警系统（第27条）。

（3）建设单位监督总承包单位及时足额支付工资，以项目为单位建立保障农民工工资支付协调机制和工资拖欠预防机制（第29条）。

（4）建设单位、总承包单位联合处理农民工集体讨薪，并报告人力资源和社会保障部门和行业主管部门（第29条）。

（5）分包单位工资支付表经农民工本人签字确认后与当月工程进度等情况一并交施工总承包单位。总承包单位据此通过农民工工资专户发放工资，并交分包单位发放凭证（第31条）。

2. 新增和强化工资支付保证（金）制度

工资支付保证金制度在《条例》颁布之前早已在各地以各种形式存在，体现出较好的保障农民工工资支付的作用，此次《条例》予以系统总结并明确规定，主要有三方面内容：

（1）建设单位需要向施工单位提供工程款支付担保（第24条）。

（2）施工总承包单位依照有关规定开设农民工工资专用账户（第26条）。

（3）施工总承包单位应当按照有关规定存储工资保证金，保证金可以用金融机构保函代替（第32条）。

3. 全面强化市场主体的行政责任

《条例》共计64条，用了10个条款全方位规定市场主体的行政责任，占比近16%，体现出《条例》对保障农民工工资的空前力度。

（四）全面加强农民工工资支付的保障体系

1. 财产保全为保障农民工工资“让路”

《条例》第33条规定，除法律另有规定外，农民工工资专用账户资金和工资保证金不得因支付为本项目提供劳动的农民工工资之外的原因被查封、冻结或者划拨。这一规定，限制了人民法院查封权利的对象范围，目的在于保障农民工工资支付。为落实上述规定，2020年12月25日开始施行《最高人民法院、人力资源社会保障部、中国银保监会关于做好防止农民工工资专用账户资金和工资保证金被查封、冻结或者划拨有关工作的通知》（人社部发〔2020〕93号），对查封、冻结或者划拨上述两类账户进行了细化规定。

2. 通过信用体系从根源治理欠薪

《条例》第48条规定，用人单位欠薪严重的，单位及法定代表人、直接责任人列入联合惩戒名单，在各种经营中受到资格限制。第49条还规定，建设单位拖欠工程款或者政府投资不到位导致欠薪，建设单位欠薪情况纳入信用体系。

二、《保障农民工工资支付条例》对劳动用工制度的影响

（一）工资支付台账

《条例》对农民工工资支付台账进行了特殊规定，体现在两个方面：第一，延长了保存期限。《条例》第15条第1款规定：“用人单位应当按照工资支付周期编制书面工资支付台账，并至少保存3年。”保存期限超过原劳动部《工资支付暂行规定》所明确的至少保存2年的规定。第二，工资支付台账记载内容多达13项。《条例》第15条第2款规定：“书面工资支付台账应当包括用人单位名称，支付周期，支付日期，支付对象姓名、身份证号码、联系方式，工作时间，应发工资项目及数额，代扣、代缴、扣除项目和数额，实发工资数额，银行代发工资凭证或者农民工签字等内容。”之前，并未有规范性文件规定工资支付台账应当包含的具体内容。

（二）增加农民工工资清偿主体，减少工资支付中间环节

根据《条例》第18条至第22条的规定，农民工工资支付主体扩展为5个：

使用违法派遣方式的用工单位、被借照单位（被借用资质单位）、自然人企业和个体经济组织的出资人、承继单位、履行注销手续的用人单位的主要投资人。其中，用工单位与被借照单位在支付完工资后可以追偿。具体如下：

1. 用工单位使用个人、不具备合法经营资格的单位或者未依法取得劳务派遣许可证的单位派遣的农民工，拖欠农民工工资的，由用工单位清偿，可向违法派遣的个人或者单位追偿（第 18 条）。

2. 被借照单位允许个人或无资质单位借用资质对外经营，导致拖欠所招用农民工工资的，由被借照单位清偿，并可以依法向实际招用农民工的借照单位或者个人追偿（第 19 条）。

3. 合伙企业、个人独资企业、个体经济组织等用人单位拖欠农民工工资的，应当依法予以清偿；不清偿的，由出资人依法清偿（第 20 条）。

4. 用人单位合并分立前，其清偿欠付农民工的工资；用人单位与农民工书面协商一致的，方可以由用人单位合并分立后的承继单位支付（第 21 条）。

5. 用人单位注销前（破产除外），由其清偿农民工工资；该用人单位注销前未清偿的，其主要投资人在注册新用人单位前清偿工资（第 22 条）。

（三）建筑施工领域实行特殊规则对农民工工资的影响

从劳动关系角度而言，用人单位对于非己方劳动关系人员不负有支付或清偿工资的义务。但是，《条例》对于建设施工领域作了特殊规定，建设单位、施工总承包单位在法定情形下对于非己方招用的农民工的工资也负有清偿责任。

1. 建设单位清偿工资的情形

（1）建设单位逾期支付工程款导致拖欠农民工工资的，建设单位应在未结清工程款范围内承担清偿工资责任（第 29 条）。

（2）建设单位将工程发包给个人或者无合法经营资质的单位，导致拖欠农民工工资的，建设单位负有清偿工资责任（第 36 条）。

（3）工程建设项目违反国土空间规划、工程建设等法律法规，导致拖欠农民工工资的，由建设单位清偿（第 37 条）。

2. 施工总承包单位清偿工资的情形

（1）施工总承包单位可以追偿

根据《条例》第 30 条第 3 款、第 4 款的规定，施工总承包单位对分包单位、转包单位拖欠农民工工资的，负有清偿责任，但可以依法清偿：第一，合法分包情形下，分包单位拖欠农民工工资的，由施工总承包单位先行清偿，再依法进行追偿。第二，工程建设项目转包，拖欠农民工工资的，由施工总承包单位先行清偿，再依法进行追偿。

（2）施工总承包单位不可追偿

施工总承包单位将建设工程分包给个人或者不具备合法经营资格的单位，导致拖欠农民工工资的，施工总承包单位均负有清偿责任（第36条）。

三、行政权力对农民工工资支付保障的范围和力度更大

（一）劳动监察部门的查询调查权

《条例》第40条规定："人力资源社会保障行政部门在查处拖欠农民工工资案件时，需要依法查询相关单位金融账户和相关当事人拥有房产、车辆等情况的，应当经设区的市级以上地方人民政府人力资源社会保障行政部门负责人批准，有关金融机构和登记部门应当予以配合。"

（二）劳动监察部门责令支付决定具有强制执行效力

《条例》第42条规定："人力资源社会保障行政部门作出责令支付被拖欠的农民工工资的决定，相关单位不支付的，可以依法申请人民法院强制执行。"

（三）对违法行为的行政处罚权

《条例》第六章用了10个条款从各个方面规定了违法行为人的处罚范围和处罚措施。

处罚对象主要是：单位；单位的法定代表人或者主要负责人、直接负责的主管人员和其他直接责任人员；金融监管部门等。

处罚措施主要是：责令改正；罚款；限制施工单位承接新工程、降低资质等级、吊销资质证书；约谈建设单位（特指政府投资项目建设单位）负责人，并作为其业绩考核、薪酬分配、评优评先、职务晋升等的重要依据。

裁审要点

1. 注意审查劳动者是否属于《条例》规定的农民工。

2. 农民工向用工单位主张工资的，宜审查用工单位是否存在违法使用个人、不具备合法经营资格的单位或者未依法取得劳务派遣许可证的单位派遣农民工且因此而拖欠工资的情形。

3. 农民工向单位主张工资，单位抗辩没有劳动关系不应当支付的，宜审查该单位是否存在借用资质的情形。

4. 建设工程领域，农民工向建设单位主张工资的，宜审查建设单位是否存

在逾期支付工程款，将工程违法发包给无资质主体，建设工程项目是否违反国土空间规划、工程建设等法律法规的情形。

实操指引

1. 单位招用农民工的，应当建立农民工工资发放台账制度，工资台账至少保存 3 年。

2. 建设单位需要向施工单位提供工程款支付担保。

3. 施工总承包单位依照有关规定开设农民工工资专用账户。

4. 施工总承包单位应当按照有关规定存储工资保证金，保证金可以用金融机构保函代替。

5. 农民工遭遇欠付工资纠纷的，可以依法向多个主体主张清偿工资，而不限于直接招用其的个人或者单位。

第五章 服务期、竞业限制、保密义务与违约金

第一节 服务期

裁判观点

1. 用人单位为劳动者提供专项培训费用，对其进行专业技术培训的，可以与该劳动者订立协议，约定服务期。除此之外，双方虽然约定服务期，但是劳动者主张该约定无效的，应当认定该“服务期”的约定不属于《劳动合同法》所规定的服务期。

2. 专业技术培训与一般性岗位培训、入职培训等在培训对象、培训时间、培训内容、培训地点、培训费用等方面存在本质差异。判断专业技术培训应当首先审查双方培训性质有无约定，再结合专业技术培训的特点，综合予以认定。

3. 劳动合同期限早于服务期到期的，劳动合同期限应当顺延至服务期届满时，双方另有约定的除外。

4. 服务期协议中可以约定违约金，劳动者违反服务期约定的，应当按照约定向用人单位支付违约金。违约金的数额不得超过用人单位提供的培训费用。用人单位要求劳动者支付的违约金不得超过服务期尚未履行部分所应分摊的培训费用。

深度解析

一、服务期的概念和产生

根据《劳动合同法》第 22 条的规定，用人单位为劳动者提供专项培训费用

进行专业技术培训的，可以与劳动者订立服务期协议，约定劳动者在一定期限内为本单位工作而不得辞职，如果劳动者辞职的，则需要依照约定向用人单位支付违约金。该期限即为服务期，该期限不依法律必然产生，而须依约定产生。服务期制度是劳动法中少数可以约束和限制劳动者就业自由的制度。

服务期产生的要件有两个：第一，用人单位为劳动者提供了专项培训费用，进行了专业技术培训；第二，劳动关系双方约定劳动者须为用人单位工作一定期限而不得辞职。只有同时具备上述两个要件，服务期才能成立。

二、专业技术培训的识别

目前，我国并未出台相关的规范性文件明确专业技术培训的内涵和要件，这就造成了司法实践中如何识别和认定“专业技术培训”成为难点问题，尤其是在区别专业技术培训与职业培训时更是如此。结合各地司法实践，笔者认为可以综合以下方面因素认定专业技术培训：

1. 专业技术培训针对特定劳动者

根据《劳动法》第 3 条的规定，劳动者有“接受职业培训的权利”。该法第 68 条规定：“用人单位应当建立职业培训制度，按照国家规定提取和使用职业培训经费，根据本单位实际，有计划地对劳动者进行职业培训……”可见，职业培训属于用人单位的法定义务，是用人单位应当建立的制度之一，其受众是用人单位全体职工。而从专业技术培训的规定看，法律并未规定这是用人单位的法定义务，也未规定这是劳动者的法定权利，用人单位一般只在为实现某些特殊目的的情况下，才会对特定劳动者开展专业技术培训。故，专业技术培训受众的特定性是区别于普通职业培训的特点之一。

2. 专业技术培训的内容具有专门性

一般的职业培训内容大致为培训劳动者熟悉本用人单位的业务流程、规章制度以及相关工作岗位的一般性操作技能，其目的在于使劳动者熟悉岗位职责，能够尽快进入工作角色。专业技术培训的内容则具有专门性，包含了专门知识和专门技能，是为提高劳动者专业工作能力所进行的培训，其往往与劳动者的工作岗位、职业发展密切相关。例如，用人单位从国外引进一条生产线，特意派遣部分劳动者到国外学习该生产线的操作和维修，这种培训就是专业技术培训。

3. 专业技术培训须用人单位支付专项培训费用

用人单位对劳动者所进行的一般性职业培训不需要额外支付专项培训费用，

为此产生的成本会常规地计入用人单位用人成本之中，但是专业技术培训则需要用人单位为此支付额外的专项培训费用（包括与此相关的路费等）并取得专项票据，该费用不会在每一年的用人单位经营计划中常规出现。

4. 专业技术培训一般是由用人单位之外的机构或者人员进行

用人单位安排劳动者进行专业技术培训的，可以采取由本单位专业人员进行教授培训的方式，也可以采取聘请外部专业机构或者人员进行教授培训的方式，但以后者居多。采取前者方式的，如果进行培训的老师仅仅是在完成本单位交给的任务，并不额外获得报酬，则该类培训由于用人单位并未支付专项培训费用而不宜认定为专业技术培训，反之则有可能构成专业技术培训，但是应结合其他因素综合考虑。采取后者方式的，用人单位一般均需支付专项培训费用，也就符合了认定专业技术培训的特点之一。

5. 专业技术培训一般为脱产或者半脱产培训

专业技术培训的内容和目的决定了此类培训一般为脱产或者半脱产，一般会持续一段时间，否则无法保证培训质量。普通的职业培训如入职培训等，因其内容较为程式化，内容也相对简单，所以一般为不脱产培训，每次培训的时间也较短。

6. 培训性质被劳动关系双方约定或者用人单位规章制度规定为专业技术培训

不同的用人单位会根据各自生产经营特点而对专业技术培训的界定各不相同，如果劳动关系双方对专业技术培训的范围、类型等有明确约定，或者用人单位的规章制度对此有明确界定的，一般应当予以尊重。但是，如果用人单位滥用优势地位，不顾专业技术培训的一般特点而肆意扩大规定的，不应当予以认定。

三、服务期与违约金

（一）服务期协议约定违约金的一般情形

按照《劳动合同法》第22条第2款的规定，劳动关系双方签订的服务期协议可以约定违约金，当劳动者违反服务期协议约定的，用人单位可以请求劳动者支付违约金。目前，我国劳动法体系中允许用人单位与劳动者约定劳动者支付违约金的情形仅有两个，一是服务期协议中的违约金，二是保密协议及竞业限制协议中的违约金。就服务期协议的违约金而言，要点有三个：

1. 违约金须通过约定而产生。我国劳动法律法规中没有规定法定违约金。

在服务期协议中，如果没有约定违约金，则用人单位提出的劳动者因违反服务期协议而向其支付违约金的主张，不能得到裁审机关的支持。

2. 违约金数额有限制。违约金总额不得超过用人单位提供的培训费用。用人单位要求劳动者支付的违约金不得超过服务期尚未履行部分所应分摊的培训费用。例如，用人单位支付了 10 万元专项培训费用，与劳动者订立了为期 4 年的服务期协议，约定违约金最高为 10 万元。劳动者在服务了 3 年以后辞职，此时用人单位只能主张最高 2.5 万元的违约金。

3. 培训性质有限定。只有用人单位为劳动者提供专项培训费用，对其进行专业技术培训的，双方所签订的服务期协议才可以约定违约金，普通的岗位培训不在此范围。

（二）劳动者是否支付违约金的情形讨论

1. 劳动者违反服务期协议需支付违约金

服务期协议约定的服务期尚未到期，劳动者提出解除劳动合同的，属于违反服务期协议的行为，应当按照服务期协议向用人单位支付违约金。

2. 劳动者依照“推定解雇”制度辞职的，不需要支付违约金

用人单位存在《劳动合同法》第 38 条规定的情形，劳动者以此为由主张解除劳动合同并获得裁审机关支持的，虽然客观上劳动者没有履行完毕服务期，但是用人单位向劳动者请求支付违约金的，不予支持。

3. 用人单位依照“过错性辞退”制度辞退劳动者的，劳动者需要支付违约金

用人单位依照《劳动合同法》第 39 条的规定辞退劳动者而使得劳动者客观上没有完成服务期的，由于被辞退的原因可归于劳动者，故导致服务期未能履行完毕的责任亦归责于劳动者。在此情形下，劳动者应当依照服务期协议的约定向用人单位支付违约金。

4. 用人单位未依照“过错性辞退”制度单方解除劳动合同，劳动者不需要支付违约金

用人单位依照《劳动合同法》第 40 条“无过错辞退”之规定、第 41 条“经济性裁员”之规定单方解除劳动合同，导致服务期协议未能履行完毕的，其责任不可归于劳动者，故劳动者不需要支付违约金。

5. 劳动关系双方协商一致解除劳动合同，劳动者是否支付违约金须分情况讨论

用人单位首先提出解除劳动合同，双方协商一致解除劳动合同的，由此导

致服务期协议未能履行完毕，不宜归责于劳动者，故劳动者不需要支付违约金。劳动者首先提出解除劳动合同，双方协商一致解除劳动合同的，由此导致服务期协议未能履行完毕，可归责于劳动者，故劳动者需要支付违约金。当然，如果双方协商一致解除劳动合同的同时，亦达成了不再支付违约金的合意，应当予以尊重。

四、服务期与劳动合同期限的关系

一般而言，劳动合同期限长于服务期，服务期包含于劳动合同期限之内。但是，在劳动合同履行期间，由于用人单位提供专项培训资金对劳动者进行了专业技术培训，双方在签订服务期协议时往往会将服务期期限约定得长于剩余劳动合同期限。依照《劳动合同法实施条例》第 17 条的规定，劳动合同期满，但是用人单位与劳动者依照劳动合同法第 22 条规定约定的服务期尚未到期的，劳动合同应当续延至服务期满；双方另有约定的，从其约定。

此外，依照《劳动合同法》第 45 条的规定，劳动合同期满，如劳动者出现法定情形时，劳动合同应当顺延至法定情形消失时终止。那么，服务期是否也存在上述情况呢？笔者认为，服务期制度是侧重保护用人单位利益的制度，其根本目的在于通过支付违约金的经济方式保障劳动者在约定的期限内为用人单位服务，所以在适用服务期制度的时候要重点保障劳动者有效服务用人单位的时间。基于此，当出现《劳动合同法》第 42 条第 3 项、第 4 项规定的情形（患病或者非因工负伤，在规定的医疗期内的；女职工在孕期、产期、哺乳期的）时，可以认定上述情形所占用的时间应当从服务期中扣除。

五、劳动者享受特殊待遇与服务期的关系

实践中，用人单位为了招徕人才，往往给予劳动者很多其他特殊待遇，如分配住房、配备汽车、给予项目启动资金、解决本人及家属户口问题、解决子女就学就业问题、给予优先权股份等。这些利益虽然不一定直接体现为财产价值，但是其现实意义往往比较重大，甚至很多都是无法用金钱衡量的。在此情况下，用人单位一般都倾向于与劳动者约定服务期，如果劳动者中途辞职则需要承担较高违约金，并返还相应已经取得的特殊待遇。那么此种约定是否有效呢？

笔者认为，由于《劳动合同法》对于服务期成立的规定是以用人单位提供专项培训费用、为劳动者提供专业技术培训为前提的，故用人单位提供以特殊

待遇为理由而签订的服务期协议不属于《劳动合同法》所指的服务期协议，里面所约定的服务期也不属于法律意义上的服务期，不能套用服务期制度。但是，劳动关系双方关于劳动者应当为用人单位服务一定期限的约定应当视为双方对劳动合同期限的约定，而现实中的情况也往往如此。如果双方既订立有劳动合同，也订立有所谓的“服务期协议”，如“服务期协议”订立于劳动合同之后，宜认定双方以书面方式变更了原劳动合同内容，以“服务期协议”约定的服务期限作为劳动合同期限。

双方在“服务期协议”中约定劳动者违约需要返还相应特殊待遇的，一般应当尊重；无法返还的，如“服务期协议”约定由劳动者赔偿用人单位办理该特殊待遇花费的成本，或者约定由劳动者支付用人单位固定的赔偿金额的，一般也应当予以尊重。如果该金额过高，或者无法准确界定该特殊待遇金额的，可以由裁审机关酌情确定。如此处理的理由在于，双方在“服务期协议”中的约定可以视为附条件的赠与，在所附条件不成就时，劳动者不能依照协议获得赠与。

裁审要点

1. 用人单位与劳动者约定服务期协议的，注意审查用人单位是否支付了专项培训费用，为劳动者提供了专业技术培训。

2. 从劳动合同、用人单位规章制度等角度审查用人单位主张的专业技术培训是否有明确界定。如果没有，需要从培训对象、培训费用、培训期间、培训地点、培训讲师、培训目的等方面审慎区分专业技术培训与普通职业教育、岗位教育的区别。

3. 劳动者主张专项培训费用的，用人单位应当注意审查培训费用支付凭据，包括培训费、培训交通费、培训住宿费、培训伙食费等各类专项用于专业技术培训支出的费用。

4. 服务期协议的内容一般应当予以尊重，但是对于违约金的约定要严格按照《劳动合同法》的规定执行。

实操指引

1. 用人单位应当在劳动合同或者规章制度中明确界定专业技术培训的种类、范围、目的等。

2. 用人单位需要注意保存为劳动者提供专业技术培训而支出专项培训费用的

证据，包括有凭证的培训费用、培训期间的差旅费以及因培训产生的用于该劳动者的其他直接费用，也可以在用人单位财务账簿中作为成本列支明确予以记载。

3. 建议用人单位在劳动者通过试用期后再进行专业技术培训。

4. 用人单位与劳动者约定服务期时，注意将劳动者进入医疗期、妇女三期、工伤职业病等因素一并考虑。同时，务必约定违约金条款。

第二节　保密义务与竞业限制

裁判观点

1. 竞业限制协议与劳动合同在效力上具有独立性。劳动合同无效、终止或者解除的，不影响竞业限制协议的成立和效力。用人单位或者劳动者违约的，不一定导致协议的解除；协议不解除的，用人单位和劳动者就仍然要按照竞业限制协议承担相应的义务。

2. 劳动关系存续期间，用人单位提前向劳动者支付竞业限制经济补偿的，可以等额抵销劳动关系终止或者解除后的经济补偿。

深度解析

一、保密义务

（一）保密义务与商业秘密

《劳动法》第 102 条规定："劳动者违反本法规定的条件解除劳动合同或者违反劳动合同中约定的保密事项，对用人单位造成经济损失的，应当依法承担赔偿责任。"《劳动合同法》第 23 条第 1 款规定："用人单位与劳动者可以在劳动合同中约定保守用人单位的商业秘密和与知识产权相关的保密事项。"上述条文构成了我国劳动法领域关于保密义务的规定。

保密义务一般都是和商业秘密密切联系在一起的。根据《反不正当竞争法》第 9 条第 4 款的规定，商业秘密是指不为公众所知悉、具有商业价值并经权利人采取相应保密措施的技术信息、经营信息等商业信息。商业秘密与知识产权[①]有差别，主要表现在以下几点：第一，商业秘密具有非公开性。商业秘密的前提是不为公众所知悉，而知识产权都是公开的，对专利权甚至有公开到相当程度的要求。第二，商业秘密具有非排他性。商业秘密是一项相对的权利，其专有性不是绝对的，不具有排他性。如果其他人以合法方式取得了同一内容的商业秘密，他们就和原先持有该商业秘密的权利人有着同样的地位。商业秘密的拥有者既不能阻止在他之前已经开发掌握该信息的人使用、转让该信息，也不能阻止在他之后开发掌握该信息的人使用、转让该信息。第三，商业秘密具有期限保护特点。商业秘密的保护期不是法定的，取决于权利人的保密措施和其他人对此项秘密的公开。一项商业秘密可能由于权利人保密措施得力和技术本身的应用价值而延续很长时间，远远超过专利技术受保护的期限。我国《反不正当竞争法》对商业秘密保护进行了系统规定。2020 年 9 月 12 日起施行的《最高人民法院关于审理侵犯商业秘密民事案件适用法律若干问题的规定》，细化了认定商业秘密的各个要素的内容，明确了侵犯商业秘密的行为表现，具有较强的可操作性。

侵犯商业秘密的途径和表现有很多，其中曾经与商业秘密拥有者具有劳动关系的劳动者“跳槽”是比较常见的一种，所以如何预防此类途径侵犯商业秘密就成了各个用人单位关注的焦点。

（二）保密义务产生的要件

1. 用人单位采取保密措施

用人单位应当对需要保密的信息采取保密措施，如规章制度明确秘密信息的范围、设立保密制度、划定涉密人员范围，对需要保密的信息设立物理或者电子手段的保密措施（建立保密室或者保险箱，或者进行计算机加密等）等。[②]用人单位须采取这一措施，目的在于将对象信息转化为秘密信息，从而符合法律对于商业秘密的定义。如果用人单位对于信息不采取保密措施，则丧失产生保密义务的基础和前提。

2. 具有明确法律规定和合同依据

（1）高级管理人员的保密义务系依法律规定而产生

《公司法》第 181 条规定，董事、高级管理人员不得有下列行为：……（五）擅自披露公司秘密。据此，公司的董事、高级管理人员[③]具有保密义务，

---

① 这里主要是指著作权、商标权、专利权。

② 详见《最高人民法院关于审理侵犯商业秘密民事案件适用法律若干问题的规定》第 6 条。

③ 根据《公司法》第 265 条的规定，高级管理人员是指公司的经理、副经理、财务负责人，上市公司董事会秘书和公司章程规定的其他人员。

该义务是法律明确规定的，即使公司与此类人员没有单独签订保密协议，此类人员也负有保密义务。

（2）其他劳动者保密义务的产生依据

对此问题，实务中有不同看法，一种观点认为，其他劳动者的保密义务属于劳动合同的附随义务，不论劳动合同中是否明确约定劳动者负有保密义务，也不论劳动关系双方是否签订了保密协议，劳动者均应根据诚实信用原则负有保密义务。故，从这个意义上说，劳动者的保密义务是法定的。另一种观点认为，其他劳动者的保密义务主要是依据约定而产生。从《劳动法》第 102 条的文义分析，保密事项需要由劳动关系双方在劳动合同中约定。从《劳动合同法》第 23 条第 1 款的文义分析，该条款明确阐述了劳动关系双方可以在劳动合同中约定保守用人单位的商业秘密和与知识产权相关的保密事项，如作相反解释的话，则保密事项的产生有赖于双方的约定，且这种约定并非法律强制要求的，双方也可以不约定。故，其他劳动者的保密义务系依据约定而产生。

笔者认为，劳动者的保密义务系基于法律而产生，基于劳动合同或者保密协议而细化。主要理由在于：

第一，《反不正当竞争法》第 9 条第 1 款规定："经营者不得实施下列侵犯商业秘密的行为：（一）以盗窃、贿赂、欺诈、胁迫、电子侵入或者其他不正当手段获取权利人的商业秘密；（二）披露、使用或者允许他人使用以前项手段获取的权利人的商业秘密；（三）违反保密义务或者违反权利人有关保守商业秘密的要求，披露、使用或者允许他人使用其所掌握的商业秘密；（四）教唆、引诱、帮助他人违反保密义务或者违反权利人有关保守商业秘密的要求，获取、披露、使用或者允许他人使用权利人的商业秘密。"当劳动者从原用人单位离职后自己从事经营活动时，该劳动者就转化为经营者，其就应当依照上述法律承担法定的保密义务。从这个意义上说，劳动者的保密义务是法定的。《反不正当竞争法》第 9 条第 2 款规定："经营者以外的其他自然人、法人和非法人组织实施前款所列违法行为的，视为侵犯商业秘密。"劳动者从原用人单位离职到新用人单位就业，如果实施了前述法律禁止的行为，也被法律视为侵犯商业秘密。从这个意义上说，劳动者即使没有转化为经营者，其也依照《反不正当竞争法》的规定承担法定的保密义务。故，从根本上讲，劳动者的保密义务系依法定而产生。

第二，《劳动法》第 102 条和《劳动合同法》第 23 条第 1 款都从正面规定了用人单位可以与劳动者约定保守用人单位商业秘密的事项，并未从反面规定如果没有约定则劳动者不承担保密义务。这两个条文应属于授权性规定而非禁止性规定，不宜作非此即彼的相反解释。而且，从平衡劳动关系双方权益的角度看，保密义务制度的制度价值应当倾向于用人单位，否则最终会扰乱市场秩序，损害劳动者权利。故，也不宜作出不约定则不存在保密义务的论断。

综上，宜将《劳动法》《劳动合同法》的上述规定理解为劳动关系双方可以通过合同的形式将保密义务的内容进行细化，即保密事项、保密范围、保密期限、泄密责任等。保密义务是法定的，但是义务的具体体现则通过合同予以明确，这样就兼顾了用人单位与劳动者双方的利益。

这里需要强调的是，并非所有的劳动者都负有保密义务，只有那些接触、了解、掌握用人单位商业秘密的劳动者才负有该义务。负有保密义务劳动者的范围界定，根本上将取决于用人单位对自身商业秘密保护措施、保护范围的界定。

二、竞业限制

竞业限制，是指依法负有保密义务的劳动者在终止或解除劳动合同后的一定期限内，依照其与用人单位签订的竞业限制协议的约定，不得在生产同类产品、经营同类业务或有其他竞争关系的用人单位任职，也不得自己生产与原用人单位有竞争关系的同类产品或经营同类业务。《劳动合同法》第 24 条规定了竞业限制制度，该制度与服务期制度一样，都属于劳动法领域少见的通过限制劳动者就业择业权来保障用人单位经济利益和管理秩序的制度。

（一）竞业限制人员的范围

根据《劳动合同法》第 24 条的规定，竞业限制的人员限于用人单位的高级管理人员、高级技术人员和其他负有保密义务的人员。

1. 高级管理人员

2023 年《公司法》第 180 条第 1 款规定："董事、监事、高级管理人员对公司负有忠实义务，应当采取措施避免自身利益与公司利益冲突，不得利用职权牟取不正当利益。"该法第 183 条规定：董事、监事、高级管理人员不得有"利用职务便利为自己或者他人谋取属于公司的商业机会"的行为。上述规定构成了我国公司董事、高级管理人员承担竞业限制义务的法律依据。根据《公司法》第 265 条第 1 项的规定，高级管理人员是指公司的经理、副经理、财务负责人，上市公司董事会秘书和公司章程规定的其他人员。在劳动法律领域，并没有明确规定高级管理人员的范围，但是可以参考《公司法》的上述规定来界定高级管理人员的范围。①

2. 高级技术人员

我国目前没有法律法规明确界定高级技术人员的范围。一般认为，高级技术人员是指在用人单位从事科学技术工作并且掌握核心秘密的高层次人才，其范围包括总工程师、副总工程师等具有高级职称的科技人才，或者虽无高级职称但是在用人单位担任科学技术研发生产领域负责人、主要参与人的科技人才。

3. 其他负有保密义务的人员

对于无法纳入高级管理人员和高级技术人员范围内的其他劳动者，只要接触、知悉或者掌握用人单位商业秘密的，都属于“其他负有保密义务的人员”。

以上三类人员范围的界定应当综合法律法规规定、用人单位章程或者规章制度规定、保密协议约定等因素综合认定。

（二）竞业限制的内容

竞业限制的内容应当依照劳动者与用人单位签订的竞业限制协议来确定。如果双方未签订竞业限制协议，即使劳动者属于高级管理人员、高级技术人员或者其他负有保密义务的人员的，其也不负有竞业限制义务。就竞业限制协议的内容而言，一般情况下用人单位都会要求相应的劳动者不能到与原用人单位有竞争关系的其他单位任职，也不能自营与原用人单位有竞争关系的经营性组织。这里所指的竞业限制，既包括劳动者显名竞业，也包括隐名竞业，即虽然名义上劳动者并未违反竞业限制协议，但是实质上其通过亲属、朋友等人员委托到竞业企业中任职或者自营竞业业务。

（三）竞业限制的时间范围

1. 劳动关系存续期间

劳动关系存续期间，只要劳动合同约定了竞业限制事宜，或者用人单位规章制度规定了前述三类人员的竞业限制义务的，劳动者的竞业限制义务及于劳动合同存续期间。如果劳动合同没有约定竞业限制事宜，用人单位的规章制度或者集体合同也没有禁止劳动者在劳动关系存续期间从事与本单位竞业的业务，一般认为劳动者在此期间就不负有竞业限制义务。

---

① 此外，根据《合伙企业法》第32条的规定，合伙人不得自营或者同他人合作经营与本合伙企业相竞争的业务。这是我国法律对于合伙人的竞业限制义务的规定。合伙人的地位与股东相似，不属于劳动者范畴。

2. 劳动关系终止或者解除后的一段时间

《劳动合同法》第 24 条第 2 款规定："在解除或者终止劳动合同后，前款规定的人员到与本单位生产或者经营同类产品、从事同类业务的有竞争关系的其他用人单位，或者自己开业生产或者经营同类产品、从事同类业务的竞业限制期限，不得超过二年。"据此，竞业限制期限应当根据竞业限制协议来确定，但是最高不得超过法律规定的 2 年上限。

（四）竞业限制的地域范围

竞业限制具有地域范围。地域范围的重点在于"有竞争关系"的辐射范围。劳动者所在的用人单位的市场范围决定了"有竞争关系"的辐射范围。用人单位与劳动者可以约定竞业限制的地域范围，但是该地域范围不能超过本单位的市场范围，其原因在于与本单位生产经营范围相同的其他企业如果没有进入本单位的市场范围，则两个企业之间不会构成竞争关系，劳动者到这类企业中任职或者开办这类企业，就不会危及或者损害原用人单位的权益。认定此处所指的市场范围应当以企业的主要市场范围来确定，并非指只要该企业的产品曾经销售到一个地区，就必然认定该地区的其他同类企业属于竞业限制范围。例如，劳动者供职的公司生产牛肉罐头，产品主要行销河北省，也偶尔向北京市销售，但是销售批次很小且存续时间很短。在该例子中，如果该企业与劳动者约定竞业限制地区为河北省，这就是适宜的；如果竞业限制地域包含北京市，甚至该企业从未涉及的其他地区，就不适合了。

（五）竞业限制协议

1. 竞业限制协议的效力

竞业限制协议依劳动关系双方真实意思表示一致而成立，只要不属于《民法典》关于民事法律行为无效的情形的，则该协议即为有效。至于竞业限制协议中是否约定用人单位向劳动者支付竞业限制的经济补偿，则不影响竞业限制协议的效力。

2. 竞业限制协议的独立性

竞业限制协议与劳动合同具有并列性。竞业限制协议虽然产生于劳动合同关系履行过程中，规范的对象和关系也与劳动合同关系密切相关，但是该协议并不是劳动合同的从合同，两种合同之间没有从属性。劳动合同无效、终止、解除均不影响竞业限制协议的成立及效力。

3. 竞业限制的经济补偿

劳动关系双方可以在竞业限制协议中约定劳动者承担竞业限制义务的经济补偿标准。如果没有约定的，则应当适用法定标准。《新劳动争议解释一》第36条明确了法定标准，该条规定："当事人在劳动合同或者保密协议中约定了竞业限制，但未约定解除或者终止劳动合同后给予劳动者经济补偿，劳动者履行了竞业限制义务，要求用人单位按照劳动者在劳动合同解除或者终止前十二个月平均工资的30%按月支付经济补偿的，人民法院应予支持。前款规定的月平均工资的30%低于劳动合同履行地最低工资标准的，按照劳动合同履行地最低工资标准支付。"

经济补偿的支付期限一般是在劳动者与用人单位终止或者解除劳动合同关系之后按月支付。但是，当事人如果有其他约定，不违反法律、行政法规强制性规定的，一般应予尊重。如果用人单位在双方劳动合同关系存续期间就开始支付竞业限制经济补偿的，能否将这期间的经济补偿冲抵劳动关系终止或解除之后的经济补偿？实践中有不同观点。一种观点认为，《劳动合同法》第23条第2款规定："对负有保密义务的劳动者，用人单位可以在劳动合同或者保密协议中与劳动者约定竞业限制条款，并约定在解除或者终止劳动合同后，在竞业限制期限内按月给予劳动者经济补偿。劳动者违反竞业限制约定的，应当按照约定向用人单位支付违约金。"法律规定的当事人可以约定在解除或者终止劳动合同后按月支付经济补偿，故劳动关系存续期间支付的经济补偿不应当等额冲抵。另一种观点则认为可以冲抵。笔者认为，可以冲抵的观点更为合理。《劳动合同法》第23条的规定属于授权性规定，只是肯定了劳动关系双方可以约定在劳动关系终止或者解除之后按月支付经济补偿，并未从相反方向否定劳动关系存续期间提前支付经济补偿的行为的效力。而且，认可提前支付经济补偿的效力，可以有效衡平劳动关系双方利益，达到劳资和谐的目的。

4. 竞业限制协议的解除

（1）协商解除。竞业限制协议可以由劳动者与用人单位协商一致解除。

（2）用人单位解除。《新劳动争议解释一》第39条规定："在竞业限制期限内，用人单位请求解除竞业限制协议的，人民法院应予支持。在解除竞业限制协议时，劳动者请求用人单位额外支付劳动者三个月的竞业限制经济补偿的，人民法院应予支持。"

（3）劳动者解除。当出现用人单位欠付劳动者竞业限制经济补偿达到3个月时，劳动者可以请求解除竞业限制协议。据此，劳动者于此时享有法定的竞业限制协议解除权，但并不意味着当出现上述情形时，竞业限制协议自然解除。是否解除，要看劳动者是否行使解除权。劳动者行使解除权的方式，既可以是明示方式，也可以是以行为方式。即根据公平原则，劳动合同解除或终止后，因用人单位原因未支付经济补偿达 3 个月，劳动者此后实施了竞业限制行为，应视为劳动者以其行为提出解除竞业限制约定。《新劳动争议解释一》第 38 条规定：“当事人在劳动合同或者保密协议中约定了竞业限制和经济补偿，劳动合同解除或者终止后，因用人单位的原因导致三个月未支付经济补偿，劳动者请求解除竞业限制约定的，人民法院应予支持。”

5. 违反竞业限制协议的责任

劳动者或者用人单位违反竞业限制协议的，应当依照该协议或者法律规定承担相应的违约责任，主要表现形式如下：

（1）违约金。竞业限制协议约定劳动者或者用人单位违反协议约定需要支付违约金的，该约定有效。如果当事人认为违约金过高或者过低的，可以根据《民法典》第 585 条第 2 款的规定，请求裁审机构依法调整违约金数额。裁审机构应当根据上述规定依法处理。

（2）继续履行。劳动者违反竞业限制协议的约定从事竞业行为的，用人单位可以在请求劳动者支付违约金的同时，请求劳动者继续履行竞业限制义务，裁审机构均予以支持。同时，在劳动者违反竞业限制协议的期间，用人单位不再负有向劳动者支付竞业限制经济补偿的义务，如果用人单位已经支付的，可以要求劳动者返还；用人单位违反竞业限制协议未向劳动者支付竞业限制经济补偿的，劳动者可以请求用人单位支付，裁审机构予以支持。①

（3）解除竞业限制协议。用人单位未依约支付竞业限制经济补偿达到 3 个月的，劳动者可以请求用人单位在支付经济补偿的同时，请求解除竞业限制协议。如果仅有用人单位未支付经济补偿达到 3 个月的事实，而劳动者未提出解除竞业限制协议的要求的，竞业限制协议依然存续，劳动者仍然要依约履行竞业限制义务。

---

① 《新劳动争议解释一》第 36 条规定：“当事人在劳动合同或者保密协议中约定了竞业限制，但未约定解除或者终止劳动合同后给予劳动者经济补偿，劳动者履行了竞业限制义务，要求用人单位按照劳动者在劳动合同解除或者终止前十二个月平均工资的 30%按月支付经济补偿的，人民法院应予支持。前款规定的月平均工资的 30%低于劳动合同履行地最低工资标准的，按照劳动合同履行地最低工资标准支付。”据此，如果竞业限制协议没有约定给予经济补偿的，用人单位没有支付的，不应认定用人单位违约。

6. 竞业限制协议的双方违约与抗辩权

在司法实务中经常出现用人单位未支付竞业限制经济补偿，劳动者也未在此期间履行竞业限制义务的情况。此种情况下，应当由双方各自承担违约责任，而不能生搬硬套民法中抗辩权的制度。

以上述情形为例，劳动者主张自己未履行竞业限制义务系行使合同履行抗辩权的行为的，该主张不宜得到支持。原因之一在于竞业限制制度的立法目的侧重保护用人单位权益。根据现行法律和司法解释的规定，劳动者权益可以通过用人单位补交经济补偿、支付违约金以及劳动者享有法定的竞业限制协议解除权等途径获得保障，但是并未规定劳动者对此享有所谓的合同履行抗辩权。通过法律对于劳动者权利"一隐一显"的态度，可以推知劳动者不具有抗辩权。原因之二在于竞业限制协议并非以规定经济补偿为生效要件，即使没有约定经济补偿，竞业限制协议的效力也不受影响。在竞业限制中，用人单位最大的义务就是支付经济补偿，在竞业限制协议未约定经济补偿的情形下，并不影响劳动者履行竞业限制义务。由此亦可推知，劳动者履行竞业限制义务的前提并非已经获得经济补偿，而是竞业限制协议有效存续（未解除或者终止）。

这里需要特别指出的是，在用人单位未支付竞业限制经济补偿不满 3 个月的情况下，以及虽然满 3 个月但劳动者未以明示或者行为的方式行使竞业限制协议解除权的情况下，上述论断是适宜的。如果劳动者已经享有法定的竞业限制协议解除权，且其以实施竞业限制行为为表现，提出解除竞业限制协议的，则应当认定竞业限制协议已经解除，劳动者不再负有竞业限制义务。此时，用人单位再要求劳动者承担违反竞业限制违约责任的，裁审机关不予支持。其理由在于，仲裁与司法实务中应始终关注劳动关系的实质不平等性，避免用人单位免除自己的法定责任，而排除劳动者的合法权益的情形，依法公正地维护双方的合法权益。

三、保密义务与竞业限制的关系

（一）两者的联系

两者的联系主要在于保密义务是竞业限制产生的前提。《劳动合同法》第 23 条第 2 款规定："对负有保密义务的劳动者，用人单位可以在劳动合同或者保密协议中与劳动者约定竞业限制条款……"可以说，没有保密义务就没有竞业限制。

（二）两者的区别

1. 承担义务的对价不同。劳动者承担保密义务的，用人单位不必须向劳动者支付对价。劳动者承担竞业限制义务的，用人单位必须依约或者依法向劳动者支付竞业限制经济补偿。

2. 对就业权的限制不同。劳动者承担保密义务的，用人单位不能以此为由限制其就业自由，只能要求其履行保密义务。劳动者承担竞业限制义务的，依照竞业限制协议的约定，其就业权受到限制。

3. 义务期限不同。法律并未限制保密义务的承担期限，该期限可以由劳动关系双方协商确定。竞业限制的期限依照法律规定最长为 2 年。

4. 违约金的约定不同。劳动者违反保密义务，给用人单位造成损失的，应当赔偿损失，但是法律不允许劳动关系双方约定违反保密义务的违约金；在竞业限制协议中，法律允许双方约定违约金。

裁审要点

竞业限制协议成立与生效与否，宜考察五个方面：一是要考察是否是劳动关系双方真实意思表示；二是要考察劳动者是否属于“两高人员”及负有保密义务的人员；三是要考察用人单位是否对自己的商业信息采取保密措施；四是要注意考察竞业限制协议的期限；五是要注意考察竞业限制义务大小的约定是否合理，注重考察用人单位经营范围、市场范围。

实操指引

1. 用人单位应当通过制定规章制度明确规定需要承担保密义务的人员范围，或者通过与劳动者签订保密协议来明确承担保密义务的人员范围。保密义务的设定应当以能够接触、了解、掌握商业秘密的人员为限，不能肆意扩大承担保密义务人员的范围。

2. 用人单位应当从制度上、物质措施上、培训教育上采取各种方法对商业秘密采取保护措施。

3. 用人单位与劳动者签订竞业限制协议时，应当明确竞业限制的范围、地域、期限。范围一般以本用人单位的生产经营的产品或者服务类型为限；地域一般以本用人单位生产经营的产品或者服务所能触及的市场范围为限；期限不得超过 2 年。用人单位也可以与劳动者同时约定，竞业限制的效力及于劳动合同及劳动关系存续期间。

4. 用人单位在准备与特定劳动者签订竞业限制协议时，宜要求该劳动者提供近亲属名单。

5. 竞业限制协议应当约定竞业限制经济补偿的数额或者计算方法。

6. 竞业限制经济补偿应当按月向劳动者发放。不推荐用人单位在劳动者尚未与本单位终止或者解除劳动合同前就发放经济补偿，如果必须发放的，应当做好能够将竞业限制经济补偿与工资、福利以及其他补偿类费用可以区别开来的工作。

7. 用人单位应当按照约定及时发放竞业限制经济补偿，拖欠发放的，也不宜超过3个月，否则很有可能导致竞业限制约定因劳动者以明示方式或者以实施竞业限制行为的方式而解除。

第三节　违约金

裁判观点

1. 服务期协议和竞业限制协议可以约定劳动者承担违约金，除此之外，用人单位与劳动者基于履行劳动合同所约定的其他类型的违约金，均不能得到支持。但是，约定用人单位承担违约责任的，不受限制。

2. 服务期协议中可以约定违约金，劳动者违反服务期约定的，应当按照约定向用人单位支付违约金。违约金的数额不得超过用人单位提供的培训费用。用人单位要求劳动者支付的违约金不得超过服务期尚未履行部分所应分摊的培训费用。

深度解析

一、劳动法中的违约金

劳动法中，只允许在服务期协议和竞业限制协议中约定由劳动者承担违约金，其余任何劳动法中的协议都不能约定由劳动者承担违约金。《劳动合同法》第25条规定："除本法第二十二条和第二十三条规定的情形外，用人单位不得与劳动者约定由劳动者承担违约金。"但是，法律并不禁止约定由用人单位承担违约金。

二、违约金的限制

（一）服务期违约金

《劳动合同法》第 22 条第 2 款规定："劳动者违反服务期约定的，应当按照约定向用人单位支付违约金。违约金的数额不得超过用人单位提供的培训费用。用人单位要求劳动者支付的违约金不得超过服务期尚未履行部分所应分摊的培训费用。"故，劳动者承担的服务期违约金金额具有法定限制。这里所指的"培训费用"，按照《劳动合同法实施条例》第 16 条的规定，包括用人单位为了对劳动者进行专业技术培训而支付的有凭证的培训费用、培训期间的差旅费用以及因培训产生的用于该劳动者的其他直接费用。

（二）竞业限制违约金

《劳动合同法》第 23 条第 2 款规定："……劳动者违反竞业限制约定的，应当按照约定向用人单位支付违约金。"但是，法律并未如服务期违约金一样规定竞业限制违约金的限制。但是，这并非意味着竞业限制违约金就不受任何限制。由于竞业限制协议也是合同的一种，在《劳动合同法》对其没有例外规定的情况下，其亦受到《民法典》的规制。《民法典》第 585 条第 2 款规定："约定的违约金低于造成的损失的，人民法院或者仲裁机构可以根据当事人的请求予以增加；约定的违约金过分高于造成的损失的，人民法院或者仲裁机构可以根据当事人的请求予以适当减少。"故，在劳动者违反竞业限制协议时，用人单位如认为违约金低于用人单位实际损失的，可以要求法院提高；劳动者认为违约金过高的，也可以要求法院予以降低。具体的违约金数额，可以根据实际损失的情况来确定。

三、人事关系中的违约金问题

事业单位与劳动者之间成立人事关系的，应当签订聘用合同，此时的劳动者通常被称为具有事业编身份的在编人员（以下简称在编人员）。聘用合同中，事业单位与在编人员可以约定违约金。《国务院办公厅转发人事部关于在事业单位试行人员聘用制度意见的通知》（国办发〔2002〕35 号）第四部分规定："……聘用合同必须具备下列条款：（一）聘用合同期限；（二）岗位及其职责要求；（三）岗位纪律；（四）岗位工作条件；（五）工资待遇；（六）聘用合同变更和终止的条件；（七）违反聘用合同的责任……"违约金就属于"违反聘用合同的责任”之一，事业单位与在编人员可以约定。此外，《劳动合同法》第96条规定：“事业单位与实行聘用制的工作人员订立、履行、变更、解除或者终止劳动合同，法律、行政法规或者国务院另有规定的，依照其规定；未作规定的，依照本法有关规定执行。”由于除了《国务院办公厅转发人事部关于在事业单位试行人员聘用制度意见的通知》中隐含了可以约定违约金的意思之外，我国法律、行政法规对此问题并无规定，故依照《劳动合同法》的上述规定，聘用合同中约定违约金的问题可以适用《劳动合同法》。①

裁审要点

判断劳动者及用人单位是否承担违反竞业限制协议的违约责任时，注意竞业限制协议的独立性问题，注意把握双方违约与解除竞业限制协议的关系问题。

实操指引

1. 用人单位应当留存为劳动者进行专项技术培训的各类票据，以此为据约定服务期违约金。

2. 人事关系中，事业单位与拥有事业编制的劳动者应当签订聘用合同，优先适用人事法律法规，并可以参照《劳动合同法》的规定，约定服务期、竞业限制和违约金。

① 对于《劳动合同法》第96条的规定，实务中历来有理解上的争议。“聘用制”与“劳动合同”分属人事关系和劳动关系两个不同的法律关系，基于人事关系所签订的合同被称为聘用合同，基于劳动关系所签订的合同被称为劳动合同，但是在该条文中这两者却被放在一起，很容易让人认为此处的“聘用制”是劳动合同制的一种别称，进而认为此处所规范的是与事业单位建立劳动合同的人员。易言之，该条文并不规范人事关系下的聘用合同。但是，在2014年国务院颁布实施《事业单位人事管理条例》时，作为解答的系列文章之一，北京大学法学院教授叶静漪发表于2014年第6期《中国人力资源社会保障》杂志中的《依法加强人事管理 提高事业单位管理效能》对此的解释是，基于《劳动合同法》第96条的规定，“《事业单位人事管理条例》和《劳动合同法》构成特别法和一般法的关系，对于《事业单位人事管理条例》没有作出特殊规定的内容，应当适用《劳动合同法》”。这就很明显地告诉我们，《劳动合同法》第96条中所规定的“事业单位与实行聘用制的工作人员订立、履行、变更、解除或者终止劳动合同”，就是指事业单位与在编人员所签订的聘用合同。

第六章　劳动合同的变更

第一节　劳动合同主体变更

裁判观点

1. 用人单位变更名称、法定代表人、主要负责人或者投资人等事项，不影响劳动合同的履行。

2. 用人单位发生合并或者分立等情况，原劳动合同继续有效，劳动合同由承继其权利和义务的用人单位继续履行。

3. 用人单位与其他单位合并的，合并前发生的劳动争议，由合并后的单位为当事人；用人单位分立为若干单位的，其分立前发生的劳动争议，由分立后的实际用人单位为当事人。用人单位分立为若干单位后，对承受劳动权利义务的单位不明确的，分立后的单位均为当事人。

深度解析

一、劳动合同主体变更的含义

劳动合同主体变更，是指在保持原劳动关系不变的情况下，劳动合同主体发生名称、投资主体、组织形式的变化或者合并、分立，原劳动合同继续履行的情况。如果劳动合同主体的变化导致新的劳动合同关系建立，则不属于这里所说的劳动合同主体变更。劳动合同主体变更可以分为以下两种类型：

一是用人单位标示性因素或投资人变更。《劳动合同法》第 33 条规定：“用人单位变更名称、法定代表人、主要负责人或者投资人等事项，不影响劳动合同的履行。”当用人单位发生上述变化时，用人单位作为民事法律主体本身没有发生变化，所以不会导致劳动关系发生变动，故原劳动合同可以继续履行。

二是用人单位合并、分立的情况。《劳动合同法》第 34 条规定：“用人单位发生合并或者分立等情况，原劳动合同继续有效，劳动合同由承继其权利和义务的用人单位继续履行。”《新劳动争议解释一》第 26 条规定：“用人单位与其它单位合并的，合并前发生的劳动争议，由合并后的单位为当事人；用人单位分立为若干单位的，其分立前发生的劳动争议，由分立后的实际用人单位为当事人。用人单位分立为若干单位后，具体承受劳动权利义务的单位不明确的，分立后的单位均为当事人。”

实务中，法律虽然规定得非常明确，但是很多用人单位在发生了投资人变化、合并、分立的情况时，倾向于与劳动者重新签订劳动合同。用人单位的这种行为在法律上、人力资源管理上并非没有意义，对用人单位而言，一方面可以划分出“新旧单位”的界限，宣誓出前后两段时间该用人单位在管理上、经营上会有所不同，甩掉之前的企业包袱，给劳动者一种“变法改制”的心理暗示；另一方面也可以通过重新签订劳动合同与劳动者重新界定劳动权利义务关系，调整用人格局和体系。对劳动者而言，也可以通过重新签订劳动合同获得之前工作年限的经济补偿，在国有企业改制的情况下，可能还会发生国有员工身份置换的问题。总之，在劳动合同主体变更的情况下，原劳动合同依法可以继续履行，如果劳动关系双方任意一方想要重新订立劳动合同的，则必须征得对方同意，否则应当依法将原劳动合同履行完毕。特别注意，在《劳动合同法》第 33 条和第 34 条规定的情形出现时，不可将其同时认定为《劳动合同法》第 40 条第 3 项规定“劳动合同订立时所依据的客观情况发生重大变化，致使劳动合同无法履行”的情形，而主张劳动合同解除。

二、与劳动合同主体变更相关的问题

（一）用人单位出资人责任的问题

《新劳动争议解释一》第 29 条规定：“劳动者与未办理营业执照、营业执照被吊销或者营业期限届满仍继续经营的用人单位发生争议的，应当将用人单位或者其出资人列为当事人。”司法解释作出如此规定，并非要变更劳动者与雇主之间法律关系的性质，而是为了保护劳动者权益，增加了侵害劳动者权益的受偿主体范围。

不具备合法经营资格的用人单位与劳动者之间属于非法用工关系，双方所签订的劳动合同属于无效合同。根据《劳动争议司法解释一》第 14 条、《劳动法》第 97 条、《劳动合同法》第 93 条的规定，不具备合法经营资格的用人单位与劳动者签订的劳动合同是无效合同，劳动者已经给付劳动的，应当列用人单位和其出资人为当事人，承担给付劳动者劳动报酬、经济补偿、赔偿损失的法律责任。进一步讲，不具备合法经营资格的用人单位的出资人与劳动者之间也不会成立劳动关系，但出资人在上述用人单位无法承担法律责任时依法承担法律责任。

当然，如果用人单位系法人，则其出现破产、清算时，出资人只在认缴出资额范围内对法人债务承担有限责任。如果用人单位属于自然人企业（私营企业、合伙企业等）的，出资人应当对企业债务承担无限连带责任。

（二）用人单位安排劳动者到新单位工作的问题

1. 劳动者与新单位签订劳动合同的

用人单位安排劳动者到新的用人单位工作，新的用人单位与劳动者重新订立劳动合同，新用人单位对劳动者形成实质性管理，劳动者对新用人单位形成“从属性”。这种情形不属于本节所说的劳动合同主体变更，而是属于劳动关系发生变化，只不过在计算劳动者解除或者终止劳动合同的经济补偿时，如果原用人单位未支付经济补偿的，则需要连续计算劳动者在两个单位的工作年限。《新劳动争议解释一》第 46 条对此有明确规定。

2. 劳动者未与其他单位签订劳动合同的

用人单位安排劳动者到其他用人单位工作，原劳动合同不变，劳动者也未与所工作的用人单位签订劳动合同。此种情况下，劳动者虽然在其他用人单位工作，但是这属于执行用人单位的指令，本质上还是履行原劳动合同的内容，不属于建立新劳动关系，也不属于劳动合同主体变更。

裁审要点

1. 用人单位主体发生变化时，需要重点注意这种变化是属于导致劳动关系变化的类型还是不影响劳动关系的延续。

2. 当用人单位经营资格（营业执照）出现问题时，需要注意当事人诉讼地位的列明。

实操指引

1. 用人单位投资人（股东）发生变化，或者用人单位合并、分立时，原劳动合同可以继续履行，不必然重新签订。但是，如果涉及职工身份转换、用人单位生产经营管理发生变化的，建议与劳动者协商重新签订劳动合同。

2. 用人单位投资人（股东）变化，或者出现分立的，建议投资人之间就承继劳动者权利义务后如何分担相应费用进行明确约定。

第二节　劳动合同内容变更

裁判观点

1. 用人单位与劳动者协商一致，可以变更劳动合同约定的内容。变更劳动合同，应当采用书面形式。用人单位与劳动者协商一致变更劳动合同，虽未采用书面形式，但已经实际履行口头变更的劳动合同超过一个月，变更后的劳动合同内容不违反法律、行政法规且不违背公序良俗，当事人以未采用书面形式为由主张劳动合同变更无效的，人民法院不予支持。

2. 用人单位对劳动者的工作岗位进行调整，应当同时具备以下条件：（1）符合劳动合同的约定或者用人单位规章制度的规定；（2）符合用人单位生产经营的客观需要；（3）调整后的工作岗位的劳动待遇水平与原岗位基本相当，但根据《劳动合同法》第 40 条第 1 项、第 2 项规定，因劳动者患病或者非因工负伤，在规定的医疗期满后不能从事原工作而被调整岗位，或者因劳动者不能胜任工作而调整岗位的除外；（4）调整工作岗位不具有歧视性、侮辱性；（5）不违反法律法规的规定。

用人单位因生产经营状况发生较大变化，经济效益出现下滑等客观情况，对内部经营进行调整，属于用人单位经营自主权的范畴，由此导致劳动者岗位变化、待遇水平降低，劳动者主张用人单位违法调整工作岗位、降低待遇水平的，不予支持。

用人单位主张调整劳动者工作岗位合法，应承担举证证明责任。

3. 用人单位有权根据经营需要调整劳动者的工作地点，但有以下情形之一的，劳动者主张用人单位未经协商一致单方调整工作地点违法的，应予支持：（1）工作地点的调整具有歧视性、侮辱性；（2）明显增加劳动者工作成本，但用人单位提供了相应补偿或者替代条件可以基本弥补劳动者增加的工作成本的除外；（3）即使用人单位提供了相应补偿或者替代条件，但劳动者订立劳动合同的目的仍然落空的；（4）违反劳动合同对工作地点约定的。

劳动者对用人单位调整工作地点存在上述情形承担举证证明责任。

深度解析

一、劳动合同内容变更的形式

（一）劳动合同的主要内容

《劳动合同法》第 17 条规定："劳动合同应当具备以下条款：（一）用人单位的名称、住所和法定代表人或者主要负责人；（二）劳动者的姓名、住址和居民身份证或者其他有效身份证件号码；（三）劳动合同期限；（四）工作内容和工作地点；（五）工作时间和休息休假；（六）劳动报酬；（七）社会保险；（八）劳动保护、劳动条件和职业危害防护；（九）法律、法规规定应当纳入劳动合同的其他事项。劳动合同除前款规定的必备条款外，用人单位与劳动者可以约定试用期、培训、保守秘密、补充保险和福利待遇等其他事项。"

上述规定明确了劳动合同的必备条款，但是实务中一般认为该条款属于任意性条款，即使一份劳动合同没有完全具备上述全部条款，只要能够确定劳动关系双方主要的权利义务关系，能够反映出劳动关系双方建立法律关系性质为劳动关系的，就倾向于认定劳动合同成立且生效。例如，《天津法院劳动争议案件审理指南》第 18 条规定："虽然未订立名称为劳动合同的文本，但订立的其他书面文件已经包含了劳动合同期限、工作内容和工作地点、工作时间和休息休假、劳动报酬、社会保险等内容，明确了双方的主要劳动权利义务，具备劳动合同本质特征的，应当认定双方已经订立了书面劳动合同。"

（二）劳动合同变更的要件

1. 实体要件：劳动关系双方协商一致

劳动合同变更的实体要件是劳动关系双方协商一致。《劳动合同法》第 35 条第 1 款规定，用人单位与劳动者协商一致，可以变更劳动合同约定的内容。

2. 形式要件：书面形式

《劳动合同法》第 35 条第 1 款规定："……变更劳动合同，应当采用书面形式。"从法律规定看，变更劳动合同的形式要求较为严格，必须采取书面形式。这种要求极大地提高了用人单位用工刚性，在实践中客观上降低了用人单位的用工灵活性。在司法实务中，最高人民法院立足上述法律条文的立法本意，作出了更加贴合实际的规定，在一定程度上保持了用人单位的用工灵活性。《新劳动争议解释一》第43条[①]规定："用人单位与劳动者协商一致变更劳动合同，虽未采用书面形式，但已经实际履行了口头变更的劳动合同超过一个月，变更后的劳动合同内容不违反法律、行政法规且不违背公序良俗，当事人以未采用书面形式为由主张劳动合同变更无效的，人民法院不予支持。"

二、用人单位单方调整工作岗位

（一）调整工作岗位的界定

实务中，用人单位单方调整劳动者工作岗位的情形司空见惯，但是如何认定用人单位的上述行为合法与否，则属于司法实践中的难点问题。

何谓"调整工作岗位"？可以按照双方是否对岗位性质、工作具体内容作出明确界定为标准，区别分析：

1. 劳动关系双方对工作岗位、工作具体内容没有明确约定的

如果劳动关系双方没有通过劳动合同、岗位责任书、岗位说明书等文件对工作岗位性质或工作具体内容作出明确界定的，实务处理中往往比较棘手。工作岗位与法律所规定的"工作内容"必然密切相关。但是，调整工作岗位不能狭义理解为工作内容的任何变化与调整，而应当理解为工作内容重大变化而导致的工作岗位性质变化，两者的差别在于工作具体内容是工作岗位性质的外化体现，工作岗位性质则是决定劳动者工作内容、工作绩效的核心内核，体现了用人单位对劳动者职业素质的本质要求，体现了用人单位雇用该劳动者所追求的真实价值的意思表示。例如，线上售后服务与线下售后服务在工作具体内容上有所差异，但是工作岗位的性质依然是售后服务，并没有发生变化。再如，销售管理岗位与生产管理岗位在工作具体内容上也有较大差异，但是工作岗位性质同属于管理性岗位，没有发生变化。又如，财务总监与普通出纳在工作具体内容上有重合交叉，但是两者体现出的劳动价值、岗位责任等均不相同，两者在工作岗位性质上存在本质差异，从通常意义上讲，财务总监属于管理性岗位，普通出纳属于操作性岗位，两者在法律所规定的"工作内容"上存在本质差异。

---

① 此规定与《劳动争议司法解释三》第11条基本相同，《新劳动争议解释一》略作修改，删除了"国家政策"字样，并在行文上强调了"协商一致变更劳动合同"。

如果工作岗位性质没有发生变化，只是工作具体内容发生了调整，而且该种调整没有从根本上变更劳动者的工作考核标准、专业技能方向的，就不宜认定为法律所规定的“工作内容”发生变化。例如，劳动合同约定劳动者的工作岗位为负责食品检验的化验师，该劳动者原来从事的工作具体内容为对生食的检验，后来用人单位将其工作具体内容调整为从事熟食的检验。两者的工作具体内容虽然不同，但是同属于食品检验岗位，该岗位的工作内容“食品检验”并未发生变化。此情形下所谓的调岗，严格讲不属于工作岗位、工作内容的调整。

如果工作岗位性质（层级意义上）虽然没有发生变化，但是工作具体内容发生调整，而且该种调整直接从根本上影响了劳动者的专业技能方向、工作考核标准等主要岗位因素的，也应当认定为工作岗位发生变化。例如，劳动者的工作岗位是劳资员，负责单位员工考勤记录、工资计算等内勤事务，用人单位将其调整至销售员岗位，负责对外推销产品和服务等外勤事务，从层级意义上讲两个工作岗位性质没有变化，都属于基层的操作岗位。但是，两者对于劳动者能力要求、专业技能要求以及考核标准截然不同。所以，这种工作具体内容的变化就属于工作岗位、工作内容的调整。

如果工作岗位性质发生变化，则工作内容也必然发生较大变化，即使工作具体内容有重复交叉也在所不问，此种情形必然属于法律所规定的“工作内容”发生变化。例如，公司中主管采购的副总经理岗位与具体实施采购工作的采购员岗位，虽然两者在工作具体内容上都涉及采购工作，但前者岗位性质属于管理性岗位，后者属于操作性岗位，岗位责任、薪酬待遇都有本质差异。如果将劳动者从主管采购的副总经理岗位调整到采购员岗位，则属于工作岗位、工作内容发生变化。

2. 劳动关系双方对工作岗位、工作具体内容有明确约定的

如果劳动关系双方对于所在工作岗位的工作具体内容已经有了明确约定，则用人单位欲对工作具体内容进行变化调整的，如果这种变化调整达到了能够改变劳动者本职工作内容的程度，即使岗位性质没有发生重大变化，也应当认定为调整工作岗位。例如，劳动关系双方约定劳动者的工作内容是负责管理单位员工劳动合同签订、变更、续订、终止、解除事宜，负责记录考勤，负责核算劳动报酬和各项福利待遇，以及其他领导临时交办的内容。后，用人单位要求劳动者还需要常态化地负责办公室文稿起草、整理工作，后勤接待工作等非原本职工作。这种情形达到一定程度，就可以认定为单方调整了工作岗位、工作内容。

（二）用人单位合法单方调整工作岗位的认定因素

对此问题，一方面要注意《劳动合同法》对于变更劳动合同的规定，另一方面又要考虑用人单位合理的生产经营需要，不宜机械地理解法律规定。结合各地审判实务，用人单位同时具备以下要素的，可以认定为合法单方调整工作岗位。

1. 符合劳动合同的约定、集体合同约定或者用人单位规章制度的规定

工作岗位属于劳动合同的主要内容之一，用人单位调整工作岗位的，其实质属于变更劳动合同对于工作岗位的约定。按照目前的主流观点，根据《劳动合同法》第35条第1款规定，劳动关系双方应当在协商一致的情况下才可以变更。所以，用人单位在没有就变更工作岗位与劳动者达成一致的情况下单方调整工作岗位的，实务中往往会认定用人单位违法调岗。如何才能达到用人单位调整工作岗位的目的呢？关键在于获得劳动者对此问题的同意。这种同意的意思表示的形式不宜仅局限于劳动合同，集体合同、规章制度都可以。

就个体劳动合同而言，可以分为两种情况：第一，用人单位与劳动者单独就调整岗位达成一致。这种情形完全符合《劳动合同法》第35条第1款的规定，应认定调整工作岗位合法。第二，劳动合同事先已经对用人单位单独调整工作岗位作出了肯定性约定或者没有相反约定。劳动合同如果约定用人单位有权根据生产经营需要对劳动合同岗位进行调整的，裁审实务中一般会尊重该约定，用人单位调整工作岗位的行为看上去是单方的，但其实已经在订立劳动合同时被赋予了该项权利。但是，这种约定不能是无限的，用人单位不能将生产经营需要作为所有单方调岗的“万能钥匙”，其必须举证证明“生产经营需要”的客观合理性，否则仍然会被认定为违法单方调岗。

就集体合同、规章制度而言，集体合同是劳动关系双方集体谈判的结果，反映了劳动者的集体意志，如果集体合同约定允许用人单位在合理事由下单方调整劳动者工作岗位的，只要个体劳动合同对单方调岗问题作出例外性、否定性约定的，在实务中就应当予以认可。同理，只要规章制度允许用人单位在合理事由下单方调整劳动者工作岗位的，且该规章制度的制定经过了民主程序，这种规定就应当得到尊重。

需要注意的是，最近有些地区在认定用人单位单方调岗合法性时，不再严守需要符合劳动合同约定的条件，尺度进一步放松。2019年12月30日长三角区域的上海、江苏、浙江、安徽“三省一市”联合出台关于劳动人事争议疑难问题审理意见的研讨会纪要认为，用人单位未与劳动者协商或者协商未达成一致意见，调整劳动者工作岗位的有效性认定。除《劳动合同法》第40条第1项

和第 2 项规定的用人单位可以单方调整劳动者工作岗位的法定情形外，用人单位可以按劳动合同约定或者规章制度规定对劳动者工作岗位进行调整。如劳动合同无约定或者规章制度未规定，但确属用人单位生产经营所必需，且对劳动者的劳动报酬以及其他劳动条件未作不利变更，劳动者有服从安排的义务，可以认定用人单位调整劳动者工作岗位有效。笔者认为，该规定有利于进一步增加用人单位用工自主权，但似乎是对《劳动合同法》第 35 条所规定的变更劳动合同要件的突破较大。就此问题，笔者认为还是应该以法律、司法解释的规定为原则，进一步细化用人单位的用人管理制度，使之体现出劳动者对调岗问题的同意或者不反对的意思表示，以此为基础综合其他合理要素，在防止用人单位恣意的前提下保障其用工自主权。

2. 符合用人单位生产经营的客观需要

用人单位在进行单方调岗时，需要举证证明这种调岗系因生产经营的客观需要所进行的。用人单位围绕市场的变化而调整生产经营是非常正常的，与此相配合的是组织架构、部门设置、人员安排等都会进行相应调整。法律虽有刚性的特点，但是也应当尊重市场变化情况，承认用人单位的经营自主权。由于用人单位对于绝大多数劳动者而言，天然地具有优势地位，所以在保障其经营自主权的同时必须防止其恣意。只要用人单位是出于非生产经营需要或者非法律规定的事由而随意调整劳动者工作岗位的，就会破坏劳动关系双方签订劳动合同时的意思表示一致，违背劳动者订立劳动合同的目的，故恣意调岗行为应当认定为违法行为，属于《劳动合同法》第 38 条所规定的未按照劳动合同约定提供劳动条件的情形。

3. 调整后的工作岗位的劳动待遇水平与原岗位基本相当

如果调岗是劳动关系双方协商一致的结果，那么不论新岗位与原岗位在待遇水平方面存在何种差异都不会影响调岗合法性。但是，如果是用人单位单方调岗，则在一定程度上改变了劳动者订立劳动合同时的初衷，为了平衡劳资利益，需要保障劳动者在新岗位上的劳动待遇水平基本保持不变。这里所说的劳动待遇水平与原岗位基本相当，并非指收入完全不变，而是指新旧两个岗位的基本待遇水平不变，附加于岗位本身的待遇（如岗位津贴）可以随岗位变化而变化。例如，劳动者原岗位为具有一定职业危险性的生化检验员，基本薪酬待遇为每月 5000 元，特殊岗位津贴为每月 1000 元。此后，用人单位因生产需要调整劳动者到产品统计岗位工作，基本薪酬保持不变但是取消了特殊岗位津贴。劳动者的实际收入虽然减少，但是所减少部分是与新岗位相适应的，所以可以认定调整后的工作岗位的劳动待遇水平与原岗位基本相当。

单方调岗需要保持新岗位的劳动待遇水平与原岗位基本相当，是存在例外情形的。根据《劳动合同法》第 40 条第 1 项、第 2 项的规定，因劳动者患病或者非因工负伤，在规定的医疗期满后不能从事原工作而被调整岗位，或者因劳动者不能胜任工作而调整岗位的，新岗位的劳动待遇水平不必然与原岗位基本相当。上述情形下，劳动者因为身体原因或者因为能力原因而无法适应原工作岗位，用人单位依法可以单方调整岗位，调整后的岗位一般都较之原岗位在工作难度、工作强度、责任负担等方面有所下降，相应的劳动待遇水平一般也会随之下降。但是，这种待遇下降是合理的，是与新岗位要求相匹配的。法律不能造成劳动者因为能力较低反而受益的结果。

4. 调整工作岗位不具有歧视性、侮辱性

《就业促进法》第 3 条确立了劳动者就业的反歧视原则，第 62 条明确了就业歧视的救济途径，该法第三章用整章的篇幅细化了劳动者就业各个方面的反歧视原则。用人单位单方调岗过程中，依然要遵循反歧视原则。在考察用人单位单方调岗合法性时，不但需要考察新岗位劳动待遇等物质问题，还需要考察是否存在歧视性或者侮辱性等精神问题。从绝对的哲学意义上讲，工作岗位没有高低贵贱之分，也就无所谓歧视性、侮辱性问题。但是，客观地从现阶段社会评价、劳动者个人评价和期待、周围同事评价等诸多角度看，现实中的职场确实存在歧视性、侮辱性调岗的情况，俗称用人单位给劳动者“穿小鞋”。很多用人单位在顾忌单方解除劳动合同可能存在较大违法风险的情形下，往往倾向于通过上述方式“挤兑”劳动者自动辞职，而这些行为正是法律需要重点予以规制的方面。现实中，上述行为有如下典型表现：除法律有明确规定外，以现岗位只适合某性别、某民族、某年龄、某种婚育状况为由调岗；调整后的岗位与原岗位相比，明显降低劳动层次，可能引发社会评价下降，如由工程师岗位调整至保洁员岗位；调整后的岗位与原岗位相比在层级、社会评价方面虽然没有明显变化，但是明显增加了劳动者专业技能适应难度和考核合格难度，如从门卫保安岗位调整至要求技术水平较高的装配操作岗位，由于劳动者专业技能跟不上，就会导致其通过考核的难度上升，也可能会被周围同事认为“无能”。

5. 特殊情况下单方调岗的例外

用人单位因生产经营状况发生较大变化，经济效益出现下滑等客观情况，对内部经营进行调整，属于用人单位经营自主权的范畴，由此导致劳动者岗位变化、待遇水平降低，如果劳动者主张用人单位违法调整工作岗位、降低待遇水平的，司法实务中一般不予支持。而且，由于此种情况属于用人单位发生经营性困难，为了衡平劳资利益，确保就业和基本民生，实践中一般也不宜再机械地坚持劳动者须对此存在同意或者不反对的意思表示。易言之，即使劳动关系双方对此没有劳动合同、集体合同的约定或者规章制度规定的，也应当允许用人单位单方进行调整。

三、用人单位单方调整工作地点

实务中，用人单位有权根据经营需要调整劳动者的工作地点，但是不能有以下情形，否则极有可能会被认定为违法调整工作地点。

（一）违反劳动合同对工作地点的约定

1. 单方调整工作地点系违反劳动合同的行为

工作地点属于《劳动合同法》第 17 条所规定的劳动合同主要条款之一。如果劳动关系双方在劳动合同中已经约定了工作地点，那么用人单位在日后调整工作地点时，就不能违反前述约定，否则会被认定为《劳动合同法》第 38 条第 1 款第 1 项规定的“未按照劳动合同约定提供劳动保护或者劳动条件的”。原因在于，工作地点是劳动者订立劳动合同时对整体劳动合同条件作出评价的重要因素之一，构成了劳动者真实意思表示的内容。如果用人单位单方调整工作地点的，本质上是违背了劳动合同约定，也违反了《劳动合同法》中关于变更劳动合同需要劳动关系双方协商一致以书面方式为之的规定。

2. 劳动关系双方约定工作地点的合理性考量

实践中，有的用人单位为了防止出现调整工作地点时被劳动合同掣肘，便在订立劳动合同时将工作地点约定为全国。这种扩大工作地点范围的做法看似规避了违法风险，但是实践中仍然有不被认可的风险。根据《劳动合同法》第 26 条第 1 款第 2 项的规定，用人单位排除劳动者权利的劳动合同是无效合同。如果劳动合同关于工作地点的约定明显违反常识，那么这种约定就是无效约定。在判断工作地点约定的合理性问题上，主要应当考察用人单位市场范围和劳动者工作岗位性质。如果工作地点的约定与市场范围和岗位性质相配，则这种约定合理并有效，反之则无效。例如，用人单位系全国性企业集团公司，业务遍及全国各省，劳动者岗位为销售管理，则劳动合同约定工作地点为全国就是合理合法的；如果用人单位系天津市的地方性贸易公司，市场范围限于华北地区，劳动者岗位为内控法务岗位，则劳动合同如果约定工作地点为全国就明显不合理。

这里需要特别强调的是，工作地点与出差不是相同概念。工作地点属于劳动者相对固定的提供劳动的场所，出差则属于临时性、非固定性的工作状态。工作地点固定，不代表用人单位不能根据生产经营需要而较为频繁地安排劳动者出差。易言之，如果劳动者出差比较频繁，不能因此而认定用人单位单方调整劳动者工作地点。

（二）工作地点的调整具有歧视性、侮辱性

鉴于在实践中有的用人单位往往将劳动者的工作地点调整至具有歧视性或者侮辱性的地点，以此为方法来促使劳动者主动解除劳动合同，故司法实践中会将上述行为认定为违法调整工作地点。这种行为在很多情况下看来，似乎并不会和歧视、侮辱联系在一起，但是其本质却是对劳动者权益的损害。例如，劳动者原来的工作地点在公司总部，具体负责财务工作，后来在一次例行体检中发现系乙肝病毒携带者。① 用人单位基于对医学常识的错误认识，在得知此事后，在不改变劳动者工作主要内容的情况下，以工作需要的名义将其调整至位于工业园区的仓库中负责库管、盘点、出纳工作。用人单位的该项调整工作地点的行为就是一种隐蔽的歧视性、侮辱性行为。又如，劳动者甲始终与同事乙存在矛盾，乙曾经多次强势公开殴打和辱骂甲，用人单位员工对此尽人皆知。后来，用人单位与甲亦发生劳动争议，为了达到“调理”甲的目的，用人单位将甲的工作地点调整至乙所在的办公地点，并且归属乙管理。这种调整工作地点的做法就明显隐含着侮辱性。

上述行为在实践中的表现一般比较隐晦，主观性因素对于认定的影响比较强，具体操作相对较难。所以，该项考察因素在司法实践中往往作为补充因素存在。

（三）明显增加劳动者工作成本

用人单位因生产经营需要单方调整劳动者工作地点的，不应当明显增加劳动者工作成本。如果不能避免这一点，就应当提供相应补偿或者替代条件基本弥补劳动者增加的工作成本。劳动者因此增加的工作成本主要是通勤成本和时间成本。就通勤成本而言，一般表现为通勤费用的增加。就时间成本而言，主要是减少了休息时间和利用休息时间自由从事其他事业的机会成本。实务中，机会成本往往很少能够被证明，大多数还是通勤成本和休息成本的增加。为此，

① 根据《就业促进法》《人力资源和社会保障部、教育部、卫生部关于进一步规范入学和就业体检项目维护乙肝表面抗原携带者入学和就业权利的通知》等规定，未经被检测者同意而检测乙肝标志物的行为系违法行为，予以严厉禁止。

用人单位如果能够提供班车、报销交通费用或者缩减工作时间等替代条件，可以基本弥补所增加的工作成本的，就宜认定为合法调整工作地点。

（四）用人单位虽提供了相应补偿或者替代条件，但劳动者订立劳动合同的目的仍然落空的

有些劳动者订立劳动合同时具有特殊目的，如果用人单位单方调整工作地点的，不论用人单位是否提供了补偿或者替代条件，都会使得劳动者订立劳动合同时的目的落空。此时，用人单位如果执意单方调整该劳动者工作地点的，就属于违法行为。这些劳动者的特殊目的需要在具体个案中单独查明并予以考量。例如，劳动者腿部有残疾，为此其在就业时特地选择离家较近的工作单位。后来，该用人单位因经营需要将工作地点迁往市郊，并提供班车或者交通补贴，但是劳动者仍然拒绝前往。如果用人单位以劳动者拒不到新的工作地点工作属于旷工为由解除劳动合同的，极有可能被认定为违法解除劳动合同，而这种认定的基础就是违法调整工作地点。劳动者因为身体有特殊情况，所以在订立劳动合同时对于工作地点的约定就对其极为重要。该用人单位虽然提供了弥补条件，但是不能免除劳动者合同目的落空的情况，所以在此情况下可以以订立劳动合同时的客观情况发生重大变化为由解除劳动合同并且支付经济补偿的方式处理此事，而不应当以上述违法方式处理。

四、认定用人单位违法单方调整工作岗位或工作地点的实践作用

在大部分劳动争议案件中，认定用人单位违法单方调整工作岗位或者工作地点本身并非目的所在，而是进一步认定用人单位其他“终极性”违法行为的事实基础。主要体现在以下几个方面：

第一，认定用人单位拖欠工资报酬。用人单位单方调岗往往会带来薪资结构的变化，劳动者获得的收入会有所降低。如果被认定为违法调整工作岗位，则降低的收入将会被认定为欠付工资报酬。

第二，认定用人单位违法解除劳动合同。劳动者认为用人单位违法调岗或者违法调整工作地点的，往往会拒绝前往新的岗位或者地点工作，用人单位据此会认定劳动者旷工进而解除劳动合同。在用人单位的单方调岗或者单方调整工作地点被认定为违法的前提下，可以区分以下情形处理：如果劳动者未去新岗位、新地点工作却仍然在原岗位、原地点工作，用人单位以劳动者未去新岗位、新地点工作为由认定旷工，解除劳动合同的，宜认定违法解除劳动合同；如果劳动者未去新岗位、新地点工作，也未去原岗位、原地点工作，用人单位

要求劳动者回到原岗位、原地点工作而劳动者予以拒绝的，用人单位以旷工为由解除劳动合同的，为合法解除劳动合同。

第三，认定用人单位符合“推定解雇”情形。当用人单位出现违法单方调岗或者调整工作地点的，本质上也属于《劳动合同法》第 38 条第 1 款规定的未依约提供劳动条件的情形，如果再出现降薪，则又符合该条规定的未依法及时足额支付劳动报酬的情形。如劳动者符合《劳动合同法》第 38 条规定的情形而主动解除劳动合同的，用人单位需依法支付经济补偿。

第四，认定工伤。如果用人单位被认定为违法调整岗位或者调整工作地点，劳动者发生工伤的认定仍然应以原岗位或原工作地点为基础进行认定。例如，劳动者拒绝去新地点工作而坚持去原地点工作的，在去原地点工作途中发生己方非主责的交通事故的，依法应当认定为工伤。

裁审要点

1. 不宜机械理解劳动合同的概念。劳动关系双方虽然未订立名称为劳动合同的文本，但订立的其他书面文件已经包含了劳动合同期限、工作内容和工作地点、工作时间和休息休假、劳动报酬、社会保险等内容，明确了双方的主要劳动权利义务，具备劳动合同本质特征的，应当认定双方已经订立了书面劳动合同。

2. 认定用人单位违法调整工作岗位或者工作地点，必然可以认定用人单位符合《劳动合同法》第 38 条第 1 款规定的未依约提供劳动条件的情形；如果再出现降薪的，则又符合该条规定的未依法及时足额支付劳动报酬的情形，这对于审理推定解雇案件、欠付工资报酬类案件具有重要的事实价值。

3. 对用人单位单方调岗行为进行合法性审查时，务必注意劳动者是否有《劳动合同法》第 40 条第 1 项、第 2 项规定的情形，即劳动者患病或者非因工负伤，在规定的医疗期满后不能从事原工作而被调整岗位，或者因劳动者不能胜任工作而调整岗位。

4. 劳动者主张用人单位单方调整工作地点增加其工作成本的，一般可以围绕劳动者的主张，按照通勤成本、机会成本等顺序来考察，对于机会成本宜从严把握。

实操指引

1. 劳动关系双方应当在订立劳动合同时，对于劳动者的工作岗位进行明确约定，双方也可以签订专门的岗位说明书、岗位责任书等，对工作岗位的工作内容进行明确界定。从诚信原则出发，双方宜约定劳动者有接受用人单位指派的临时性工作任务的义务，宜约定用人单位拥有合理的单方调整工作岗位和工作内容的权利，劳动者需要服从。关于工作地点的风险预防，方法同上。

2. 用人单位与劳动者约定工作地点时，需要考虑劳动者工作岗位性质、本单位市场范围和经营规模，同时留有余地。

3. 用人单位单方调岗或者工作地点的，需要提供劳动合同或者规章制度作为基础依据，同时还需要注意准备因生产经营客观需要的相应证据，包括且不限于财务报表、用人单位各层次的经营性会议决议、工会会议记录、审计报告等。

第七章 劳动合同解除与终止

第一节 协商一致解除劳动合同

裁判观点

1. 除劳动者依据《劳动合同法》第38条提出解除劳动合同的，劳动者提出解除劳动合同，双方协商一致解除劳动合同的，用人单位可以不支付解除劳动合同经济补偿。

2. 用人单位提出解除劳动合同，双方协商一致解除劳动合同的，用人单位应当向劳动者支付解除劳动合同经济补偿。

3. 协商一致解除劳动合同的，不受《劳动合同法》第37条、第40条规定的提前30日以书面形式通知的限制。

4. 除法律规定的事由外，当事人之间约定劳动合同解除或者终止事由的，约定无效，但是当事人的约定是对法定事由进行具体化的除外。

5. 劳动者与用人单位就解除或者终止劳动合同办理相关手续，支付工资报酬、加班费、经济补偿或者赔偿金等达成的协议，不违反法律、行政法规的强制性规定，且不存在欺诈、胁迫或者乘人之危情形的，应当认定有效。该协议存在重大误解或者显失公平情形，当事人请求撤销的，人民法院予以支持。

深度解析

一、协商一致解除劳动合同与经济补偿

根据《劳动合同法》第 36 条的规定，用人单位与劳动者协商一致，可以解除劳动合同。该法第 46 条第 2 项规定，用人单位依照《劳动合同法》第 36 条规定向劳动者提出解除劳动合同并与劳动者协商一致解除劳动合同的，用人单位应当向劳动者支付经济补偿。

如果劳动者提出解除劳动合同并与用人单位协商一致解除劳动合同的，法律并未要求用人单位向劳动者支付经济补偿。但是如果用人单位与劳动者达成协议，向劳动者支付经济补偿的，该协议为有效协议。

二、协商一致解除劳动合同与约定解除权

《劳动合同法》第 36 条明确规定了用人单位与劳动者可以协商一致解除劳动合同。但是，这并不意味着劳动关系双方可以在劳动合同中约定法定事由之外的解除劳动合同事由，即劳动合同领域不存在约定解除权。

根据《劳动合同法》的规定，除劳动关系双方协商一致解除劳动合同外，用人单位只能依照该法第 39 条规定的过错性辞退制度、第 40 条规定的无过错辞退制度、第 41 条规定的经济性裁员制度单方解除劳动合同。劳动者解除劳动合同的权利则几乎不受限制，正常情况下只需要提前 30 天书面通知用人单位或者试用期内提前 3 天通知用人单位即可。所以，《劳动合同法》的立法目的就是限制用人单位的劳动合同解除权，以便维持稳定的劳动关系。如果允许双方约定解除权行使的事由，则势必架空《劳动合同法》的立法目的。

综上，劳动关系双方可以协商一致解除劳动合同，但是不能事先在劳动合同中突破法定解除事由而约定合同解除权。除法律规定的事由外，当事人之间约定劳动合同解除或者终止事由的，约定无效，但是当事人的约定是对法定事由进行具体化的除外。

三、协商一致解除劳动合同的意思表示界限

实践中，劳动关系双方在协商解除劳动合同事宜时，往往会对是否给予经济补偿、给予多少经济补偿等问题进行协商，在经济补偿等事宜未达成一致时，不会签订解除劳动合同的协议。但是，也有劳动关系双方在经济补偿未谈妥的

时候先签订解除劳动合同的协议，之后又就经济补偿事宜发生争议，一方当事人以此为由否定解除劳动合同协议的效力。对此问题的处理，关键是厘清协商一致解除劳动合同的意思表示界限。

协商一致解除劳动合同，是对双方劳动合同关系所作出的一种合意性解除的安排，在没有证据证明该意思表示还有其他附条件因素的情况下，该协商一致解除的意思具有独立性。在双方达成解除劳动合同合意之后，一方又反悔的，不应当得到支持。反之，如有证据证明解除劳动合同是以附带某种条件为前提的，则在条件未成就时，不发生解除劳动合同的效果。

四、协商一致解除劳动合同的法律后果

劳动关系双方协商一致解除劳动合同的，依法会产生以下法律后果：

1. 劳动者提出解除劳动合同，劳动关系双方协商一致解除劳动合同的，用人单位不需要支付经济补偿；用人单位提出解除劳动合同，劳动关系双方协商一致解除劳动合同的，用人单位需要依法支付经济补偿。

2. 劳动关系双方协商一致，不需要用人单位支付经济补偿的，如该约定并未违反当事人真实意思表示的，实务中遵其约定。

3. 用人单位应当在双方解除劳动合同后 15 日内，依法为劳动者办理完毕档案、社保关系转移手续。逾期办理或者拒不办理，造成劳动者损失的，劳动者可以请求用人单位赔偿。

裁审要点

1. 注意审查提出解除劳动合同的一方是劳动者还是用人单位。

2. 注意审查解除劳动合同协议是否具有被撤销或者法定无效的情形。

3. 注意协商一致的意思表示范围，是仅包含解除劳动合同本身，还是还包括经济补偿等其他事项。

4. 注意审查协商一致解除劳动合同是否以某些条件为前提，该前提性条件是否已经成就。如未成就，应审查原因是什么。

实操指引

建议用人单位或者劳动者保留协商解除劳动合同的全过程的证据材料。

第二节 劳动者单方解除劳动合同[①]

裁判观点

1. 劳动者单方解除劳动合同，不以提出合理理由为要件。劳动者享有实体上的“无条件”解除权。

2. 劳动者未依照《劳动合同法》第 37 条的规定提前 30 日书面通知用人单位或者在试用期内未提前 3 天通知用人单位解除劳动合同的，不影响解除劳动合同的效果，但是如给用人单位造成损失的，劳动者应当承担赔偿责任。

3. 劳动者主动单方解除劳动合同的，除符合《劳动合同法》第 38 条规定外，不能获得经济补偿或者赔偿金。

4. 通过签订协议的方式限制劳动者单方解除劳动合同权利的，协议无效。

深度解析

一、劳动者单方解除劳动合同的要求

根据《劳动合同法》第 37 条的规定，劳动者提前 30 日以书面形式通知用人单位，可以解除劳动合同。劳动者在试用期内提前 3 日通知用人单位，可以解除劳动合同。根据该条规定，劳动者单方解除劳动合同的，需要提前一定期限通知用人单位，目的是方便用人单位做好工作交接和寻找替代者。该制度有以下四个要点。

（一）程序上需要提前通知

劳动者在单方解除劳动合同时，需要提前通知用人单位，即预告解除。试用期内的劳动者单方解除劳动合同的，需要提前 3 天通知用人单位，通知形式不限；非试用期内的劳动者单方解除劳动合同的，需要提前 30 天通知用人单位，通知形式为书面。

---

① 本节只讨论正常劳动者单方解除劳动合同的问题，工伤、职业病的劳动者会根据《工伤保险条例》的规定，在主动解除劳动合同时所享有与普通劳动者不同的待遇，用人单位所负的义务也不一样。详细情况见本书工伤保险部分的内容。

（二）实体上不受限制

劳动者享有实体上的无限制解除权。我国现行劳动法律法规对用人单位单方解除劳动合同进行了较为严格的规定，但是并未对劳动者单方解除劳动合同在实体理由上进行限制。易言之，劳动者可以以任何理由或者无理由单方解除劳动合同，用人单位不能予以限制。

（三）劳动者的赔偿责任

劳动者未按照《劳动合同法》第37条的规定履行预告解除的义务，如造成用人单位经济损失的，劳动者应当承担赔偿责任。《劳动合同法》第90条规定："劳动者违反本法规定解除劳动合同，或者违反劳动合同中约定的保密义务或者竞业限制，给用人单位造成损失的，应当承担赔偿责任。"

（四）劳动者不能获得经济补偿

劳动者单方解除劳动合同的，用人单位依法不需要向劳动者支付解除劳动合同的经济补偿，但是劳动者依照《劳动合同法》第38条的规定主张解除劳动合同的除外。同时，如果劳动关系双方对支付经济补偿达成一致意见，应当按照约定办理。

二、限制劳动者单方解除劳动合同的问题

（一）限制辞职权的表现

实践中，用人单位为了防止劳动者单方解除劳动合同，往往会采取很多手段对劳动者的辞职予以限制（限制辞职权），主要表现为三个方面：

1. 用人单位往往会通过劳动合同约定或者规章制度规定不满足某些条件的，不允许劳动者离职。实务中比较典型的表现是：领导尚未批准劳动者离职申请的；劳动者未办理完毕交接手续的；金融业劳动者办理的贷款等业务出现风险尚未解除或处理完毕的；服务期未满的；未完成离职审计的；用人单位尚未招聘到该岗位接任者的；劳动者尚未清偿用人单位欠款的；劳动者未返还用人单位给予的工作或生活福利待遇的；等等。

2. 扣押劳动者档案，扣押劳动者财物，迟延办理退工退档手续或者拒不开具解除劳动合同证明。在劳动者无法取得解除劳动合同证明的情况下，很多用人单位为了规避用工风险，是不愿意聘用此类劳动者的。

3. 在行业内散播劳动者相关信息，制造本行业的再就业壁垒，迫使劳动者不敢辞职。

（二）对用人单位限制辞职权的评析

就一般劳动者而言，用人单位通过上述行为限制其辞职的权利是违法的。

1.《劳动法》《劳动合同法》等劳动法律法规均未限制劳动者的离职自由，只是在程序上规定了劳动者负有提前告知的义务，如果劳动者没有履行该义务且因此给用人单位造成损失的，劳动者向用人单位承担赔偿责任。相反，《劳动合同法》第26条还规定了用人单位不得排除劳动者权利。故用人单位即使通过合同约定或者规章制度的规定而限制劳动者辞职权利的，这些约定和规定均属无效。具体详述如下：

（1）劳动者辞职未经领导批准的。这里需要区分劳动者辞职的意思表示：如果劳动者提出的是辞职决定，那么其将该决定提交给用人单位的行为只是一种通知行为，此时用人单位批准与否不影响劳动者辞职的效力，用人单位以领导未批准辞职为由不办理解除劳动合同的后续手续属于违法行为；如果劳动者提出的是辞职申请，则其包含了与用人单位协商解除劳动合同的意思表示，在用人单位未作出同意辞职的决定前，不发生解除劳动合同的效果。在此情况下，如果用人单位同意辞职，则属于劳动者提出且双方协商一致解除劳动合同；如果用人单位不同意辞职，则属于双方未就解除劳动合同达成一致意见，用人单位的该行为不属于违法行为。劳动者如果坚决辞职，应当作出明确的单方解除劳动合同的意思表示，而不能再有协商的含义在内。

（2）劳动者未办理完毕交接手续的。严格地说，劳动者办理离职的交接手续属于基于诚实信用原则而产生的劳动合同解除后的后合同义务，该义务的承担是以劳动合同解除为前提的。所以，用人单位以此为由拒绝为劳动者出具解除劳动合同证明、拒绝办理档案和社保关系转移手续的，属于违法行为。至于用人单位所担心的劳动者不办理完毕交接手续就离职，可能会造成用人单位损失或者工作被动的情况，法律赋予了用人单位的赔偿请求权，用人单位的合法权益可以通过该渠道得到救济。

（3）服务期未满的。用人单位为劳动者提供专项培训资金，对其进行专业技术培训，双方签订服务期协议。如果服务期未满劳动者就主动辞职的，用人单位的救济途径是请求劳动者依照服务期协议支付违约金，而不能以服务期未满为由阻止劳动者离职。

（4）用人单位尚未招聘到该岗位接任者的。劳动者只要满足提前30日书面通知用人单位的要求，试用期内的劳动者只要满足提前3天通知用人单位的要求，法律即认为已经留足时间供用人单位寻找接任者。即使用人单位未能招聘到接任者，也不影响劳动者离职。如果劳动者未满足上述要求而离职的，用人单位维护自身权益的途径是请求劳动者赔偿因此造成的损失，而非拒绝办理法定的离职手续。

（5）劳动者尚未清偿用人单位欠款、未返还工作或生活福利待遇的。上述情节属于劳动关系双方因订立和履行劳动合同而发生的债权债务关系，劳动者离职不妨碍用人单位通过仲裁或者诉讼程序追索欠款及特殊福利，借用民法中抗辩权理论的说法，劳动者所负的上述债务不构成用人单位拒绝办理离职手续的抗辩理由，两者不构成给付和对待给付的关系。

（6）离职审计未完成的。用人单位以劳动者的离职审计尚未完成为由，拒绝为劳动者办理开具解除劳动合同证明、拒绝办理档案和社保转移手续的，应属于违法行为。我国法律法规目前没有规定用人单位为劳动者办理上述手续的前提是完成离职审计，在关于离职（离任）审计的规范性文件中也没有规定被审计对象必须在审计完成后才可以离职或者调职。相反，《劳动合同法》第 50 条规定了用人单位应当在解除或者终止劳动合同的 15 日内办理档案和社保关系转移手续，而并未附加其他条件。

（7）风险业务尚未处理完毕的。用人单位以劳动者尚存在风险业务未处理完毕为由，拒绝劳动者离职，拒绝为劳动者办理开具解除劳动合同证明、档案和社保关系转移手续的，属于违法行为。风险业务是指可能造成用人单位经济损失的业务，如贷款、货款未能如期收回等。用人单位预防损失的心情可以理解，但是采取这种限制劳动者离职自由的方法却属于违法行为。

2. 用人单位扣押档案、劳动者个人财物，迟延办理退工退档、社保转移手续、开具解除劳动合同证明等行为，违反了《劳动合同法》第 9 条、第 50 条等的规定，以此为要挟限制劳动者辞职权利的，属于违法行为，因此给劳动者造成损失的，用人单位需承担赔偿责任。

3. 在行业内传播劳动者信息，制造就业壁垒的行为要具体分析。如果捏造、歪曲劳动者相关工作信息或者个人信息，造成劳动者的社会评价降低，这属于侵犯劳动者名誉权，用人单位应当承担侵权责任；如果用人单位披露劳动者隐私，从而造成劳动者就业困难的，属于侵犯劳动者隐私权，用人单位亦当承担侵权责任；如果用人单位披露的信息不涉及劳动者隐私权，且并未捏造、歪曲而是客观反映的，属于用人单位合法行为，不应承担责任。

三、劳动者单方解除劳动合同的法律后果

1. 劳动者未提前 30 日以书面形式通知用人单位或者在试用期内未提前 3 日

通知用人单位的，仍然发生解除劳动合同的法律效果。但是，如果因此给用人单位造成损失的，劳动者应承担赔偿责任。

2. 用人单位无须向劳动者支付经济补偿，但应当在15日内为劳动者依法办理档案和社保关系转移手续。逾期办理或者拒不办理导致劳动者损失的，应当依法承担赔偿责任。

裁审要点

1. 注意区分劳动者作出的意思表示内容是辞职决定还是就是否辞职与用人单位进行协商。

2. 审查劳动者提出辞职是否附带前提条件，该条件是否成就。双方达成的解除劳动合同协议具体包含何种意思表示一致。

3. 落实劳动者向用人单位提出辞职决定的时间和形式。

实操指引

1. 劳动者未按照法律规定履行解除劳动合同提前通知义务的，用人单位如因此遭受损失，应当注意保留损失、因果关系等证据。

2. 用人单位如想挽留劳动者的，不能通过限制劳动者辞职权的方式进行，而应当通过提高待遇让劳动者舍不得离职，或者扎好制度和证据篱笆通过赔偿损失等方式让劳动者不敢违法离职。

第三节　推定解雇

裁判观点

1. 劳动者未以《劳动合同法》第38条规定的情形为由提出解除劳动合同，事后又主张用人单位存在上述条款规定的情形，要求用人单位支付经济补偿的，不予支持。

2. 用人单位因故意或者重大过失导致未及时足额支付劳动报酬的，劳动者以此为由主张解除劳动合同并要求用人单位支付经济补偿的，予以支持。

3. 用人单位违法调整工作岗位、工作地点，被认定为未依法提供劳动条件、劳动保护的，劳动者根据《劳动合同法》第38条第1款第1项的规定主张解除劳动合同的经济补偿的，予以支持。

4. 用人单位存在以下情形之一，劳动者根据《劳动合同法》第38条第1款第2项的规定主张解除劳动合同的经济补偿的，不予支持：

（1）用人单位因自然灾害、经营困难、停产歇业等原因而无法及时足额支付劳动报酬并经所在单位工会同意，用人单位未建立工会，已经用人单位职工代表同意的；

（2）劳动关系双方对计算劳动报酬的基数、方法等因客观原因理解不一致而最终导致未足额支付劳动报酬的；

（3）劳动者主张的未足额支付劳动报酬的差额系未签订书面劳动合同二倍工资、未休年假工资的；

（4）其他非因用人单位故意或者重大过失导致的未及时足额支付劳动报酬的。

5. 劳动者以用人单位未建立社会保险关系、无正当理由停缴社会保险费，或者社会保险费缴费基数不符合法律规定为由解除劳动合同，并请求用人单位支付经济补偿，用人单位对此有过错的，属于《劳动合同法》第38条第1款第3项规定的情形，应予支持。

6. 劳动者主张社会保险费缴费基数不符合法律规定的，人民法院不宜直接认定用人单位是否欠缴社保费，而应当由社保征缴部门认定，再以此为基础，认定用人单位是否存在《劳动合同法》第38条第1款第3项规定的情形。

7. 适用《劳动合同法》第38条不以劳动者提前30日书面通知用人单位为前提。

8. 用人单位的规章制度违反法律、法规的规定，损害劳动者权益，情节严重，致使劳动者不得不解除劳动合同方能维护自身权益的，属于《劳动合同法》第38条第1款第4项的规定。

9. 因用人单位原因，符合《劳动合同法》第26条第1款规定的情形致使劳动合同无效，劳动者解除该无效劳动合同的，属于《劳动合同法》第38条第1款第5项的规定。

深度解析

一、推定解雇制度的原理

《劳动合同法》第38条规定了出现法定事由时，劳动者可以主动解除劳动合同，用人单位应当依照《劳动合同法》第 46 条、第 47 条的规定向劳动者支付经济补偿。这一制度被称为推定解雇，也被称为被迫辞职。推定解雇制度的立法价值在于赋予劳动者主动解除劳动合同并获得经济补偿的权利，从而使得劳动者掌握更多的可以有效对抗用人单位违法用工行为的权利，一方面可以更好地保护劳动者的生存权，在实质上平衡劳动关系双方权利和地位；另一方面通过惩罚用人单位存在主观过错的用工行为，引导用人单位合法用工。客观而言，我国法律对于推定解雇制度的规定还有待进一步具体化，在裁审实务尤其是审判实务中，对于该制度的应用尺度还存在不同观点。结合近年来的实务观点和经验，笔者对推定解雇制度的应用做一系统梳理。

推定解雇制度并非我国首创，而是舶来品。参考英国、美国、德国、法国、加拿大等国家以及我国台湾地区的规定和实践可知，推定解雇制度的法理原理有以下几个要点：

1. 用人单位基于过错在履行劳动合同过程中从事了违法行为，侵害了劳动者合法权利。

2. 劳动者对于用人单位的违法行为可以采取其他救济或申诉手段，而不是首选解除劳动合同。只有在上述手段不足以或者不能及时阻却、抵消用人单位违法行为，而且这种行为已经威胁到劳动者订立劳动合同的基础，威胁到劳动者生存权利的，劳动者只能采取解除劳动合同关系的手段，这就是被迫辞职之“被迫”的含义所在，强调紧迫性、底限性。

3. 用人单位违法行为的程度比较轻微，尚未达到劳动者只有通过解除劳动合同才能保障自身生存等基本权利的程度，则劳动者负有相应的容忍义务，可以通过协商、申诉的手段尽快解决。但是，当这种轻微的违法行为反复发生、叠加，或者持续不断，破坏了劳动合同订立基础，达到了令劳动者无法忍受的程度，劳动者可以援引推定解雇制度解除劳动合同并获得经济补偿。

4. 劳动者基于“被迫”解除劳动合同，本质上还是用人单位原因导致劳动合同解除，故劳动者应当获得用人单位支付的经济补偿。

综上，对于推定解雇制度的运用应当以上述原理为基础，结合我国具体情况，一方面有效救济劳动者合法权益，另一方面维护好劳资关系，不对用人单位过于苛刻。

二、《劳动合同法》第 38 条的适用尺度解析

（一）劳动者须明示依照《劳动合同法》第 38 条解除劳动合同

实践中，即使用人单位存在《劳动合同法》第 38 条规定的违法情形，但是

劳动者主动解除劳动合同的理由也是各种各样的，并非因为上述法律规定的几种情形。适用推定解雇制度的前提是用人单位的法定违法行为与劳动者主动解除劳动合同之间存在因果关系。如果用人单位虽然存在上述法定违法情形，但是劳动者并非因此而辞职的，不能适用推定解雇制度。故，司法实践中往往会考察劳动者提出辞职的原因，只有在劳动者明示依照《劳动合同法》第38条解除劳动合同的，裁判机关才有适用该法条的前提条件。例如，《天津法院劳动争议案件审理指南》第25条规定："用人单位存在《中华人民共和国劳动合同法》第三十八条第一款规定的情形，劳动者以此为由主动解除劳动合同并主张经济补偿金的，应予支持，但劳动者并未以此为理由提出解除劳动合同的除外。"该要件又可以进一步细化为两种情形：

1. 劳动者辞职时没有说明原因，事后又以《劳动合同法》第38条的规定为依据主张用人单位推定解雇的，裁判机关不予支持。

2. 劳动者辞职时所依据的理由并非《劳动合同法》第38条规定的情形，事后又以该条款为依据主张用人单位推定解雇的，裁判机关不予支持。

（二）劳动者主张推定解雇的，不需提前预告

劳动者依照《劳动合同法》第38条解除劳动合同的，不受该法第37条所规定的应当提前30日以书面形式通知用人单位的限制。对此问题，理论界始终存在截然相反的两种意见。笔者赞同不受预告通知限制的观点。理由在于，一是法律并未规定劳动者依照《劳动合同法》第38条主张辞职时必须提前30日以书面形式通知用人单位，在法无明文规定时，不宜对劳动者科加义务。二是《劳动合同法》第37条规定的提前通知制度所针对的对象是劳动者的任意辞职权（无理由辞职权），其目的是使用人单位及时做好继任者选聘以及离职工作交接，保护用人单位利益。但是，推定解雇的本质是用人单位主动解除劳动合同，只不过表现形式为劳动者主动辞职，故该制度不符合《劳动合同法》第37条所适用的范围。三是《劳动合同法》第38条第2款虽然规定了当用人单位存在法律规定的严重违法行为时，"劳动者可以立即解除劳动合同，不需事先告知用人单位"，但是这里的规定应当理解为强调的意思，而非可以反证适用《劳动合同法》第38条第1款时必须同时适用该法第37条的规定。

（三）推定解雇的实体事由

1. 未按照劳动合同约定提供劳动保护或者劳动条件

未按照劳动合同约定提供劳动保护或者劳动条件，需要达到使劳动合同目

的落空的程度，一般性、轻微性的违约不在此限。实务中常见的是用人单位单方调岗、单方调整工作地点所导致的未依约提供劳动保护或者劳动条件的情形。如果用人单位违法调岗、违法调整工作地点的，必然会改变劳动合同订立的基础，也会导致劳动保护或者劳动条件的变化。故，应当认定符合《劳动合同法》第38条所规定的此类情形，可以适用推定解雇制度。

2. 未及时足额支付劳动报酬

适用“未及时足额支付劳动报酬”时，首先应当注意界定劳动报酬的范围，这一问题在本书前章已经进行了详细说明，此处不再赘述。其次应当注意考察用人单位未及时足额支付劳动报酬的主观状态。只有在用人单位因故意或者重大过失导致未及时足额支付劳动报酬时，才宜适用推定解雇制度。如果是因为用人单位计算错误、对计算方法和基数理解产生分歧、因生产经营客观困难等导致工资迟发、欠发的，或者欠发、迟发时间较短尚不足以达到劳动者不得不解除劳动合同才能保障自身权益的地步的，不宜认为属于推定解雇制度范畴。如此理解的理由有两个方面：第一，考勤记录、工资计算看似平常普通，但是在实际操作中往往比较琐碎繁复，出现误差甚至错误的可能性较大，而这种错误并非用人单位有意为之，不属于故意克扣工资范畴，主观恶性很小，不宜以很小的过失来承受支付高额经济补偿的严重后果。否则，就会出现欠付1元工资或者欠付1天工资而支付数万元经济补偿的失衡后果。劳动者对用人单位的轻微错误有容忍义务，所以从这个角度而言，也不宜适用推定解雇制度。第二，用人单位一旦出现生产经营困难、经济效益下降的情况，其支付工资的能力就会下降，会导致欠发、迟发工资的情形。但是，这种情形的出现也并非用人单位故意为之，而是受到了经营形势的影响。所以，此时也不宜立刻适用推定解雇制度，否则劳动关系将处于极不稳定的状态，与此制度初衷相违背。

合理适用该制度的核心在于将坚持惩罚用人单位恶性较大的拖欠工资行为与合理宽宥轻微或者有正当理由的欠付工资行为结合起来，维护劳动关系平衡和稳定。例如，《天津法院劳动争议案件审理指南》第26条规定：“用人单位因故意或者重大过失导致未及时足额支付劳动报酬的，劳动者以此为由主张解除劳动合同并要求用人单位支付经济补偿金的，应予支持。存在以下情形之一，劳动者根据《中华人民共和国劳动合同法》第三十八条第一款第二项的规定主张解除劳动合同的经济补偿金的，不予支持：（1）用人单位因自然灾害、经营困难，停产歇业等原因而无法及时足额支付劳动报酬并经所在单位工会同意，用人单位未建立工会的，已经用人单位职工代表同意；（2）劳资双方对计算劳动报酬的基数、方法等因客观原因理解不一致而最终导致未足额支付劳动报酬的；（3）劳动者主张的未足额支付劳动报酬的差额系未签订书面劳动合同二倍工资、未休年假工资的；（4）其他非因用人单位故意或者重大过失导致的未及时足额支付劳动报酬的。”

3. 未依法为劳动者缴纳社会保险费

未依法为劳动者缴纳社保费可以分为两种情形：一是未缴纳社保费；二是未足额缴纳社保费。造成未依法缴纳社保费的原因也可以分为两种：一是因用人单位原因导致未依法缴纳；二是非因用人单位原因导致未依法缴纳，常见的情形主要是劳动者拒绝用人单位为其缴纳社保、劳动者未提供退工手续而导致新用人单位无法为其缴纳社保。基于推定解雇制度的立法目的，只有在因用人单位原因导致未依法缴纳社保的情形下才能适用推定解雇制度。

（1）未缴纳社保费

此种情形是指用人单位未为劳动者办理社保手续（开立社保账户），或者虽然办理了社保手续但是没有缴纳社保费。这种情形很好认定，只需要劳动者提供社保缴费查询单便可以认定。只要未依法缴纳社保费的原因可以归责于用人单位，则劳动者主张解除劳动合同并要求用人单位支付经济补偿的，就应当得到支持。

（2）未足额缴纳社保费

此种情形是指劳动者虽然开立了社保账户，用人单位也为其缴纳了社保费，但是缴费数额不符合法律规定。社保缴费基数一般都与劳动者本人工资或者上年度在岗职工平均工资相挂钩，在法定情形下还会有所调整。[①] 目前通行的司法观点认为，办理社保登记、核定社保缴费基数、催促缴费、调查检查等职能已经被国务院《社会保险费征缴暂行条例》赋予社保经办机构，现阶段需要坚持厘清司法权与行政权的分野，不宜人为地使司法权强行介入本应由行政权管辖

---

① 例如，《天津市城镇企业职工养老保险条例》第 8 条规定：“基本养老保险费按照下列规定缴纳：（一）用人单位按照职工个人缴费基数之和的百分之二十缴纳，由用人单位开户银行按月优先代为扣缴。（二）职工按照本人工资的百分之八缴纳，由所在单位按月在职工工资中代为扣缴。（三）职工本人工资低于本市上年职工月平均工资百分之六十的，以上年职工月平均工资百分之六十作为用人单位和职工缴纳基本养老保险费的基数。（四）职工本人工资高于本市上年职工月平均工资百分之三百的，以本市上年职工月平均工资百分之三百作为用人单位和职工缴纳基本养老保险费的基数，超过百分之三百的部分不作为用人单位和职工缴纳基本养老保险费的基数，也不作为计发基本养老金的基数。（五）个体工商户按照本市上年度在岗职工平均工资的百分之二十为其本人缴纳基本养老保险，其中百分之八记入个人账户；个体工商户按照本市上年度在岗职工平均工资的百分之十二为其职工缴纳基本养老保险，职工本人按照本市上年度在岗职工平均工资的百分之八缴纳基本养老保险，职工本人缴纳部分全部记入个人账户。”第 9 条规定：“市人民政府可以根据实际需要调整基本养老保险费的缴纳标准，并报市人民代表大会常务委员会备案。”

的范围。劳动关系双方对社保费基数、欠缴费用等发生的社保争议是征收与缴纳之间的纠纷，属于行政管理范畴，带有社会管理性质，不是单一的劳动者与用人单位之间的社保争议，不宜纳入民事审判范围，应当由人民法院告知劳动者向相关部门申请解决。[①] 基于此，是否未足额缴纳社保费的认定权专属于社保经办部门，属于行政权管辖范围，司法权不宜介入。正因如此，人民法院不宜直接认定用人单位是否已经依法足额缴纳社保费，而应当交由社保经办部门认定。这一点与工伤认定类似，人民法院在民事诉讼程序中无法认定劳动者是否属于工伤，认定工伤的权力专属于劳动行政部门，只有在当事人对劳动行政部门作出的工伤认定结论不服时，才能提起行政诉讼寻求救济。所以，不论当事人自己认为证据多么充分，想要在民事诉讼中请求人民法院对是否属于工伤作出认定，都是不可能的，其根本原因在于人民法院在民事诉讼中不具有该项职权。综上，劳动者主张用人单位欠缴社保费的，应当提交社保经办部门等行政机关出具的认定意见，否则人民法院无法作出欠缴社保费的结论，也就无法进而认定符合《劳动合同法》第 38 条规定的情形而适用推定解雇制度。理论上讲，在行政机关作出追缴决定书时，用人单位才会知晓自己存在违法行为。基于推定解雇制度的过错归责原则，应当允许用人单位限期改正，如果限期不改正的，可以认定用人单位存在故意或重大过失，其行为就具有了可苛责性，符合推定解雇制度的立法初衷。

此外，之所以应当允许用人单位改正，还有一个重要原因在于防止推定解雇制度的“道德风险”。推定解雇制度的目的在于劳动者因用人单位的违法行为而不得不通过解除劳动合同来维护自身生存权，从而获得经济补偿；而非劳动者在因其他原因而决定主动解除劳动合同时为了获得经济补偿，主动寻找用人单位违法事实。这一制度原理体现在此处，就应当是劳动者在决定主动解除劳动合同前，通过合法途径解决社保争议问题，而非在尚未寻求其他救济的情况下，就以此为由采取最激烈的解决方法——主动解除劳动合同。

对此，有的地区的人民法院已经进行了有益探索。《天津法院劳动争议案件审理指南》第 27 条规定：“劳动者以用人单位未建立社会保险关系、无正当理由停缴社会保险费，或者社会保险费缴费基数不符合法律规定为由解除劳动合同，并请求用人单位支付经济补偿金，用人单位对此有过错的，属于《中华人

---

① 最高人民法院民事审判第一庭编著：《最高人民法院劳动争议司法解释（三）的理解与适用》，人民法院出版社 2010 年版，第 29~42 页。此外，《新劳动争议解释一》第 1 条第 5 项延续了《劳动争议司法解释三》第 1 条的规定，仍然采取该规定。

民共和国劳动合同法》第三十八条第一款第三项规定的情形，应予支持。劳动者主张社会保险费缴费基数计算不符合法律规定，应当提供社会保险征缴部门或者劳动监察部门出具的限期补缴通知书或者限期整改指令书等证据予以证明。劳动者未举证证明的，对其主张不予支持；劳动者已举证证明且用人单位未在限期内改正的，应当支持劳动者的主张。上述两款规定的情形中，推定用人单位有过错，但用人单位举证证明无过错的除外。"

这里还有一个实务中经常争议的问题，劳动关系双方约定不缴纳社保，但是将相应的费用直接支付给劳动者。实际履行后劳动者反悔，以《劳动合同法》第 38 条为依据请求用人单位支付解除劳动合同的经济补偿，劳动者的主张能否得到支持？笔者认为，困扰很多法官难以作出抉择的主要原因在于法律规定的刚性与诚信原则之间的"冲突"，即用人单位行为明显违法，但是劳动者的该行为又颇有钻法律漏洞不讲诚信地"碰瓷儿"维权之嫌。其实，这种"冲突"在本质上并不存在。主要原因在于劳动者与用人单位达成上述协议并实际履行之际，就说明劳动者事后主张解除劳动合同并不"被迫"，上述事实状态并不会导致劳动者只有以解除劳动合同关系才能维护自身生存、发展权利的境地，所以也就不符合推定解雇制度的本质含义和制度功能。据此，笔者认为，劳动者的该项请求不能得到支持。但是，如有证据证明劳动者因欺诈、胁迫、重大误解等原因违反自己真实意思而签订不缴纳社保协议的应当除外。

4. 用人单位的规章制度违反法律、法规的规定，损害劳动者权益

实践中，劳动者以此项规定的情形主张解除劳动合同并获得经济补偿的比较少见。如果用法律字面含义来适用推定解雇制度的，其司法尺度明显过严。第一，从实体规范看，我国劳动法律法规较多，其内容纷繁复杂，存在大量交叉、空白甚至矛盾之处，想要找到规章制度违反法律法规之处是比较容易的，这就容易造成用人单位处于动辄得咎的处境，与现阶段我国整体劳动用工水平不相符。第二，此处没有规定规章制度违反法律法规的范围是仅限于实体性规范还是也包括程序性规范，一般理解为两者应当都包含。我国绝大部分用人单位对实体的重视还是大于对程序的重视，确定司法尺度时必须要考虑到这个现状。实践中有很多实体合理合法，但是没有通过民主程序的规章制度，如果劳动者以此为由主张解除劳动合同和经济补偿的，明显不利于劳动关系稳定的初衷，也不符合社会观念对于公平正义的理解。第三，此处没有规定侵害劳动者权益的具体内容和程度，劳动者权益有很多，侵犯权益也有轻重之分，如果不分权益类型、不分轻重缓急，一味采取严格的客观归责观点，明显将破坏劳资

平衡。

从推定解雇制度的原理出发，结合我国实际情况，笔者认为，该项规定应当侧重指规章制度的实体内容违法，且违法程度比较严重，达到了危及劳动者生存利益等核心劳动权益[①]的程度，使得劳动者不得不以主动解除劳动合同的方法来保障自身权益不受侵犯，如工伤概不负责、实物替代工资、没有休息日等。一般性的、比较轻微的违法不宜在此限，如劳动者辞职必须经过领导批准等。

5. 因《劳动合同法》第 26 条第 1 款规定的情形致使劳动合同无效

《劳动合同法》第 26 条第 1 款规定："下列劳动合同无效或者部分无效：（一）以欺诈、胁迫的手段或者乘人之危，使对方在违背真实意思的情况下订立或者变更劳动合同的；（二）用人单位免除自己的法定责任、排除劳动者权利的；（三）违反法律、行政法规强制性规定的。"无效劳动合同可以解除，这是劳动合同理论、实践与民事合同理论、实践的重大区别。劳动合同只能基于法定事由而无效，劳动合同无效后，劳动者主张解除并要求用人单位支付经济补偿的，应当支持，其前提应当是劳动合同无效是用人单位原因导致的，如果不可归责于用人单位，则不能适用推定解雇制度；如果劳动关系双方对于劳动合同无效均有过错，但用人单位承担非主要原因的，也不宜适用推定解雇制度。

6. 法律、行政法规规定劳动者可以解除劳动合同的其他情形

该规定属于法律的兜底性条款，以求查漏补缺和为未来立法和司法发展留足空间之用。

7. 危及劳动者人身安全的紧急情形

《劳动合同法》第 38 条第 2 款规定："用人单位以暴力、威胁或者非法限制人身自由的手段强迫劳动者劳动的，或者用人单位违章指挥、强令冒险作业危及劳动者人身安全的，劳动者可以立即解除劳动合同，不需事先告知用人单位。"这一条款源于当年的山西"黑砖窑"事件，极少数用人单位、雇主为了攫取超额利润，采取了泯灭人性的强迫劳动、强令危险作业等极端手段压榨劳动者，引发全国人民公愤。《劳动合同法》从推定解雇制度角度对此问题进行了规定，旨在强调劳动者人身利益不容侵犯，旨在明确劳动者自力救济的天然合法性。此种情况下，用人单位主观恶性较强，完全破坏了正常劳动合同关系的合法基础，在适用时应当从快从严惩处用人单位。

---

① 核心劳动权益是指可以决定或者直接影响到劳动者生存和发展的权利和权益，侵害此类权益将会使得劳动者感觉到直接威胁其生存发展，不得不以主动辞职的方法来"逃离"用人单位的控制，"逃离"劳动合同关系。

三、推定解雇的法律后果

1. 双方劳动合同关系解除，用人单位须向劳动者支付经济补偿，并在劳动者辞职之日起15日内依法为其办理档案、社保关系转移手续。逾期办理或者拒不办理造成劳动者损失的，应当依法承担赔偿责任。

2. 劳动者要求用人单位支付赔偿金，符合《劳动法》第91条、《劳动合同法》第85条、《新劳动争议解释一》第45条规定的，裁审机关予以支持。此处的赔偿金属于“加付赔偿金”性质，而非违法解除劳动合同赔偿金或者违法约定试用期赔偿金。如果劳动者只以《劳动合同法》第38条、第87条为依据主张用人单位支付赔偿金的，一般不宜予以支持。但是，如果劳动者在主张推定解雇制度的同时，要求适用《新劳动争议解释一》第45条规定而主张赔偿金的，则裁审机关应依法支持。

这里对《新劳动争议解释一》第45条的影响需要深入阐述一下。在我国目前法律规定的推定解雇制度中，不存在赔偿金适用的条件。但是，《劳动合同法》第38条推定解雇制度中关于用人单位未及时足额支付劳动报酬（包括《劳动法》第91条规定的克扣拖欠工资报酬、拒不支付加班费、低于最低工资标准支付工资）的情形与《劳动法》第91条、《新劳动争议解释一》第45条规定的用人单位支付赔偿金的情形存在相当程度的重合。当用人单位出现克扣拖欠工资报酬、拒不支付加班费、低于最低工资标准支付工资的情形的，一定属于未及时足额支付劳动报酬，其一个行为会同时符合按照《劳动合同法》第38条、第87条支付经济补偿和按照《劳动法》第91条、《劳动合同法》第85条、《新劳动争议解释一》第45条支付赔偿金（加付赔偿金）的情况。需要注意的是，裁审机关裁决用人单位支付加付赔偿金是以劳动行政部门责令支付为前提的。

《新劳动争议解释一》施行前，普遍认为《劳动合同法》在推定解雇问题上已经替代了《劳动法》和《劳动争议司法解释一》的规定，故裁审实践中很少出现当事人基于推定解雇制度的规定同时主张经济补偿和赔偿金的情况。《新劳动争议解释一》的施行，又将该问题进行了重申，足以引起理论界和实务界的重视。

裁审要点

1. 劳动者主张推定解雇的，应当审查劳动者辞职时提出的理由。

2. 审查用人单位是否客观上存在《劳动合同法》第38条第1款规定的情

形。如果存在，应审查导致该情形出现的具体原因是否系用人单位过错导致，用人单位违法情形存在的时间长度和违法程度是否对劳动者核心劳动权益造成严重损害。

3. 社保问题上应当坚持司法权与行政权相区别的原则，尊重社保征缴机构的法定权力。

实操指引

1. 用人单位单方调整劳动者工作岗位、工作地点时应当慎重，要依照劳动合同、规章制度进行，要有充分合理的客观理由，防止出现违法调岗、调整工作地点所带来的未依法提供劳动保护、劳动条件的问题。

2. 用人单位应当保存好工资发放记录，建立劳动者工资发放金额确认制度，防止出现因故意或者重大过失导致欠付工资。

3. 用人单位应当依法为劳动者缴纳社会保险费，缴费基数在报送社保机构审核前可以交由劳动者确认。一旦出现被社保征缴部门确认欠缴社保的，应当在社保征缴部门确定的期限内依法补缴。

4. 用人单位制定涉及劳动者重大利益的规章制度时，务必依法经过民主程序，确保规章制度制定程序合法、内容合法合理。

5. 用人单位需要避免违反劳动者真实意思与其签订劳动合同，也不能签订免除己方主要义务、加重劳动者主要责任的劳动合同。

6. 用人单位绝对禁止以暴力、威胁或者非法限制人身自由的手段强迫劳动者劳动；违章指挥、强令冒险作业危及劳动者人身安全。

7. 劳动者以推定解雇制度为由主动解除劳动合同的，必须在辞职时明示该理由。

第四节　用人单位单方解除劳动合同

裁判观点

1. 劳动者在试用期内虽不胜任工作，但不构成不符合录用条件的，用人单位不得以试用期不符合录用条件为由解除劳动合同。

2. 用人单位按照规章制度解除劳动合同的，规章制度需要经过民主程序制定，规章制度的内容不得违反法律法规强制性规定，同时要具有合理性。

3. 尽管劳动者有些行为表面看来并无规章制度可循，但如果该行为严重违背了基本的职业伦理和职业道德，明显与岗位职责相悖，破坏用人单位用工秩序，违背诚信原则和公序良俗，用人单位以严重违反规章制度为由单方解除劳动合同的，裁审机关应结合个案情况酌情予以支持。

4. 劳动者严重失职或者营私舞弊，必须造成用人单位重大损害的，用人单位解除劳动合同才能予以支持。重大损害的界定，一般依照规章制度合理确定。

5. 用人单位以劳动者与其他单位又建立劳动关系为由解除劳动合同的，必须以通知劳动者限期改正为前提。

6. 劳动者被生效判决宣告有罪，不论是被判处实刑、缓刑还是免予刑事处罚，都属于被追究刑事责任。

7. 用人单位依照《劳动合同法》第 39 条单方解除劳动合同的，不受《劳动合同法》第 42 条解雇保护制度的限制。

8. 用人单位以《劳动合同法》第 40 条规定为依据解除劳动合同的，必须提前一个月通知劳动者或者支付相当于一个月工资的代通知金，代通知金应为劳动者正常工作时间内的应得工资。但是，用人单位未履行上述要求的，一般不认定属于违法解除劳动合同。

9. 劳动者医疗期满，有证据证明不能从事原工作，用人单位必须为其安排新工作，劳动者不能从事新工作的，用人单位才能根据《劳动合同法》第 40 条解除劳动合同。如果没有安排新工作，或者安排的新工作在劳动强度、劳动标准上明显高于原工作的，均视为用人单位违法解除劳动合同。

10. 用人单位以劳动者不能胜任工作为由解除劳动合同的，用人单位提出的胜任标准需客观可量化，且有考核结果。此外，如果用人单位未履行培训或者调岗手续，直接解除劳动合同的，一般认定为违法解除劳动合同。

11. 用人单位以《劳动合同法》第 40 条第 3 项为依据，解除劳动合同，仅仅证明客观情况发生重大变化是不够的，还需证明重大变化会导致劳动合同无法继续履行，同时还必须是在与劳动者协商变更劳动合同无果的情形下。

12. 用人单位进行经济性裁员的，不得裁减法律未列入可以裁减范围的人员。

13. 在《劳动合同法》第 42 条规定的情形下，用人单位以第 40 条、第 41 条的规定解除劳动合同的，属于违法解除劳动合同，但是以第 39 条为依据解除的除外。

14. 过错性辞退情形下，用人单位不受《劳动合同法》第40条规定的提前30日通知的限制，不需支付“代通知金”、经济补偿、赔偿金等。无过错辞退、经济性裁员情形下，用人单位应当向劳动者支付经济补偿，无过错辞退时未提前30日书面通知劳动者的，还应当支付代通知金。

15. 用人单位依照《劳动合同法》第41条（经济性裁员）的规定单方解除劳动合同的，不受第40条规定的提前30日通知的限制，亦不适用代通知金的规定。

16. 经济性裁员后，用人单位在法定期限内招用劳动者，但是在同等条件下未优先招用被辞退劳动者的，一般认定为用人单位违法解除劳动合同。

17. 用人单位单方解除劳动合同，不论是依据过错性辞退的规定，还是依据无过错辞退的规定，均应当事先将理由通知工会。用人单位违反法律、行政法规规定或者劳动合同约定的，工会有权要求用人单位纠正。用人单位应当研究工会的意见，并将处理结果书面通知工会。用人单位未履行通知工会义务，也未依照《新劳动争议解释一》第47条补正有关程序的，劳动者主张用人单位支付违法解除劳动合同赔偿金的，予以支持。如果用人单位未设立工会的，不在此限。

18. 用人单位实施经济性裁员，未依法提前30日向工会或者全体职工说明情况，裁减人员方案未向劳动行政部门报告的，属于违法解除劳动合同。

19. 用人单位违法解除劳动合同，劳动者要求用人单位支付赔偿金的，予以支持。

20. 用人单位违法解除劳动合同，劳动者要求继续履行劳动合同的，如果劳动合同可以继续履行，一般判决支持劳动者诉请，根据劳动者诉请，还可以判令用人单位支付违法解除劳动合同期间的工资损失，但同时不再判令用人单位支付赔偿金；如果劳动合同不具备继续履行条件的，引导劳动者变更诉讼请求为支付赔偿金，劳动者变更的，对赔偿金予以支持，劳动者不变更的，判决驳回劳动者诉讼请求。

21. 用人单位违法解除劳动合同，劳动者要求继续履行合同并主张用人单位支付赔偿金及因违法解除劳动合同而导致的工资损失的，一般区分以下情况分别处理：

（1）劳动合同具备继续履行条件的，应当裁判双方继续履行劳动合同，同时还应当裁判用人单位向劳动者支付自违法解除劳动合同之日起至裁判生效之日止的工资损失；

（2）劳动合同不能继续履行的，应当根据《劳动合同法》第 87 条的规定裁判用人单位向劳动者支付赔偿金，但不宜再裁判用人单位支付自违法解除劳动合同之日起至劳动合同到期终止之日止（即劳动合同剩余期限）的工资损失；

（3）劳动合同虽然具备继续履行条件，但已在劳动仲裁或者法院审理期间届满的，不应当再裁判继续履行劳动合同，而应当裁判用人单位向劳动者支付自违法解除劳动合同之日起至劳动合同届满之日止的工资损失。同时，还应当根据劳动者的诉请，判令用人单位向劳动者支付合同到期终止的经济补偿，不宜再裁判用人单位向劳动者支付赔偿金。

以上所谓“工资损失”，是指用人单位违法解除劳动合同之日前劳动者 12 个月的月平均应得工资，劳动者在该用人单位工作不满 12 个月的，按照实际工作月数计算月平均工资。该工资数额高于劳动合同履行地公布的上年度职工月平均工资 3 倍的，应当按照职工月平均工资 3 倍的数额确定。上述工资数额无法查明的，应以劳动者所在行业平均工资为准。

22. 用人单位应当在解除或者终止劳动合同时出具解除或者终止劳动合同的证明，并在 15 日内为劳动者办理档案和社会保险关系转移手续。因逾期办理而给劳动者造成损害的，用人单位应当承担赔偿责任，但是因劳动者原因导致逾期办理的除外。

深度解析

一、过错性辞退

由于劳动者过错而导致用人单位解除劳动合同，且用人单位不需向劳动者支付经济补偿的，这一制度被称为“过错性辞退”。我国《劳动法》和《劳动合同法》对此均有规定。根据《劳动法》第 25 条规定，劳动者存在规定的 4 种情形的，用人单位可以解除劳动合同。《劳动合同法》第 39 条也规定了过错性辞退制度，与《劳动法》相比，《劳动合同法》修改了《劳动法》第 25 条第 2 项规定的情形，又增加了 2 种情形。以下根据上述法律规定，对“过错性辞退”的法定理由进行梳理。

（一）在试用期间被证明不符合录用条件

关于用人单位在试用期内解除劳动合同的问题，本书已经在第三章进行了详尽论述，此处不再重复。

（二）严重违反用人单位的规章制度

1. 从劳动纪律到规章制度

《劳动法》第 25 条第 2 项规定，劳动者“严重违反劳动纪律或者用人单位规章制度的”，用人单位可以解除劳动合同。《劳动合同法》第 39 条第 2 项则删掉了“劳动纪律”，只规定了“严重违反用人单位的规章制度的”这种情形。但是，两者并不是相互排斥的。根据《劳动合同法》第 4 条的规定，劳动纪律是规章制度的一部分，这也就意味着《劳动合同法》第 39 条第 2 项已经吸收了《劳动法》第 25 条第 2 项的内容。

2. 未经民主程序制定的规章制度一般不能作为解除劳动合同的依据

《劳动合同法》第 4 条第 2 款规定：“用人单位在制定、修改或者决定有关劳动报酬、工作时间、休息休假、劳动安全卫生、保险福利、职工培训、劳动纪律以及劳动定额管理等直接涉及劳动者切身利益的规章制度或者重大事项时，应当经职工代表大会或者全体职工讨论，提出方案和意见，与工会或者职工代表平等协商确定。”该条款规定制定涉及劳动者切身利益的规章制度，必须经过民主程序，否则不能作为管理和处罚劳动者的合法依据。解除劳动合同的规章制度属于上述法律规定的“涉及劳动者切身利益”，所以必须经过民主程序。

但是，实践中用人单位会因各种原因而导致在执行民主程序时存在瑕疵，如果一味地认定规章制度无效，既不利于用人单位合理自主用工，也不符合社会观念。因此，司法实践中对此条款一般是从宽解释的，即规章制度的制定、修改虽然没有经过民主程序，但是其内容不违法、没有明显不合理的规定，只要向劳动者进行了告知或者公示，就可以作为劳动争议案件的审理依据。全国很多地区的高级人民法院都出台了类似审判指导性文件。

例如，江苏省高级人民法院出台的劳动争议案件审理指南类文件认为，劳动合同法施行后，用人单位制定、修改或者决定直接涉及劳动者切身利益的规章制度或者重大事项时，未经过劳动合同法第 4 条规定的民主程序，一般不能作为人民法院审理劳动争议案件的依据。但是，如果该规章制度或者重大事项的内容不违反法律、行政法规的规定，且不存在明显不合理的情形，并已向劳动者公示或者告知的，可以作为人民法院审理劳动争议案件的依据。

3. 合法的规章制度必须向劳动者公示或告知

《劳动合同法》第 4 条第 4 款规定：“用人单位应当将直接涉及劳动者切身利益的规章制度和重大事项决定公示，或者告知劳动者。”据此，没有向劳动者公示或者告知的规章制度，即使内容合法合理，也不能作为惩处劳动者的依据。

4. 规章制度的内容应当具体明确

何谓“严重违反用人单位的规章制度”，这是一个“定量”问题，有赖于用人单位在规章制度中对此作出明确界定。实践中，如果用人单位规章制度对何谓“严重”不作规定，裁审机关将很难认定严重违反规章制度。

5. 规章制度未规定劳动者行为后果的处理

实践中，劳动者有些行为并未被规定在用人单位规章制度禁止范畴之中。如果劳动者实际从事了这些行为，用人单位可否以严重违反规章制度为由解除劳动合同呢？一般而言，如果规章制度对此没有规定，法律也没有规定的，用人单位不能以严重违反规章制度为由解除劳动合同。但是，如果劳动者行为在社会观念上通常被认为是恶劣且严重的，与其工作岗位、工作职责的本质要求严重不相符的，虽然规章制度对此没有明确规定，用人单位以劳动者严重违反规章制度为由单方解除劳动合同的，也应当予以支持。例如，劳动者是某医院挂号处职工，为避免岗位廉政风险，医院曾三令五申不允许代挂号、代开药，但是没有明确规定出现上述情况时如何处理。劳动者在工作过程中拾到患者医保卡，便使用该医保卡多次为自己及亲属开药交费。东窗事发后，医院以严重违反规章制度为由解除劳动合同。劳动者的该行为虽然在规章制度中没有规定具体行为后果，但是这种行为在社会观念中被认为是与该劳动者工作本质要求相悖的，如果长时间、多次出现，或者数额较大，则更是属于情节严重。所以，虽然规章制度没有明确规定，但就个案而言，用人单位作出解除劳动合同的处理也符合法律精神，可以得到支持。实务中，很多法官倾向于此观点，并作出了详细阐述：根据《劳动法》第3条第2款的规定，“尽管劳动者有些行为表面看来并无规章制度可循，但如果该行为违背了基本的职业伦理和职业道德，违背诚信原则和公秩良俗，用人单位依然有权将其解聘并无须支付经济补偿金”。①

（三）严重失职，营私舞弊，给用人单位造成重大损害

1. 选择性规定

严重失职和营私舞弊并非必须同时具备才符合本项规定，只要具备其中之一即可，所以两者是选择性关系、并列关系。易言之，严重失职或者营私舞弊造成用人单位重大损害的，均符合本项规定。

严重失职，是指劳动者主观状态为过失而非故意。判断严重失职的依据主要有赖于劳动合同或者规章制度对于劳动者本人工作职责的规定，这种规定应

① 李盛荣、马千里：《劳动争议案件司法观点集成》，法律出版社2017年版，第357页。

当具备客观性，而并非完全依赖主观标准。例如，岗位说明书规定某岗位的要求之一是“群众基础好”，这种岗位要求就属于完全依赖主观标准评判的例子，因为判断群众基础好不好基本只能运用投票或者访谈的方法才能界定，投票者或受访者作出答复也基本依赖平时的主观印象，很难有客观证据。再如，岗位说明书规定某岗位职责是“接到客户投诉后 2 小时内答复”，这种规定就十分明确，且可以用客观方法衡量。

徇私舞弊，是指为了私人关系或自身利益而使用欺骗的方法从事违法乱纪的事。劳动者徇私舞弊的，其主观状态必为故意。徇私舞弊这个词，多见于我国《刑法》的规定。从《刑法》角度看，徇私舞弊的前提都是行为人违反自身职责规定。从《劳动法》角度看，劳动者违反劳动合同或者规章制度对于自身岗位职责的规定，为了自身利益或者他人利益，故意从事违法或违反用人单位规章制度规定的行为的，均属于徇私舞弊。所以，岗位职责清晰与否对于认定徇私舞弊也非常重要。

2. 重大损害的含义

重大损害必须实际发生，仅有发生的可能性，不符合《劳动合同法》第 39 条第 3 项的规定。“给用人单位造成重大损害”中的“重大损害”包含两层含义：

第一，重大经济损害。这里的“重大”需要用具体金额来衡量，但是法律并未规定这一标准，有赖于用人单位通过规章制度等对此予以明确。规章制度对于“重大”标准的规定应当不违反社会观念，与本单位生产经营性质、劳动者工资水平相适应。例如，规章制度规定经济损失超过 100 元的为重大经济损失，这种规定就明显严苛，与社会观念不符。

第二，其他重大损害。是指除了经济损害之外、无法或者不宜用金钱衡量的商誉、经营管理秩序等的重大损害。例如，保安人员甲的老乡乙与甲在职的工厂存在商业争议，乙在甲的帮助下顺利进入工厂大门，甲还指示乙工厂领导办公地点，乙来到领导办公区大吵大闹并滞留多日，虽然没有造成工厂生产停滞，但却严重影响办公秩序。这种损害很难用金钱衡量，但却实实在在地造成了工厂的损失。这类情形也属于“给用人单位造成重大损害”的范畴。

（四）双重劳动关系影响本单位工作或者拒不改正

《劳动合同法》第 39 条第 4 项规定，劳动者同时与其他用人单位建立劳动关系，对完成本单位的工作任务造成严重影响，或者经用人单位提出，拒不改正的，用人单位可以解除劳动合同。与《劳动法》相比，该项规定属于《劳动合同法》的新增规定。本项规定的要点有两个：

1. 劳动者与其他单位同时建立劳动关系（即构成双重劳动关系），即使本单位不禁止劳动者构成双重劳动关系的，只要对完成本单位工作任务造成严重影响的，用人单位就可以单方解除劳动合同。至于何谓“严重影响”，法律没有明确规定，有赖于用人单位通过规章制度予以明确。

2. 本单位事先已经告知劳动者不允许构成双重劳动关系，或者虽然事先没有规定也没有告知劳动者不允许构成双重劳动关系，但是当劳动者形成双重劳动关系后，用人单位均有权要求劳动者改正，劳动者拒不改正，用人单位可以解除劳动合同。至于劳动者在多长期限内改正的，法律没有规定，实践中一般会给予劳动者合理期限改正。笔者认为，这一期限以一个工资发放周期为宜，一般为一个月。

（五）因《劳动合同法》第 26 条第 1 款第 1 项规定的情形致使劳动合同无效

根据《劳动合同法》第 26 条第 1 款第 1 项的规定，以欺诈、胁迫的手段或者乘人之危，使对方在违背真实意思的情况下订立或者变更劳动合同的，劳动合同无效。实务中，劳动者冒名顶替、使用虚假学历、履历等欺诈手段应聘的情形屡见不鲜，只要用人单位发现自己因劳动者欺诈、胁迫行为而订立劳动合同的，即可以主张劳动合同无效，并解除该无效劳动合同。

（六）劳动者被依法追究刑事责任

根据《刑法》《刑事诉讼法》的规定，追究刑事责任是指人民法院认定被告人犯罪并判处刑罚（包括适用缓刑）、认定被告人犯罪但免予刑罚。只有发生上述情形，用人单位才可以依照此项规定解除劳动合同。

《刑事诉讼法》第 16 条规定：“有下列情形之一的，不追究刑事责任，已经追究的，应当撤销案件，或者不起诉，或者终止审理，或者宣告无罪：（一）情节显著轻微、危害不大，不认为是犯罪的；（二）犯罪已过追诉时效期限的；（三）经特赦令免除刑罚的；（四）依照刑法告诉才处理的犯罪，没有告诉或者撤回告诉的；（五）犯罪嫌疑人、被告人死亡的；（六）其他法律规定免予追究刑事责任的。”据此，劳动者作为犯罪嫌疑人经过人民检察院审查起诉后，决定不起诉的，或者被提起公诉但是人民法院经过审理宣告无罪的，均不属于被追究刑事责任的情形。如果劳动者之前被生效判决认定有罪，后来通过再审被改判宣告无罪的，劳动者不属于“被依法追究刑事责任”。

这里需要着重对“不起诉”问题作出说明。原劳动部下发的《关于贯彻执行〈中华人民共和国劳动法〉若干问题的意见》（劳部发〔1995〕309 号）第

29 条第 2 款曾规定："'被依法追究刑事责任'是指：被人民检察院免予起诉的、被人民法院判处刑罚的、被人民法院依据刑法第三十二条免予刑事处分的。"之后，随着《刑法》和《刑事诉讼法》建立"不起诉"制度后，"免予起诉"制度被替代。与此相应，劳动法体系中关于"被依法追究刑事责任"的理解也发生了变化。2003 年 7 月 31 日，原劳动和社会保障部作出《关于职工被人民检察院作出不予起诉决定用人单位能否据此解除劳动合同问题的复函》（劳社厅函〔2003〕367 号）。该复函明确规定："……经商最高人民检察院、全国人大常委会法制工作委员会，现答复如下：人民检察院根据《中华人民共和国刑事诉讼法》第一百四十二条第二款规定作出不起诉决定的，不属于《劳动法》第二十五条第（四）项规定的被依法追究刑事责任的情形。因此，对人民检察院根据《中华人民共和国刑事诉讼法》第一百四十二条第二款规定作出不起诉决定的职工，用人单位不能依据《劳动法》第二十五条第（四）项规定解除其劳动合同。但其行为符合《劳动法》第二十五条其他情形的，用人单位可以解除劳动合同。"

二、无过错辞退

《劳动合同法》第 40 条规定："有下列情形之一的，用人单位提前三十日以书面形式通知劳动者本人或者额外支付劳动者一个月工资后，可以解除劳动合同：（一）劳动者患病或者非因工负伤，在规定的医疗期满后不能从事原工作，也不能从事由用人单位另行安排的工作的；（二）劳动者不能胜任工作，经过培训或者调整工作岗位，仍不能胜任工作的；（三）劳动合同订立时所依据的客观情况发生重大变化，致使劳动合同无法履行，经用人单位与劳动者协商，未能就变更劳动合同内容达成协议的。"上述规定构成了实务中所谓的"无过错辞退"制度。

（一）程序性要件

用人单位以无过错辞退制度单方解除劳动合同的，程序上需要提前 30 日以书面形式通知劳动者本人，或者额外支付劳动者一个月工资。如果用人单位未满足上述程序性要件，实务中一般认为不影响解除劳动合同的效力，也不构成用人单位违法解除劳动合同需要支付赔偿金，但是需要补足额外一个月工资，即所谓的"代通知金"。例如，浙江省高级人民法院民事审判第一庭、浙江省劳动人事争议仲裁院联合出台的审理劳动争议案件的解答类文件认为，用人单位解除劳动合同符合《劳动合同法》第 40 条规定情形，但未提前三十日通知劳动者，也未额外支付劳动者一个月工资的，属于程序瑕疵，不构成违法解除。劳动者要求用人单位支付违法解除劳动合同赔偿金的，不予支持。但劳动者要求用人单位额外支付一个月工资的，可予支持。

代通知金的标准为一个月工资，但是法律没有规定此处“工资”的具体含义。实务中一般认为，代通知金所对应的一个月工资是指劳动者正常工作一个月的应得工资，如果劳动关系双方对于劳动者月工资数额无异议，则以该数额作为代通知金数额；如果劳动关系双方对于劳动者月工资数额无法达成一致意见，则以劳动者正常工作一个月的应得工资作为代通知金的标准，其中不包含加班费、福利待遇等成分。

（二）实体性要件

1. 医疗期满不能从事原工作及新工作

根据《劳动合同法》第40条第1项的规定，劳动者患病或者非因工负伤，在规定的医疗期满后不能从事原工作，也不能从事由用人单位另行安排的工作的，用人单位可以解除劳动合同，但应当依法支付经济补偿。

该条款在实际操作中的问题在于如何认定医疗期满后劳动者不能从事原工作及另行安排的工作。实务中一般认为可以按照以下步骤认定：

（1）医疗期满前即应当书面通知劳动者按时返回原工作岗位工作。如果原工作岗位已经被其他劳动者顶替，或者原工作岗位已经不存在，那么用人单位应当安排与原工作岗位性质相近、待遇不低于原工作岗位的其他岗位。劳动者可能有两种表现：一是以身体尚未恢复为由或者以不适应返回的岗位为由拒绝返岗工作；二是返岗工作，但工作表现为不能胜任。

（2）用人单位安排劳动者到新岗位工作。劳动者可能仍然有两种表现：一是仍以身体尚未恢复为由或者以不适应新岗位为由拒绝到岗工作；二是到岗工作，但工作表现仍为不能胜任。

（3）进行劳动能力鉴定。原劳动部《企业职工患病或非因工负伤医疗期规定》（劳部发〔1994〕479号）第7条规定，“企业职工非因工致残和经医生或医疗机构认定患有难以治疗的疾病，医疗期满，应当由劳动鉴定委员会参照工伤与职业病致残程度鉴定标准进行劳动能力的鉴定。被鉴定为一至四级的，应当退出劳动岗位，解除劳动关系，并办理退休、退职手续，享受退休、退职待遇”。

（4）按照鉴定结论，有劳动能力但拒绝返岗或者到岗工作的，用人单位可以按照旷工处理；丧失或者部分丧失劳动能力，确实无法返岗或者到岗工作的，用人单位可以按照《劳动合同法》第40条第1项的规定单方解除劳动合同，但应当依法支付经济补偿。

（5）劳动者无正当理由拒绝进行劳动能力鉴定的，用人单位可以直接以不具有劳动能力为由，按照《劳动合同法》第 40 条第 1 项的规定单方解除劳动合同，但应当依法支付经济补偿。如果用人单位规章制度规定，劳动者无正当理由拒绝劳动能力鉴定的行为属于严重违反规章制度，应当给予解除劳动合同处理的，可以按照规章制度进行。

这里需要重点注意，用人单位另行安排的工作应当在工作强度、工作要求上与原工作基本相当或者稍低。如果用人单位另行安排的新工作在工作强度、工作要求等方面明显高于原工作的，实务中一般认为会增加劳动者不胜任工作、考核不合格的风险，会增大劳动者被用人单位依法解除劳动合同的概率，所以这种新工作不属于法律规定的“另行安排的工作”。

2. 劳动者不胜任工作

根据《劳动合同法》第 40 条第 2 项的规定，劳动者不能胜任工作，经过培训或者调整工作岗位，仍不能胜任工作的，用人单位可以解除劳动合同，但应当支付经济补偿。正确适用此项规定的要点有以下两点：

（1）如何认定不能胜任工作。实务中一般认为，胜任工作的标准有赖于劳动合同、规章制度予以明确规定。合同约定和用人单位规章制度确定的标准应当合理，符合本单位相应岗位劳动者的平均水平。同时，判断标准应当客观，主观因素不应占判断标准的主流地位。

（2）必须有培训或者调岗行为。劳动者被认为不能胜任工作后，用人单位必须对其进行培训或者调岗，而不能直接解除劳动合同。对劳动者进行培训，培训的内容应当与工作岗位相关，而不能进行其他无关培训。此种情形下的调岗一般不受岗位性质、岗位待遇的限制，但应当遵循善意合理调岗原则，不能将劳动者调整至能力要求更高的岗位，因为这将极有可能导致劳动者继续不能胜任，从而被解除劳动合同，也不能采取“断崖式”调岗行为，因为这将有违善意合理原则。从实务倾向看，将劳动者调整至工作性质相近、能力要求稍低的岗位，或者岗位不变但是调整至能力要求稍低的岗位，均属于合理善意调整。

3. 客观情况发生重大变化

根据《劳动合同法》第 40 条第 3 项的规定，劳动合同订立时所依据的客观情况发生重大变化，致使劳动合同无法履行，经用人单位与劳动者协商，未能就变更劳动合同内容达成协议的，用人单位可以解除劳动合同。实践中，有人参照民法理论将上述规定称为劳动法中的情势变更原则。除上述规定外，我国法律、行政法规、司法解释至今对其尚无更具体的规定，以下从实务倾向角度对这一制度做一个梳理和提炼。①

（1）解除程序须合法

第一，须提供充分证据证明劳动关系双方签订劳动合同时所依据的客观情况发生重大变化，且该变化足以导致劳动合同无法履行。

第二，用人单位须与劳动者就变更劳动合同进行协商，未经协商的不能直接解除劳动合同。用人单位调整的新岗位应当保持待遇基本不变，工作内容尽量相近。

第三，双方协商未能就变更劳动合同达成协议的，用人单位须提前30日或者额外支付1个月工资而解除劳动合同。在解除劳动合同前，如果用人单位有工会的，则应当将解除理由通知工会。

（2）“客观情况发生重大变化”的实体理解

第一，“客观情况发生重大变化”的原因既可以是纯客观的不可抗力，也可以是用人单位根据经营情况变化所作出的主观判断。

《劳动法》第26条与《劳动合同法》第40条对“客观情况发生重大变化”的规定是一致的。原劳动部《关于〈中华人民共和国劳动法〉若干条文的说明》对《劳动法》第26条作出如下说明，本条中的“客观情况”指：“发生不可抗力或出现致使劳动合同全部或部分条款无法履行的其他情况，如企业迁移、被兼并、企业资产转移等，并且排除本法第二十七条所列的客观情况。”该条说明也可以适用于《劳动合同法》的上述规定。

结合原劳动部的上述说明，笔者认为，“客观情况发生重大变化”导致劳动合同不能履行的原因有两种，同时排除一种情况。这两种情况是：一是纯客观因素的不可抗力；二是包含了用人单位在应对包括经营情况变化等各种客观因素时采取的主观判断，如企业迁移、被兼并、资产转移等都必然是企业决策者根据客观经营状况而作出的主观选择。排除的一种为经济性裁员。故，不能将“客观情况发生重大变化”绝对地理解为不能有用人单位主观因素参与其中所导致的情形变化。如果持绝对观点，则用人单位组织机构调整、岗位撤并等情形均不能归入“客观情况发生重大变化”范畴，将会极大限制用人单位用工弹性。

北京市高级人民法院、北京市劳动人事争议仲裁委员会2017年联合出台相关解答文件认为，劳动合同订立时所依据的客观情况发生重大变化”是指劳动

① 在阿尔法系统中“全文”选项输入“客观情况发生了重大变化”“劳动合同解除”查询关键字，查询范围限定在天津一中院、天津二中院、天津高院2014～2018年，共搜索出63份生效裁判（天津一中院38份、天津二中院21份、天津高院4份）。本部分内容，以此为主要依据进行梳理提炼。

合同订立后发生了用人单位和劳动者订立合同时无法预见的变化，致使双方订立的劳动合同全部或者主要条款无法履行，或者若继续履行将出现成本过高等显失公平的状况，致使劳动合同目的难以实现。下列情形一般属于“劳动合同订立时所依据的客观情况发生重大变化”：（1）地震、火灾、水灾等自然灾害形成的不可抗力；（2）受法律、法规、政策变化导致用人单位迁移、资产转移或者停产、转产、转（改）制等重大变化的；（3）特许经营性质的用人单位经营范围等发生变化的。笔者认为，上述解答将“客观情况发生重大变化”的范围限制得偏窄，排除了企业因市场变化、经营情况变化而采取调整措施导致客观情况变化的情形。

与此相反，广东省高级人民法院2017年曾出台相关解答①认为，企业因自身发展规划进行的搬迁，属于劳动合同订立时所依据的客观情况发生重大变化，用人单位应与劳动者协商变更劳动合同内容。未能就变更劳动合同内容达成协议的，劳动者要求解除劳动合同以及用人单位支付解除劳动合同的经济补偿金的，予以支持。但如企业搬迁未对劳动者造成明显的影响，且用人单位采取了合理的弥补措施（如提供班车、交通补贴等），劳动者解除劳动合同理由不充分的，用人单位无须支付解除劳动合同的经济补偿金。广东省高级人民法院的意见与北京市高级人民法院的意见相比明显较宽泛。笔者认为，广东省高级人民法院的意见更为合理。

基于上述分析，笔者认为，在用人单位面对市场和经营变化的情况下，作出对自身内部的组织架构进行调整、撤并相应部门或者岗位、调整生产经营地点等行为的，均可以认定为“劳动合同订立时的客观情况发生重大变化”。至于导致用人单位作出自身调整的外部原因力究竟有多大，裁判机关不宜过度深究。就经济规律而言，只有市场主体自己才能够对自身状况作出最合适和准确的判断，才能够准确判断出外部原因力对自身影响的大小。就常理而言，用人单位组织架构调整一般会对其生产经营造成较大的甚至是根本性的影响，理性的用人单位（市场主体）不会为了解除与劳动者的劳动关系而进行成本如此之大的变化，担忧用人单位通过此种手段侵害劳动者合法权益的想法有些过于杞人忧天了。从司法大数据收集的案例来看，主流司法观点也基本持同上的倾向。

第二，单纯的经营亏损或者经营困难不构成“客观情况发生重大变化”。

用人单位在生产经营过程中总会面临亏损乃至经营困难的情况，但是仅仅

① 该解答文件虽然已经被《广东省高级人民法院关于废止部分审判业务文件的决定》（粤高法〔2020〕132号）废止，但该解答的内容确实反映了司法实务中一种颇有代表性的观点。

如此是不足以启动《劳动法》第 26 条第 3 项和《劳动合同法》第 40 条第 3 项的，用人单位还必须证明上述情况足以导致劳动合同无法继续履行，且劳动关系双方协议变更劳动合同仍然未能达成一致。更进一步讲，上述情况仅是导致“客观情况发生重大变化”的诱因而非结果本身。此时，需要重点关注《劳动合同法》第 40 条所规定的“客观情况发生重大变化”与《劳动合同法》第 41 条所规定的“客观经济情况发生重大变化”的区别。笔者认为，两者的主要区别有以下几点：

第一点，前者涵盖范围广，不但包括经济性因素导致的用人单位自身变化，还包括不可抗力等自然因素或者战争因素在内，但是不包括“经济性裁员”；后者仅限于客观经济状况，属于“经济性裁员”范畴。

第二点，适用前者规定，以用人单位与劳动者就变更劳动合同进行协商且未达成一致为前提；适用后者规定，则不需要用人单位与劳动者必须进行变更劳动合同的协商，但是需要履行工会（职工）民主程序和向劳动行政机关报告的程序。

第三点，适用前者规定，“客观情况发生重大变化”这一事实结果一般都是通过用人单位展开“自救”进行调整而出现的，即呈现的过程为：外部环境发生变化（市场转冷、竞争加剧、贸易战、技术革新、法律法规政策出现较大变化、重大自然灾害、战争等）—用人单位内部调整—劳动者原岗位消失或者歇业—客观情况发生重大变化；适用后者规定，“客观经济情况发生重大变化”这一事实结果一般直接呈现为用人单位因经济因素无法继续维持原生产经营，该事实既是原因也是结果，用人单位内部是否调整已经无法阻碍这一根本性影响。

第四点，适用前者规定，一般都是针对个别或者小范围劳动者；适用后者规定，一般都是符合法律规定的较大规模的裁员，即需要裁减人员 20 人以上或者裁减不足 20 人但占企业职工总数 10%以上的。

另外，从用人单位面临外部环境变化而采取行动的阶段或方式也可以看出两者的区别。当用人单位出现上述困境时，会出现以下步骤和情况区分处理：第一步，用人单位对劳动者不调岗、不降薪、不裁员，自行承担亏损，等待市场转暖和经营好转。此时，劳动关系双方一般不会发生纠纷。第二步，用人单位根据劳动合同约定或者合法的规章制度对劳动者降低工资，以便削减开支减少亏损，等待市场转暖和经营好转。此时用人单位系依约依法进行调资，劳动者即使有异议也无法胜诉。第三步，用人单位进行内部组织架构调整，撤并工作岗位，甚至转产停产，此时订立劳动合同时所依据的客观情况发生重大变化，用人单位应首先与劳动者协商变更劳动合同，即常见的调岗调薪，如果双方不能就此达成协议，则用人单位可以根据《劳动法》第 26 条第 3 项、《劳动合同法》第 40 条第 3 项的规定单方解除劳动合同。此时用人单位的行为符合法律规定，劳动者即使有异议也无法胜诉。第四步，市场状况及经营状况等客观经济状况发生重大变化，用人单位已经无法维持原工资水平，也无法通过组织机构调整等管理手段在不大规模裁员的情况下改善生产经营状况。此时，用人单位可以根据《劳动合同法》第 41 条的规定进行经济性裁员，而无须再事先与劳动者协商变更劳动合同。

第三，“客观情况发生重大变化”属于情势变更原则在劳动法领域的体现，在实际应用时应遵循劳资两利、保障就业的原则审慎适用。

情势变更原则，是指合同有效成立后，因不可归责于双方当事人的事由发生重大变化而使合同的基础动摇或者丧失，若继续维持合同会显失公平，因此允许变更合同内容或解除合同的原则。所谓“情势”，是指客观情况，具体泛指一切与合同有关的客观事实，如战争、经济危机、政策调整等。如果客观事实的发生与合同无关或对合同的影响甚微，就不属于“情势”之列。所谓“变更”，则指“合同赖以成立的环境或基础发生异常之变动”。这种合同成立的基础或环境的客观基础的变动有可能导致合同当事人预期的权利义务严重不对等，从而使原先的合同失去其本来的意义。

情势变更原则是民法债法中的重要制度，其在司法适用时受到严格限制。《最高人民法院关于正确适用〈中华人民共和国合同法〉若干问题的解释（二）服务党和国家的工作大局的通知》① 中规定：“为了因应经济形势的发展变化，使审判工作达到法律效果与社会效果的统一，根据民法通则、合同法规定的原则和精神，解释第二十六条规定：合同成立以后客观情况发生了当事人在订立合同时无法预见的、非不可抗力造成的不属于商业风险的重大变化，继续履行合同对于一方当事人明显不公平或者不能实现合同目的，当事人请求人民法院变更或者解除合同的，人民法院应当根据公平原则，并结合案件的实际情况确定是否变更或者解除。对于上述解释条文，各级人民法院务必正确理解、慎重适用。如果根据案件的特殊情况，确需在个案中适用的，应当由高级人民法院审核。必要时应提请最高人民法院审核。”劳动法与民法属于不同法域，劳动法可以借鉴民法中关于情势变更原则的规定，但不宜不加区分地绝对盲从。民法

---

① 该通知并未被纳入《最高人民法院关于废止部分司法解释及相关规范性文件的决定》（法释〔2020〕16 号）中。

中情势变更原则在我国司法实践的适用异常严格，因为区分情势变更原则与正常商业风险非常困难。在劳动法领域，该原则可以适当放宽，允许用人单位根据客观情况的变化作出岗位、工资、工作地点等各种合理调整，以便保持用人单位作为市场主体的活力，增强抵御风险、扭转亏损的能力，最终可以保持和扩大吸纳就业的能力，否则最终必定是劳资两败。

三、经济性裁员

《劳动法》第27条规定了经济性裁员。《劳动合同法》第41条对经济性裁员制度又进行了扩充和细化，增加了经济性裁员事由、增加规定了裁减人员时优先留用人员的范围。经济性裁员属于无过错辞退的一种特殊形式。与劳动合同解除、劳动报酬争议等传统劳动争议案件相比，经济性裁员纠纷在裁审实务中比较少见，实务中对于经济性裁员的认识分歧也较多。梳理的主要分歧点如下：

（一）裁员方案未向劳动行政部门报告是否属于违法解除

否定说认为，裁员方案未向劳动行政部门报告，存在程序上瑕疵，但法律未明确规定此种报告程序系用人单位进行经济性裁员的必要生效条件，如果用人单位实际支付了解除劳动合同的经济补偿及代通知金，则并未实际侵害劳动者合法权益，故不应认定用人单位违法解除劳动合同。肯定说则认为，《劳动合同法》第41条规定的法定条件包括实体性条件和程序性条件，只有同时具备了实体性条件之一和全部的程序性条件的，才是合法有效的经济性裁员，所以用人单位未履行报告程序的，属于违法解除劳动合同。

据实务界人士的统计，肯定说在实务中似占优势地位。[①] 笔者赞同肯定说，理由如下：

第一，从法律要件看，《劳动合同法》第41条规定用人单位获得“可以裁减人员”权利的前提条件有两个：一是用人单位提前30日向工会或者全体职工说明情况并听取意见；二是向劳动行政部门报告，如果未履行报告义务，不论劳动行政部门对报告持审批性观点还是备案制观点，用人单位经济性裁员的权利不产生。

第二，从补正要素看，我国法律法规、司法解释并未规定用人单位进行经济性裁员未履行报告义务的可以进行补正。就程序性义务进行补正从而使法律

---

① 胡燕来：《同为裁员不报告，为何冰火两重天》，载观韬中茂律师事务所网站，http：//www.guantao.com/sv_ view.aspx？TypeId=219&Id=1354&Fid=t8：219：8，最后访问时间：2020年2月7日。

行为完全合法，在劳动法领域不鲜见，如《新劳动争议解释一》第 47 条关于通知工会程序的补正规定。但是，目前没有任何规范性文件规定经济性裁员的报告程序可以补正，这就意味着报告义务不可补正，属于“不可逆”性质的要件。

第三，从制度目的看，经济性裁员一般都涉及群体性因素，产生矛盾纠纷的可能性较大，国家对此高度重视，劳动行政部门对经济性裁员的管控和引导力度远高于一般性的解除劳动合同，司法机关对经济性裁员的审查态度也比较严格。

所以，综合以上三点，肯定说更加符合经济性裁员的制度目的，也更符合我国法治实际。

与此性质相同，用人单位履行提前 30 日向工会或者全体职工说明情况并听取意见的义务，也是经济性裁员合法的前提条件，用人单位应予遵守。

（二）“生产经营发生严重困难”的认定

我国法律未对“生产经营发生严重困难”给出具体判断标准，只是授权各地可以自行制定标准。根据《劳动部办公厅关于〈中华人民共和国劳动法〉若干条文的说明》（劳办发〔1994〕289 号）第 27 条的规定，“生产经营状况发生严重困难”可以根据地方政府规定的困难企业标准来界定。原劳动部《企业经济性裁减人员规定》（劳部发〔1994〕447 号）第 2 条规定：“用人单位濒临破产，被人民法院宣告进入法定整顿期间或生产经营发生严重困难，达到当地政府规定的严重困难企业标准，确需裁减人员的，可以裁员。”

从各地司法实践看，“生产经营发生严重困难”需要结合个案具体把握，但是大抵可以参考以下几个因素（并不需要同时全部具备）：第一，被当地政府认定为困难企业；第二，年度性连续亏损，扭亏难度大；第三，企业难以维持按最低工资标准发放工资，出现大面积欠发工资情况；第四，大面积出现职工停工待岗或者下岗情况；第五，严重资不抵债，濒临破产；第六，企业党委会、董事会、经理办公会、企业工会、职工代表大会或者全体职工大会对于生产经营发生严重困难作出了肯定性决议；第七，企业工会或者全体职工对企业提出的因“生产经营发生严重困难”而意欲裁员的方案的肯定性回复。

（三）6 个月内未优先招用被裁员工是否为违法解除

我国《劳动合同法》规定的经济性裁员制度要求用人单位在裁员日 6 个月内重新招用人员的，应当通知被裁减的人员，并在同等条件下优先招用被裁减的人员。如果用人单位未遵循这一规定，那么之前的经济性裁员是否合法？目前的法律法规对此没有规定，实践中虽然有劳动者据此主张用人单位裁员违法，但是人民法院对此也没有作出明确回应。实务界有人主张不遵守优先招用规则的，应当认定为经济性裁员违法①，笔者对此表示赞同。主要理由如下：

第一，优先招用规则是经济性裁员制度的一部分，如果说其他制度是从“正向”规制经济性裁员行为，那么它就是从“反向”规制经济性裁员行为。判断经济性裁员合法性，不可缺失“反向”要件。

第二，经济性裁员制度是通过裁减劳动者而达到纾解用人单位困境或者促进其提高生产效率、促进技术改造的目的，制度基点是以“牺牲”劳动者而保障用人单位利益。劳动关系的主流应当是和谐两利而非对抗，当用人单位在法定期限内产生新的用人需求时，就应当“反哺”劳动者，实现互助，否则有违诚信原则和劳资两利互助的精神，不利于社会安定。

（四）经济性裁员过程中可否协商一致解除劳动合同

综合《劳动合同法》第 36 条和第 41 条的规定，法律没有禁止经济性裁员过程中劳动关系双方协商一致解除劳动合同。综观多年以来全国各地人民法院的司法实践，基本可以肯定地讲，在经济性裁员过程中劳动关系双方协商一致解除劳动合同的，不论劳动者是正常劳动者还是特殊劳动者（如孕期、产期、哺乳期的妇女、工伤职业病职工）②，只要不违反法律禁止性规定，此类解除均属合法解除。

（五）可否裁减正在进行工伤、职业病认定的劳动者

根据《劳动合同法》第 42 条第 1 项的规定，用人单位在经济性裁员时，不得裁减“从事接触职业病危害作业的劳动者未进行离岗前职业健康检查，或者疑似职业病病人在诊断或者医学观察期间”的劳动者。据此，正在进行职业病认定的劳动者在职业病防治机构正式作出结论前，用人单位不得对其实施经济性裁员。但是，法律并未明确规定用人单位可否对正在进行工伤认定的劳动者进行经济性裁员。

根据《工伤保险条例》第 14 条的规定，患职业病的应当认定为工伤。在我

---

① 胡燕来：《六月内未优先招用被裁员工是违法解除?》，载观韬中茂律师事务所网站，http://www.guantao.com/sv_view.aspx? TypeId=219&Id=1401&Fid=t8：219：8，最后访问时间：2020 年 2 月 7 日。

② 根据《劳动合同法》第 42 条的规定，经济性裁员时不能裁减“三期”妇女、部分或全部丧失劳动能力的工伤职业病劳动者。即使这类劳动者不能被经济性裁员，但是法律不禁止劳动关系双方协商一致解除劳动合同。

国劳动法体系内，工伤和职业病在本质上是被同一对待的。所以，正在进行职业病认定的劳动者既然不能被经济性裁员，那么正在进行工伤认定的劳动者亦不能被经济性裁员。

（六）将劳务派遣人员列入经济性裁员名单是否合法

实践中，有些用人单位在进行经济性裁员时将劳务派遣人员也列入裁员名单，这种做法是否合法？对于经济性裁员的合法性会产生何种影响？经济性裁员是用人单位单方解除与其有劳动关系的劳动者的制度，劳务派遣人员与用工单位之间成立的不是劳动关系，双方是基于劳务派遣而建立的用工关系。如果用人单位在经济性裁员时将劳务派遣人员列入裁减名单，那么将发生与退工相关的法律问题，而非解除劳动合同的问题。所以，退工与经济性裁员并非同一法律事实，退工是否合法与经济性裁员是否合法无关。即使退工违法，也不影响经济性裁员的合法性。[①]

（七）小企业裁员人数达到法定比例是否必须按照经济性裁员的规定操作

如果一家小企业共有员工 10 人，那么该企业裁员 1 人时，是否也必须按照经济性裁员的规定进行呢？实务中有人认为从这个例子看，《劳动合同法》的经济性裁员规定有其不合理之处[②]，笔者认为，这种观点有其合理性，但是这并不意味着企业裁减 1 人就必须遵照经济性裁员的规定进行。从实务操作角度而言，如果企业裁减人员的理由是经济性裁员的理由，那么按照《劳动合同法》第 41 条的规定，企业就需要遵守经济性裁员的全部规定；但如果企业裁减人员的理由是《劳动合同法》第 36 条、第 39 条、第 40 条的理由，自然无须按照经济性裁员的要求执行。

四、对用人单位单方解除劳动合同的限制

法律为了防止用人单位滥用用工自主权，维护劳动者合法权益，对于用人单位单方解除劳动合同进行了特别限制，从而构成了我国的解雇保护制度。此种限制主要表现为一方面从程序上增加工会意见参与的空间，促使用人单位慎重作出解除决定；另一方面从实体上明确规定用人单位不得解除的情形。

---

① 用工单位将劳务派遣人员退回劳务派遣单位（即退工），是劳务派遣制度中的重要问题，我们将在后文专章介绍。

② 胡燕来：《裁减 2 人也要报告政府合适吗?》，载观韬中茂律师事务所网站，http：//www.guantao.com/sv_ view.aspx? TypeId=219&Id=1425&Fid=t8：219：8，最后访问时间：2020 年 2 月 7 日。

（一）用人单位单方解除劳动合同需通知工会[①]

1. 通知工会属于程序性要求

《劳动合同法》第 43 条规定："用人单位单方解除劳动合同，应当事先将理由通知工会。用人单位违反法律、行政法规规定或者劳动合同约定的，工会有权要求用人单位纠正。用人单位应当研究工会的意见，并将处理结果书面通知工会。"一般认为，用人单位将解除理由通知工会的义务属于程序性义务，用人单位对于工会的意见经过研究后可以采纳，也可以不采纳，最终决定权在用人单位。用人单位作出最终结论后，只需要书面通知工会即可。故，上述法律所规定的"通知工会"应为两次通知。

2. 未通知工会的法律后果

（1）通知工会的补正

《新劳动争议解释一》第 47 条规定："建立了工会组织的用人单位解除劳动合同符合劳动合同法第三十九条、第四十条规定，但未按照劳动合同法第四十三条规定事先通知工会，劳动者以用人单位违法解除劳动合同为由请求用人单位支付赔偿金的，人民法院应予支持，但起诉前用人单位已经补正有关程序的除外。"据此，如果用人单位在单方解除劳动合同前没有履行通知工会义务的，可以在起诉前进行补正。

（2）未通知工会的不影响劳动合同解除

如果用人单位在单方解除劳动合同前未履行通知工会的义务，起诉前也未补正相关程序，用人单位的行为系违法。但是，实务界普遍认为这种情形下的违法，只会导致用人单位支付劳动者赔偿金，劳动者要求恢复劳动关系、继续履行劳动合同的，一般不予支持。

（3）对"工会"的理解

实践中有些用人单位尚未建立工会，此类用人单位根据《劳动合同法》第 39 条、第 40 条的规定单方解除劳动合同的，是否还需要通知所在地区县工会或者行业工会呢？笔者认为，不需要通知。主要理由有两个：第一，从法律条文本身看，该条款明确规定适用的主体是"建立了工会组织的用人单位"，自然不包括尚未建立工会组织的用人单位；第二，从制度目的看，法律之所以规定需要通知工会，目的在于增加决策民主性。本单位工会对于本单位劳动者的表现应该比较容易了解，用人单位在作出解除决定时通知工会并听取其意见是有实

① 此处不包括经济性裁员制度，仅针对个别解除劳动合同的情形。

际意义的。如果本单位尚未建立工会，那么用人单位所在地的区县工会、行业工会很难了解具体劳动者的表现，也几乎不可能对用人单位作出解除决定所依据的事实和理由作出有建设性意义的建议。在此情况下，如果还要求必须通知区县工会或者行业工会，除徒增用人单位成本外，没有任何实质意义。对此，有的地区的司法机关已经对此表达了明确的裁判倾向，如《天津法院劳动争议案件审理指南》第 21 条第 2 款规定："未建立工会的用人单位根据《中华人民共和国劳动合同法》第三十九条、第四十条规定解除劳动合同，劳动者以用人单位未通知所在地工会或者行业工会为由主张违法解除劳动合同的，不予支持。"最高人民法院民一庭在对《新劳动争议解释一》第 47 条进行说明时认为，即使用人单位没有建立工会，也应当通过告知并听取职工代表的意见的方式，或者向当地总工会征求意见的变通方式来履行告知义务这一法定程序，并认为如果对此情形免除通知义务，会助长用人单位抵制工会成立之风。[①] 笔者认为，根据《工会法》第 2 条的规定，工会是职工自愿结合的工人阶级的群众组织。在各企业中发展工会组织是各地区总工会的重要工作任务之一，而且也要尊重所在单位的工人意见。工会在企业民主管理中的作用体现在方方面面，仅以解除通知义务为由认定助长抵制工会成立之风，有失偏颇。而且在未成立工会的企业较多的地区如采用此观点，则该地区总工会可能会面临数量庞大的辖区内各企业发来的解除通知文件，抽调大量资源调查和回复，反而影响其发展工会的精力。

（二）用人单位不得解除劳动合同的情形

根据《劳动合同法》第 42 条的规定，在以下六种情形下，用人单位不得依据该法第 40 条、第 41 条的规定解除劳动合同。

1. 从事接触职业病危害作业的劳动者未进行离岗前职业健康检查，或者疑似职业病病人在诊断或者医学观察期间的

《职业病防治法》第 35 条规定："对从事接触职业病危害的作业的劳动者，用人单位应当按照国务院卫生行政部门的规定组织上岗前、在岗期间和离岗时的职业健康检查，并将检查结果书面告知劳动者……对未进行离岗前职业健康检查的劳动者不得解除或者终止与其订立的劳动合同……"对于疑似患职业病的劳动者，如果其尚在诊断或医学观察期间，无法确定其是否确实患有职业病，出于对劳动者人身的保护，《劳动合同法》也禁止用人单位依据无过错辞退和经

① 最高人民法院民事审判第一庭编著：《最高人民法院新劳动争议司法解释（一）理解与适用》，人民法院出版社 2021 年版，第 587~588 页。

济性裁员的规定与其解除劳动合同。

由于用人单位的上述义务为法律强制性规定，所以不能依据当事人之间的协议而免除。故，在劳动关系双方协商一致解除劳动合同的情形下，用人单位依然负有该义务，并不因双方协商一致而当然免除。

2. 在本单位患职业病或者因工负伤并被确认丧失或者部分丧失劳动能力的

这种情形有两个要点需要注意：

（1）患职业病和发生工伤须是在本单位

按照《劳动合同法》的条文分析，如果劳动者在其他单位患有职业病或者发生工伤的，本单位欲依照无过错辞退制度或者经济性裁员制度解除劳动合同的，不在限制之列。实务中的难题是，劳动者在原单位患有职业病（尚未确诊），原单位在其离岗前没有依法进行离岗前职业健康检查，劳动者在不知情的情况下到本单位工作，在本单位发现和确诊为职业病，此种情形是否属于“在本单位患职业病”。笔者认为，可以分两种情况处理：第一，劳动者到本单位工作的岗位不是职业病危害岗位，或者虽然也有职业病危害但不是最终确诊的职业病类型，此时不宜认定为“在本单位患职业病”。因为劳动者所患职业病的形成过程并非发生在本单位，劳动者的损害结果并非在本单位工作期间因工导致，本单位对劳动者患职业病没有任何过错，故其不应当受到法律限制。第二，劳动者到本单位工作的岗位与原单位岗位一致，具有相同的职业病危害，除非有专业鉴定意见认定劳动者在原单位已经患有职业病，否则由于劳动者患职业病的结论是在本单位工作期间作出的，且本单位岗位亦有相同的职业病危害，故此种情况符合“在本单位患职业病”。

（2）发生工伤并丧失或者部分丧失劳动能力

在本单位发生工伤并不必然导致用人单位不能依据无过错辞退制度和经济性裁员制度解除劳动合同，而是需要被依法确认为丧失或者部分丧失劳动能力。劳动者发生工伤后，劳动能力有可能受到影响，也可能不受影响。《工伤保险条例》第21条规定：“职工发生工伤，经治疗伤情相对稳定后存在残疾、影响劳动能力的，应当进行劳动能力鉴定。”第22条规定：“劳动能力鉴定是指劳动功能障碍程度和生活自理障碍程度的等级鉴定。劳动功能障碍分为十个伤残等级，最重的为一级，最轻的为十级。生活自理障碍分为三个等级：生活完全不能自理、生活大部分不能自理和生活部分不能自理……”如果劳动能力鉴定结论认定劳动者符合伤残等级，即符合本项的规定。

如果劳动者正在进行工伤鉴定，用人单位是否可以解除劳动合同呢？法律并未明确直接规定，但是根据《工伤保险条例》第 21 条、第 22 条的规定并结合立法精神，可以推知用人单位不能在此时解除劳动合同，而是需要等待最终工伤认定及劳动能力鉴定的结果。

3. 患病或者非因工负伤，在规定的医疗期内的

劳动者依法享有医疗期的权利，医疗期的性质为解雇保护期，而非疾病或伤势治愈期。劳动者处于医疗期的，用人单位不能依据无过错辞退制度或者经济性裁员制度解除劳动合同。

4. 女职工在孕期、产期、哺乳期的

《妇女权益保障法》第 27 条第 1 款规定："任何单位不得因结婚、怀孕、产假、哺乳等情形，降低女职工的工资，辞退女职工，单方解除劳动（聘用）合同或者服务协议。但是，女职工要求终止劳动（聘用）合同或者服务协议的除外。"孕期，是指女职工怀孕期间。产期，是指女职工生育休产假期间，国家规定产假正常为 98 天，符合奖励或延长产假情况的另计，流产的也有产假。哺乳期，是指从婴儿出生到 1 周岁。

5. 在本单位连续工作满 15 年，且距法定退休年龄不足 5 年的

适用本项规定需要同时满足上述两个条件。连续工作满 15 年，是指劳动关系存续满 15 年，而非指中间不能出现请假等不间断提供劳动满 15 年。法定退休年龄，男性劳动者为年满 60 周岁，女工人为年满 50 周岁，女干部为年满 55 周岁（应本人申请，可以延长至 60 周岁）。

6. 法律、行政法规规定的其他情形

本项为兜底性条款。法律中也确有关于其他情形的规定，如《职业病防治法》第 33 条第 3 款规定："用人单位违反前两款规定的，劳动者有权拒绝从事存在职业病危害的作业，用人单位不得因此解除与劳动者所订立的劳动合同。"第 39 条第 2 款规定："用人单位应当保障劳动者行使前款所列权利。因劳动者依法行使正当权利而降低其工资、福利等待遇或者解除、终止与其订立的劳动合同的，其行为无效。"

五、用人单位单方解除劳动合同的法律后果

（一）合法解除劳动合同的法律后果

1. 过失辞退

用人单位根据《劳动合同法》第 39 条的规定解除劳动合同的，会产生以下主要法律后果：

（1）不需要支付劳动者经济补偿、赔偿金、代通知金等。

（2）用人单位应当依法为劳动者开具解除劳动合同证明。

（3）用人单位在15日内依法办理档案、社保关系转移手续，逾期办理或者拒不办理给劳动者造成损害的，应当向劳动者承担赔偿责任。

（4）用人单位依法为劳动者办理失业保险金领取手续。

2. 无过错辞退

用人单位根据《劳动合同法》第40条的规定解除劳动合同的，会产生以下主要法律后果：

（1）用人单位未提前30日书面通知劳动者的，需要支付1个月工资的代通知金。此处的1个月工资，实务中一般认为是正常工作时间的劳动所得，不包括加班费。

（2）用人单位向劳动者支付解除劳动合同的经济补偿。

（3）用人单位应当依法为劳动者开具解除劳动合同证明。

（4）用人单位在15日内依法办理档案、社保关系转移手续，逾期办理或者拒不办理给劳动者造成损害的，应当向劳动者承担赔偿责任。

（5）用人单位依法为劳动者办理失业保险金领取手续。

3. 经济性裁员

用人单位根据《劳动合同法》第41条的规定解除劳动合同的，会产生以下主要法律后果：

（1）用人单位向劳动者支付解除劳动合同的经济补偿。

（2）用人单位应当依法为劳动者开具解除劳动合同证明。

（3）用人单位在15日内依法办理档案、社保关系转移手续，逾期办理或者拒不办理给劳动者造成损害的，应当向劳动者承担赔偿责任。

（4）用人单位依法为劳动者办理失业保险金领取手续。

（二）违法解除劳动合同的法律后果

用人单位违法解除劳动合同的，会依法产生以下主要法律后果：

1. 继续履行劳动合同

劳动者主张继续履行劳动合同的，而且劳动合同具有客观继续履行条件的，应当继续履行劳动合同；如果劳动合同客观上不具备继续履行条件的，不再继续履行劳动合同。

如何判断劳动合同客观上不具备继续履行条件，是实务中的一个重要问题。总结各地司法审判实践，以下情况可以认为不具备继续履行条件：

（1）用人单位被依法宣告破产、吊销营业执照、责令关闭、撤销，或者用人单位决定提前解散。

（2）劳动者在仲裁或者诉讼过程中达到法定退休年龄。

（3）劳动合同在仲裁或者诉讼过程中到期终止且不存在《劳动合同法》第14条规定应当订立无固定期限劳动合同的情形。

（4）劳动者原岗位对用人单位的正常业务开展具有较强的不可替代性和唯一性（如总经理、财务负责人等），且劳动者原岗位已被他人替代，双方不能就调整到新岗位达成一致意见。

（5）劳动者已入职新单位。

（6）仲裁或诉讼过程中，用人单位向劳动者送达复工通知，要求劳动者继续工作，但劳动者拒绝。

（7）劳动关系双方矛盾激化，丧失互信。

2. 违法解除劳动合同期间的工资损失和特殊情况下的经济补偿

（1）工资损失

劳动合同客观上具有继续履行条件，但劳动合同已在劳动仲裁或者人民法院审理期间届满的，裁审机关不再判决继续履行劳动合同，用人单位应向劳动者支付自违法解除劳动合同之日起至劳动合同届满之日止的工资损失。

至于工资损失如何计算，实务中基本有两种观点，一种观点认为可以按照最低工资标准计算，另一种观点认为应当按照劳动者在岗期间平均工资标准计算。笔者同意后者观点，主要原因在于劳动者未能提供劳动的原因是用人单位违法解除劳动合同，并非劳动者过错导致，如果按照最低工资标准计算工资损失，对劳动者极不公平。在此情况下，应当将劳动合同正常履行时劳动者应当获得的劳动报酬作为确定工资损失的标准。鉴于大多数情况下，劳动者每月工资都是变动不居的，所以以平均工资作为计算标准是比较公平的。

有些地区法院采用后者观点，如《天津法院劳动争议案件审理指南》第28条规定："……本条规定的工资损失，是指用人单位违法解除劳动合同之日前劳动者十二个月的月平均应得工资，劳动者在该用人单位工作不满十二个月的，按照实际工作月数计算月平均工资。该工资数额高于本市公布的上年度职工月平均工资三倍的，应当按照职工月平均工资三倍的数额确定。上述工资数额无法查明的，以劳动者所在行业平均工资为准。"

（2）经济补偿

鉴于劳动合同原本可以继续履行，但是因为用人单位违法导致劳动者无法提供劳动，在仲裁或者诉讼期间劳动合同到期，此时劳动合同依法因到期终止且不存在根据《劳动合同法》第 14 条的规定可以续订无固定期限劳动合同的。因为该劳动合同客观上到期终止，故用人单位应当向劳动者支付劳动合同到期终止的经济补偿。

3. 支付违法解除劳动合同的赔偿金

劳动合同客观上不具备继续履行条件，或者劳动者不要求继续履行劳动合同而要求用人单位支付赔偿金的，用人单位应当根据《劳动合同法》第 87 条的规定，按照经济补偿标准的 2 倍向劳动者支付赔偿金。

4. 因劳动者参加工会活动或者履行工会职责而被解除劳动合同的特殊后果

2021 年 1 月 1 日起施行的修改后的《最高人民法院关于在民事审判工作中适用〈中华人民共和国工会法〉若干问题的解释》第 6 条规定："根据工会法第五十二条规定，人民法院审理涉及职工和工会工作人员因参加工会活动或者履行工会法规定的职责而被解除劳动合同的劳动争议案件，可以根据当事人的请求裁判用人单位恢复其工作，并补发被解除劳动合同期间应得的报酬；或者根据当事人的请求裁判用人单位给予本人年收入二倍的赔偿，并根据劳动合同法第四十六条、第四十七条规定给予解除劳动合同时的经济补偿。"据此，继续履行劳动合同的后果，与其他普通情形无异；但是不继续履行劳动合同的，法律后果为用人单位需要支付两笔费用：一是劳动者本人年收入 2 倍的赔偿；二是解除劳动合同的经济补偿。这与普通情形下用人单位违法解除劳动合同的法律后果不同。

裁审要点

1. 用人单位以试用期不符合录用条件为由解除劳动合同的，需审查用人单位解除劳动合同的时间、录用条件是否在试用期前告知劳动者、录用条件的合理性、录用条件与不胜任岗位的区别。

2. 过错性辞退情形下，需关注劳动合同、用人单位规章制度等是否对违纪违规情形进行了界定及其界定的合理性。在劳动合同、规章制度没有界定的情况下，应斟酌劳动者行为是否严重违反职业道德和社会观念，从公平正义角度确定用人单位解除劳动合同的合理性。

3. 无过错辞退情形下，确定用人单位解除劳动合同合法性，一方面需关注无过错情形的证明问题，另一方面应当注意法律规定的用人单位另行安排工作、培训、调整岗位、协商变更劳动合同等必要环节。

4. 经济性裁员情形下，合理把握司法介入程度，在审查经济性裁员实体理由的同时，着重审查经济性裁员的程序合法性，重点关注用人单位对实施经济性裁员是否具有恶意。

5. 代通知金只发生在合法解除劳动合同中，违法解除劳动合同情形下没有代通知金的适用条件。

6. 违法解除劳动合同，需以劳动者提出的诉讼请求为中心，确定是应当判令用人单位支付赔偿金还是继续履行劳动合同，两者不能兼具。可以继续履行劳动合同的，仍应当以劳动者诉讼请求为中心，确定违法解除劳动合同期间劳动者的工资损失。不能继续履行劳动合同的，应当释明劳动者变更诉讼请求为支付赔偿金，按照劳动者的最终选择来确定裁审结果。

实操指引

1. 用人单位应当系统性地完善规章制度，用足法律给予用人单位的用工自主权和管理权。对于法律规定的可以单方解除劳动合同的事由，应当在规章制度中进行细化，确定“行为模式+行为后果”的规章制度体系。

2. 用人单位应当建立完善的考核体系，考核标准应当尽量客观化、可操作化，不推荐纯主观化的评价标准。在进行考核时，要注意保留相应证据资料。

3. 用人单位应当特别注意解除劳动合同时的程序性要求，高度重视工会作用、集体协商作用。未履行程序性要求的，要依法及时补正。

4. 用人单位平时要注意优化薪酬体系，在解除劳动合同时才能科学、客观地计算经济补偿、代通知金等。也推荐对法律规定的相应补偿标准，在规章制度、劳动合同中予以约定。

第五节　劳动合同解除权的行使

裁判观点

1. 劳动关系双方均依法享有解除劳动合同的权利。任意一方想要解除劳动合同，均应将解除劳动合同的意思表示准确、具体地通知对方。通知的形式可以是书面形式，也可以是口头形式。主张采取口头形式解除劳动合同的一方，应当对此承担举证证明责任。以行为方式解除劳动合同的，实务中认定较为严格。

2. 劳动合同的解除权一般认为属于形成权，一经作出即为有效。作出解除劳动合同决定的一方又反悔的，应当将撤回解除决定的通知早于或者同时到达对方。

3. 倾向认为不允许当事人之间超越法律规定自行约定劳动合同解除权，但是当事人可以通过约定的方式对法定解除劳动合同情形进行细化和具体。

4. 当出现法定解除劳动合同的事由时，用人单位应在合理期限内作出解除劳动合同的决定。

深度解析

一、劳动合同解除权的性质、产生和形式

（一）劳动合同解除权的性质

1. 解除权的性质

实务中在认定劳动合同解除权的时候，一般都会借鉴民法中形成权的概念，认为劳动合同解除权属于形成权。形成权，是指依照权利人单方意思表示就可以使已经成立的民事法律关系发生变化的权利。劳动关系双方任意一方，其解除劳动合同的意思表示一经作出即发生法律效力，对方当事人认可或者否认均不影响其效力。如果当事人对劳动合同解除的效力有异议，可以提起劳动争议仲裁和诉讼，请求裁审机关对解除劳动合同合法与否进行判定。

2. 辞职决定与辞职申请

根据解除权属于形成权的通说观点，劳动者向用人单位发出辞职决定，用人单位接到辞职通知后，不论用人单位是否同意，均不影响劳动合同解除的效力。但是，如果劳动者向用人单位发出的是辞职申请，其中表达的仅是与用人单位协商解除劳动合同的意思表示，并未表达一定辞职的意思，则在用人单位未作出同意辞职的决定前，不发生解除劳动合同的效果。如果用人单位同意辞职，则属于劳动者提出且双方协商一致解除劳动合同，如果用人单位不同意辞职，则属于双方未就解除劳动合同关系本身达成一致意见，用人单位的该行为不属于违法行为。劳动者如果坚决辞职，应当作出明确的单方解除劳动合同的意思表示，而不能再有协商的含义在内。

（二）解除权的产生

在劳动法领域，劳动合同解除权依据法律规定产生，劳动关系双方除协商一致解除劳动合同外，不可约定劳动合同解除权，但是法律不禁止劳动关系双方通过劳动合同对法定解除情形进行细化约定，也不禁止用人单位通过制定合法规章制度对法定情形进行细化约定。同理，实务通说观点认为劳动关系双方也不能通过约定的方式剥夺任意一方提出解除劳动合同的权利。

（三）行使解除权的形式

1. 口头形式或者书面形式

劳动关系双方单方解除劳动合同的，均可以采取口头形式或者书面形式通知。采取口头形式的，行为一方应当承担举证证明责任；采取书面形式的，应当将解除劳动合同通知优先采取直接送达形式，即当面送达对方或者送达至对方预留的有效通讯地址。实务中，用人单位未完成上述送达手续直接采用登报公告等形式通知，劳动者主张不发生解除劳动关系效力的，裁审机关一般均予以支持。

《劳动合同法》第 50 条第 1 款规定："用人单位应当在解除或者终止劳动合同时出具解除或者终止劳动合同的证明，并在十五日内为劳动者办理档案和社会保险关系转移手续。"实务中有一种观点据此认为，劳动合同解除必须以书面形式提出，否则不发生解除的法律效果。

笔者不赞同这种观点。法律没有限制劳动关系双方解除劳动合同的具体形式，劳动关系双方通过书面形式或者口头形式解除劳动合同均可，只要这种形式可以清晰地表达解除劳动合同的意思表示即可。①《劳动合同法》第 50 条第 1 款并非对解除劳动合同的规定，而是对解除劳动合同关系之后用人单位义务的规定。有些地区法院已经对此有了明确的裁判倾向，如《天津法院劳动争议案件审理指南》第 22 条规定："用人单位单方解除劳动合同的，可以采取口头形式或者书面形式通知。采取口头形式的，用人单位应当承担举证证明责任；采取书面形式的，应当将解除劳动合同通知当面送达劳动者或者送达至劳动者预留的有效通讯地址。用人单位未完成上述送达手续直接采用登报公告等形式通知，劳动者主张不发生解除劳动关系效力的，应予支持。"

2. 自动离职问题——行为方式

实践中经常出现所谓"自动离职"问题。例如，用人单位规章制度往往会

---

① 在司法实践中，经常出现当事人当庭表达解除劳动合同的意思被人民法院认可并据此判令劳动合同解除的情况。

规定，劳动者连续几日不来上班视为自动离职。自动离职的效力问题在实践中屡有争议。笔者认为，自动离职问题的实质是立法及司法上是否认可以行为方式作出解除劳动合同的意思表示。以行为方式推定当事人有解除劳动合同的意思表示具有一定合理性，但是也有不容易认定的弊端，其主要问题在于劳动者不来上班的行为只是一种浅层表现而已，其所蕴含的意思表示可能有很多类别，如劳动者辞职、劳动者生病未及时请假等。对此问题，笔者认为，对于远年纠纷可以放宽标准，对以行为方式解除劳动合同予以认可，但是对于《劳动合同法》实施以后的行为应当以严格认定为宜。①

（四）行使解除权的顺序

实务中关于劳动合同解除权行使顺序的问题，主要集中在用人单位在通知劳动者解除劳动合同时，应当采取何种通知方式。从裁审机构的倾向看，应当以直接通知为原则，间接通知为例外。用人单位应当首先采取当面通知、邮寄本人通知等直接通知的方式。在穷尽方法仍无法联系到劳动者本人时，方可采取登报公告通知的方式。否则，不发生解除劳动合同的效力。

二、解除劳动合同通知的撤回、撤销

（一）撤回

解除劳动合同通知属于意思表示的范畴，所以应当遵循法律关于意思表示的规定。鉴于劳动法对此没有规定，在此可以借鉴民法中的相关规定。解除劳动合同通知一经发出，即对发出人本身产生效力，其欲撤回通知的，必须使撤回通知同时或者早于解除通知到达对方当事人。否则，基于解除权属于形成权的理由，解除通知一旦到达对方，解除通知即对对方产生效力，双方劳动合同关系就会发生解除的法律效果。

（二）撤销

解除劳动合同的通知一旦到达对方，就发生解除劳动合同的法律效力，所以无所谓撤销问题。易言之，解除劳动合同的通知只要到达对方，就不能撤销。关于撤销问题，在实务中常常引发争论，有代表性的问题主要集中在以下两个方面：

1. 劳动者撤销辞职决定，用人单位表示同意。劳动者向用人单位送达了辞

① 更加详细的论述，可以参见本书第一章第三节“长期两不找”部分。

职决定，但是在办理离职手续之前劳动者反悔，请求撤销辞职决定，用人单位表示同意，双方继续履行劳动合同。在这种情况下，双方的劳动合同是否已经解除？双方继续履行劳动合同的行为应当如何认识？实务中，有人主张上述例子可以很好地证明，只要接受者同意，则解除劳动合同通知可以撤销，双方劳动合同关系不受影响。笔者认为，这种观点值得商榷。由于解除权属于形成权，所以解除通知一旦到达对方，就会发生解除劳动合同的效果。此时，如果提出解除劳动合同的一方要求撤回解除通知的，其性质属于欲与用人单位重新订立劳动合同的意思表示。用人单位表示同意的，形式上是同意劳动者撤回解除通知，但实质上是同意与劳动者重新订立劳动合同，只不过是省去了办理入职的一系列手续而已。

2. 女职工向用人单位提出辞职后，发现自己怀孕，又向用人单位提出撤销辞职决定，如何处理？从各地裁审实践看，倾向性意见是认定女职工已经和用人单位解除劳动合同关系。理由是女职工辞职时虽不知晓自己已经怀孕，但是也无证据证明该决定违反了自己当时情况下的真实意思表示。由于解除权属于形成权，辞职通知到达用人单位即发生解除劳动合同的效果，故双方劳动合同关系已经解除，女职工请求撤销是没有法律依据的。至于女职工怀孕与否，与其辞职没有关系，女职工以其怀孕为由主张用人单位不能与其解除劳动合同缺乏事实基础。

三、解除权行使的期限

（一）用人单位行使解除权应有期限要求

过错性辞退的，用人单位应当在发现劳动者存在《劳动合同法》第 39 条规定的情形后多长时间内解除劳动合同，用人单位是否可以无限期地延缓解除劳动合同的时间，这在实务中是一个难点问题。目前的法律法规、司法解释对此没有规定。笔者认为，应当对用人单位解除劳动合同的期限作出限制，即用人单位应当在知道劳动者存在法定事由后的合理期限内作出是否解除劳动合同的决定，逾期则丧失解除劳动合同的权利。主要理由有两个：第一，维护劳动关系安定性。劳动者存在过失性辞退的法定事由后，如果不要求用人单位在合理期限内作出是否解除劳动合同的决定，那么就会使劳动者始终对未来“惴惴不安”，引发劳动关系不稳定。第二，防止用人单位隐性违法解除。如果不要求用人单位在合理期限内作出是否解除劳动合同的决定，就会使用人单位手中永远攥着劳动者的“小辫子”，始终让用人单位处于引而不发的主动地位。在将来不论用人单位想解除劳动合同时怀有多么违法的真实理由，其均可以使用之前劳动者的把柄作为理由，从而达到名为合法解除但实为违法解除的目的。这种道德风险是不应当被允许的。

无过错辞退的，笔者认为，可以采取与过错性辞退同样的规则处理。

（二）合理期限的界定

至于合理期限如何界定，笔者认为，界定为1个月到3个月为宜，可以由裁判机关结合个案进行把握。所谓合理期限，笔者认为，一方面这一期限的长度可以为社会观念所接受，也就是大多数人认为是可以接受的；另一方面是有其他类似制度可供参考。关于社会观念接受方面，1个月基本是一个工资发放周期，3个月则在普通观念中可以涵盖绝大部分的发现、调查、研究、决定的全过程时间，所以这个期限相对合理。关于其他制度借鉴方面，劳动法上很多常见制度的期限都在1个月到3个月，如不签订书面劳动合同2倍工资的缓冲期为自用工之日起1个月，劳动者享有竞业限制协议解除权的条件是用人单位连续3个月不支付竞业限制经济补偿。综上，给予用人单位1个月到3个月的解除劳动合同期限是比较合理的。

四、劳动关系双方均主张解除劳动合同的问题

用人单位与劳动者分别以《劳动合同法》第39条与第38条规定的情形为由向对方主张解除劳动合同的，如何认定解除劳动合同的时间、理由和责任问题，实务中对此屡有涉及，但很多人对此的认识并不一致。笔者认为，应当区分情况分别处理：

第一，用人单位首先以《劳动合同法》第39条为由主动解除劳动合同的。如果裁审机关经审查认为用人单位属于合法解除劳动合同，那么劳动合同解除是有效的。此时，劳动者再以《劳动合同法》第38条为由主张解除劳动合同的，因劳动合同已经解除而失去了解除的对象，所以劳动者在这种情况下无法根据《劳动合同法》第38条规定的推定解雇制度获得经济补偿。

第二，用人单位首先以《劳动合同法》第39条为由解除劳动合同，如果裁审机关经审查认为用人单位属于违法解除劳动合同且劳动合同可以继续履行的，劳动者虽然以《劳动合同法》第38条为由主张解除劳动合同在后，但如经审查认为劳动者理由成立的，劳动合同因劳动者的解除行为而解除，劳动者可以依法获得经济补偿。

第三，用人单位以《劳动合同法》第39条为由解除劳动合同，如裁审机关

经审查认为用人单位属于违法解除劳动合同且劳动合同已无法继续履行。在这种情况下，裁审机关不宜判决继续履行劳动合同，而应认定劳动合同已经解除，劳动者可以依法获得的利益是主张违法解除劳动合同的赔偿金。此时，如果劳动者以《劳动合同法》第 38 条为由主张解除劳动合同的，同样因劳动合同已经被违法解除（不可恢复性）而缺少了解除的对象。而且，此时劳动者应该不会再根据《劳动合同法》第 38 条主张经济补偿，因为其可以获得的赔偿金要明显高于依据第 38 条获得的经济补偿。

第四，劳动者先以《劳动合同法》第 38 条为由主动解除劳动合同，如裁审机关经审查认为劳动者行为能够得到支持，则劳动关系解除，用人单位也因劳动合同已经被解除、缺少解除对象为由，无法再以《劳动合同法》第 39 条为由解除劳动合同。

第五，劳动者与用人单位同时分别以《劳动合同法》第 38 条和第 39 条为依据主张解除劳动合同的，裁审机关应当分别审查劳动关系双方各自主张的理由和事实能否成立。哪一方的理由能成立，就应当按照可以成立的理由和相应的法律规定处理。如果双方的理由和事实都能成立，则双方应当各自承担相应的法律责任。但这种情况在实务中微乎其微。

裁审要点

1. 劳动者提出辞职申请的，需要审查辞职申请所包含的意思是辞职决定还是意欲与用人单位协商解除劳动合同的协商请求。

2. 劳动关系双方约定解除权产生条件的，如果不符合法律规定，该约定无效。劳动合同解除权依照法律产生。

3. 注意审查当事人提出解除劳动合同意思表示到达对方的时间。应当坚持直接通知为原则，公告通知为例外的原则。

4. 解除劳动合同通知可以是书面形式或者口头形式，当事人主张以行为方式解除劳动合同的，建议严格审查。

5. 注意审查用人单位行使合同解除权的期限是否为合理期限。

实操指引

1. 劳动合同、规章制度对于法律规定的解除劳动合同情形予以细化、可操作化。

2. 劳动合同中应当明确劳动者的联系地址、联系方式以及紧急联系人。

3. 用人单位可以对劳动者作出辞职决定后又反悔的情形如何处理，在劳动合同或者规章制度中进行明确。

4. 当出现劳动者不辞而别的时候，不宜简单认定劳动者辞职，而应当发函要求其返岗工作并告知其法律后果。逾期仍然不返岗的，可以按照用人单位规章制度的规定处理。

第六节 劳动合同终止

裁判观点

1. 劳动关系双方超越法律规定约定劳动合同终止情形的，该约定无效。

2. 劳动合同期满，且不满足续订劳动合同的法定条件或者劳动者不同意续订劳动合同的，有《劳动合同法》第 42 条规定情形之一的，劳动合同应当续延至相应的情形消失时终止。但是，该法第 42 条第 2 项规定丧失或者部分丧失劳动能力的劳动者的劳动合同终止，按照国家有关工伤保险的规定执行。

3. 劳动者达到法定退休年龄，劳动合同不必然终止，劳动者依法享受养老保险待遇或者领取退休金的，劳动合同终止。

4. 劳动者死亡，被人民法院宣告死亡或者宣告失踪的，劳动合同终止。如果劳动者被宣告死亡后重新出现的，不影响劳动合同终止的效力。

5. 用人单位虚假决定提前解散，以此为由终止劳动合同的，属于违法解除劳动合同。

6. 除劳动合同到期终止外，劳动合同终止的，用人单位应当提前通知劳动者。

深度解析

一、劳动合同终止的事由

（一）劳动合同不能在法定条件外约定终止条件

我国《劳动法》第 23 条和《劳动合同法》第 44 条对于劳动合同终止进行了规定。实务中，有人认为根据上述规定劳动合同终止可以分为约定终止和法定终止两种类型，尤其是当事人可以约定劳动合同的终止条件。

笔者认为这种观点不妥。《劳动法》第 23 条确实规定了当事人约定的劳动合同终止条件出现，劳动合同即行终止。但是，在《劳动合同法》颁布实施之后，约定终止的规定事实已经被废止。主要理由有两个：

第一，《劳动合同法》与《劳动法》的关系是特别法与普通法、新法与旧法的关系。两部法律在调整同一个法律对象时，应当坚持特别法优于普通法、新法优于旧法的原则。《劳动合同法》在《劳动法》的基础上增加了很多劳动合同终止的情形，但唯独没有规定双方当事人可以约定终止劳动合同，这意味着《劳动合同法》已经废止了《劳动法》中规定的劳动合同约定终止制度。对此，《劳动合同法实施条例》第 13 条给了最好的注解，该条规定："用人单位与劳动者不得在劳动合同法第四十四条规定的劳动合同终止情形之外约定其他的劳动合同终止条件。"

第二，如果允许约定终止，则会架空《劳动合同法》规定的劳动合同解除制度，危及劳动关系的稳定。除双方协商一致解除劳动合同外，《劳动合同法》不允许双方在法定事由外约定解除劳动合同的事由，目的在于限制用人单位的解除权，维护劳动关系稳定。如果允许约定终止，则意味着用人单位可以通过约定终止劳动合同来实现解除劳动关系的目的，完全架空了劳动合同解除制度。

（二）法定终止情形

1. 劳动合同期满

对于固定期限劳动合同而言，劳动合同期满，则劳动合同终止。无固定期限劳动合同不会出现此种情形。对于完成一定工作任务为期限的劳动合同，其"劳动合同期满"意指工作任务完成。

2. 劳动者开始依法享受养老保险待遇

该情形的理解在实务中分歧最大。

第一种观点认为，根据《劳动合同法实施条例》第 21 条的规定，劳动者达到法定退休年龄的，劳动合同终止。所以，不论劳动者是否已经实际享受到了养老保险待遇，只要其已经达到法定退休年龄，劳动合同即行终止。例如，在金力公司与陈某劳动争议案中，广东高院（2018）粤民再 100 号民事判决认为，《劳动合同法实施条例》第 21 条是依据《劳动合同法》第 44 条第 6 项的授权所作出的规定，其与该法并不抵触。依据《劳动合同法实施条例》第 21 条的规定，双方劳动关系应于达到退休年龄之日因法定事由而终止，并没有加以"享受养老保险待遇”作为退休的前提条件。该判决进一步指出：“对于已达法定退休年龄人员，明确了劳动合同终止，法律对构成劳动关系并没有把没享受养老保险待遇的情形包括在内。而且，从《最高人民法院关于审理劳动争议案件适用法律若干问题的解释（三）》第七条的规定来看，已达退休年龄人员并享受了养老保险待遇或领取养老金的，从事务工应认定为劳务关系。在同样性质的用工单位，从事同种性质的劳务，仅以是否已经享受养老保险待遇或领取退休金为由，分别认定为劳务关系与劳动关系，不符合同类事务同等处理的法律平等原则。”综上，该判决认定“已达法定退休年龄继续就业者与用人单位形成的是劳务关系，而非劳动关系，无论其是否享受基本养老保险待遇”。根据上述判决的观点，只要达到法定退休年龄，劳动合同、劳动关系即行终止。实践中，有相当一部分法院持类似观点。

第二种观点认为，根据《劳动合同法》第 44 条第 2 项和《劳动法》第 73 条，均未规定劳动者达到法定退休年龄的劳动合同终止，而是以依法享受养老保险待遇为劳动合同终止的条件。最高人民法院认为，依照《劳动合同法》的规定，劳动者达到法定退休年龄并不必然导致劳动合同终止。《新劳动争议解释一》第 32 条第 1 款即采纳此种观点，未将劳动者达到法定退休年龄作为认定用人单位与劳动者是劳动关系还是劳务关系的条件，而是认为已达到法定退休年龄未开始依法享受养老保险待遇的人员，与用人单位的用人关系仍为劳动关系。①

第三种观点认为，劳动者享受养老保险待遇和达到法定退休年龄并行不悖，用人单位均可以终止劳动合同。例如，上海市高级人民法院 2009 年曾出台相关文件，对如何看待“退休年龄”和“依法享受基本养老保险待遇”作为终止劳动合同的依据的关系进行了解答，文件认为，《劳动合同法》第 44 条规定，劳动者开始依法享受基本养老保险待遇的劳动合同终止，而《劳动合同法实施条例》第 21 条规定，劳动者达到退休年龄的劳动合同终止。用人单位依据前述规定，均可以终止劳动合同。

笔者赞同最高人民法院的观点。大多数情况下，劳动者达到法定退休年龄与依法享受养老保险待遇是同步的，所以《劳动合同法》第 44 条第 2 项与《劳动合同法实施条例》第 21 条并不矛盾。但是，劳动者达到法定退休年龄并不意味着一定能够依法享受养老保险待遇，其原因可能是社保缴费未达到法定最低

---

① 最高人民法院民事审判第一庭编著：《最高人民法院劳动争议司法解释（三）的理解与适用》，人民法院出版社 2010 年版，第 98 ~99 页。

年限，也可能是尚未办理退休手续。在此情况下，就出现了法律和行政法规不一致的情况。此时，应当以法律规定为准，劳动合同终止的条件只能是劳动者依法享受养老保险待遇，而不能是达到法定退休年龄。

3. 劳动者死亡，被人民法院宣告死亡或者宣告失踪

劳动者死亡或者被宣告死亡作为劳动合同终止情形，不存疑义。这里需要特别注意的是劳动者被宣告失踪的，也属于劳动合同终止的法定情形。劳动者被宣告失踪后，最终结果可能有三种走向：一是被宣告死亡或者查实确已经死亡；二是重新出现；三是一直处于失踪状态。不论最终结果如何，都不影响劳动合同终止。

4. 用人单位被依法宣告破产

用人单位被依法宣告破产，是指人民法院最终宣告该用人单位破产，而非指用人单位进入破产程序。企业符合《企业破产法》规定的情形的，会被人民法院依法裁定进入破产程序。在破产程序中，企业既可能通过重整或者和解而避免破产、走向新生，也可能重整或者和解失败而最终破产、死亡。只有在重整或者和解失败最终被人民法院宣告破产的，才属于《劳动合同法》所规定的“用人单位被依法宣告破产”。劳动合同终止的时间以人民法院宣告用人单位破产的时间为准。

5. 用人单位被吊销营业执照、责令关闭、撤销或者用人单位决定提前解散的

用人单位被行政部门依法吊销营业执照、责令关闭、撤销的，劳动合同终止，终止时间应以行政部门作出具体行政行为的时间为准。用人单位决定提前解散的，以用人单位意志为准，但是需要履行单位章程规定的程序。劳动合同终止的时间以用人单位决定作出之时为准，而非用人单位全部办理完毕清算注销手续之时。

实务中的重要问题是，如何界定法律规定的“用人单位决定提前解散”？实践中有一些用人单位想在付出有限成本的前提下便捷地大规模合法裁员，但又不符合经济性裁员或者订立劳动合同时的客观情况发生重大变化的情形，于是便采取虚假决定提前解散的方法，以便在付出有限的经济补偿金的前提下，彻底回避违法解除劳动合同的风险。当裁员完成后，用人单位或者重新召开股东会决定不再解散，或者在一切均不变的情况下只是到市场监管部门做名称变更，继续生产经营。鉴于此，界定“用人单位决定提前解散”应当符合以下几个方面：（1）用人单位决定提前解散的意思表示真实；（2）用人单位已经实际开始了企业的清算程序或者清算工作；（3）用人单位已经或者准备向市场监管部门

进行申请企业注销的相关工作；（4）前述工作在终止劳动合同后的合理期间内展开。凡是虚假提前解散的，可以认定为违法解除劳动合同，用人单位应当承担违法解除劳动合同的法律责任。

6. 法律、行政法规规定的其他情形

实务中对此条款的争议主要是《劳动法》第23条规定的约定终止和《劳动合同法实施条例》第21条规定的劳动者劳动合同在达到法定退休年龄时终止的应用问题。前文已经作了详细阐述，此处不再赘述。

二、延期终止

《劳动合同法》第45条规定了劳动合同延期终止制度，该制度仅针对劳动合同到期终止的情形，不适用其他类型的终止情形。该条规定："劳动合同期满，有本法第四十二条规定情形之一的，劳动合同应当续延至相应的情形消失时终止。但是，本法第四十二条第二项规定丧失或者部分丧失劳动能力劳动者的劳动合同的终止，按照国家有关工伤保险的规定执行。"

根据上述规定，从实务操作角度分析，出现下列情形的劳动合同期满时不得终止，需要延期终止：

1. 劳动合同期满时，从事接触职业病危害作业的劳动者未进行离岗前职业健康检查，或者疑似职业病病人在诊断或者医学观察期间。上述期间届满时，劳动合同终止。

2. 劳动合同期满时，劳动者正处于医疗期内。医疗期届满时，劳动合同终止。

3. 劳动合同期满时，女职工正处在孕期、产期、哺乳期。"三期"届满时，劳动合同终止。

4. 劳动合同期满时，劳动者已在本单位连续工作满15年，且距法定退休年龄不足5年的，劳动合同不能以已经到期为由终止。在没有其他法定事由的情况下，双方的劳动关系须延续到劳动者退休领取养老保险待遇时。

三、终止劳动合同的通知

劳动合同到期终止的，不需要用人单位提前通知。因为劳动合同对于合同期限已经有明确约定，不会出现不通知就不知道劳动合同到期的情况。正是因为劳动关系双方对此均有心理预期，故在劳动合同届满前双方均可以依法主张续订劳动合同，不会丧失法律规定的权利。此种情况下，如劳动者主张用人单位未履行通知义务，属于违法终止劳动合同的，不应当予以支持。例如，《天津法院劳动争议案件审理指南》第 29 条第 1 款规定："劳动合同到期终止，劳动者以用人单位未履行通知义务为由主张违法终止合同的，不予支持。"

需要注意的是，《劳动合同法》第 46 条规定："有下列情形之一的，用人单位应当向劳动者支付经济补偿……（五）除用人单位维持或者提高劳动合同约定条件续订劳动合同，劳动者不同意续订的情形外，依照本法第四十四条第一项规定终止固定期限劳动合同的……"据此，如果用人单位在劳动合同到期前不通知劳动者的，则意味着未提出维持或提高劳动合同条件续约的意思表示，用人单位需要支付劳动合同到期终止的经济补偿。

劳动合同到期终止之外的终止情形，由于涉及比较复杂的法律知识和计算，一般劳动者难以准确知晓具体的终止时间和终止事由，所以实务中一般认为用人单位在此时负有提前通知的义务。

四、劳动合同的解除与终止的异同

劳动合同的解除与终止是劳动法中的重要制度，在实践中往往被人们混用，造成一定混乱和无谓争论。从《劳动合同法》的规定看，解除与终止属于并列概念，它们都会产生劳动权利义务消灭的法律效果，在法定情形下用人单位都需要向劳动者支付经济补偿；用人单位违法解除或者违法终止的，均须向劳动者支付赔偿金。但是，两者的区别也是明显的。具体如下：

1. 引发因素不同

劳动合同解除一般都是由当事人主观意志的决定而发生，但劳动合同终止则是因客观情况出现而发生。具体地讲，劳动合同解除大致可以分为协议解除和单方解除。协议解除是双方当事人协商一致解除劳动合同，主观意志明显。单方解除中，不论是劳动者单方解除还是用人单位单方解除，均须遵守法定情形或者遵照法定程序，但出现法定解除事由还必须结合当事人解除意志方可发生合同解除的效果。劳动合同终止的事由均为合同届满、当事人主体消灭等，均与当事人意欲解除合同的主观意志无关。①

2. 法定程序不同

劳动合同解除须遵循法定程序，劳动合同终止则无特别程序要求。具体地

---

① 用人单位决定解散而导致劳动合同终止的，表面上看是用人单位决定解散的主观意志所致，但是从深层次分析，用人单位的主观意志内容是决定解散而非终止劳动合同，终止劳动合同不在用人单位主观意志之中，而是基于法律的规定。所以，此种情形下劳动合同终止的并非基于用人单位意志而是基于法律规定。

讲，劳动合同解除时要根据不同的解除事由而遵循诸如提前30日书面通知、支付代通知金、通知工会、向劳动行政部门报备等程序；劳动合同终止时，虽然很多用人单位在实践中喜欢提前发出终止通知，但这更多的是当事人的自愿，法律并没有明确予以规定。

3. 效力成就时间不同

劳动合同解除只要符合法律规定，在当事人解除劳动合同通知到达对方时，合同效力就当然地消灭；但是，劳动合同终止则存在因法定事由出现而延期终止的情况，如妇女“三期”、工伤职业病、接触职业病危害劳动者未进行离岗前检查和疑似职业病在诊断和观察期、医疗期、在本单位连续工作满15年且距退休不足5年等。

裁审要点

1. 用人单位提出劳动合同终止的，需要审查是否符合法律规定的终止条件，是否存在延期终止的法定情形。

2. 注意区分劳动合同终止与解除。

实操指引

1. 用人单位在终止劳动合同前，建议不论法律是否规定需要通知，均履行提前通知的手续。

2. 用人单位需要建立完整的劳动用工档案，对于特殊人群要给予特别注意，尤其是有职业病风险的劳动者、工伤职工、育龄妇女等。终止劳动合同时，需要注意法律关于劳动合同延期终止的规定。

第七节 经济补偿和赔偿金

裁判观点

1. 用人单位提出解除劳动合同，双方协商一致解除劳动合同的，用人单位向劳动者支付经济补偿。

2. 无过错辞退、经济性裁员情形下，用人单位合法解除劳动合同的，应当向劳动者支付经济补偿。过错性辞退情形下，用人单位合法解除劳动合同的，不需向劳动者支付经济补偿。

3. 劳动合同到期终止，用人单位未能提高或者维持劳动合同续订条件，劳动者不同意续订，用人单位需支付劳动合同到期终止的经济补偿。

4. 因用人单位原因导致劳动合同无效，劳动者解除该无效劳动合同的，用人单位应向劳动者支付经济补偿。

5. 解除或者终止劳动合同的经济补偿年限以《劳动合同法》实施之日分段计算。

6. 解除或者终止劳动合同的经济补偿计算基数，以解除或者终止劳动合同前 12 个月平均工资为标准，不满 12 个月的，以在本单位实际工作期间月平均工资为标准。月平均工资为应得工资，包括奖金、计件工资、津贴、工资性补贴等劳动报酬，但是不包含加班费。计算月平均工资时，是否需要扣除劳动者非正常工作期间，各地裁判尺度不统一。

7. 违法解除或者终止劳动合同的赔偿金按照经济补偿的 2 倍计算。是否分段计算赔偿金，各地裁判尺度不统一。

8. 判令用人单位支付违法解除或者终止劳动合同的赔偿金后，不再支付经济补偿。

9. 劳动关系双方在平等自愿基础上达成的针对经济补偿、赔偿金的协议为有效协议。

深度解析

一、用人单位支付经济补偿的情形

根据《劳动合同法》第 46 条的规定，用人单位在 7 种情形下应当向劳动者支付解除或者终止劳动合同的经济补偿：

1. 劳动者依照《劳动合同法》第 38 条规定解除劳动合同的（即推定解雇制度）。

2. 用人单位依照《劳动合同法》第 36 条规定向劳动者提出解除劳动合同并与劳动者协商一致解除劳动合同的。

3. 用人单位依照《劳动合同法》第 40 条规定解除劳动合同的（即无过错性辞退）。

4. 用人单位依照《劳动合同法》第 41 条第 1 款规定解除劳动合同的（即

经济性裁员)。

5. 除用人单位维持或者提高劳动合同约定条件续订劳动合同，劳动者不同意续订的情形外，依照《劳动合同法》第 44 条第 1 项规定终止固定期限劳动合同的（即劳动合同到期终止）。但是，2008 年 1 月 1 日之前的工作年限，不属于经济补偿计算范畴。①

6. 依照《劳动合同法》第 44 条第 4 项、第 5 项规定终止劳动合同的（即用人单位破产、吊销营业执照、责令关闭、撤销、解散）。

7. 法律、行政法规规定的其他情形。

关于其他情形，散见于各处，主要有以下几种：（1）根据《劳动合同法实施条例》第 22 条的规定，以完成一定工作任务为期限的劳动合同因任务完成而终止的，用人单位应当支付经济补偿。（2）劳务派遣经济补偿。《劳务派遣暂行规定》第 17 条规定："劳务派遣单位因劳动合同法第四十六条或者本规定第十五条、第十六条规定的情形，与被派遣劳动者解除或者终止劳动合同的，应当依法向被派遣劳动者支付经济补偿。"②

二、用人单位不需支付经济补偿的情形

根据《劳动合同法》《劳动合同法实施条例》等规定，用人单位在以下主要情形下不需要向劳动者支付解除或者终止劳动合同的经济补偿：

1. 劳动者提出解除劳动合同，双方协商一致解除劳动合同的，但劳动者以《劳动合同法》第 38 条为理由提出解除劳动合同的除外。

2. 用人单位根据《劳动合同法》第 39 条的规定解除劳动合同的（即过错性辞退）。

3. 因劳动者原因导致劳动合同无效，用人单位根据《劳动合同法》第 26 条第 1 款的规定解除劳动合同的。

4. 用人单位维持或者提高劳动合同约定条件续订劳动合同，劳动者不同意续订，劳动合同到期终止的。

---

① 最高人民法院民事审判第一庭编著：《最高人民法院劳动争议司法解释（四）理解与适用》，人民法院出版社 2013 年版，第 109 页。

② 此外，法律还规定了竞业限制经济补偿。《劳动合同法》第 23 条第 2 款规定："对负有保密义务的劳动者，用人单位可以在劳动合同或者保密协议中与劳动者约定竞业限制条款，并约定在解除或者终止劳动合同后，在竞业限制期限内按月给予劳动者经济补偿。劳动者违反竞业限制约定的，应当按照约定向用人单位支付违约金。"但是，这种经济补偿是针对劳动者履行竞业限制义务所给付的，不属于解除或者终止劳动合同经济补偿范畴。

5. 劳动者依法退休，劳动合同终止的。

6. 劳动者与用人单位就解除或者终止劳动合同不需要支付经济补偿达成协议，该协议不违反法律、行政法规的强制性规定，且不存在欺诈、胁迫或者乘人之危情形的。

7. 非全日制用工双方当事人任何一方都可以随时通知对方终止用工。终止用工，用人单位不需要向劳动者支付经济补偿。

三、解除或终止劳动合同的经济补偿的计算与支付

（一）经济补偿的法定标准

《劳动合同法》第 47 条明确规定了经济补偿的计算标准。根据该条规定，经济补偿的计算方法如下：

1. 基本标准

经济补偿按劳动者在本单位工作的年限，每满 1 年支付 1 个月工资的标准向劳动者支付。6 个月以上不满 1 年的，按 1 年计算；不满 6 个月的，向劳动者支付半个月工资的经济补偿。

2. 基数与年限双封顶的规定

劳动者月工资高于用人单位所在直辖市、设区的市级人民政府公布的本地区上年度职工月平均工资 3 倍的，向其支付经济补偿的标准按职工月平均工资 3 倍的数额支付，向其支付经济补偿的年限最高不超过 12 年。

3. 工作年限连续计算

根据《新劳动争议解释一》第 46 条第 1 款的规定，劳动者非因本人原因从原用人单位被安排到新用人单位工作，原用人单位未支付经济补偿，劳动者依照《劳动合同法》第 38 条规定与新用人单位解除劳动合同，或者新用人单位向劳动者提出解除、终止劳动合同，在计算支付经济补偿或赔偿金的工作年限时，劳动者请求把在原用人单位的工作年限合并计算为新用人单位工作年限的，人民法院予以支持。

根据《新劳动争议解释一》第 46 条第 2 款的规定，在下列 5 种情形中，属于“劳动者非因本人原因从原用人单位被安排到新用人单位工作”：（1）劳动者仍在原工作场所、工作岗位工作，劳动合同主体由原用人单位变更为新用人单位；（2）用人单位以组织委派或任命形式对劳动者进行工作调动；（3）因用人单位合并、分立等原因导致劳动者工作调动；（4）用人单位及其关联企业与劳动者轮流订立劳动合同；（5）其他合理情形。

实务中的难点问题在于如何认定劳动法意义上的“关联企业”。实务中一般认为，关联企业是指在法律上互相独立，但在资金、经营、购销等方面存在直接或间接拥有或控制关系，直接或间接地同为第三者所控制或拥有、其他在利益上具有关联关系的公司、企业、其他经济组织。从表象上看，一般彼此具有相同股东，或者相近的名称，或者有统一的经营管理。①

4. 工作年限的证明责任

劳动者与用人单位对连续工作年限协商一致的，一般应当认定。劳动者单方提出工作年限主张的，劳动者需要证明与用人单位存在劳动关系，如用人单位对该主张有异议的，根据《新劳动争议解释一》第44条的规定，用人单位应当举证证明其所主张的工作年限。如果用人单位不能证明的，实务中一般认定劳动者主张的工作年限。

5. 工作年限与工龄的区别

实务中，往往将工作年限等同于工龄。从司法实践角度观察，这种理解会导致理论与实践出现不同一的现象。工作年限与工龄在大部分情形下是相等的，但是在某些情形下明显不同。

工作年限一般是指劳动者与用人单位劳动关系存续期间，而并非指客观上提供劳动的期间，例如，劳动者停工留薪期、医疗期、请事假等期间均应计入工作年限。但是工龄的计算则不限于此，从事特殊工种和特殊环境工作的劳动者，其工龄可以进行折算。例如，井下矿工固定在华氏32度以下低温工作场所或在华氏100度以上高温工作场所工作的职工，每在此场所工作1年，可按照1年零3个月计算工龄。又如，在某些特定有毒有害行业工作或者直接从事有害身体健康工作的职工，每从事该工作1年，可按照1年零6个月计算工龄。

实务中，很多地方的法院民事诉讼中是不受理劳动者提出的确认工龄的诉讼请求的，认为认定工龄属于劳动行政部门的专属职权，应由劳动行政部门处理，该诉讼请求不属于民事案件受理范围。但是对于工作年限，由于关系到经济补偿、赔偿金的计算，所以在民事诉讼中均对工作年限进行实体审理和确认。天津、江苏、河北、湖南、云南等地均出台相关裁审指导意见认为，工龄认定（折算）问题不属于人民法院劳动争议案件受理范围。

总之，就工龄与工作年限问题，实务中争议仍然较大，尺度很不统一，亟待全国人大、国务院、最高人民法院出台统一规定。

---

① 最高人民法院民事审判第一庭编著：《最高人民法院劳动争议司法解释（四）理解与适用》，人民法院出版社2013年版，第113页。

6. 月工资的含义

上述所称“月工资”是指劳动者在劳动合同解除或者终止前 12 个月的平均工资。《劳动合同法实施条例》第 27 条进一步对“月工资”含义进行了规定，该条规定：“劳动合同法第四十七条规定的经济补偿的月工资按照劳动者应得工资计算，包括计时工资或者计件工资以及奖金、津贴和补贴等货币性收入。劳动者在劳动合同解除或者终止前 12 个月的平均工资低于当地最低工资标准的，按照当地最低工资标准计算。劳动者工作不满 12 个月的，按照实际工作的月数计算平均工资。”

（二）经济补偿的分段计算

1. 分段计算的基本方法

当劳动者在本单位工作时间跨越《劳动合同法》实施时间的（2008 年 1 月 1 日），此时之前的工作年限如何计算经济补偿，在实务中是一个重点问题。据此，《劳动合同法》第 97 条对于法律实施前后情况的衔接问题作出了规定，该条第 3 款规定：“本法施行之日存续的劳动合同在本法施行后解除或者终止，依照本法第四十六条规定应当支付经济补偿的，经济补偿年限自本法施行之日起计算；本法施行前按照当时有关规定，用人单位应当向劳动者支付经济补偿的，按照当时有关规定执行。”

需要特别注意的是，经济补偿分段计算是指计算经济补偿的年限需要分段计算，经济补偿的计算基数“月工资”是唯一的、恒定的，不能分段计算，计算基数唯一指向劳动者在劳动合同解除或者终止前 12 个月的平均工资，劳动者工作不满 12 个月的，按照实际工作的月数计算平均工资。

2. 《劳动合同法》实施前的经济补偿问题

根据上述规定，经济补偿应当分段计算。2008 年 1 月 1 日之后的补偿年限按照“一年补一个月”的基本标准计算，同时注意劳动者收入过高时经济补偿的“封顶规定”。但是，实务中的难题是 2008 年 1 月 1 日之前的补偿标准应当依据何种规定、如何计算。

从国家层面看，2008 年 1 月 1 日原劳动部《违反和解除劳动合同的经济补偿办法》[①]（劳部发〔1994〕481 号）对经济补偿金[②]进行了系统规定。该办法规定的经济补偿金类型主要有三种：

---

① 其已于 2017 年失效。

② 该规定用语为“经济补偿金”，《劳动合同法》中统一使用“经济补偿”。

（1）25%经济补偿金。根据该办法第 3 条、第 4 条的规定，用人单位克扣、拖欠工资、加班费，以及发放工资低于最低工资标准的，用人单位应当支付相当于欠付部分 25%的经济补偿金。

（2）解除劳动合同经济补偿金。根据该办法第 5 条至第 9 条的规定，用人单位需要按照“一年补一个月”的标准支付解除劳动合同的经济补偿金，其情形与《劳动合同法》第 40 条、第 41 条所规定的无过错辞退、经济性裁员相同。其中，特别需要注意的是，根据该办法第 5 条、第 7 条的规定，在当事人协商一致由用人单位解除劳动合同、劳动者不能胜任工作解除劳动合同两种情况下，经济补偿金最高计算年限不超过 12 个月，即所谓的经济补偿金封顶规定。

（3）50%额外经济补偿金。根据该办法第 10 条的规定，用人单位未支付解除劳动合同经济补偿金时，须支付应付经济补偿金数额 50%的“额外经济补偿金”。

综上，2008 年 1 月 1 日之前的经济补偿，应当依照原劳动部《违反和解除劳动合同的经济补偿办法》计算。需要特别说明的是，该办法已于 2017 年年底被废止，但是在 2008 年 1 月 1 日之前，该办法属有效规定，故计算 2008 年 1 月 1 日之前的经济补偿仍可适用该办法。

（三）经济补偿计算基数“月工资”的特殊情形

1. 非正常工作期间是否应当扣除

如果在劳动者解除或者终止劳动合同前 12 个月内，劳动者经历了医疗期等特殊期间或者请事假，其依法获得的工资待遇有所降低的，在确定经济补偿基数时，应当以正常工作时间内的正常收入为标准还是以实际工作状态下的客观收入为标准，实务中总是会困扰一部分人。例如，劳动者在本单位工作年限为 7 年，正常工资收入为每月 5000 元。2019 年 1 月开始因病享受了 4 个月的医疗期，医疗期待遇为每月 3000 元。医疗期满后，劳动者不能从事原工作，也不能从事另行安排的工作，用人单位遂依法解除劳动合同。劳动者依法可以获得的经济补偿应当如何计算。有两种结果：

第一种：5000 元/月×7 个月＝35000 元。

第二种：（5000 元/月×8 个月＋3000 元/月×4 个月）÷12 个月×7 个月＝30333 元。

实务中，对于上述问题历来有两种针锋相对的观点。一种认为应当按照劳动者实际工作状态下的平均工资计算。例如，重庆市相关部门出台的有关纪要认为，根据《劳动合同法》第 47 条之规定，经济补偿金的计算标准为劳动者在劳动合同解除或者终止前12个月的平均工资。根据法律、行政法规规定，劳动者因患病、工伤、产假、婚丧假、事假、探亲假等原因，用人单位按一定比例或者标准支付的工资，属于特殊情况下支付的工资，因此，用人单位按月向工伤职工支付的停工留薪期工资、鉴定期间生活津贴等属于特殊情况下支付的工资，应当作为平均工资的计算基数。有的法官在著作中也表达了相同观点。①

另一种则认为需要扣除医疗期等非正常工作期间。例如，浙江省高级人民法院民事审判第一庭、浙江省劳动人事争议仲裁院2014年联合出台的相关裁审解答文件认为，《劳动合同法》第47条第3款规定的“本条所称月工资是指劳动者在劳动合同解除或者终止前十二个月的平均工资”，应理解为劳动合同解除或者终止前劳动者正常工作状态下十二个月的平均工资，不包括医疗期等非正常工作期间。又如，云南省高级人民法院、云南省人力资源和社会保障厅2015年联合出台的审理劳动人事争议案件的座谈会纪要认为，《劳动合同法》第47条第3款规定的“本条所称月工资是指劳动者在劳动合同解除或者终止前十二个月的平均工资”，应理解为劳动合同解除或者终止前劳动者正常工作状态下十二个月的平均工资，不包括医疗期等非正常工作期间。

笔者基本赞同按照正常工作状态下平均工资计算经济补偿基数的观点。主要理由在于，解除或者终止劳动合同的经济补偿基本上是法律规定的对劳动者在本单位全部职业生涯的补偿，是为了保障劳动者失去这份工作后一段时间内可能发生的生存和生活问题，此类补偿宜宽不宜紧，这样有利于维系和谐劳动关系。也正因如此，医疗期等非因劳动者意志而发生的不能正常工作的期间，以及劳动者依法享有的法定假期如产假、探亲假等应当扣除，但是劳动者因主观意志而不能正常工作的期间如事假等不宜扣除。

2. 经济补偿计算基数是否应当包含加班费

笔者认为，经济补偿计算基数为解除或者终止劳动合同前正常工作时间的应得平均工资，包括奖金、津贴、补贴等货币性收入，但是不包括加班费。因为加班费不属于正常工作时间内的劳动所得。《劳动合同法实施条例》第27条在明确经济补偿基数“月工资”时，也没有规定加班费包括在内。有些地区法院已经对此问题表达了明确的裁判倾向，如江苏省高级人民法院出台的劳动争议案件审理指南类文件认为，经济补偿金的计算标准应不包括加班工资。

（四）经济补偿的支付时间

《劳动合同法》第50条第2款规定：“劳动者应当按照双方约定，办理工作

---

① 李盛荣、马千里：《劳动争议案件司法观点集成》，法律出版社2017年版，第440页。

交接。用人单位依照本法有关规定应当向劳动者支付经济补偿的，在办结工作交接时支付。”虽然法律规定了支付时间，但是上述条款并不是强制性条款，双方当事人可以通过协议方式约定支付时间。

四、赔偿金

（一）赔偿与赔偿金

1.《劳动合同法》规定的赔偿金的适用

（1）违法解除或终止劳动合同的赔偿金

《劳动合同法》第 87 条规定：“用人单位违反本法规定解除或者终止劳动合同的，应当依照本法第四十七条规定的经济补偿标准的二倍向劳动者支付赔偿金。”据此，实务中一般认为，用人单位违法解除劳动合同的，劳动者主张用人单位支付赔偿金时，裁判机关予以支持。同时，判令支付赔偿金与判令继续履行劳动合同是不兼容的。只有当劳动者选择要求用人单位支付赔偿金，或者劳动合同在仲裁或诉讼过程中期满，劳动者将请求由继续履行劳动合同变更为要求支付赔偿金的前提下，才会判令支付赔偿金。

（2）加付赔偿金

《劳动合同法》第 85 条规定：“用人单位有下列情形之一的，由劳动行政部门责令限期支付劳动报酬、加班费或者经济补偿；劳动报酬低于当地最低工资标准的，应当支付其差额部分；逾期不支付的，责令用人单位按应付金额百分之五十以上百分之一百以下的标准向劳动者加付赔偿金：（一）未按照劳动合同的约定或者国家规定及时足额支付劳动者劳动报酬的；（二）低于当地最低工资标准支付劳动者工资的；（三）安排加班不支付加班费的；（四）解除或者终止劳动合同，未依照本法规定向劳动者支付经济补偿的。”该条款规定的“加付赔偿金”制度，根据《新劳动争议解释一》第 1 条的规定，劳动者依据上述法律规定要求用人单位支付加付赔偿金发生的纠纷，人民法院予以受理。但是，要想获得司法支持，目前的审理尺度是以劳动行政部门作出责令用人单位支付加付赔偿金为必要条件。否则，人民法院虽然在程序上予以受理，但在实体上不会支持劳动者的该项诉请。

（3）试用期赔偿金

《劳动合同法》第 83 条规定：“用人单位违反本法规定与劳动者约定试用期的，由劳动行政部门责令改正；违法约定的试用期已经履行的，由用人单位以劳动者试用期满月工资为标准，按已经履行的超过法定试用期的期间向劳动者支付赔偿金。”鉴于《劳动合同法》第20条规定了试用期工资标准，故综合上述法律规定，当用人单位违法与劳动者约定的试用期履行完毕的，用人单位不但要向劳动者支付超出法定试用期期间的工资，还应当向劳动者支付超出法定试用期期间的赔偿金。

2.《劳动法》规定的赔偿金

《劳动法》第91条规定了在4种情形下劳动行政部门责令支付劳动者的工资报酬、经济补偿，并可以责令支付赔偿金。此处的“赔偿金”与《劳动合同法》第87条规定的“赔偿金”名称相同，但是是完全不同的两项制度。《劳动法》所规定的赔偿金与《劳动合同法》第85条规定的加付赔偿金是相同的，后者对《劳动法》的该项制度进行了升级。但是，《劳动合同法》第87条所规定的赔偿金却是在该法颁布实施前的劳动法律体系中所没有的。[①]《新劳动争议解释一》第45条根据《劳动法》第91条的规定，明确了用人单位在法定情形下除了支付经济补偿外，还可以支付赔偿金。此处的赔偿金，即为《劳动合同法》第85条规定的加付赔偿金。

3. 赔偿与赔偿金的区别

《劳动法》规定赔偿责任的一共有6条，可以分为两个类型：第一类是用人单位赔偿劳动者。第89条、第95条、第97条、第98条规定，用人单位因违法而需向劳动者赔偿；第二类则属于受偿对象是用人单位。第99条、第102条规定本单位向原单位、劳动者向本单位的赔偿责任。与本节内容有关的是第一类。

在第一类中，用人单位向劳动者承担赔偿责任的要件有两个：第一是用人单位存在《劳动法》规定的违法行为，第二是对劳动者造成损害。易言之，用人单位承担赔偿责任的前提是劳动者需要证明用人单位的违法行为给自己造成了损害，即“无损害则无赔偿”。原劳动部《违反〈劳动法〉有关劳动合同规定的赔偿办法》(劳部发〔1995〕223号）进一步对如何赔偿进行了规定。该办法第2条规定了用人单位向劳动者承担赔偿责任的具体情形，即“用人单位有下列情形之一，对劳动者造成损害的，应赔偿劳动者损失：（一）用人单位故意拖延不订立劳动合同，即招用后故意不按规定订立劳动合同以及劳动合同到期后故意不及时续订劳动合同的；（二）由于用人单位的原因订立无效劳动合同，

---

① 《劳动法》、原劳动部《违反和解除劳动合同的经济补偿办法》、原劳动部《违反〈劳动法〉有关劳动合同规定的赔偿办法》、原劳动部《关于贯彻执行〈中华人民共和国劳动法〉若干问题的意见》等法律法规中均未规定用人单位违法解除或者终止劳动合同，需要向劳动者支付赔偿金。

或订立部分无效劳动合同的；（三）用人单位违反规定或劳动合同的约定侵害女职工或未成年工合法权益的；（四）用人单位违反规定或劳动合同的约定解除劳动合同的。”该办法第 3 条规定了赔偿数额的确定标准，即“本办法第二条规定的赔偿，按下列规定执行：（一）造成劳动者工资收入损失的，按劳动者本人应得工资收入支付给劳动者，并加付应得工资收入 25%的赔偿费用；（二）造成劳动者劳动保护待遇损失的，应按国家规定补足劳动者的劳动保护津贴和用品；（三）造成劳动者工伤、医疗待遇损失的，除按国家规定为劳动者提供工伤、医疗待遇外，还应支付劳动者相当于医疗费用 25%的赔偿费用；（四）造成女职工和未成年工身体健康损害的，除按国家规定提供治疗期间的医疗待遇外，还应支付相当于其医疗费用 25%的赔偿费用；（五）劳动合同约定的其他赔偿费用。”据此，上述两条款均明确规定了用人单位给劳动者造成损失或者损害的需要赔偿。原劳动部关于印发《关于贯彻执行〈中华人民共和国劳动法〉若干问题的意见》的通知（劳部发〔1995〕309 号）中也多次出现用人单位需向劳动者支付“赔偿金”的规定（主要是该通知的第 91 条、第 94 条、第 95 条），也基本都是与《劳动合同法》第 85 条规定的“加付赔偿金”相同的制度。与此差异明显的是，《劳动合同法》第 87 条所规定的赔偿金制度则没有延续《劳动法》的“无损害则无赔偿”的规定，而是规定只要出现用人单位违法解除劳动合同的情形，则不论劳动者的损失是否已经实际发生，均应支付赔偿金。而且，《劳动合同法》规定的支付赔偿金的情形与《劳动法》及其配套规定确定的用人单位赔偿劳动者损失的情形也并不完全一致。

综上，《劳动合同法》第 83 条、第 85 条、第 87 条所规定的三种赔偿金与《劳动法》所规定的“赔偿金”以及“赔偿”均不属于同一制度。《劳动法》规定的赔偿金与《劳动合同法》第 85 条规定的加付赔偿金、《新劳动争议解释一》第 45 条规定的赔偿金为同一制度。

（二）违法解除或终止劳动合同的赔偿金的计算：分段还是不分段

实务中对于用人单位违法解除或者终止劳动合同的赔偿金如何计算存在争议。

不分段说认为，根据《劳动合同法实施条例》第 25 条的规定，赔偿金的计算年限自用工之日起计算。所以，用工之日在《劳动合同法》颁布实施前的，不应当按照《劳动合同法》实施之日分段计算，而应当将《劳动合同法》实施前后的全部本单位工作年限都计入计算赔偿金的年限。

分段说认为，应当以《劳动合同法》实施之日分段计算，实施之后按照经济补偿的2倍计算赔偿金，实施之前则应按照当时的法律法规执行。主要理由是：第一，赔偿金依法按照经济补偿的2倍确定，而《劳动合同法》第97条又规定经济补偿应当分段计算，所以赔偿金也应当分段计算。第二，按照法不溯及既往原则，《劳动合同法》《劳动合同法实施条例》均不能约束它们实施前的行为和期间，《劳动合同法实施条例》第25条所规定的“用工之日”不应理解为客观上的用工日，而是指《劳动合同法》实施后的用工之日，而且《劳动合同法》实施前并无该法规定的“赔偿金”制度，用后法的新制度去涵盖前法的期间会造成不公平。

从实际采用的地域范围看，似乎采纳不分段观点的地区较多，如北京、广东等；采取分段计算的地区较少，如天津。就两种观点的优缺点而言，不分段计算的观点在实践中便于操作，标准明确，但是对用人单位用工管理精准度要求较高，用人单位面对的风险较高；分段计算的观点在《劳动合同法》实施前用工期间的操作上较为复杂，对裁判者适用法律法规的能力要求较高，但是用人单位面对的风险较小，可以适当降低用人单位用工成本。就此争议问题，最终还是需要全国人大、最高人民法院或者人力资源和社会保障部予以明确。

采取分段计算的地区，在分段计算《劳动合同法》实施前工作期间的赔偿问题上仍然面临难题。前文述及，《劳动合同法》实施前，我国法律法规没有规定解除或者终止劳动合同的赔偿金，而是实行“无损害则无赔偿”的规则。但是，对于一些工作年限较长的劳动者，如果对于《劳动合同法》实施前的工作年限不作赔偿，似乎又违反公平原则。于是，实践中往往会由裁判机构结合案件情况参照经济补偿的标准判令用人单位支付《劳动合同法》实施前工作年限的赔偿金。

（三）赔偿金与经济补偿可否兼得

前文述及，在用人单位违法解除或者终止劳动合同情形下，继续履行劳动合同与赔偿金不可兼得。同时，经济补偿和赔偿金也不可兼得。《劳动合同法实施条例》第25条前段规定：“用人单位违反劳动合同法的规定解除或者终止劳动合同，依照劳动合同法第八十七条的规定支付了赔偿金的，不再支付经济补偿。”

在出现《劳动法》第91条、《新劳动争议解释一》第45条规定的情形时，经济补偿与赔偿金（即加付赔偿金）可以兼得。此外，《劳动合同法》第83条规定的违法约定试用期的赔偿金也是一种独立的赔偿金，也存在与经济补偿兼得的可能。

五、经济补偿、赔偿金协议的效力

实践中，劳动关系双方对经济补偿、赔偿金的数额作出提高、降低甚至免除约定，以及对支付时间、支付方法进行约定的，则该协议是否有效呢？答案是肯定的。《新劳动争议解释一》第35条规定："劳动者与用人单位就解除或者终止劳动合同办理相关手续、支付工资报酬、加班费、经济补偿或者赔偿金等达成的协议，不违反法律、行政法规的强制性规定，且不存在欺诈、胁迫或者乘人之危情形的，应当认定有效。前款协议存在重大误解或者显失公平情形，当事人请求撤销的，人民法院应予支持。"

六、经济补偿、赔偿金的仲裁时效

理论界和实务界普遍认为，经济补偿、赔偿金的仲裁时效应当适用《劳动争议调解仲裁法》第27条规定的普通时效期间，即自劳动者知道或者应当知道用人单位应当支付经济补偿、赔偿金之日起开始计算1年。

裁审要点

1. 劳动者主张经济补偿、赔偿金的，第一步须落实其请求的经济补偿、赔偿金的类型和法律依据，第二步须落实用人单位是否存在依法应当支付的情形。

2. 劳动合同到期终止时，如何认定用人单位维持或提高劳动合同续订条件，可以从两个方面考虑：第一，从程序上讲，用人单位应当通知劳动者续订劳动合同；第二，从实体上讲，用人单位通知劳动者后，如双方对是否维持或提高劳动合同条件产生分歧，应当从客观的实体权益标准审核双方举证质证情况，结合劳动合同的原有约定内容，从劳动者的工作环境、薪酬水准、职业发展等角度综合判定。在劳动者同意续订的情况下，如劳动者对新的变更内容产生异议的，用人单位应作出较为合理的解释，否则不宜轻易认定用人单位维持或提高劳动合同约定的条件。如果用人单位存在较为明显的故意规避支付经济补偿的情形，应认定其不属于维持或提高劳动合同约定的条件。[①]

3. 计算经济补偿、赔偿金时，应着重审查计算基数和补偿期间。尤其对于基数问题，一要坚持"月工资"的正常工作时间的应得工资属性，剔除加班费、

① 刘金山主编：《法院审理劳动争议案件观点集成》，中国法制出版社2016年版，第308~309页。

福利待遇的同时，应注意涵盖用人单位代扣代缴部分（个人所得税、社保个人缴费部分等）。二要注意劳动者非正常工作期间的扣减问题。

4. 当需要处理用人单位及其关联企业与劳动者轮流订立劳动合同的案件时，可以考虑以下要素：股东、实际控制人的重合率；劳动者工资发放主体、社保缴纳主体之间的关系；企业之间经营范围、经营方向的重合率；企业之间是否具有人力、经营业务、资产管理方面的管理关系等方面考察企业之间是否具有关联关系；用人单位是否具有规避支付经济补偿的主观恶意。

实操指引

1. 用人单位可以与劳动者在劳动合同中对经济补偿的基数进行约定，也可以在规章制度中对其进行规定。

2. 用人单位应当建立系统的薪酬体系，对工资类收入、福利待遇等进行分类界定，在工资台账、工资条中对工资类收入进行明确记载，以此作为将来计算经济补偿、赔偿金的基础，也可以帮助用人单位做到对解除或者终止劳动合同的成本知根知底。

3. 推荐劳动关系双方在解除或者终止劳动合同时对经济补偿、赔偿金等进行协商，签订协议。

4. 用人单位抗辩劳动者经济补偿、赔偿金超过仲裁时效的，应当在劳动争议仲裁期间提出，并在日后的诉讼程序中继续提出。

第八节　劳动合同解除或终止后的后合同义务

裁判观点

1. 劳动者主张用人单位未履行后合同义务而导致其损失的，裁审机关一般会较为严格地审查因果关系和具体损失金额。

2. 劳动者主张工资损失，仅提供新单位出具的未录用证明，如果无其他证据予以佐证的，一般不能得到裁审机关支持。

3. 劳动者未依约办理工作交接，因此造成用人单位损失的，应当承担赔偿责任。

深度解析

一、劳动合同的后合同义务内容

劳动合同解除或者终止后，劳动关系双方应当依法履行各种善后和交接义务，在这里我们将其统称为“后合同义务”。《劳动合同法》第50条对这类义务进行了规定。根据该条的规定，“后合同义务”主要有以下几个方面的内容。

（一）用人单位出具解除或终止劳动合同证明

《劳动合同法》第50条规定，用人单位应当在解除或者终止劳动合同时出具解除或者终止劳动合同的证明。劳动者在重新就业时，新用人单位为了防止出现双重劳动关系、防止出现违反竞业限制义务、防止无法为劳动者办理用工手续等，往往需要劳动者提供原用人单位开具的解除或者终止劳动合同证明。如果劳动者无法提供，将会影响其在新单位的就业。此外，如果用人单位不出具解除或者终止劳动合同证明，也会影响劳动者在社保管理部门申请相应社会保险待遇。

（二）用人单位办理档案和社保关系转移

《劳动合同法》第50条第1款规定：“用人单位应当在解除或者终止劳动合同时……并在十五日内为劳动者办理档案和社会保险关系转移手续。”据此，在实务中，双方解除或者终止劳动合同后，原用人单位需要到劳动行政部门办理退工退档手续。劳动者有新用人单位的，原用人单位应当依法在法定期限内将档案和社保关系转移到新单位处；劳动者没有新用人单位的，原用人单位应当依法在法定期限内将档案和社保关系转移至劳动者户籍所在地相关机构（如户籍所在地街道）。如果原用人单位没有办理或者迟延办理上述手续的，可能会造成劳动者新单位无法为其办理用工手续，无法续接社保、住房公积金等，也可能造成劳动者无法依法享受社会保险待遇。

（三）劳动者办理工作交接

劳动关系解除或者终止后，劳动者需要依约与用人单位办理工作交接，这既是法律的要求也是劳动合同的应有之义。劳动者拒绝办理工作交接或者违约迟延办理，给用人单位造成经济损失的，应予赔偿。

（四）用人单位保存劳动合同文本至少2年

根据《劳动合同法》第50条第3款的规定，用人单位对已经解除或者终止的劳动合同的文本，至少保存2年备查。实践中，因此发生争议而成讼的情况比较少见。

二、用人单位未履行后合同义务的赔偿责任

在实践中大量出现的是，用人单位未办理或者迟延办理出具解除或终止劳动合同证明、办理档案和社保关系转移，劳动者起诉要求用人单位赔偿损失的案件。从法律规定[①]和法理上讲，用人单位因此给劳动者造成损失的，应当承担赔偿责任。实务中的难题在于如何确定劳动者的损失。

（一）劳动者损失的范围及认定

法律对此没有进行界定，但是通过总结实践可以发现，劳动者损失主要有以下几类：

1. 工资及附带损失

（1）直接的工资损失。劳动者通常主张，新用人单位虽想与劳动者建立劳动合同关系，但是由于缺少解除或者终止劳动合同证明，或者不能办理档案和社保关系转移，新用人单位最终无法录用。原用人单位应当赔偿劳动者本应获得的工资。

（2）基于机会成本的工资损失。劳动者通常主张，由于其需要与原用人单位交涉开具证明、转移档案和社保关系，故而丧失本可以用于求职或者从事新工作的大量时间与精力，这段“维权”时间所能获得的工资应当得到原用人单位赔偿。

（3）附带损失（求职费用的损失）。劳动者通常主张其为求职花费的各种成本，包括但不限于交通费、通信费、住宿费、中介费、培训费、伙食费等。

2. 失业保险金损失

（1）劳动者通常主张由于用人单位未履行后合同义务，导致招聘单位在第一时间拒绝其求职，在失业期间用人单位应当赔偿其失业保险金的损失；

（2）劳动者还会主张用人单位的不作为行为导致其无法申领失业保险金，

---

① 《劳动合同法》第89条规定：“用人单位违反本法规定未向劳动者出具解除或者终止劳动合同的书面证明，由劳动行政部门责令改正；给劳动者造成损害的，应当承担赔偿责任。”《劳动法》《劳动合同法》均未规定未依法办理档案和社保手续转移，给劳动者造成损害的，应当承担赔偿责任。但是，实务界普遍认为，用人单位在此情况下也应当承担赔偿责任。

故要求用人单位予以赔偿。

（二）用人单位赔偿损失的证据要件

1. 工资及附带损失的证明要件和赔偿范围

（1）证明要件

实务中，劳动者往往会向法庭提交新单位出具的“证明”，证明内容大致是新单位已经决定录用，但是由于原单位未为劳动者开具解除或者终止劳动合同证明、未办理退工退档手续，故新单位最终无法录用，有些“证明”上还会注明准备给予劳动者的工资。但是，在司法实践中，这类证据很难被认定，劳动者的主张也很难得到支持。主要原因为：第一，此类“证明”往往缺少单位负责人及制作人签字，不符合《最高人民法院关于适用〈中华人民共和国民事诉讼法〉的解释》第115条的规定。第二，此类“证明”为孤证，无其他证据可以佐证劳动者本已被录用但因原单位过错导致最终不能被录用。第三，还有部分观点依实践现状认为，用人单位未履行该法定义务，不必然导致劳动者不能就业，因为实践中有大量的用人单位不需要劳动者提供前述材料，而且社会有大量的灵活用工机会，劳动者不必须进行所谓的“正规就业”。

笔者认为，第一种理由是严格按照最高人民法院司法解释执行的观点，是正确的。第二种理由则极具合理性，因为实践中有大量的当事人为获得赔偿而通过各种渠道获得此类虚假“证明”，这种现象与我国民事诉讼中对虚假证据提供者缺少有力惩罚相关联，多年来始终是一种顽症。所以，如果没有其他证据佐证，此类“证明”很难取得法官内心确认。第三种理由具有一定合理性，但是有压缩劳动者就业权的嫌疑。任何人和组织都不能限制劳动者追求“正规就业”的愿望，不能以还有灵活就业机会，甚至非法用工机会等为由，否认劳动者权益受损的事实。

基于此，认定劳动者工资及附带损失可以得到支持的证据要件应当包含以下两个方面的要素：

第一，劳动者实际进行了求职行为。这一要素主要目的在于将没有求职意愿、没有求职行为的劳动者排除出去，从劳动者角度定位因果关系。劳动者可以提交包括但不限于通过招聘网站、招聘会、职业介绍所等途径求职的相关证据。如果是通过中间人介绍，应当要求中间人出庭作证。

第二，新单位因原单位的不作为而放弃录用劳动者。这一要素主要目的在于将由于劳动者自身素质原因而求职失败的因素排除出去，从原单位角度，准确定位因原单位不履行后合同义务而导致劳动者求职失败这一因果关系。劳动者除请求新单位配合提交前述“证明”外，还应当请求其提交可以体现招聘流程和结果的各种证据，如笔试面试记录、录用通知书、入职记录表、劳动合同、告知劳动者提供解除或终止证明的告知函、要求劳动者转移社保关系的通知书、不予录用告知函等。

（2）可以支持的工资及其附带损失

有证据证明的劳动者直接工资损失及附带损失均可以支持。但是，对于基于机会成本的工资损失不宜支持。机会成本所对应的“机会”具有不确定性，无法形成确定的损害结果，故不宜支持。

2. 失业保险金的证明要件和赔偿范围

就劳动者通常主张的第一类理由而言，名为失业保险金，但是本质上仍然属于工资类损失。如果劳动者能够证明确因原单位不履行后合同义务导致其不能得到应聘机会，那么可以参照最低工资标准或者失业保险金标准，判令原单位承担赔偿责任。①

至于劳动者通常主张的第二类理由，实际是失业保险纠纷，实践中因各地申领失业金的具体要求不同，所以对用人单位的要求也有所不同。本书将在后面就此单独作介绍。但是，可以肯定的是，如果因用人单位原因导致劳动者无法享受失业保险的，用人单位应当赔偿相应损失。

三、劳动者未履行后合同义务的赔偿责任

（一）工作交接的主要内容

劳动者的后合同义务主要是按照约定办理工作交接。工作交接的主要范围包括以下内容：

1. 工作资料交接

劳动者因工作原因掌握的技术资料、经营资料、管理资料、工作计划等均应妥善移交用人单位，涉及在其他场合工作的证件也应当一并随工作资料交接。其中，涉及商业秘密的资料均应按照用人单位保密规定办理交接，并不得以任何方式复制。

2. 财务及财物交接

主要是按照用人单位规章制度的规定，办理与用人单位之间的借款、欠款、

---

① 由于原单位不履行后合同义务，新单位在招聘阶段就拒绝了劳动者的求职，客观上也就不能确定劳动者获得这份工作的具体待遇。在此情况下，由于工资损失不能确定，所以只能寻找相关的标准进行酌定。

垫款、报销等财务事项和归还用人单位财物、工具等事项，同时领走劳动者自己的个人物品。清结工资、加班费、经济补偿等事宜不属于财务交接的事项，而是属于办理解除或者终止劳动合同的事项。

3. 证件交接

劳动者向用人单位归还工作证、介绍信、接洽函等旨在证明劳动者系该用人单位职工身份的文件。

4. 劳动条件交接

主要是劳动者需交回办公区出入证、门禁卡、钥匙、电脑、车辆、机械器具、密钥、办公桌椅等与劳动条件相关的各类书面形式、电子形式的证件和所有权属于用人单位的劳动工具（生产资料）。

（二）劳动者的赔偿责任

劳动者未履行后合同义务，可能会造成用人单位相关项目、商业合同等履行迟延甚至履行不能，用人单位因此而对外承担违约责任的，该责任可归责于劳动者，劳动者应当予以赔偿；或者也会因为侵犯商业秘密，而对用人单位承担赔偿责任。

裁审要点

1. 劳动者主张用人单位不履行后合同义务导致其工资损失的，应当注意审查用人单位是否存在不履行后合同义务的事实、劳动者在劳动合同解除或者终止后是否有求职意愿和求职行为、新单位是否因为原单位的不履行义务行为拒绝录用劳动者、劳动者实际损失的范围等因素。应当避免使用孤证认定原单位行为与劳动者损害之间的因果关系。

2. 劳动者主张用人单位不履行后合同义务导致其失业保险金损失的，应当注意审查劳动者未能领取失业保险金的具体原因，可能用人单位的上述违法行为与未领取失业保险金之间没有因果关系。

3. 注意审查劳动者主张的损失类型，区分工资类损失和社保类损失而分别以不同案由进行处理。

实操指引

1. 劳动合同或者规章制度中应当明确办理后合同义务的期间、流程、内容、责任等。

2. 用人单位应当在劳动合同或者规章制度中明确，先办理工作交接，后领取结清工资、经济补偿等，办理工作交接是领取经济补偿的前置条件。

3. 用人单位不能以不开具解除或者终止劳动合同证明、不办理档案和社保关系转移为手段，促使劳动者办理工作交接。

4. 拒不办理或者拖延办理工作交接的，用人单位应当向劳动者发函催告，并明确告知劳动者需要交接的工作对相关业务的影响程度及法律责任，同时注意保留第三人向本单位催告或者主张权利的证据，以便向劳动者催告和追偿。

第八章 规章制度

第一节 规章制度的制定

裁判观点

用人单位在制定、修改或者决定有关劳动报酬、工作时间、休息休假、劳动安全卫生、保险福利、职工培训、劳动纪律以及劳动定额管理等直接涉及劳动者切身利益的规章制度或者重大事项时，应当经职工代表大会或者全体职工讨论，提出方案和意见，与工会或者职工代表平等协商确定。上述规章制度未经过民主程序制定的，一般不得作为对劳动者进行管理和处罚的依据。

深度解析

一、需经民主程序制定的规章制度范畴

用人单位特别是企业，其规章制度有很多种类，并非所有的规章制度都需要经过民主程序来制定。按照《劳动合同法》第4条第2款的规定，有关劳动报酬、工作时间、休息休假、劳动安全卫生、保险福利、职工培训、劳动纪律以及劳动定额管理等直接涉及劳动者切身利益的规章制度或者重大事项，在制定、修改或者决定时，需要经过民主程序。还有一些规章制度，如财务制度、报销制度、车辆进出制度、办公用品领用制度等，由于属于用人单位日常管理和运行范畴，并不直接影响劳动者切身利益，所以这类制度的制定、修改或者决定不需要经过民主程序。本章所指的规章制度是《劳动合同法》第4条规定

的规章制度。

二、民主程序的内容

规章制度具有两个根本属性，一是民主性，二是科学性。民主性的集中表现就是规章制度的制定需要经过民主程序。按照《劳动合同法》第 4 条的规定，民主程序的体现就是经过职工代表大会或者全体职工讨论，提出方案和意见，与工会或者职工代表平等协商确定。具体而言分为两步：第一步，职工代表大会或者全体职工对规章制度提出方案和意见；第二步，用人单位与工会或者职工代表协商确定。

我国关于职工代表大会等民主管理制度的详细规定目前集中规定在 2012 年 2 月 13 日由中共中央纪委、中共中央组织部、国务院国有资产监督管理委员会、监察部、中华全国总工会、中华全国工商业联合会以总工发〔2012〕12 号印发的《企业民主管理规定》之中。用人单位应当依照该规定召开职工代表大会或者职工大会。

实务中，很多用人单位在执行民主管理过程中存在一定瑕疵，但是不能因此简单否定用人单位已经履行民主程序。所以，司法审判实务中倾向于认为只要保障了职工意志民主参与的权利，则对民主程序的认定持从宽解释态度。例如，《天津法院劳动争议案件审理指南》第 23 条规定："对于《中华人民共和国劳动合同法》第四条第二款规定的规章制度，用人单位制定时经过以下程序之一的，可以认定为已经经过民主议定程序：（1）经过职工代表大会或者全体职工讨论协商；（2）与用人单位工会平等协商；（3）与用人单位职工代表平等协商。"又如，重庆市有关部门出台的相关纪要认为，……制定程序的合法性，应当根据《劳动合同法》第 4 条之规定予以认定。用人单位有证据证明规章制度已通过召开职工代表大会或者全体职工大会进行讨论，或者将规章制度草案征求全体职工意见的，可以认定为规章制度已通过民主程序制定。

三、规章制度的最后决定权

用人单位在制定或者修改规章制度时，如果职工代表或者工会提出了不同意见，最终又不能协商一致，那么规章制度的内容应当如何确定。从各地审判观点看，普遍认为用人单位在履行了民主程序后不能与职工就规章制度内容达成一致的，用人单位有最后的决定权。例如，江苏省高级人民法院、江苏省劳动争议仲裁委员会 2009 年联合出台的相关指导意见认为，用人单位在《劳动合同法》实施后制定、修改规章制度，经法定民主程序与工会或职工代表协商，但未达成一致意见，若该规章制度的内容不违反法律、行政法规的规定、不存在明显不合理的情形，且已向劳动者公示或者告知的，可以作为处理劳动争议的依据。应该讲，这一观点与法律规定并不矛盾。《劳动合同法》第 4 条只规定了用人单位应当与工会或者职工代表协商确定规章制度内容，规章制度执行过程中工会或者职工代表认为不适当的有权提出意见，通过协商确定，并未规定协商不成则规章制度无效。

四、规章制度的公示与告知

规章制度通过民主程序制定后，必须向劳动者公示或者告知，才能作为劳动用工管理的有效依据。公示或者告知在实务中至关重要，以至于可以在一定程度上起到修补民主程序的作用，其主要表现在很多地区法院倾向于认为规章制度的制定虽然没有经过民主程序，但是内容不违法且不存在明显不合理情形，而且向劳动者进行了告知或公示，则该规章制度可以作为处理劳动争议的依据。例如，北京、江苏、安徽、广东等地高级人民法院均出台过相似的审判指导性文件。

告知或者公示的形式没有限制，用人单位可以通过书面形式、电子形式、口头形式进行，以电子形式、口头形式等告知或者公示的，应当注意保留证据。

裁审要点

1. 如果劳动者未就规章制度提出制定、修改程序违反法律规定的，一般不再对规章制度制定、修改程序进行审查；如果劳动者提出规章制度制定、修改未经民主程序的，宜首先审查规章制度的类型，如果符合《劳动合同法》第 4 条规定类型的，再对是否经过民主程序进行审查。

2. 用人单位制定规章制度的程序已经保障了职工民主管理权利的，宜从宽理解民主程序的含义。

3. 审查用人单位是否对劳动者告知或者公示规章制度。

实操指引

1. 用人单位制定或者修改规章制度，有职工代表大会的，应当依照法律规定召开职工代表大会，由职工代表提出意见和建议。没有职工代表大会的，可以召开职工大会，也可以事先选举职工代表，由全体职工或者职工代表提出意见和建议。既没有职工代表大会，也没有召开职工大会，还没有就事论事地选举职工代表的，可以与用人单位工会进行协商。

2. 用人单位履行民主程序时，应当注意保留签到表、决议签字表，职工或职工代表提出疑问的，应当现场进行答疑或者事后统一书面答疑。在征求了职工意见后，规章制度内容最终由用人单位决定。

3. 特别重要的规章制度制定、修改的，用人单位可以考虑进行现场公证。

4. 用人单位应当通过公告、员工手册、工作邮件等方式履行告知或者公示义务。

第二节　规章制度的内容

裁判观点

1. 规章制度的内容违反法律、行政法规强制性规定的，均认定无效，不能作为处理劳动争议案件的依据。

2. 规章制度的内容虽然没有违反法律、行政法规强制性规定，但是明显缺乏合理性的，一般不能作为处理劳动争议案件的依据。

深度解析

一、规章制度的基本内容

规章制度的内容涵盖范围较广，按照《劳动合同法》第 4 条的规定，基本包括劳动报酬、工作时间、休息休假、劳动安全卫生、保险福利、职工培训、劳动纪律以及劳动定额管理等。该条对规章制度内容的规定，是着眼于劳动者权益保护。如果从用人单位特别是企业管理的角度看，规章制度包含的内容会更多一些。笔者从系统性视角出发，对此初步梳理总结如下：

1. 劳动合同管理制度：包括劳动合同订立、变更、终结制度，招聘与聘用政策等。

2. 员工行为规范制度：包括工作规范、道德规范、利益冲突处理规则等。

3. 考勤制度：包括工作时间制度、考勤管理制度、请假销假制度等。

4. 薪酬制度：包括加班费管理制度、工资支付制度、工资构成制度、工资调整制度等。

5. 福利制度：包括休假制度、员工关怀制度、医疗期制度等。

6. 考核制度：包括岗位职责与变动制度、绩效考核制度等。

7. 奖惩制度：包括员工奖励制度、员工处罚制度等。

8. 职业安全管理制度：包括工伤处理制度、安全生产管理制度、劳动条件保障制度等。

9. 沟通与民主制度：包括员工意见建议分享制度、员工申诉制度。

10. 利益冲突保护制度：包括知识产权管理制度、保密和竞业限制制度等。

11. 培训和发展制度：包括培训发展规划制度、员工培训制度等。

二、规章制度内容的合法性

规章制度内容不得违反法律、行政法规强制性规定，否则相应内容将会被裁判机关认定为无效，不能作为管理员工、处理劳动争议案件的依据。在民法领域，法律规范中的强制性规定可以分为效力性强制性规定和管理性强制性规定，只有违反效力性强制性规定的民事法律行为属于无效的民事法律行为。与此类似，劳动法领域虽然没有如民法规范一样的分类说法，但是实务界普遍认为如果规章制度内容违反了劳动基准类规定、民主程序类规定的，属于无效内容。结合司法实务，笔者初步梳理总结规章制度因违法而无效的主要情形如下：

（一）违反劳动合同管理类规范

主要情形有：劳动关系双方可以不签订书面劳动合同；签订书面劳动合同后劳动者需将合同交用人单位保管；劳动者须提交押金方可签订劳动合同；规定了除法定情形外的其他解除或者终止劳动合同条件等。

（二）违反劳动基准类规范

主要情形有：工资可以低于最低工资标准发放；加班费计算标准低于《劳动法》《工资支付暂行办法》的规定；用人单位可以根据自身经营情况自行决定劳动报酬延期发放；一定期间未对工资、社保提出异议的，视为放弃异议权利；违反单位某项规定，单位可以扣除劳动者劳动报酬；法定节假日加班、工作日延时加班可以补休冲抵；员工无条件服从单位加班安排；员工定期义务劳动；在本单位工作满1年方可享受带薪年休假；休病假累计一定天数（低于法定医疗期天数）或者次数即属于严重违纪；病假超过一定天数转为事假等。

（三）违反民主程序类规范

主要情形有：用人单位自己制定的“规章制度制定规则”规定董事会、经理办公会等有权不需要通过民主程序即可径行制定规章制度；规定职工代表半数出席职工代表大会，出席代表过半数表决可以通过提案等。

（四）侵犯劳动者人身权利

主要情形有：上下班需由安保人员搜身或开包检查；男女同事不得谈恋爱或结婚；女职工在入职一定时期内不得怀孕生产；劳动者有风险业务未了结的，不得辞职、离职等。

三、规章制度的合理性要求

与合法性相比，实践中更容易产生争议、难以处理的是规章制度合理性问题。很多形式上不违反法律但却缺乏合理性的规章制度，在司法实务中也不会被认可作为劳动用工管理的依据。

法律没有规定如何判断规章制度的合理性，但是司法实践中很多法院在个案中都会结合用人单位行业特点、劳动者工作岗位要求等因素进行综合考量和具体分析。这种实践做法是值得肯定的。综合司法实践经验和实务界总结，可以结合以下几个方面考察规章制度的合理性：

（一）结合行业要求、企业特点和工作岗位

同一行为发生在不同环境、不同人员身上，就会产生不同的结果和影响，完全无视差异性而统一适用某标准，就会丧失合理性，导致不公平。例如，同是吸烟行为，规章制度规定在一般性岗位上吸烟一次属于严重违反规章制度，应当立即解除劳动合同，这种规章制度就明显过于严苛，不具有合理性；但是，如果针对加油站操作岗位作出上述规定则属于合理性规定，应当予以尊重。又如，规章制度规定入职一年内的职工需要满足次品率不高于3%，否则视为不称职，给予降薪处理。但是该单位所在行业的平均次品率也仅为3%，这意味着该单位用行业熟练工标准要求非熟练工，则该规定缺乏合理性。

（二）比例性原则

应当将劳动者过错程度、行为对用人单位生产经营秩序的影响程度联系起来，使得劳动者行为与劳动者责任基本对等。一般而言，劳动者过错程度越大，给用人单位的生产经营秩序、商业信誉等造成的负面影响越大，则规章制度给予的处罚力度也应当越大。如果出现相反的情况，则意味着规章制度不合理。例如，劳动者因病住院未及时请假的，规章制度如果不允许补假，而是直接规定该行为属于旷工的，可以认为不合理。再如，规章制度规定劳动者上班时间浏览购物网站的，给予解除劳动合同处理，这种规定就明显放大了劳动者行为的影响，给予的处理过于严厉，属于不合理。如果规章制度规定劳动者上班浏览购物网站满2次给予警告1次，1个月内累计警告3次可以解除劳动合同，由于行为与处理结果保持了比例性原则，故这种规定基本合理，实践中很多采取阶梯性结论（轻微违规、一般违规、严重违规）的做法都是遵循比例性原则。再如，某年销售额数千万元的贸易公司规章制度规定，各大区销售经理不得私自收取客户货款，私自收取货款2000元以上的，给予解除劳动合同处理。该规定看似严苛，但是考虑到贸易型企业对于销售资金管理的特殊重要性和销售经理行为对此类企业经营管理秩序的破坏程度，规章制度的上述规定仍然属于合理范畴。

（三）考核标准相对客观、具体，具有可操作性

规章制度设定的考核标准应当较为客观、具体，具有可操作性，完全或者主要采取主观标准的，一般认为缺少合理性。例如，规章制度规定由主管领导根据劳动者的工作表现给予最终考核结论，或者规定由民主投票结果决定劳动者工作考核结论。这类规章制度的规定虽然没有违反法律规定，但是其规定的考核标准具有强烈的主观性，毫无客观性、具体性而言，其实质是纵容用人单位恣意管理，所以不具有合理性。

裁审要点

1. 认定规章制度违法，首先应当识别所违反的法律条款类型。违反劳动基准法、破坏民主管理规范、侵犯劳动者人身财产权利的规章制度，宜认定违法，具体操作中可以借鉴《劳动合同法》关于劳动合同无效的规定，也可以借鉴民法中关于效力性强制性规范的识别方法。

2. 裁审机关在当事人对规章制度合理性提出异议的情况下，应当对合理性进行审查，但裁审机关应当保持谦抑，不宜过分干涉用人单位的用人自主权。当事人没有提出的，不宜主动审查。在合理性审查过程中，可以综合考虑行业要求、企业特点和工作岗位内容，审查规章制度是否遵循了比例性原

则，其所确定的规则是否客观、具体，具有可操作性，是否存在纵容用人单位恣意管理的问题。

实操指引

1. 用人单位制定规章制度不能出现以下主要缺陷：

（1）整体缺少体系性、模块性思想，出现条款矛盾、缺少重要模块的缺陷。

（2）内容过于分散，缺少集中、统一、归纳性规定。

（3）规章制度实体内容与程序性内容分离，实体内容缺少执行程序，程序性内容缺少服务的实体内容对象。

（4）用语随意，重要词汇含义不清楚，甚至与法律规定相悖。

（5）只规定行为模式，缺少行为后果和责任。

（6）条款的主观性意味过浓，缺少客观、具体、可操作性。

（7）规章制度内容与劳动合同、集体劳动合同内容相悖。

（8）违反法律法规强制性规定。

2. 用人单位应当建立规章制度定期调整制度，随法律法规政策调整、本单位生产经营状况变化等进行修订。

第三节　规章制度的适用

裁判观点

1. 劳动者对规章制度的有效性提出异议的，裁审机关一般会围绕劳动者提出的具体异议内容审查三个方面的条件，以便判断规章制度能否作为劳动争议案件的处理依据：第一，规章制度的制定程序符合法律规定；第二，规章制度的内容合法且不存在明显不合理性；第三，规章制度已经事先向劳动者公示或者告知。

2. 用人单位按照《劳动合同法》实施前制定的规章制度对劳动者进行处罚的，劳动者以规章制度没有经过民主程序为由主张其无效的，如果规章制度不违反法律法规且无明显不合理，又已经对劳动者进行了告知或者公示的，对劳动者的请求一般不予支持。

3. 用人单位按照劳动者入职前依法制定的规章制度对劳动者进行处罚的，如果该规章制度已经对劳动者进行了公示或者告知，可以作为处理依据。

4. 用人单位以母公司规章制度当然适用于子公司，子公司依其对劳动者进行处罚的，一般不予支持。

5. 用人单位制定的规章制度与集体合同或者劳动合同约定的内容不一致，劳动者请求优先适用合同约定的，予以支持。

6. 规章制度转化为劳动合同内容的，应当按照《劳动合同法》关于劳动合同效力的规定来判断规章制度的效力，其进行变更也应当遵守《劳动合同法》关于劳动合同变更的规定。

深度解析

一、规章制度适用要件

（一）一般适用要件

有效的规章制度方可作为用人单位用工管理以及劳动争议处理的合法依据，其应当同时满足三个方面的条件：第一，规章制度的制定程序符合法律规定；第二，规章制度的内容合法且不存在明显不合理性；第三，规章制度已经事先向劳动者公示或者告知。

（二）特殊情形下的适用

1. 规章制度的制定未经过民主程序

一般而言，未经过民主程序制定的规章制度不具有有效性。但是，在特殊情况下，可以突破上述原则。实务中很多地区的司法倾向是按照《劳动合同法》实施时间为分水岭采取不同的态度。

（1）《劳动合同法》实施前的规章制度满足条件后有效

《劳动合同法》颁布实施前制定的规章制度，虽然没有经过民主程序，但是其内容不违反法律法规规定，且不具有明显不合理情形，已向劳动者告知或者公示的，可以作为用工管理和处理劳动争议的合法依据。很多地区的高级人民法院均出台过类似的司法指导性文件。例如，《安徽省高级人民法院关于审理劳动争议案件若干问题的指导意见》（皖高法〔2015〕34号）第4条第2款规定：“《劳动合同法》施行前，用人单位制定直接涉及劳动者切身利益的规章制度或者决定的重大事项，虽未履行《劳动合同法》第四条第二款规定的民主程序，但其内容未违反法律、行政法规及政策规定，又不存在明显不合理情形，且已向劳动者公示或告知的，可以作为人民法院裁判的依据。”

（2）《劳动合同法》实施后的规章制度一般无效

《劳动合同法》实施后制定的规章制度，没有经过民主程序的，一般不能作为用工管理和劳动争议处理的依据。但是，在有的地区却有例外。例如，江苏省高级人民法院出台的劳动争议案件审理指南类文件认为，《劳动合同法》施行后，用人单位制定、修改或者决定直接涉及劳动者切身利益的规章制度或者重大事项时，未经过劳动合同法第四条规定的民主程序，一般不能作为人民法院审理劳动争议案件的依据。但是，如果该规章制度或者重大事项的内容不违反法律、行政法规的规定，且不存在明显不合理的情形，并已向劳动者公示或者告知的，可以作为人民法院审理劳动争议案件的依据。

2. 规章制度未明确规定或者制定程序存在瑕疵

一般而言，如果规章制度没有规定，法律也没有规定的，不能认定“严重违反规章制度”。但是，如果劳动者行为在社会观念上被通常认为是恶劣且严重的，与其工作岗位、工作职责的本质要求严重不相符的，虽然规章制度对此没有明确规定，司法实践中也有认定为严重违反规章制度的。有的法官已经在著述中明确了该观点：“用人单位的规章制度再细致也难以囊括现实中全部的情形……《劳动法》第 3 条第 2 款规定：‘劳动者应当完成劳动任务，提高职业技能，执行劳动安全卫生规程，遵守劳动纪律和职业道德，’故尽管劳动者有些行为表面看来并无规章制度可循，但如果该行为违背了基本的职业伦理和职业道德，违背诚信原则和公秩良俗，用人单位依然有权将其解聘并无须支付经济补偿金。”① 笔者对此深以为然，但是在适用时应当极为严格和谨慎，只在情节非常严重，不如此适用法律则无法维持公平正义的时候才能适用。

规章制定制度程序存在瑕疵时，实务中对采用此种规章制度也渐趋采取宽容态度，但是需要符合某些特定条件。例如，长三角区域的上海市、江苏省、浙江省、安徽省“三省一市”于 2019 年联合出台的关于劳动人事争议疑难问题审理意见的研讨会纪要认为，劳动者存在违反法律、行政法规规定或者必须遵守的劳动纪律等情形，严重影响到用人单位生产经营秩序或者管理秩序的，应当认可用人单位解除劳动合同的正当性。对劳动者仅以用人单位规章制度未明

---

① 李盛荣、马千里：《劳动争议案件司法观点集成》，法律出版社 2017 年版，第 357 页。

确规定或者制定存在程序瑕疵、劳动合同未明确约定为由，主张用人单位解除劳动合同违法的，不予支持。

二、规章制度对新劳动者的适用条件

劳动者入职用人单位前已经依法制定的规章制度，不能当然适用于新入职的劳动者，必须满足已经向劳动者进行告知或者公示的要件。劳动者选择与用人单位签订劳动合同，建立劳动合同，就意味着其认可并遵守用人单位之前依法制定的规章制度。但是，劳动者还必须知晓规章制度的内容，否则无从遵守执行。故，如果用人单位未将规章制度向劳动者公示或者告知的，该规章制度不能当然适用于新入职的劳动者。

三、关联公司之间的规章制度适用问题

（一）总公司与分公司

总公司与分公司的关系是法人与分支机构的关系，所以总公司依法制定的规章制度可以当然适用于分公司。当然，分公司也有权根据总公司的公司章程或者内部规定制定适用于自己的特殊规章制度。

（二）母公司与子公司

实务中，有观点认为母公司的规章制度只需要在子公司内公示即可适用于子公司①。但是，笔者认为这种观点不妥。母公司与子公司均是独立法人，彼此之间的规章制度不能当然适用。子公司必须通过合法程序将母公司的规章制度转化为本公司的规章制度后，方为有效。否则，仅从共用规章制度角度而言，这里的母公司与子公司就存在滥用法人资格、法人人格混同的可能。

四、规章制度与劳动合同的适用关系

《新劳动争议解释一》第50条第2款规定："用人单位制定的内部规章制度与集体合同或者劳动合同约定的内容不一致，劳动者请求优先适用合同约定的，人民法院应予支持。"

---

① 《江苏省高级人民法院、江苏省劳动争议仲裁委员会印发〈关于审理劳动争议案件的指导意见〉的通知》（苏高法审委〔2009〕47号）第18条第3款规定："有独立法人资格的子公司执行母公司的规章制度，如子公司履行了《劳动合同法》第四条规定的民主程序，或母公司履行了《劳动合同法》第四条规定的民主程序且在子公司内向劳动者公示或告知的，母公司的规章制度可以作为处理子公司劳动争议的依据。"

实务中，很多用人单位会将重要的规章制度作为劳动合同附件，要求劳动者在签订书面劳动合同时一并签署。在这种情况下，规章制度的内容就转化为劳动合同内容，应当一体遵循，规章制度的内容效力也同时遵循法律关于劳动合同效力的规定。例如，《安徽省高级人民法院关于审理劳动争议案件若干问题的指导意见》（皖高法〔2015〕34号）第5条规定："用人单位在与劳动者签订的书面劳动合同中，已明确告知劳动者存在某种特定规章制度，该特定规章制度属于劳动合同内容，人民法院应根据《劳动合同法》关于劳动合同效力的规定审查其效力。"

实务中，有两个焦点问题需要注意：

第一，合同条款的矛盾解释与选择问题。如果此时劳动合同条款与已经转化为合同内容的规章制度条款出现矛盾的情况，则应当按照法律所规定的文义解释、体系解释、目的解释、诚信解释等合同解释原则进行处理。特别需要注意的是，当条款理解出现分歧时，基于劳动法倾斜保护劳动者的基本立场，应当选择对劳动者有利的条款适用。

第二，修改规章制度问题。用人单位如果想对规章制度进行修改，由于该规章制度已经作为劳动合同附件成为劳动合同的一部分，则对其的任何变更均应依照《劳动合同法》第35条的规定，与劳动者协商一致以书面方式变更，或者符合《新劳动争议解释一》第43条的规定。

裁审要点

1. 劳动者未对规章制度合理性提出异议的，一般不予以审查。

2. 用人单位以母公司（集团公司等股东）规章制度作为本单位规章制度对劳动者进行处罚的，需审查该用人单位是否已经依照法定程序将其转化为本单位规章制度。

3. 规章制度作为劳动合同附件后，需要特别注意两者在性质上已经具有一致性，不能被规章制度的形式和名称所误导。

4. 劳动合同条款与已经转化为合同内容的规章制度条款出现矛盾的，宜按照文义解释、体系解释、目的解释、诚信解释等合同解释原则进行处理。当条款理解出现分歧时，基于劳动法倾向于保护劳动者的基本立场，应当选择对劳动者有利的条款适用。

实操指引

1. 用人单位制定规章制度务必坚持规章制度生效三要素：依照民主程序制定、内容合法合理、公示告知劳动者。

2. 用人单位将特定规章制度作为劳动合同附件的，需要评估该特定规章制度的修订频率。如果修订较为频繁的，不建议如此操作。

第九章 医疗期与病假

第一节 医疗期性质与计算

裁判观点

1. 医疗期并非疾病或伤情彻底治愈的期间，而是劳动者依法享有的停止工作治疗期间用人单位不得解除劳动合同的期间。医疗期总有到期之日。

2. 除上海市外，按照劳动者累计工作年限和在本单位工作年限确定医疗期长度，并在一定期限内累计计算医疗期天数，即在法律规定的累计计算周期内，医疗期可以连续休息，也可以间断休息。医疗期长度为 3 个月到 24 个月。

3. 对罹患某些特殊疾病（如癌症、精神病、瘫痪等）的职工，在 24 个月内不能痊愈的，经企业和劳动主管部门批准，可以适当延长医疗期。

4. 病休期间即医疗期期间，公休、假日和法定节日包括在内。

5. 医疗期计算应从病休第一天开始，累计计算。

深度解析

一、医疗期性质

根据原劳动部《企业职工患病或非因工负伤医疗期规定》第 2 条的规定，医疗期是指企业职工因患病或非因工负伤停止工作治病休息不得解除劳动合同的时限。据此，医疗期的性质是解雇保护期，其并非医学概念而是一个法律概念。易言之，医疗期并不是劳动者疾病治愈所需要的期间，而是在劳动者治疗自身疾病过程中需要休息而不因此被用人单位解除劳动合同的期限。

实务中，经常把病假与医疗期混淆。医疗期和病假实际为一个事物的两面，医疗期是事物的实质，病假则是医疗期的外在表现。易言之，劳动者进入医疗期的表现就是请病假。但是两者仍有区别，医疗期一定表现为病假，但是病假并非可以全部计入医疗期。在一个累计计算周期内，医疗期届满后的病假不属于医疗期，用人单位可以批准也可以不批准。

二、医疗期的计算[①]

（一）医疗期期间的确定

1. 医疗期的认定主体

与工伤、职业病认定不同，我国法律没有规定医疗期的认定主体。实践中普遍认为由于医疗期表现为劳动者因病或者非因工负伤而需要停止工作治疗休息，故应由用人单位根据合法医疗机构出具的诊断证明等资料决定是否给予劳动者医疗期（即是否批准病假）。

2. 医疗期计算方法

目前，我国关于医疗期计算的规定主要有两个，分别是1995年1月1日施行的原劳动部《企业职工患病或非因工负伤医疗期规定》和1995年5月23日施行的《劳动部关于贯彻〈企业职工患病或非因工负伤医疗期规定〉的通知》。

根据《企业职工患病或非因工负伤医疗期规定》第3条规定，企业职工因患病或非因工负伤，需要停止工作医疗时，根据本人实际参加工作年限和在本单位工作年限，给予3个月到24个月的医疗期：

（1）实际工作年限10年以下的，在本单位工作年限5年以下的为3个月；5年以上的为6个月。

（2）实际工作年限10年以上的，在本单位工作年限5年以下的为6个月；5年以上10年以下的为9个月；10年以上15年以下的为12个月；15年以上20年以下的为18个月；20年以上的为24个月。

该规定第4条规定，医疗期3个月的按6个月内累计病休时间计算；6个月的按12个月内累计病休时间计算；9个月的按15个月内累计病休时间计算；12

① 上海市计算医疗期的方法比较特殊，与全国其他地区不同。上海市于2002年出台《上海市人民政府关于发布〈关于本市劳动者在履行劳动合同期间患病或非因工负伤的医疗期标准的规定〉的通知》（2015年8月17日修订），其第2条规定："医疗期按照劳动者在本用人单位的工作年限设置。劳动者在本单位工作第1年，医疗期为3个月；以后工作每满1年，医疗期增加1个月，但不超过24个月。"上海市的规定的优点在于简单明确，容易操作。对于上海市医疗期规定的操作问题，读者可以参阅孙琳主编：《工时与休假管理》，中信出版社2015年版，第91~94页。

个月的按 18 个月内累计病休时间计算；18 个月的按 24 个月内累计病休时间计算；24 个月的按 30 个月内累计病休时间计算。

总结上述规定，医疗期计算的基本规则是：按照“劳动者实际参加工作年限”和“在本单位工作年限”两个指标来确定医疗期的期间，同时医疗期期间不能超过法定的累计病休时间。为方便查看，笔者将上述规定总结表格如下：

实际参加工作年限	在本单位工作年限	医疗期	计算医疗期的累计病休期间（累计计算期间）
10 年以下	5 年以下	3 个月	6 个月
10 年以下	5 年以上	6 个月	12 个月
10 年以上	5 年以下	6 个月	12 个月
10 年以上	5 年以上，10 年以下	9 个月	15 个月
10 年以上	10 年以上，15 年以下	12 个月	18 个月
10 年以上	15 年以上，20 年以下	18 个月	24 个月
10 年以上	20 年以上	24 个月	30 个月

注：

（1）对罹患某些特殊疾病（如癌症、精神病、瘫痪等）的职工，在 24 个月内不能痊愈的，经企业和劳动主管部门批准，可以适当延长医疗期。具体政策尺度，可以参照各地颁布的关于医疗期的文件来确定。

（2）病休期间，公休、假日和法定节日包括在内。

3. 医疗期计算举例

劳动者在入职本单位之前，已经在其他单位工作 7 年。劳动者于 2010 年 3 月 1 日入职本单位，2018 年 4 月 15 日开始因病请病假。此例中，劳动者实际工作年限为 15 年，在本单位工作年限为 8 年，故其享有的医疗期为 9 个月，其医疗期累计计算期限为 15 个月。易言之，劳动者在 2018 年 4 月 15 日至 2019 年 7 月 15 日，享有最长 9 个月的医疗期。劳动者可以连续休 9 个月病假，也可以断续休病假累计不超过 9 个月。如果劳动者在上述期间累计休病假超过 9 个月，则属于医疗期已满；如果劳动者在上述期间累计休病假未超过 9 个月，从 2019 年 7 月 16 日开始又可以享有新一轮的医疗期权利，之前已经休过的医疗期不计算至新一轮的医疗期之中。

（二）医疗期的起算点

《劳动部关于贯彻〈企业职工患病或非因工负伤医疗期规定〉的通知》（劳

部发〔1995〕236号）规定："医疗期计算应从病休第一天开始，累计计算。如：应享受三个月医疗期的职工，如果从1995年3月5日起第一次病休，那么，该职工的医疗期应在3月5日至9月5日之间确定，在此期间累计病休三个月即视为医疗期满。其它依此类推。"

（三）医疗期计算的实务难题

1. 不同累计病休期间的医疗期病休天数能否累加

当劳动者医疗期在一个累计病休期间未届满时，在下一个累计病休期间内计算医疗期病休天数时，是否应当将此前的医疗期病休天数合并计算？例如，工人甲依法可以享有的医疗期是3个月，甲在第一个计算医疗期的累计病休期间共病休2个月，则在第二个累计病休期间，甲的医疗期应当是3个月还是1个月？实务中的主流看法是，上一个累计病休期间的医疗期病休天数不带入下一个累计计算期间内，即所谓的医疗期"归零"。针对前述问题，在第二个累计病休期间，甲的医疗期仍为3个月。

2. 下一个医疗期应从何时起算

劳动者上一个医疗期满后，下一个医疗期的起始时间应从上一个医疗期届满次日开始计算，还是从上一个医疗期累计病休期间结束后计算？这个问题在实务中争议较大。笔者认为，应当从上一个医疗期累计病休期间结束的次日开始计算。例如，工人乙依法享有3个月医疗期，其于2012年1月1日开始病休，故其计算医疗期的累计病休期间自2012年1月1日至2012年6月30日。工人乙在2012年5月15日休满了3个月医疗期。此案中，计算工人乙下一个医疗期累计病休期间的计算起点应为2012年7月1日，而非2012年5月16日。更进一步讲，假如工人乙在2012年5月16日至2012年6月30日休病假，这些病假均不属于医疗期病假，用人单位可以批准也可以不批准；如果不批准的，用人单位可以进而以医疗期满不能从事原工作及另行安排的工作为由解除劳动合同。假如，工人乙在2012年5月15日医疗期满后一直休病假至2012年8月1日，且该用人单位予以批准，则工人乙在2012年5月16日至2012年6月30日的病假不属于医疗期，在2012年7月1日至2012年8月1日的病假则属于下一个累计计算周期内的医疗期。

裁审要点

1. 首先，应审查劳动者累计工作年限、本单位工作年限，从而确定医疗期长度。其次，应审查劳动者实际休病假的时间，以此确定计算医疗期的起点。

最后，结合考勤审查休病假的累计时间，以此确定劳动者医疗期是否休满。

2. 医疗期内，休息日、法定节假日等均计算在内，不应剔除。

实操指引

1. 用人单位应当在劳动者入职时就收集好劳动者养老保险手册、社保记录等资料，用以确定劳动者之前的累计工作年限。保存完整的劳动者请休病假的假条以及考勤记录等，用以确定劳动者医疗期起始之日以及累计休病假天数。

2. 医疗期届满前，应当向劳动者发出书面告知函，告知劳动者医疗期届满的日期和计算依据，并要求劳动者做好返岗工作准备，以及劳动者届时因病无法返岗工作而会启动的劳动能力鉴定、调整工作岗位等可能出现的后续程序及法律责任。

第二节 医疗期与劳动关系

裁判观点

1. 医疗期内，用人单位以《劳动合同法》第 40 条、第 41 条为依据解除劳动合同的，属于违法解除劳动合同。

2. 医疗期内，用人单位以《劳动合同法》第 39 条为依据解除劳动合同的，属于合法解除劳动合同。

3. 医疗期内，劳动关系双方依据《劳动合同法》第 36 条协商一致解除劳动合同的，属于合法解除劳动合同，但是双方达成的解除协议违反当事人真实意思表示而被撤销或者属于无效协议的，属于违法解除劳动合同。

4. 劳动者医疗期满，不能从事原工作，用人单位另行安排的工作在工作强度、工作能力上超过原工作的，不符合《劳动合同法》的规定。

5. 医疗期内劳动合同到期的，用人单位未将劳动合同延长至医疗期满终止的，属于违法终止劳动合同。

6. 劳动关系双方就医疗期待遇发生争议，用人单位支付的待遇低于劳动合同或者规章制度规定的，应当补足差额；劳动合同或者规章制度没有规定的，应当根据劳动行政部门的相关规定执行，一般应向劳动者支付不低于当地最低工资的 80%的医疗期待遇。

深度解析

一、医疗期内不得解除劳动合同的理解

（一）医疗期内不得解除劳动合同的范围

实践中，经常有人认为用人单位在医疗期内不得解除劳动合同。这种认识是错误的。《劳动合同法》第42条规定：“劳动者有下列情形之一的，用人单位不得依照本法第四十条、第四十一条的规定解除劳动合同……（三）患病或者非因工负伤，在规定的医疗期内的……”据此，用人单位在医疗期内不得解除劳动合同，仅指不得根据《劳动合同法》第40条（无过错辞退）、第41条（经济性裁员）的规定主动解除劳动合同。

（二）医疗期内可以解除劳动合同的情形

1. 过失性辞退

劳动者虽然在医疗期内，但是仍然需要遵守劳动法律法规、劳动合同以及用人单位的规章制度。如果违反，则应当承担相应责任。具体而言，如果劳动者在医疗期期间出现《劳动合同法》第39条规定的情形之一的，用人单位仍然有权据此主动解除劳动合同，且不需要支付任何基于解除劳动合同的补偿。

2. 协商一致解除劳动合同

《劳动合同法》第36条规定：“用人单位与劳动者协商一致，可以解除劳动合同。”法律在此并未规定其他例外情况，其意即指劳动者虽然在医疗期内，但是法律允许劳动关系双方协商一致解除劳动合同。当然，这必须建立在双方真实意思表示一致的基础上，如果出现欺诈、胁迫等违反劳动者真实意思表示的情形，如符合《民法典》第146条规定情形的为无效，如符合《民法典》第147条（重大误解）、第148条（欺诈）、第150条（胁迫）、第151条（乘人之危致显失公平）规定情形的，劳动者可以依法请求撤销。

二、医疗期满解除劳动合同的要件

（一）递进式要件

《劳动合同法》第40条规定：“有下列情形之一的，用人单位提前三十日以书面形式通知劳动者本人或者额外支付劳动者一个月工资后，可以解除劳动合同：（一）劳动者患病或者非因工负伤，在规定的医疗期满后不能从事原工作，

也不能从事由用人单位另行安排的工作的……”据此，医疗期满用人单位解除劳动合同的要件有两个，而且为递进式要件：第一步是不能从事原工作，第二步是也不能从事用人单位另行安排的工作。

（二）“另行安排的工作”的尺度掌握

这里需要重点阐述一下“另行安排的工作”。第一，结合实务经验，“另行安排的工作”在工作强度、工作要求上至少不能高于劳动者医疗期之前的工作岗位。否则，这种另行安排的工作不符合法律规定的标准。第二，“另行安排的工作”应当优先选择与劳动者原工作岗位性质相同或者相近的岗位。如果确无合适岗位，可以安排其他岗位，此时可以不受劳动合同关于工作岗位约定的限制。第三，劳动者被安排到“另行安排的工作”后，其待遇水平应与新岗位相匹配，不一定必须维持与原岗位相同。第四，用人单位在确定“另行安排的工作”前，可以与劳动者协商。如协商不成，用人单位在合法、善意的基础上具有最后的决定权。

三、医疗期与劳动合同终止

劳动者处于医疗期内，劳动合同到期的，依法应当将劳动合同顺延至医疗期满时终止。《劳动合同法》第 45 条规定：“劳动合同期满，有本法第四十二条规定情形之一的，劳动合同应当续延至相应的情形消失时终止。但是，本法第四十二条第二项规定丧失或者部分丧失劳动能力劳动者的劳动合同的终止，按照国家有关工伤保险的规定执行。”其中，该法第 42 条第 3 项即规定“患病或者非因工负伤，在规定的医疗期内的”。如用人单位未依法延期而终止劳动合同的，则属于违法终止劳动合同，应当向劳动者支付违法终止劳动合同的赔偿金。

四、特殊人员①的医疗期与劳动合同问题

（一）特殊人员医疗期长度

根据《劳动部关于贯彻〈企业职工患病或非因工负伤医疗期规定〉的通知》（劳部发〔1995〕236 号）的规定，对某些患特殊疾病（如癌症、精神病、瘫痪等）的职工，在 24 个月内尚不能痊愈，经企业和当地劳动主管部门批准，可以适当延长医疗期。

---

① “特殊人员”是指罹患精神病、癌症、瘫痪等重症疾病的劳动者。

实践中，劳动者罹患上述疾病的，虽然在理论上应当按照《劳动部关于发布〈企业职工患病或非因工负伤医疗期规定〉的通知》（劳部发〔1994〕479号）的规定，根据劳动者累计工作年限和在本单位工作年限的长短，来确定劳动者医疗期长度，但是大多数实践做法是给予24个月的医疗期，从保护劳动者权益的角度，各地司法机关一般也都对此予以认可。在24个月内仍不能痊愈的，用人单位也同意延长医疗期的，可以适当延长。

（二）精神病人[①]的劳动合同解除问题

1. 试用期内发现劳动者患有精神病的

试用期内发现劳动者患有精神病的，用人单位可以根据《劳动合同法》第39条的规定，以不符合录用条件为由，解除劳动合同。当然，这需要以用人单位已经向劳动者明示患有精神病属于不符合录用条件为前提。原劳动部《关于实行劳动合同制度若干问题的通知》（劳部发〔1996〕354号）第11条规定："用人单位对新招用的职工，在试用期内发现并经有关机构确认患有精神病的，可以解除劳动合同。"

2. 试用期满发现劳动者患有精神病的

试用期满发现劳动者患有精神病的，劳动者依法享有医疗期的相关权利，用人单位按照医疗期的规定处理即可。用人单位此时如再以不符合录用条件为由解除劳动合同的，属于违法解除劳动合同。

五、医疗期待遇

原劳动部《企业职工患病或非因工负伤医疗期规定》第5条规定："企业职工在医疗期内，其病假工资、疾病救济费和医疗待遇按照有关规定执行。"《劳动部关于贯彻执行〈中华人民共和国劳动法〉若干问题的意见》第59条规定："职工患病或非因工负伤治疗期间，在规定的医疗期间内由企业按有关规定支付其病假工资或疾病救济费，病假工资或疾病救济费可以低于当地最低工资标准支付，但不能低于最低工资标准的80%。"在各地区各自制定的有关工资支付的规范性文件中，也都规定了医疗期待遇标准。例如，《天津市工资支付规定》第25条规定："劳动者患病或非因工负伤治疗期间，在规定的医疗期内用人单位

---

① 劳动者是否患有精神病，必须经有资质的医疗机构确诊或鉴定确认。随着社会压力不断增大，劳动者罹患精神病的情形逐渐增加，已经由个案逐渐变为需要特别关注的案例类型。所以，此处对精神病人单独讨论。患有癌症、瘫痪等其他重症的劳动者与精神病人还是有较大区别，后者遵循医疗期相关规定处理即可，此处不再单独讨论。

按有关规定支付其病假工资，用人单位支付劳动者病假工资不得低于本市最低工资标准的80%。”综上所述，如果劳动合同或者规章制度对医疗期待遇有明确约定或者规定的，应当遵照约定或规定，但不得低于法定标准；如果劳动合同、规章制度没有约定或规定的，应当按照当地规范性文件执行。

裁审要点

1. 劳动者主张用人单位医疗期内违法解除劳动合同的，一般需要审查四个方面的内容：一是用人单位是否有单方解除劳动合同的事实；二是用人单位单方解除劳动合同的具体时间是否处于劳动者医疗期内；三是用人单位单方解除劳动合同所依据的法律规定是什么；四是如果用人单位依照《劳动合同法》第40条的规定解除劳动合同，是否满足劳动者不能从事原工作，也不能从事另行安排的工作。

2. 医疗期满后，用人单位主张劳动者不能从事原工作，也不能从事另行安排的工作，劳动者对另行安排的工作有异议的，一般应当审查新岗位是否在劳动强度、劳动能力等方面超过原工作岗位。

3. 劳动者对医疗期待遇存在异议的，一般应先审查劳动合同或者规章制度，考察双方对此是否有约定。在没有约定的情况下，适用当地劳动行政部门出台的工资类规范性文件。

实操指引

1. 劳动者医疗期即将届满前，用人单位应当书面通知劳动者期满返岗工作等事项，如劳动者提出不能工作的，用人单位应当要求劳动者提供相应证明文件。经审查属实的，用人单位应当为劳动者另行安排其他工作，并再次书面告知劳动者调整岗位及到岗工作事宜；经审查不属实的，用人单位做好证据保存工作后，可以根据规章制度或者劳动合同的规定，以旷工为由作出相应处罚。

2. 劳动者医疗期满可以返回原岗位工作的，不能强制要求劳动者到另行安排的工作岗位工作，双方协商一致的除外。

3. 劳动者医疗期满不能从事原工作，用人单位安排其他工作的，应当优先安排相同或者相似的工作岗位，无法安排的，再安排到其他工作岗位。新工作岗位的劳动强度、劳动时间不宜超过原工作岗位。劳动者的薪酬待遇与新岗位匹配即可。

4. 劳动合同或者规章制度应当将劳动者医疗期待遇进行明确规定。同时，按照现行法律规定，将如何计算医疗期的方法明确规定为规章制度，减少因法律规定不明确导致的操作困境。

5. 用人单位处理患有精神病、癌症、瘫痪等重症疾病的劳动者医疗期时，建议在合法的基础上采取更为人性化的处理方式，在批准病假、确定医疗期长度、给予医疗期待遇等方面尽量宽松一些，不但可以缓解劳动者生活压力，也可以日后在解除劳动合同时得到更多理解，有效防止矛盾激化。

第三节　医疗期的滥用与应对

裁判观点

1. 劳动者提供虚假病历资料骗取用人单位批准病假，用人单位依照规章制度认定为旷工并进行相应处罚，劳动者请求撤销处罚赔偿损失的，裁判机关不予支持。

2. 用人单位规章制度规定了劳动者申请病假的程序，劳动者无正当理由予以违反，用人单位未批准病假的，如申请病假程序不违反法律规定且不存在不合理情形的，裁判机关一般支持用人单位的行为。

深度解析

一、医疗期滥用的主要情形

实践中，有些劳动者会滥用医疗期权利，具体表现为以下几点：

第一，小病大养。劳动者的伤情或者病情本身并不严重，或者伤病虽已经治愈，但是借口需要休养，不断向用人单位提交假条、病历资料等，人为地拖长停止工作治疗休息的时间长度。等到累计计算医疗期周期即将届满时返岗工作几天，达到医疗期“清零”的目的后，在下一个累计计算医疗期周期来临后再次“小病大养”。

第二，虚假病假。劳动者为了追求个人不当目的，向用人单位提交虚假假条、病历资料等，骗取用人单位批准病假和医疗期待遇。

第三，劳动者提出需要继续休养无法返岗工作，用人单位要求进行劳动能力鉴定，劳动者以各种理由拖延和拒绝。

二、医疗期甄别与管理

（一）病假的甄别方法

1. 完善病假申请和审批程序

为了防止虚假病假出现，用人单位应当建立一套完整的病假申请和审批程序，一般包括以下内容：劳动者申请病假的，应当在规定时间内提交或者补交医院开具的诊断证明、病历资料、建休证明等资料。用人单位收到病假申请的，应当在规定的时间内进行审核，并将审核结果通知劳动者。

2. 甄别病假资料的真伪

用人单位应当首先注意形式上审核出具诊断证明、病历资料等医学资料的医疗机构和具体医生是否具有合法资质。发现疑问的，可以通过网络查询或者现场查询等方法进行核实。

3. 关爱与监测并重

用人单位应当结合劳动者平时表现，对于重点人员应当加强监测，将关爱员工与监测有机结合起来，观察劳动者是否存在“小病大养”等泡病假的情况。

（二）医疗期管理的疑难问题

1. 要求指定医院出具诊断证明的问题

用人单位可否要求劳动者申请病假时，必须出具指定医院或者指定级别的医院（如三甲医院）的诊断证明，否则即不予批准，这是实务中较为常见的问题。结合司法实践经验，笔者认为，处理此类问题应当坚持合法性与合理性兼顾的原则，区分情况对待。

一般情况下，具备合法资质的医疗机构均有权利作出相应诊断证明和建休证明。根据《医疗机构管理条例》第 2 条的规定，医疗机构是指从事疾病诊断、治疗活动的医院、卫生院、疗养院、门诊部、诊所、卫生所（室）以及急救站等医疗机构。根据该条例第 15 条和第 24 条的规定，医疗机构执业必须进行登记，领取《医疗机构执业许可证》，任何单位或者个人未取得《医疗机构执业许可证》，不得开展诊疗活动。综上，对于一般性疾病，用人单位如果强制要求劳动者必须到指定医院或者指定级别的医院开具证明，除此之外对其他合法医疗机构出具的证明均不予认可的，缺乏法律依据。

不具备相应科室或者专业人员的医疗机构不能对相应疾病作出诊断并开具证明，劳动者持此类医疗机构出具的证明申请病假，用人单位可以不予批准。例如，某医院没有妇产科科室和相应技术人员，劳动者请休病假的疾病为妇科疾病，则该医疗机构出具的证明不被用人单位接受是合法的。

对于比较严重的疾病，需要治疗休息较长时间的，或者比较特殊的疾病（如精神病等），用人单位要求劳动者出具专科医疗机构或者一定级别以上医疗机构的证明，该要求是合理的，司法实践中一般予以支持。

2. 劳动能力鉴定问题

劳动者在医疗期满后，其向用人单位继续请病假进行休养治疗，是否可以直接认定劳动者不能从事原工作？是否必须要求劳动者进行劳动能力鉴定，如果没有鉴定结果就不能认定劳动者不能从事原工作？实践中对此问题的处理五花八门，有的观点认为劳动者继续请假的行为就证明其不能从事原工作，不必进行劳动能力鉴定；有的观点则认为根据原劳动部《企业职工患病或非因工负伤医疗期规定》，对劳动者进行劳动能力鉴定，以此为依据确定劳动者是否能够返岗工作。笔者同意第一种意见，医疗期满劳动者仍然请病假无法工作的，其行为已经表明无法从事原工作，故无须再进行劳动能力鉴定。

用人单位另行安排工作的，是否必须以劳动能力鉴定结论为依据安排相应工作呢？如果劳动者没有因病或因伤致残的，不必以劳动能力鉴定结果为依据；反之，应当进行劳动能力鉴定以便确定如何另行安排工作。在此过程中，如果劳动者拒不配合进行劳动能力鉴定的，用人单位可以根据善意原则径行安排其他工作。

3. 劳动者在医疗期休假时能否从事经营或劳务活动

原劳动部、原国务院经济贸易办公室、原卫生部、原国家工商行政管理局、中华全国总工会五部门于1992年颁布的《关于加强企业伤病长休职工管理工作的通知》（劳险字〔1992〕14号）第4条规定："伤病休假职工不得从事有收入的活动。机关、事业单位、社会团体和企业不得聘用伤病休假职工。对利用伤病假从事有收入活动的职工，要停止其伤病保险待遇，不予报销医疗费，并限期返回单位复工。经批评教育不改的，可按《企业职工奖惩条例》和辞退违纪职工的规定处理。"上述通知至今仍然有效。据此，劳动者在医疗期休病假期间不能从事有收入的活动。但是，该通知颁布于1992年，当时的经济社会环境、社会观念与当前相比有着天壤之别。笔者认为，不能机械地理解和适用上述通知。当今社会，可以获得收入的经营或者劳务活动形式多种多样。医疗期休病假期间，劳动者从事有收入的经营或者劳务活动，只要不影响治疗休养的，不是恶意制造虚假病假的，不宜予以禁止。例如，劳动者腿部骨折在家休病假，完全可以卧床写作获得稿费，或者在线从事微商等经营活动，一方面，不影响休养；另一方面，还获得了相应收入。但是，如果从事与伤病休养不兼容的活动，则用人单位可以拒绝批准劳动者的病假（医疗期）申请，并可以要求劳动者返岗工作。

4. 劳动者在医疗期休假期间能否外出旅游

这个问题的实质是劳动者在医疗期休假期间能否自主安排活动。笔者认为，答案是肯定的。只要劳动者持合法医疗机构出具的诊断证明、病历资料等材料，用人单位原则上就应当准许劳动者的病假请求。至于在休病假期间，劳动者采取何种治疗方法、休养方案，甚至是否接受治疗等，用人单位一般不能干涉。易言之，用人单位不能干涉劳动者的治疗和休养自由，其只能依法保障劳动者的医疗期权利。例如，抑郁症患者在医疗期内外出旅游散心，正是一种正常的治疗和休息方式。又如，罹患绝症的劳动者放弃治疗，医疗期内用自己最后的时间在家陪伴家人或者外出旅游访友，也应当允许。

如果劳动者在医疗期内采取的某些行为反映出其病假可能存在虚假，则属于另一回事。例如，劳动者出具腿部骨折的诊断证明请休医疗期病假，用人单位批准，事后发现劳动者在此期间参加业余马拉松活动，很明显劳动者的病假为虚假病假。如何判断病假虚假的问题，除有确凿证据证明医院或医生无相应资质，或者医生故意出具虚假证明等显而易见的情况外，其他间接证据需要达到何种证明程度，实践中有争议，需要结合个案具体分析。例如，某公司职工休病假期间去国外旅游一案①，一、二审法院与再审法院的裁判观点与结果截然不同，一、二审法院判决案涉公司违法解除劳动合同，主要理由为：一是该公司主张丁某生在休病假期间长途飞行前往国外，表明其所谓的病情并未达到需要全休的程度，属于该公司的主观判断，丁某生的病情是否需要全休显然应当以医疗机构出具的休假证明为准。二是该公司的规章制度中并没有对员工休病假期间的休假地点作出限制性规定，同时法律也对此无限制性规定，这意味着丁某生在休病假期间出国这一行为本身并没有规章制度及法律上的约束。再审法院则认为，“用人单位的规章制度虽然未对劳动者休假地点作出限定，但是劳动者休假期间的行为应当与其请假事由相符。按照一般生活常识判断，该公司有理由质疑丁某生请病假的目的并非休养或治疗，丁某生在该公司向其了解情

① 一审：北京市海淀区人民法院（2013）海民初字第26371号。二审：北京市第一中级人民法院（2015）一中民终字第650号。再审：北京市高级人民法院（2017）京民再65号。

况时拒绝提供真实信息，违背诚信原则和企业规章制度，对用人单位的工作秩序和经营管理造成恶劣影响，故该公司以丁某生严重违反企业规章制度为由决定与其解除劳动合同合法有效”。很明显，一、二审法院的立场是坚持合法的医疗机构具有鉴别病情程度和病假必要性的能力，而再审法院则以“生活常识”为由限定了劳动者休病假的内容和方式，从当时实务界的反映来看，两种裁判理由和结果均有支持者和反对者。笔者认为，两种意见各有其合理性，但更倾向于原一、二审法院的意见，因为劳动者在医疗期内仍有选择治疗和休养方案的自由，而病症是否需要停止工作进行治疗休息，应当以医疗机构出具的证明为判断原则，在无确凿反证的情况下，法院进行推论应当谨慎。

5. 劳动者违反请假程序的处理问题

当劳动者按照规章制度规定的程序请病假的，用人单位一般都会允许。但是，如果劳动者未遵循程序请病假，用人单位予以拒绝，用人单位的行为是否有效。这是实践中经常发生的情况。对此问题，一般可以按照以下原则处理：第一，劳动者有合理理由，且伤病为真实事实的，一般支持劳动者的主张。例如，规章制度规定劳动者发生伤病后一周内应当向单位提交请假资料，逾期提交的，用人单位可以不予批准。劳动者甲因病症较重，家中照料的人手不足，所以在一周内没有及时请假。劳动者以此为据主张有合理理由未履行请假程序的，应予支持。第二，用人单位规定的请假程序不违法且内容合理，劳动者仍然违反且情节比较严重的，可以支持用人单位的主张。例如，规章制度规定劳动者发生伤病后一周内应当向单位提交请假资料，逾期提交的，用人单位可以不予批准；劳动者有正当理由逾期提交，经催促在宽限期内仍不提交的，用人单位可以不予批准。劳动者乙逾期未提交病假申请，用人单位催促劳动者补交病假资料，劳动者乙经催促仍然不予提交，用人单位认为劳动者乙旷工的，一般予以支持。

三、医疗期滥用的防控

防止劳动者滥用医疗期，应当坚持疏堵结合的原则。

（一）依法关爱劳动者

用人单位在确定劳动者病假资料真实的情况下，依法保障劳动者医疗期权利，并可以采取各种措施对重症劳动者给予特殊关爱，如提前购买商业医疗保险、提高医疗期待遇、医疗期满后延长病假期间等，一方面可以减轻劳动者的心理和经济负担，另一方面可以减少将来依法解除劳动合同时的对立情绪。

（二）建立病假甄别程序

用人单位应当建立一套行之有效的虚假病假甄别程序和方法，大致可以涵盖以下几个方面：第一，明确病假申请资料，主要包括挂号条、病历、诊断证明等。第二，发现有疑点的，应当登录国家卫生健康委员会网站查询相应医疗机构和医生的资质，并可以现场去向出具证明的医疗机构和医生进行咨询核实。第三，规章制度中应当明确规定出具虚假证明资料骗取病假的后果。

裁审要点

1. 用人单位主张劳动者虚假病假，不应当享受医疗期待遇的，一般应当审查诊断证明、病历资料、医院和医生资质等，无充分证据不宜否定医疗机构出具的意见。

2. 当事人主张对方违反病假申请程序的，一般应当审查规章制度对于病假申请程序的规定是否违反法律程序、是否存在不合理情形。同时，需要兼顾劳动者伤病的具体情况和未遵守病假申请程序的具体原因。

实操指引

1. 用人单位应当建立完善的医疗期（病假）申请和批准程序。同时，尤其应当建立医疗期甄别程序。甄别医疗期时，应当注意核实医疗机构的合法性、医生专业、病情与假期关系等内容。必要时，可以针对特殊疾病、长休病假等情况建立复查机制。

2. 发现劳动者有滥用医疗期情形但又无法取得确凿证据的，在劳动合同到期时不应与其续订劳动合同，但法律规定必须续订的除外。

3. 规章制度中应当明确规定“医疗期满不能从事原工作”和也不能从事“另行安排的工作”的具体表现、判断标准。

第十章 社会保险争议

第一节 工伤保险

裁判观点

1. 我国境内的企业、事业单位、社会团体、民办非企业单位、基金会、律师事务所、会计师事务所等组织和有雇工的个体工商户，均可以成为工伤保险责任主体。

2. 已经取得营业执照且依法参加工伤保险的分支机构可以成为工伤保险责任主体。

3. 企业租赁经营关系中，有用工主体资格的承租人为工伤保险责任主体。

4. 企业承包经营关系中，发包人（被承包企业）为工伤保险责任主体。

5. 双重劳动关系中，由劳动者受到伤害时工作的单位依法作为工伤保险责任主体。

6. 劳务派遣关系中，派遣单位为工伤保险责任主体。

7. 外派劳务关系中，外派企业是用人单位，境外雇主是用工单位，外派劳动者在境外遭受工伤事故的，外派企业为工伤保险责任主体。

8. 挂靠人没有用工主体资格，其所雇用的劳动者发生工伤的，被挂靠人为工伤保险责任主体；挂靠人具备用工主体资格，其所雇用的劳动者发生工伤的，挂靠人为工伤保险责任主体。

9. 已被吊销营业执照的用人单位不能成为工伤保险责任主体，但应当承担一次性赔偿责任。

10. 村委会、居委会可以成为工伤保险责任主体。

11. 用人单位合并、分立、转让的，承继单位为工伤保险责任主体。

12. 用人单位进入破产程序但尚未被人民法院依法宣告破产之前，用人单位为工伤保险责任主体。

13. 建筑、矿山企业将工程或者经营权违法发包给无资质主体的组织或者自然人的，该组织或者自然人雇用的劳动者发生工伤事故，违法发包的建筑、矿山企业为工伤保险责任主体。

14. 劳动关系双方存在劳动关系的，双方必然应当建立工伤保险关系；没有劳动关系的，则在用人单位缴纳了工伤保险费或者法律明确规定的情况下，可以形成工伤保险关系。

15. 用工主体责任可以因劳动关系而产生，也可以在没有劳动关系的情况下基于法律规定而产生。

16. 工伤认定程序中，社保行政部门具有认定劳动关系的职能。社保行政部门认定劳动关系后，劳动关系双方在劳动仲裁和民事诉讼中如果对劳动关系的成立有异议的，裁审部门不宜对社保行政部门的认定结论再进行审查，而应直接适用。但是，在仲裁和诉讼中出现新证据足以推翻前述认定的除外。

17. 民事诉讼中，人民法院不具备认定工伤的职能，不能直接对是否构成工伤进行认定。

18. 第三人侵权导致工伤的，被侵害劳动者对于侵权赔偿和工伤赔偿可以“有限双赔”。非第三人侵权导致的工伤伤害的，劳动者要求用人单位承担侵权责任的，应按照《工伤保险条例》处理。

19. 劳动者因生产安全事故受到伤害的，在获得工伤保险待遇的同时，有权依法获得用人单位基于侵权法而支付的损害赔偿。

20. 劳动者治疗工伤所花费的医疗费用依法由工伤保险基金支付，基本医疗保险基金不予支付。

21. 劳动合同解除或者终止的，一次性工伤医疗补助金、一次性伤残就业补助金以劳动合同解除或者终止时的上年度当地职工月平均工资作为计算基数。

22. 劳动者治疗工伤超出“三项目录”的费用，按照超出部分的诊疗项目产生的原因并结合劳动关系双方过错公平分担。

23. 劳动关系双方签订的工伤“私了协议”，如果违反劳动者真实意思表示，或者签订合同时显失公平的，劳动者依据《民法典》的规定请求撤销该合同的，应予支持。

24. 劳动者冒名参加工作发生工伤的，如工伤保险基金不予支付工伤保险待遇，则宜由冒名劳动者与用人单位根据各自过错分担工伤保险待遇损失。

25. 在停工留薪期内，劳动者本应停止工作进行治疗休息，但是如果劳动者在此期间实际工作的，劳动者可以同时获得停工留薪期待遇和工资报酬。

26. 用人单位未依法为劳动者办理工伤保险手续、未缴纳工伤保险费的，在补缴前发生的工伤保险费用均由用人单位承担。

深度解析

一、工伤保险责任的主体

（一）法律法规的规定

2004年1月1日实施的《工伤保险条例》对于工伤保险责任主体范围规定的较窄。2010年修订后的《工伤保险条例》在主体范围上作了较大扩充。根据《工伤保险条例》第2条的规定，现阶段我国工伤保险责任的主体范围为：我国境内的企业、事业单位、社会团体、民办非企业单位、基金会、律师事务所、会计师事务所等组织和有雇工的个体工商户。

（二）工伤保险责任主体的疑难问题

1. 分支机构可否成为工伤保险责任主体

《民法典》第74条规定："法人可以依法设立分支机构。法律、行政法规规定分支机构应当登记的，依照其规定。分支机构以自己的名义从事民事活动，产生的民事责任由法人承担；也可以先以该分支机构管理的财产承担，不足以承担的，由法人承担。"在工伤保险责任领域，实践中存在大量的法人分支机构与劳动者签订并履行劳动合同的情形。此类劳动者发生工伤的，法人应当承担工伤保险责任自不待言，但是如果仅以此为限强调只能由法人作为工伤保险责任主体，一方面不利于现实操作，不能保障劳动者权益及时得到保护，另一方面也与目前的工伤保险实务操作相悖。结合目前各地实践，法人分支机构依法取得营业执照，并且按照国家和当地规定依法为劳动者缴纳了工伤保险的，分支机构可以作为工伤保险责任主体。

2. 租赁经营企业的工伤保险责任主体

《劳动部办公厅关于对企业在租赁过程中发生伤亡事故如何划分事故单位的复函》（劳办发〔1997〕62号）曾经对此问题进行了规定，但是目前该文件已被人力资源和社会保障部废止。租赁经营企业与承包经营企业是不同的，一般认为租赁经营企业是指承租人租赁出租人的企业厂房、设备等以自己的名义进行生产经营。在经营过程中，发生劳动者因工伤亡的，如果承租人领取了工商营业执照，有用工主体资格的，则双方形成劳动关系，工伤保险责任主体为承租人。如果承租人不具备合法用工主体资格的，双方要么构成劳务关系，要么构成非法用工关系，无法形成工伤保险关系，承租人不能成为工伤保险责任主体，双方可以按照《民法典》侵权责任编的规定确定责任形态。

3. 承包经营企业的工伤保险责任主体

承包人承包经营发包人企业，承包人、发包人之间成立内部的承发包关系，承包人对外仍然以发包人名义进行经营。发包人的厂房、设备的使用权归属于承包人，人员也归承包人管理使用，但是劳动关系及工伤保险关系不因承包关系而发生变化。易言之，承包是企业生产经营的一种方式，只在承包人与发包人之间发生法律效力，只调整发包人、承包人之间的权利义务，不改变发包人对外与其他商事主体法律关系的性质，也不改变发包人对内与其劳动者之间的劳动关系。承包人承包经营期间，如果劳动者发生工伤事故的，发包人企业为工伤保险责任主体。发包人对劳动者承担工伤保险责任后，可以依照其与承包人签订的承包合同分配各自应当承担的责任。《工伤保险条例》第 43 条第 2 款规定："用人单位实行承包经营的，工伤保险责任由职工劳动关系所在单位承担。"

承包人自行雇用的劳动者发生工伤的，如果承包人系不具有用工主体资格的自然人，则该承包人与其雇用的劳动者如果签订劳动合同的话，只能由劳动者与发包单位签订，承包人以发包单位的名义与劳动者成立用工关系。在此情况下，实践中很有可能被认定为发包单位与该劳动者有劳动关系。那么，根据《工伤保险条例》第 43 条第 2 款的规定，发包单位应为工伤保险责任主体。如果该劳动者没有签订劳动合同，只是在承包人的管理下提供劳动，则可以参照原劳动和社会保障部《确立劳动关系有关事项的通知》第 4 条的规定，由具备用工主体资格的发包人承担工伤保险责任。待发包人承担责任后，可以根据其与承包人的承包约定进行追偿。

4. 双重劳动关系中的工伤保险责任主体

根据 2011 年 7 月 1 日实施的人力资源和社会保障部《实施〈中华人民共和国社会保险法〉若干规定》第 9 条的规定，职工（包括非全日制从业人员）在两个或者两个以上用人单位同时就业的，各用人单位应当分别为职工缴纳工伤保险费。职工发生工伤，由职工受到伤害时工作的单位依法承担工伤保险责任。

5. 劳务派遣关系中的工伤保险责任主体

劳务派遣关系中涉及三方主体、三重法律关系，用人单位（派遣单位）与用工单位之间系劳务派遣关系，其性质属于商事合作关系；派遣劳动者与派遣单位之间系劳动关系；派遣劳动者与用工单位之间为用工关系。当派遣劳动者在用工单位工作期间出现工伤事故的，派遣单位为工伤保险责任主体，依法承担工伤保险责任。之后，派遣单位与用工单位可以根据劳务派遣协议分担彼此责任。人力资源和社会保障部《劳务派遣暂行规定》第10条规定："被派遣劳动者在用工单位因工作遭受事故伤害的，劳务派遣单位应当依法申请工伤认定，用工单位应当协助工伤认定的调查核实工作。劳务派遣单位承担工伤保险责任，但可以与用工单位约定补偿办法。被派遣劳动者在申请进行职业病诊断、鉴定时，用工单位应当负责处理职业病诊断、鉴定事宜，并如实提供职业病诊断、鉴定所需的劳动者职业史和职业危害接触史、工作场所职业病危害因素检测结果等资料，劳务派遣单位应当提供被派遣劳动者职业病诊断、鉴定所需的其他材料。"

6. 外派劳务关系中的工伤保险责任主体

我国外派劳务关系是由具有外派劳务经营权的企业、境外雇主与外派劳动者三方主体组成。其中，外派企业与境外雇主签订外派劳务合作合同，约定双方各自权利义务，外派劳动者由境外雇主负责办理劳动保护和有关社会保险及福利待遇。同时，外派企业与外派劳动者签订劳务合同，由外派企业向其收取服务费用，并负责对外派劳动者进行组织和管理，协调与境外雇主的纠纷，保护外派劳动者的合法权益。因此，在外派劳务关系中，外派企业是用人单位，境外雇主是用工单位，外派劳动者在境外遭受工伤事故的，外派企业是工伤保险责任主体。①《工伤保险条例》第44条规定："职工被派遣出境工作，依据前往国家或者地区的法律应当参加当地工伤保险的，参加当地工伤保险，其国内工伤保险关系中止；不能参加当地工伤保险的，其国内工伤保险关系不中止。"

7. 挂靠经营关系中的工伤保险责任主体

挂靠一般是指民事主体借用其他民事主体相关资质进行经营的情形，包括三种情况：无资质民事主体借用有资质民事主体的经营资质，低资质民事主体借用高资质民事主体的经营资质，高资质民事主体借用低资质民事主体的经营资质。在挂靠经营关系中，如果挂靠人雇用的劳动者发生工伤事故的，应当由

---

① 程琥：《工伤保险前言问题审判实务》，中国法制出版社2014年版，第6页。

挂靠人还是被挂靠人作为工伤保险责任主体，需要以挂靠人是否具有用工主体资格为根本依据来具体分析：

（1）挂靠人没有用工主体资格的，其所雇用的劳动者发生工伤，由被挂靠人作为工伤保险责任主体。理由主要有两个：一是此类挂靠人由于不具备用工主体资格，所以无法以自己的名义为劳动者缴纳工伤保险，实际中多以被挂靠人名义为其缴纳工伤保险。二是即使被挂靠人未以自己名义为劳动者缴纳工伤保险，从保护劳动者权益出发，参照相关规定[①]，由具备用工主体资格的被挂靠人在劳动者发生工伤时承担用工主体责任，即成为工伤保险责任的主体。

（2）挂靠人具备用工主体资格，其所雇用的劳动者发生工伤，仍应由挂靠人作为工伤保险责任主体。因为具备用工主体资格，所以此类挂靠人采取挂靠经营的方式只能影响到其与被挂靠人之间的民事法律关系，但是不会影响到挂靠人与其雇用的劳动者之间的劳动关系，故挂靠人应当成为工伤保险责任主体。

实践中，最典型的例子莫过于机动车挂靠经营关系，即挂靠其他单位的机动车车主（自然人）雇用的劳动者发生工伤时，被挂靠单位作为工伤保险责任主体。《最高人民法院行政审判庭关于车辆挂靠其他单位经营车辆实际所有人聘用的司机工作中伤亡能否认定为工伤问题的答复》[②]（〔2006〕行他字第 17 号）中指出："个人购买的车辆挂靠其他单位且以挂靠单位的名义对外经营的，其聘用的司机与挂靠单位之间形成了事实劳动关系，在车辆运营中伤亡的，应当适用《劳动法》和《工伤保险条例》的有关规定认定是否构成工伤。"上述答复的结论明确了工伤保险责任主体为被挂靠单位[③]。但是，该答复关于挂靠人与其雇用的司机之间形成事实劳动关系的观点是不妥的。被挂靠人成为工伤保险责任主体的原因不在于挂靠人雇用的劳动者与被挂靠单位形成事实劳动关系，而在于被挂靠单位具有用工主体资格，在挂靠经营关系中面临工伤问题时其应当承担用工主体责任。2013 年 10 月 29 日，《最高人民法院关于车辆实际所有人聘用的司机与挂靠单位之间是否形成事实劳动关系的答复》（〔2013〕民一他字第 16 号）明确指出："个人购买的车辆挂靠其他单位且以挂靠单位的名义对外经营的，根据 2008 年 1 月 1 日起实施的《劳动合同法》规定的精神，其聘用的司机与挂靠单位之间不具备劳动关系的基本特征，不宜认定其形成了事实劳动关系。"

---

① 原劳动和社会保障部《关于确立劳动关系有关事项的通知》（劳社部发〔2005〕12 号）第 4 条。

② 该答复已被《最高人民法院关于废止部分司法解释和司法解释性质文件（第十二批）的决定》（法释〔2017〕17 号）所废止，但是其体现了司法实践中曾经出现的一种观点。

③ 该答复所称的"挂靠单位"与本书在此处所称的"被挂靠单位"含义相同。

8. 已被吊销营业执照的用人单位能否成为工伤保险责任主体

根据《非法用工单位伤亡人员一次性赔偿办法》的规定，已被吊销营业执照的用人单位不具备合法用工主体资格，其所雇用劳动者与该单位形成非法用工关系，劳动者遭受工伤事故的，事故本身虽然具备工伤的一些要件，但是不能认定成立工伤，该单位不能成为工伤保险责任主体。然而，这不意味着劳动者权益不能受到保护，该单位依然要承担一次性赔偿责任，标准不低于《工伤保险条例》规定的待遇。《工伤保险条例》第66条规定："无营业执照或者未经依法登记、备案的单位以及被依法吊销营业执照或者撤销登记、备案的单位的职工受到事故伤害或者患职业病的，由该单位向伤残职工或者死亡职工的近亲属给予一次性赔偿，赔偿标准不得低于本条例规定的工伤保险待遇……"

9. 居委会、村委会能否成为工伤保险责任主体

《民法总则》生效之前，居委会、村委会等群众自治性组织不具备用工主体资格，其所聘用的劳动者与其不能成立劳动关系，所以此类主体也就无法成为工伤保险责任主体。但是，《民法总则》生效之后，居委会、村委会等群众自治性组织已经被规定为特别法人，解决了此类主体的用工主体资格问题，故其也就可以成为工伤保险责任主体。[①]

10. 用人单位合并、分立、转让、破产时的工伤保险责任主体

《工伤保险条例》第43条第1款规定："用人单位分立、合并、转让的，承继单位应当承担原用人单位的工伤保险责任；原用人单位已经参加工伤保险的，承继单位应当到当地经办机构办理工伤保险变更登记。"据此，承继单位为工伤保险责任主体。这里需要注意的是，承继单位作为工伤保险责任主体和作为用人单位的区别。如果劳动者与原用人单位的劳动关系并未解除或者终止，当原用人单位发生合并、分立、转让情形的，承继单位要继续履行原劳动合同，故承继单位与劳动者之间承继了原先的劳动关系，其自然成为工伤保险责任主体；如果劳动者已经与原用人单位解除或者终止劳动关系，[②] 则承继单位与劳动者之间没有劳动关系，但是其仍然要根据上述规定作为工伤保险责任主体承担工伤保险责任。此时，劳动关系用人单位的身份与工伤保险责任主体的身份发生分离。

---

① 《民法典》将《民法总则》予以吸收，有同样规定。

② 劳动者发生工伤后并未申请工伤认定，此时与原单位解除或者终止劳动合同，原单位也随之发生分立、合并、转让的情况。只要尚未超过工伤认定申请期限，劳动者可以以原单位和承继单位为对象，向工伤认定部门申请工伤认定。此时，就会发生工伤保险责任主体与劳动关系主体分离的情况。

用人单位进入破产程序的，在被人民法院依法宣告破产之前，劳动者发生工伤事故的，用人单位仍然为工伤保险责任主体，破产程序本身不会影响工伤保险法律关系主体。用人单位被人民法院依法宣告破产的，劳动关系终止，工伤保险法律关系也同时终止。

11. 建筑、矿山企业违法分包、转包情形下的工伤保险责任主体

原劳动和社会保障部《关于确立劳动关系有关事项的通知》（劳社部发〔2005〕12号）第4条规定："建筑施工、矿山企业等用人单位将工程（业务）或经营权发包给不具备用工主体资格的组织或自然人，对该组织或自然人招用的劳动者，由具备用工主体资格的发包方承担用工主体责任。"据此，实践中普遍认为建筑、矿山企业将工程或者经营权违法发包给无资质主体的组织或者自然人的，该组织或者自然人雇用的劳动者发生工伤事故，违法发包的单位为工伤保险责任主体。

二、工伤保险责任与劳动关系

（一）两者关系

在工伤认定实践中，工伤认定机关依法认定工伤的前提条件是具有劳动关系。① 理论上，也确有很多人持此观点，其理由主要是《社会保险法》第33条，《工伤保险条例》第2条、第18条第2项的规定。也有人认为，形成劳动关系并不是享受工伤保险待遇的前提，即使没有形成劳动关系，在某些情况下劳动者也可以享受工伤保险待遇。

笔者赞同第二种观点，劳动争议的诉讼实践也以第二种观点为主流。主要表现为：

第一，原劳动和社会保障部《关于确立劳动关系有关事项的通知》第4条规定："建筑施工、矿山企业等用人单位将工程（业务）或经营权发包给不具备用工主体资格的组织或自然人，对该组织或自然人招用的劳动者，由具备用工主体资格的发包方承担用工主体责任。"司法机关（尤其是民事审判领域）一般认为在此情况下的劳动者与具备用工主体资格的发包方不构成劳动关系，但是当劳动者出现工伤后，发包方"承担用工主体责任"的表现是承担工伤保险责任。

第二，《新劳动争议解释一》第32条第1款规定："用人单位与其招用的已

---

① 程琥：《工伤保险前沿问题审判实务》，中国法制出版社2014年版，第82页。

经依法享受养老保险待遇或者领取退休金的人员发生用工争议而提起诉讼的，人民法院应当按劳务关系处理。”实践中，用人单位雇用此类劳动者工作并为其缴纳工伤保险，当出现工伤后，这类劳动者可以享受工伤保险待遇。

第三，《最高人民法院行政审判庭关于超过法定退休年龄的进城务工农民因工伤亡的，应否适用〈工伤保险条例〉请示的答复》和《最高人民法院关于超过法定退休年龄的进城务工农民在工作时间内因公伤亡的，能否认定工伤的答复》，观点都是支持认定工伤，但是这类劳动者与用人单位之间并不成立劳动关系。

以上是表现，就其根本原因而言，笔者认为，这是由社会保险关系不是劳动关系的核心要素所决定的。第一种观点的实质是社会保险关系绑架劳动关系，即只要认定当事人双方有社会保险关系，那么一定就能认定双方形成劳动关系，这种认识是片面的。具有社会保险关系只是证明双方具有劳动关系的一个强有力证明，但是不能将其作为判断劳动关系的核心标准。形成劳动关系的核心要素是实际用工，劳动关系双方形成从属性关系。社会保险关系只不过是劳动关系衍生出的一种保障关系，它体现了国家对劳动关系的干预，其实质是社会化方式分散风险的思想在具体落实方面的操作手段（即将缴费工作分配到劳动关系双方履行劳动合同过程中去，而不是分配到其他关系中去）。如果不承认此点，就无法解释我国正式施行当前社会保险制度之前的计划经济时期中，用人单位不需要给职工缴纳社会保险，但是用人单位和职工之间同样形成劳动关系。

综上，有劳动关系则一定有工伤保险关系；没有劳动关系的，则在用人单位缴纳了工伤保险费或者法律明确规定的情况下，可以形成工伤保险关系。但是，不能说没有劳动关系就一定没有工伤保险关系。

（二）用工主体责任的理解

在有劳动关系的前提下进行工伤认定，由用人单位承担工伤保险责任，这是一种常态。但在没有劳动关系的情况下，用人单位基于“用工主体责任”承担工伤保险责任，也并不鲜见。此处的“用工主体责任”应当如何理解？笔者认为，用工主体责任属于替代性责任，承担用工主体责任的单位虽然不是工伤劳动者的用人单位，但是基于法律法规侧重保护工伤劳动者权益的规定，其替代劳动者本来的雇主在工伤领域承担起用人单位的责任，这一制度的核心是保障劳动者核心劳动权益，充分体现了社会法的特点。该单位承担了用工主体责任后，可以依照合同或者民法规定向雇用劳动者的自然人或者组织追偿。

目前，用工主体责任仅限于工伤保险责任承担领域，除此之外，承担用工主体责任的单位不承担工资加班费、福利待遇等其他劳动法上用人单位的义务。

三、工伤保险责任的认定与民事诉讼的关系

（一）社保行政部门具有认定劳动关系的职能

工伤认定程序中，社保行政部门首先需确定劳动者与用人单位具有劳动关系，继而认定是否构成工伤。而后，劳动者与用人单位发生劳动争议诉至人民法院。假如法官内心认为双方不构成劳动关系，则在此情况下，人民法院是尊重劳动行政部门在工伤认定程序中对劳动关系的确认结论，还是对此不予理睬，而径直认定双方不构成劳动关系。

这个问题的实质有两个方面的内容：一是劳动行政部门在工伤认定中是否具有认定劳动关系的权力；二是劳动行政部门在工伤认定中对劳动关系的认定是否具有终局效力。

实践中对此问题历来有两种意见：第一种意见认为，社保行政部门在工伤认定中拥有确认劳动关系的权力；第二种意见则认为，工伤认定中的劳动关系最终仍然要由劳动仲裁部门认定。

笔者认为，社保行政部门在工伤认定程序中具有确认劳动关系的权力，而且这种权力是否行使还具有一定范围的灵活性：当劳动关系有争议的，社保行政部门可以自行确定，也可以中止认定程序，要求劳动者先行通过劳动仲裁程序确认劳动关系。主要理由和依据如下：

1. 最高人民法院行政审判庭于2009年7月20日作出的《关于劳动行政部门在工伤认定程序中是否具有劳动关系确认权请示的答复》（〔2009〕行他字第12号），明确规定“根据《劳动法》第九条和《工伤保险条例》第五条、第十八条的规定，劳动行政部门在工伤认定程序中，具有认定受到伤害的职工与企业之间是否存在劳动关系的职权”。

2. 《工伤保险条例》第18条第1款规定：“提出工伤认定申请应当提交下列材料……（二）与用人单位存在劳动关系（包括事实劳动关系）的证明材料……”据此，行政法规授权社保行政部门在工伤认定程序中对劳动关系作出认定，否则再规定提交存在劳动关系的证明材料就毫无意义。

3. 2013年4月25日发布的《人力资源社会保障部关于执行〈工伤保险条例〉若干问题的意见》（人社部发〔2013〕34号）第5条规定：“社会保险行政部门受理工伤认定申请后，发现劳动关系存在争议且无法确认的，应告知当事人可以向劳动人事争议仲裁委员会申请仲裁。在此期间，作出工伤认定决定的时限中止，并书面通知申请工伤认定的当事人。劳动关系依法确认后，当事人应将

有关法律文书送交受理工伤认定申请的社会保险行政部门，该部门自收到生效法律文书之日起恢复工伤认定程序。”注意，上述规定特别提到“发现劳动关系存在争议且无法确认的”，这意味着当社保行政部门认为出现上述情形的，就可以通过告知当事人先以劳动仲裁的方式，将确认劳动关系的问题交由劳动仲裁部门。

综上，工伤认定程序中劳动关系的确认权首先归属于社保行政部门。当事人对社保行政部门在工伤认定程序中作出的劳动关系及工伤认定结论不服的，可以通过行政诉讼或者行政复议解决。人民法院在行政诉讼中依然要对是否构成劳动关系进行审查，以便确定社保行政部门作出的具体行政行为是否具有合法性和合理性。从行政诉讼角度看，社保行政部门在工伤认定程序中确认劳动关系的权力并非一种终局性权力。社保行政部门作出的确认劳动关系的结论一旦生效（含行政诉讼胜诉），则在劳动者以此为依据主张其他劳动权利的民事诉讼中，人民法院不宜质疑上述结论的正确性而进行重复审查，而应当以上述结论作为依据展开审理工作。[①] 在民事诉讼中如果出现新的证据足以对社保行政部门的认定产生动摇的，人民法院应当释明当事人通过行政诉讼解决。如果社保行政部门认为当事人对劳动关系存在争议且无法确认，告知当事人申请劳动仲裁，劳动关系的确认问题就纳入“一裁两审”的劳动争议案件裁审程序中，人民法院拥有确认劳动关系的终局权力。

（二）人民法院在民事诉讼中无认定工伤的职责

实践中普遍认为，工伤认定是社保行政部门的权力，人民法院在审理劳动争议案件过程中不具有认定工伤的职权。[②] 故，当劳动者未经过工伤认定程序认定为工伤，或者虽经过工伤认定程序但未被认定为工伤，其向人民法院起诉要求用人单位承担工伤保险责任的，人民法院不支持劳动者的诉讼请求。人民法院不支持劳动者诉讼请求的裁判形式应当为判决驳回诉讼请求，而不能是裁定驳回起诉，理由在于工伤认定结论在此类民事诉讼中的性质属于证据（公文书），如果缺少此证据，则属于证据不足不能支持劳动者诉讼请求，裁判结论必

---

① 例如，《天津法院劳动争议案件审理指南》第 7 条规定：“劳动行政部门在认定工伤程序中对于双方当事人是否具有劳动关系已进行确认，当事人不服提起民事诉讼的，应当向当事人释明可以就工伤认定争议提起行政诉讼。当事人坚持提起民事诉讼的，应当裁定驳回起诉。双方当事人发生的其他劳动争议涉及劳动关系认定的，应当确认劳动行政部门在工伤认定程序中作出的劳动关系认定结论，但该结论已经法定程序撤销的除外。”

② 例如，江苏省高级人民法院出台的劳动争议案件审理指南类文件认为，工伤赔偿的程序要件是劳动保障部门作出工伤认定。工伤认定属于劳动保障部门的职责，在司法实践中，原则上要遵循司法权与行政权相分离的原则，不直接进行工伤认定，而是以劳动保障行政部门的工伤认定作为法院审理工伤案件的前提。

然应当为判决。如果劳动者起诉要求人民法院在民事诉讼中认定工伤的，由于不属于人民法院民事案件受理范围，故应当裁定驳回起诉，而不应当是判决驳回诉讼请求。

四、工伤保险请求权与其他请求权的关系

（一）与第三人侵权赔偿请求权的关系

劳动者因第三人侵权导致工伤的，劳动者是否既可以获得侵权人的侵权损害赔偿，也可以获得工伤保险待遇。这个问题一直是困扰司法实践的焦点问题。《八民会纪要》对此进行了专门规定，明确了"有限双赔"规则，从而为这一争论盖棺定论。该纪要第 9 条规定："被侵权人有权获得工伤保险待遇或者其他社会保险待遇的，侵权人的侵权责任不因受害人获得社会保险而减轻或者免除。根据社会保险法第三十条和四十二条的规定，被侵权人有权请求工伤保险基金或者其他社会保险支付工伤保险待遇或者其他保险待遇。"第 10 条规定："用人单位未依法缴纳工伤保险费，劳动者因第三人侵权造成人身损害并构成工伤，侵权人已经赔偿的，劳动者有权请求用人单位支付除医疗费之外的工伤保险待遇。用人单位先行支付工伤保险待遇的，可以就医疗费用在第三人应承担的赔偿责任范围内向其追偿。"

上述规定确立了"有限双赔"规则：1. 劳动者可以同时获得侵权人基于《侵权责任法》[①] 而承担的侵权损害赔偿和基于《社会保险法》的规定而享有的工伤保险待遇。2. 对于因伤害而花费的医疗费，劳动者只能获得一份。侵权人已经赔偿劳动者的，工伤保险基金不用再支付给劳动者；侵权人没有赔偿劳动者的，工伤保险基金或者用人单位先行赔偿劳动者，而后向侵权人追偿。确立"有限双赔"规则的主要理由在于，社会保险制度是对受害人的一种基本社会保障，没有分散侵权人侵权责任的功能，第三人的侵权责任不能因为受害人获得社会保险的给付而减轻或免除。[②]

（二）关于工伤保险请求权与用人单位侵权责任的关系问题

除第三人侵权导致劳动者工伤外，劳动者在工作过程中出现工伤时，劳动者是否可以既获得工伤保险待遇，又能从用人单位处获得侵权损害赔偿呢？一

---

① 2021 年 1 月 1 日《民法典》生效后，《侵权责任法》作废。《民法典》吸收了《侵权责任法》，单独设立侵权责任编对侵权责任问题进行系统规定。

② 李琪：《关于侵权纠纷案件审理的疑难问题》，载杜万华主编、最高人民法院民一庭编：《民事审判指导与参考》总第 69 辑，人民法院出版社 2017 年版，第 142 页。

般而言，劳动者只能依照《工伤保险条例》享受工伤保险待遇，而不能要求用人单位承担赔偿责任。《最高人民法院关于审理人身损害赔偿案件适用法律若干问题的解释》第3条第1款规定："依法应当参加工伤保险统筹的用人单位的劳动者，因工伤事故遭受人身损害，劳动者或者其近亲属向人民法院起诉请求用人单位承担民事赔偿责任的，告知其按《工伤保险条例》的规定处理。"但是，当劳动者因生产安全事故受到伤害的，在获得工伤保险待遇的同时，有权依法获得用人单位基于侵权法而支付的损害赔偿。《安全生产法》第53条规定："因生产安全事故受到损害的从业人员，除依法享有工伤保险外，依照有关民事法律尚有获得赔偿的权利的，有权向本单位提出赔偿要求。"

（三）工伤保险请求权与基本医疗保险请求权的关系

《社会保险法》第30条规定："下列医疗费用不纳入基本医疗保险基金支付范围：（一）应当从工伤保险基金中支付的……"据此，劳动者发生工伤的，治疗工伤所花费的医疗费用应当依法由工伤保险基金支付①，而不能由基本医疗保险基金支付。

（四）工伤保险请求权与商业保险请求权的关系

工伤保险属于社会保险范畴，其与商业保险属于性质、目的、功能完全不同的两类保险。所以，劳动者依法享有的工伤保险请求权与商业保险请求权互不影响、互不替代，劳动者可以同时享有。但是，对用人单位而言，不同的商业保险对于其自身也有不同意义。如果用人单位为劳动者购买的是商业人身保险，受益人为劳动者，该保险只能增加劳动者获得赔偿的渠道和数额，并不能免除用人单位自身依法应当承担的工伤保险责任。如果用人单位投保的是雇主责任险，受益人为用人单位自己，则该保险可以分散用人单位的工伤保险责任。

五、工伤保险待遇

（一）停工留薪期

1. 停工留薪期的基本内容

停工留薪期是工伤保险待遇的一种，根据《工伤保险条例》第33条，是指劳动者因工作遭受事故伤害或者患职业病需要暂停工作接受工伤医疗，原工资、福利、保险等待遇不变并由用人单位按月支付的期限。根据《工伤保险条例》

---

① 详见《社会保险法》第38条。

的规定，停工留薪期制度有以下基本内容：

（1）认定单位

停工留薪期由劳动能力鉴定委员会根据医学资料最终作出认定。

（2）时间长度

停工留薪期一般不超过12个月。伤情严重或者情况特殊，经设区的市级劳动能力鉴定委员会确认，可以适当延长，但延长不得超过12个月。易言之，停工留薪期总长度最长不得超过24个月。

（3）停工留薪期待遇

劳动者因工作遭受事故伤害或者患职业病需要暂停工作接受工伤医疗的，在停工留薪期内，原工资福利待遇不变，由所在单位按月支付。工伤职工评定伤残等级后，停发原待遇，按照本章的有关规定享受伤残待遇。工伤职工在停工留薪期满后仍需治疗的，继续享受工伤医疗待遇。

实践中，关于何谓“原工资福利待遇不变”是有争议的。一些地区的高级人民法院已经作出相关规定，一般都是以工伤前一定时期的月平均工资作为计发停工留薪期待遇的标准，但是在确定月平均工资的基数方面明显体现出观点差异。说明如下：

第一，计算月平均工资时不包含加班工资。

浙江省高级人民法院民事审判第一庭、浙江省劳动人事争议仲裁院2012年联合出台相关解答认为，工伤职工在停工留薪期内，原工资福利待遇不变，其中“原工资”按照工伤职工因工作遭受事故伤害或者患职业病前12个月的平均月工资计算，包括计时工资或者计件工资、奖金、津贴和补贴等，但不包括加班工资。

第二，计算月平均工资时包含加班工资。

江苏省高级人民法院、江苏省劳动人事争议仲裁委员会2011年联合出台相关指导意见认为，工伤职工在停工留薪期内的，原工资福利待遇不变，其中的“原工资”按照工伤职工因工作遭受事故伤害或者患职业病前12个月的平均月工资计算。工资的计算按照《江苏省工资支付条例》第62条①的规定执行。

2018年7月18日广东省高级人民法院、广东省劳动人事争议仲裁委员会联

① 《江苏省工资支付条例》在2018年作出了修改，本文件颁布时适用的是《江苏省工资支付条例》。其第62条规定：“本条例所称工资是指用人单位根据国家规定或者劳动合同的约定，依法以货币形式支付给劳动者的劳动报酬，包括计时工资、计件工资、奖金、津贴和补贴、加班加点工资以及特殊情况下支付的工资等，不包括用人单位承担的社会保险费、住房公积金、劳动保护、职工福利和职工教育费用。”

合出台劳动人事争议仲裁与诉讼衔接的意见，意见认为，在工伤停工留薪期内，劳动者的原工资福利待遇不变，由所在单位按月支付。工伤停工留薪期工资应按劳动者工伤前十二个月的平均工资（包括加班工资）支付。

相比上述地区法院已经明确裁判尺度，更多地区法院并没有通过文件形式对此进行明确，以至同一地区不同法院、同一法院不同法庭对此问题的裁判观点不统一。笔者认为，停工留薪期的本意是保障工伤劳动者在停工留薪期治疗休息期间的生活水平、收入水平不发生变化，拟制为劳动者正常工作状态下可以获得的收入状况。故，应当以劳动者工伤事故发生前，可获得的全部劳动对价的平均数作为停工留薪期待遇发放的标准。对此，笔者倾向于将加班费计入基数。假设没有出现工伤事故，劳动者延续之前的工作状态、工作节奏，通过加班必然可以获得收入。所以，将加班费计入基数是合理的，也是最接近自然状态的拟制。

（4）护理及护理费

生活不能自理的工伤职工在停工留薪期需要护理的，由所在单位负责。实际中，很多用人单位无法派人进行护理，用人单位此时应当出资为工伤职工聘用护工来护理。

2. 停工留薪期与医疗期的区别

（1）前提不同。停工留薪期是工伤保险项下的制度，医疗期则是劳动者非因工负伤或者生病等非工伤职业病情形下的制度。

（2）认定部门不同。停工留薪期由劳动能力鉴定委员会根据医疗资料依法认定，医疗期则由用人单位根据医疗资料认定。

（3）期限不同。停工留薪期一般不超过 12 个月，最长不得超过 24 个月。医疗期则根据劳动者的累计工作年限与在本单位工作年限，从 3 个月至 24 个月不等。

（4）待遇不同。停工留薪期内，劳动者原工资福利待遇不变，需要护理的由用人单位负责。医疗期内，劳动者按照规章制度或者劳动合同的规定享受医疗期待遇，不得低于当地最低工资标准的 80%。

（5）法律后果不同。停工留薪期满仍然需要治疗的，劳动者继续享受工伤医疗待遇，同时按照《工伤保险条例》的规定享受工伤保险待遇。医疗期满仍然需要治疗，依法按照基本医疗保险的相关规定处理，如果不能从事原工作，也不能从事用人单位另外安排的工作的，用人单位可以依法单方解除劳动合同。

（二）生活护理费

根据《工伤保险条例》第 34 条的规定，工伤职工已经评定伤残等级并经劳动能力鉴定委员会确认需要生活护理的，从工伤保险基金按月支付生活护理费。

生活护理费按照生活完全不能自理、生活大部分不能自理或者生活部分不能自理3个不同等级支付，其标准分别为统筹地区上年度职工月平均工资的50%、40%或者30%。

（三）工伤医疗待遇

根据《工伤保险条例》第30条、第32条的规定，劳动者享有工伤医疗待遇。具体待遇种类如下：

1. 工伤医疗费用

职工治疗工伤应当在签订服务协议的医疗机构就医，情况紧急时可以先到就近的医疗机构急救。治疗工伤所需费用符合工伤保险诊疗项目目录、工伤保险药品目录、工伤保险住院服务标准的，从工伤保险基金支付。

2. 伙食补助费、交通费、食宿费用

职工住院治疗工伤的伙食补助费，以及经医疗机构出具证明，报经办机构同意，工伤职工到统筹地区以外就医所需的交通、食宿费用从工伤保险基金支付，基金支付的具体标准由统筹地区人民政府规定。工伤职工治疗非工伤引发的疾病，不享受工伤医疗待遇，按照基本医疗保险办法处理。

3. 工伤康复费用

工伤职工到签订服务协议的医疗机构进行工伤康复的费用，符合规定的，从工伤保险基金支付。

4. 辅助器具费

工伤职工因日常生活或者就业需要，经劳动能力鉴定委员会确认，可以安装假肢、矫形器、假眼、假牙和配置轮椅等辅助器具，所需费用按照国家规定的标准从工伤保险基金支付。

（四）伤残津贴

劳动者被鉴定伤残级别的，按照不同的伤残等级，工伤保险基金要相应支付伤残津贴。伤残津贴属于对劳动者不能工作的工资损失补偿，但不是所有的伤残劳动者必然获得伤残津贴。

1. 一级至四级伤残

劳动者被鉴定为一级至四级伤残的，保留劳动关系，退出工作岗位，工伤保险基金每月按照以下标准支付伤残津贴：一级伤残为本人工资的90%，二级伤残为本人工资的85%，三级伤残为本人工资的80%，四级伤残为本人工资的75%。伤残津贴实际金额低于当地最低工资标准的，由工伤保险基金补足差额。

同时，由用人单位和职工个人以伤残津贴为基数，缴纳基本医疗保险费。

2. 五级和六级伤残

劳动者被鉴定为五级或者六级伤残的，劳动关系保留，首先由用人单位适当安排工作。如果可以安排工作，劳动者通过上班获得工资，同时也就不再领取伤残津贴。难以安排工作的，由用人单位按月发放伤残津贴，标准为：五级伤残为本人工资的70%，六级伤残为本人工资的60%，并由用人单位按照规定为其缴纳应缴纳的各项社会保险费。伤残津贴实际金额低于当地最低工资标准的，由用人单位补足差额。

3. 七级至十级伤残

劳动者被鉴定为七级至十级伤残的，《工伤保险条例》没有规定劳动者可以获得伤残津贴，这意味着法律认为此时的劳动者仍然具有劳动能力，劳动者在定残后恢复工作可获得工资。

（五）三个“一次性”补助金

三个“一次性”补助金是指一次性伤残补助金、一次性工伤医疗补助金、一次性伤残就业补助金。上述三个“一次性”补助金并非全部无条件发放给工伤劳动者，工伤劳动者根据《工伤保险条例》的规定分不同情况而依法享有。

1. 一次性伤残补助金

根据《工伤保险条例》第35～37条的规定，劳动者被依法确定伤残等级后，工伤保险基金均应向其支付一次性伤残补助金。具体标准见下表（全国统一标准）：

伤残等级	一次性伤残补助金标准
一级	27个月本人工资
二级	25个月本人工资
三级	23个月本人工资
四级	21个月本人工资
五级	18个月本人工资
六级	16个月本人工资
七级	13个月本人工资
八级	11个月本人工资
九级	9个月本人工资
十级	7个月本人工资

2. 一次性工伤医疗补助金、一次性伤残就业补助金

工伤劳动者被鉴定为五级至十级，且劳动关系解除或者终止的，才可以领取一次性工伤医疗补助金和一次性伤残就业补助金。一级至四级伤残的，不领取上述两种补助金。具体如下：

（1）五级至六级伤残

经工伤职工本人提出，该职工可以与用人单位解除或者终止劳动关系，由工伤保险基金支付一次性工伤医疗补助金，由用人单位支付一次性伤残就业补助金，具体标准由省、自治区、直辖市人民政府规定。

（2）七级至十级伤残

劳动、聘用合同期满终止，或者职工本人提出解除劳动、聘用合同的，由工伤保险基金支付一次性工伤医疗补助金，由用人单位支付一次性伤残就业补助金，具体标准由省、自治区、直辖市人民政府规定。

（3）总结

一次性工伤医疗补助金的具体标准见下表（以天津市为例）：

伤残等级	天津市上年度职工月平均工资
五级伤残	12 个月
六级伤残	10 个月
七级伤残	8 个月
八级伤残	6 个月
九级伤残	4 个月
十级伤残	2 个月

一次性伤残就业补助金具体标准见下表（以天津市为例）：

伤残等级	天津市上年度职工月平均工资
五级伤残	18 个月
六级伤残	15 个月
七级伤残	12 个月
八级伤残	9 个月
九级伤残	6 个月
十级伤残	3 个月

注意，根据《天津市工伤保险若干规定》第 29 条的规定，工伤职工解除劳动（聘用）合同或者终止劳动（人事）关系时，距法定退休年龄不足 5 年的，一次性工伤医疗补助金和一次性伤残就业补助金按金额的 80% 支付，不足 4 年的按 60% 支付，不足 3 年的按 40% 支付，不足 2 年的按 20% 支付，不足 1 年的按 10% 支付。

3. 实务疑难问题

（1）一次性工伤医疗补助金、一次性伤残就业补助金的标准计算时点问题。劳动合同解除或者终止的，一次性工伤医疗补助金、一次性伤残就业补助金应当以上年度当地职工月平均工资作为计算基数，则应当是以劳动合同解除或者终止时界定“上年度”，还是以工伤劳动者劳动能力鉴定时界定“上年度”？笔者认为，应当以劳动合同解除或者终止时界定“上年度”，这样有利于保护劳动者权益，而且也兼顾公平。因为劳动者解除或者终止劳动合同的时间可能距离定残之时比较远，而一次性工伤医疗补助金、一次性伤残就业补助金均属于劳动关系终结时给予劳动者的补助，这种补助须与劳动关系终结时间相挂钩方能体现补偿的功能。

（2）工伤劳动者退休时能否领取一次性工伤医疗补助金、一次性伤残就业补助金的问题。工伤劳动者退休的，可以依法领取基本养老保险待遇，不存在劳动法意义上的再就业问题，所以不再享受一次性伤残就业补助金。同时，对于此类人员，不能认为其已经退休便与工伤保险经办机构终止了工伤保险关系，其在退休后旧伤复发的，工伤保险经办机构仍然应当支付相应的医疗费等费用，为其后续的工伤医疗有充分的保障，因此也不应有一次性工伤医疗补助金。

基于此，各地劳动行政部门根据《工伤保险条例》制定具体的实施办法的时候，对享受一次性工伤医疗补助金和一次性伤残就业补助金的条件都作了类似的限制。例如，《天津市工伤保险若干规定》第 29 条第 5 款规定，工伤职工解除劳动（聘用）合同或者终止劳动（人事）关系时，已达到法定退休年龄并符合按月领取养老金条件的，不支付一次性工伤医疗补助金和一次性伤残就业补助金，但属于《劳动合同法》第 38 条规定的情形除外。又如，《河北省工伤保险实施办法》第 34 条第 3 款规定，工伤职工达到法定退休年龄办理退休手续的，不享受一次性工伤医疗补助金和伤残就业补助金。

（六）工伤复发待遇

《工伤保险条例》第 38 条规定：“工伤职工工伤复发，确认需要治疗的，享受本条例第三十条、第三十二条和第三十三条规定的工伤待遇。”据此，不论劳动者是在退休前还是退休后，只要工伤复发，确认需要治疗的，就享受工伤医疗待遇、停工留薪期待遇①。

（七）劳动者工伤死亡的工伤保险待遇

1. 工亡的三项待遇

根据《工伤保险条例》第39条的规定，职工因工死亡，其近亲属按照下列规定从工伤保险基金领取丧葬补助金、供养亲属抚恤金和一次性工亡补助金：

（1）丧葬补助金为6个月的统筹地区上年度职工月平均工资。

（2）供养亲属抚恤金按照职工本人工资的一定比例发给由因工死亡职工生前提供主要生活来源、无劳动能力的亲属。标准为：配偶每月40%，其他亲属每人每月30%，孤寡老人或者孤儿每人每月在上述标准的基础上增加10%。核定的各供养亲属的抚恤金之和不应高于因工死亡职工生前的工资。供养亲属的具体范围由国务院社会保险行政部门规定。②

（3）一次性工亡补助金标准为上一年度全国城镇居民人均可支配收入的20倍。

伤残职工在停工留薪期内因工伤导致死亡的，其近亲属享受上述丧葬补助金、供养亲属抚恤金和一次性工亡补助金。

一级至四级伤残职工在停工留薪期满后死亡的，其近亲属只可以享受上述丧葬补助金、供养亲属抚恤金，不享受一次性工亡补助金。

2. 劳动者失踪或宣告死亡的工伤保险待遇

根据《工伤保险条例》第41条规定，职工因工外出期间发生事故或者在抢险救灾中下落不明的，从事故发生当月起3个月内照发工资，从第4个月起停发工资，由工伤保险基金向其供养亲属按月支付供养亲属抚恤金。生活有困难的，可以预支一次性工亡补助金的50%。职工被人民法院宣告死亡的，按照《工伤保险条例》第39条职工因工死亡的规定处理。

六、工伤保险纠纷案件疑难问题

（一）超出“三项目录”③的费用如何负担④

劳动者因工伤治疗的费用超出《工伤保险条例》规定的“三项目录”费用总额的，劳动者主张用人单位承担超出部分的，应当如何处理？实务中各地法

---

① 如果劳动者已经退休，即不存在停工留薪期问题，只享受工伤医疗待遇。

② 具体详见2004年1月1日施行的劳动和社会保障部《因工死亡职工供养亲属范围规定》。

③ 工伤保险“三项目录”是指《工伤保险条例》第30条第3款规定的“工伤保险诊疗项目目录”“工伤保险药品目录”“工伤保险住院服务标准”。

④ 钱海玲主编：《法官智典》，人民法院出版社2018年版，第95~96页。

院对此问题的处理并不统一。笔者认为，治疗工伤过程中，劳动者治疗工伤以外疾病的费用应当自行承担；治疗工伤本身的费用，应当考察超出部分的诊疗项目产生的原因并结合劳动关系双方过错，公平分担。

《工伤保险条例》第30条规定："职工因工作遭受事故伤害或者患职业病进行治疗，享受工伤医疗待遇……治疗工伤所需费用符合工伤保险诊疗项目目录、工伤保险药品目录、工伤保险住院服务标准的，从工伤保险基金支付……"根据该条规定，不予核准报销的工伤治疗费用是指，超出工伤保险诊疗项目目录、工伤保险药品目录、工伤保险住院服务标准（以下简称"三项目录"）的一切医疗开支。一般而言，"三项目录"能满足工伤职工的治疗需要。但在实践中有些医疗机构为了追求更高的经济效益，或者患者自身为了追求更好的治疗效果（甚至包括"顺便"治疗工伤以外的伤病），往往在诊疗过程中增加医疗流程，选择使用更加昂贵的替代药物或医疗器材，于是造成超出"三项目录"不能被核准报销的治疗费用。解决该问题，不但需要考虑医疗费用未能全额报销的原因，也要考虑未能报销部分费用的负担主体。

处理该问题应当坚持以下两个原则：第一，工伤保险赔偿的无过错原则。不论劳动者在工伤事故中是否具有过错（仅包括过失，劳动者故意造成工伤事故的除外），只要是"三项目录"之内的医疗费用，应全部由工伤保险基金负担；虽然未纳入"三项目录"，但有证据证明必须采用某种药品、器械而产生的医疗费用，工伤保险基金对此不能报销的部分，应当由用人单位负担。第二，侵权责任法的过错原则。超出"三项目录"范围，有证据证明系故意扩大医疗费用支出的或者无证据证明有超出必要的，则超出部分的医疗费用由对超出有过错的一方承担。

具体而言，应当区分以下情况分别处理：

1. 劳动者治疗工伤以外疾病所产生的一切治疗费用，应当由劳动者自行承担。

2. 治疗工伤过程中，没有必要采取超出"三项目录"范围的药品、医疗器械，但劳动者为追求更好的治疗效果而采用目录外药品、器械的，所产生的未报销费用，不宜一律要求由用人单位承担，但同时也要考虑到劳动者追求更好的治疗效果的人之常情。对此，应分析劳动者遭受工伤的原因，区分劳动关系双方的过错，按照《民法典》的规定来分配劳动者与用人单位的责任。但是，考虑到劳动者遭受伤害的原因系因工负伤，故只有在劳动者对工伤事故有重大过失的情形下才可以认定劳动者要对超出部分的医疗费用承担一定比例的责任为宜。

3. 治疗工伤过程中，没有必要采取超出“三项目录”范围的药品、医疗器械，但因医疗机构原因而采取目录外药品、器械的，所产生的工伤保险基金未报销费用，首先应当由用人单位承担。之后，用人单位有权向医疗机构追偿。

4. 治疗工伤过程中，“三项目录”已经不能满足治疗工伤的需要，必须采取超出“三项目录”的药品、医疗器械，由此发生的工伤保险基金不能报销的治疗费用，应当由用人单位承担。

（二）工伤“私了协议”的效力问题

实务中，劳动者出现工伤事故后，用人单位与劳动者之间往往会达成“一揽子”赔偿的工伤私了协议。事后，劳动者一方有时会主张此类协议系重大误解、显失公平，违反了其真实意思表示，要求用人单位按照法律规定的标准补足赔偿金额。此类问题如何处理，一方面需要坚持诚实信用原则，另一方面也要重点考虑劳动者工伤后核心权益保障的问题。

对此，天津法院的做法可资借鉴。《天津法院劳动争议案件审理指南》第38条规定：“劳动者发生工伤，用人单位与劳动者达成赔偿协议后，劳动者又提起仲裁和诉讼，要求用人单位按照工伤保险待遇赔付的，对该协议应当区分以下情况处理：（1）如果该赔偿协议是在劳动者已被依法认定为工伤且已完成劳动能力鉴定的前提下签订，不存在《中华人民共和国民法总则》第一百四十八条至第一百五十一条规定的情形的，应认定有效；（2）如果该赔偿协议是在劳动者未经劳动行政部门依法认定为工伤且未完成劳动能力鉴定的情形下签订，劳动者实际所获补偿明显低于法定工伤保险待遇标准，劳动者主张该赔偿协议违反其真实意思表示，请求依法予以撤销，或者主张用人单位补足双方协议低于工伤保险待遇的差额部分的，应予支持。劳动者主张上述赔偿协议违反其真实意思表示应予撤销的，应当根据《中华人民共和国民法总则》第六章第三节的相关规定进行审查和处理。”

此外，其他地区高院也有类似规定。例如，重庆市有关部门出台的有关纪要认为，用人单位与劳动者自愿达成的工伤赔偿协议系双方真实意思表示，不违反法律、法规的强制性规定，对双方当事人具有约束力，双方当事人均应遵照执行。一般情况下，工伤赔偿协议约定的赔偿金额未达到用人单位应当赔偿金额的75%的，无论该工伤赔偿协议达成时是否进行工伤认定和劳动能力等级鉴定，人民法院均可认定该工伤赔偿协议构成显失公平。工伤赔偿协议构成显失公平的，劳动者可以向人民法院请求予以撤销。劳动者依照《劳动合同法》第26条第1项之规定请求确认工伤赔偿协议无效的，人民法院不予支持。

（三）补缴工伤保险的赔偿问题

实务中，用人单位未为劳动者缴纳工伤保险，劳动者发生工伤事故后，用人单位还能否通过补缴来分散工伤赔偿风险，这是劳动关系双方经常要面临的问题。根据《工伤保险条例》第62条规定，用人单位负有参加工伤保险并补缴工伤保险费的法定义务。应当参加工伤保险而未参加工伤保险的用人单位职工发生工伤的，本应由工伤保险基金支付的赔偿，均由用人单位按照《工伤保险条例》规定的工伤保险待遇项目和标准支付费用。

《工伤保险条例》第62条第3款规定："用人单位参加工伤保险并补缴应当缴纳的工伤保险费、滞纳金后，由工伤保险基金和用人单位依照本条例的规定支付新发生的费用。"据此，未参加工伤保险的劳动者发生工伤后，用人单位还可以补缴工伤保险费，补缴后新发生的费用，工伤保险基金可以依照《工伤保险条例》的规定支付相应费用。至于审判实务中如何认定"新发生的费用"，从目前最高人民法院和各地高级人民法院的规定来看，还尚无此规定。笔者认为，从保护劳动者权益角度出发，应当以时间作为唯一判断标准，不论工伤保险待遇何种科目，只要在补缴之后发生的费用，均应列入"新发生的费用"。①

（四）冒名劳动者的工伤保险责任承担问题

劳动者假冒他人名义入职用人单位工作，用人单位以被假冒者的姓名办理工伤保险手续、缴纳工伤保险费，若假冒者发生工伤事故，其是否可以获得工伤保险待遇？如果可以获得，承担工伤保险待遇的主体应当是工伤保险基金还是用人单位？这是始终困扰司法实务的疑难问题。实务中，对此问题的处理很不统一，主要有以下几种做法：

1. 视同冒名者本人已经缴纳工伤保险，工伤保险待遇由工伤保险基金和用人单位分别按照《工伤保险条例》的规定依法支付。例如，湖南省高级人民法院（2019）湘行申1089号"再审申请人Y县工伤保险基金管理服务中心与被申请人刘某永等七人、原审第三人天欣公司确认行政行为违法及行政支付案"的行政裁定书载明："涉案被害人赵某召借用其弟'赵某机'的身份证入职原审第三人的公司工作，并与原审第三人签订了劳动合同，原审第三人一直以'赵某机'的名义支付赵某召工资，赵某召与原审第三人形成了事实上的劳动关系，

---

① 2012年6月1日执行的《厦门市工伤保险费补缴确认管理规定》及其补充通知对于"新发生的费用"进行了规定，可以参考。但是，该规定有效期仅至2017年5月31日。《人力资源社会保障部关于执行〈工伤保险条例〉若干问题的意见（二）》（人社部发〔2016〕29号）第3条有相应规定。

且已被 Y 县劳动争议仲裁委员会确认。原审第三人虽系以‘赵某机’的名义为赵某召在工伤保险部门缴纳了工伤保险，但其真实意思应为与其有劳动关系的赵某召购买工伤保险。故，赵某召与 Y 县工伤保险中心之间已形成了事实上的保险关系。现赵某召在原审第三人天欣公司工作期间，因上下班途中发生交通事故死亡，已被岳阳市人力资源和社会保障局认定为工亡，应当享受工亡保险待遇。故，申请人 Y 县工伤保险中心应当按照《工伤保险条例》的相关规定支付赵某召的工亡保险待遇。”

2. 工伤保险基金不支付工伤保险待遇，由冒名劳动者与用人单位按照各自过错分担不能获得的工伤保险待遇损失。例如，广东省高级人民法院（2014）粤高法民申字第 1431 号“再审申请人建福公司与被申请人邓某保等七人劳动合同纠纷案”的民事裁定书指出：“本案争议焦点为建福公司应否承担刘某娟的部分工伤保险赔偿。根据查明的事实，刘某娟持其妹妹刘某女的身份证，冒用刘某女的名字应聘至建福公司工作，其间发生工伤事故死亡。刘某娟冒名入职后，与建福公司已经形成事实劳动关系。建福公司为刘某娟以‘刘某女’的名义参与工伤保险，致使本案工伤事故发生后，刘某娟的亲属无法获得社保部门支付的工伤保险赔偿。刘某娟的冒名行为和建福公司的审查不严共同造成了上述后果，对此刘某娟本人负主要责任，建福公司对刘某娟的身份审查不严，应负次要责任。二审判决确定工伤保险损失由刘某娟本人承担 60%，建福公司承担 40%，处理恰当。”

综上，形成该问题的根本原因在于法律对此没有明确规定。笔者认为，湖南省高级人民法院的做法更为妥当。但是，在工伤保险基金不予支付工伤保险待遇的前提下，由冒名劳动者与用人单位分担工伤保险待遇损失，作为当前退而求其次的权宜做法也是可以接受的。

（五）劳动者在停工留薪期内工作的待遇计发问题

在停工留薪期内，劳动者本应停止工作进行治疗休息，但是如果劳动者在此期间实际工作的，劳动者对于停工留薪期待遇与工作报酬是应当兼得还是择一取得？笔者认为，解决这一问题应当从停工留薪期的产生和功能进行分析。停工留薪期属于工伤保险待遇中的一种，是法律赋予工伤劳动者在法定机关（劳动能力鉴定委员会）认定的一定期限内停止工作治疗休养且工资待遇保持不变的一种权利。这种权利在劳动者没有明确表示放弃的情况下，任何组织和个人都不能侵犯和剥夺。同时，由于这种权利是建立在劳动能力鉴定委员会依法认定的基础上，只要这种认定没有被撤销，那么停工留薪期就自然存续直至到期，劳动者享有的停工留薪期待遇也自然存在。基于此，劳动者在停工留薪期内享受法定待遇，是基于法律的规定，法律并未规定劳动者在此期间返回工作岗位的即撤销停工留薪期认定结论并停发停工留薪期待遇。故，劳动者返岗工作的行为不会对劳动者继续享有停工留薪期待遇造成影响。劳动者在本应休息的时间提供劳动的，自然应当获得工资报酬，而不能因为提供了劳动，反而减损了自己的权利。综上，劳动者在停工留薪期内返岗工作的，劳动者不但继续享有停工留薪期待遇，而且应当获得劳动的对价——工资报酬。

（六）超期申报工伤不被受理的劳动者权益保护路径问题

根据《工伤保险条例》第 17 条的规定，用人单位在工伤事故伤害发生之日起 30 日内、劳动者在一年内，均可以向社保行政部门提出工伤认定的申请。如果逾期没有提出申请的，除法定情形外，实务中社保行政部门不再受理工伤认定的申请。此时，劳动者起诉用人单位支付工伤保险待遇的，应当通过何种程序、何种方式救济，成为实务中的难题，各地对此问题的处理也并不一致。主要有以下几种做法：

1. 作为劳动争议案件受理。例如，实务中有观点认为，劳动者或用人单位因多种原因均未在规定的期限内提出工伤认定申请，致劳动者无法通过工伤保险基金理赔方式获得救济，且劳动者持有社会保险行政部门出具的不予受理工伤认定申请的通知书、决定书或法院行政审判庭出具的判决书等文书，起诉要求用人单位承担损害赔偿责任的，法院应作为劳动争议案件受理。该观点还细化认为，第一，如系劳动者或其近亲属单方原因导致超过工伤认定申请期限的，人民法院可判决驳回劳动者诉请；第二，如系用人单位与劳动者或其近亲属混合原因导致超过工伤认定申请期限的，法院可书面委托区劳动能力鉴定委员会出具伤残等级鉴定意见，在考虑各自过错大小的基础上，参照《工伤保险条例》规定的工伤保险待遇标准，判决用人单位就劳动者因无法通过工伤认定途径获得工伤保险待遇而造成的损失，承担相应的赔偿责任；第三，如系用人单位单方原因导致超过工伤认定申请期限的，但社会保险行政部门或人民法院行政审判庭认为不属于《最高人民法院关于审理工伤保险行政案件若干问题的规定》第 7 条规定的情形，且作出不予受理的通知、决定和判决的，可书面委托区劳动能力鉴定委员会出具伤残等级鉴定意见，并参照《工伤保险条例》规定的工伤保险待遇标准，判决用人单位就劳动者因无法通过工伤认定途径获得工伤保险待遇而造成的损失，承担全部赔偿责任。

2. 作为人身损害赔偿案件处理。相比第一种裁判意见，更多的高级人民法院倾向于按照人身损害赔偿案件处理。这其中，还可以细分为以下几种观点：

（1）不区分未在法定期限内申请工伤认定的原因，一概按照人身损害赔偿案件处理。例如，《天津法院劳动争议案件审理指南》第40条规定："用人单位与劳动者均未在《工伤保险条例》第十七条规定的时限内申报工伤，劳动行政部门也不再受理双方提出的工伤申请，劳动者主张用人单位支付工伤保险待遇的，不予支持，但应当释明劳动者可以按照《中华人民共和国侵权责任法》另行提起人身损害赔偿的诉讼请求。"又如，2019年5月《吉林省高级人民法院关于审理劳动争议案件法律适用问题的解答（二）》第20条规定："劳动者未经工伤认定而要求享受工伤保险待遇的，人民法院不予支持。符合人身损害赔偿条件的，告知劳动者可以另行提起侵权之诉。"吉林高院比天津高院规定的范围更宽一些，但是可以完全涵盖双方逾期申报工伤未果的情况。

（2）因用人单位原因导致无法认定工伤的，按照人身损害赔偿案件处理。例如，《安徽省高级人民法院关于审理劳动争议案件若干问题的指导意见》（皖高法〔2015〕34号）第21条规定："因用人单位的原因致使劳动者工伤无法认定的，劳动者有权向用人单位主张人身损害赔偿责任。"但是，对于劳动者原因导致无法认定工伤的应当如何救济，则没有规定。

（3）非因劳动者原因导致未在法定期限内申请工伤认定的，按照人身损害赔偿案件处理。例如，四川省高级人民法院民一庭2016年出台的关于审理劳动争议案件若干疑难问题的解答认为，劳动者因工受伤非因自身原因导致工伤认定超过法定时效，劳动者或其近亲属请求用人单位支付工伤保险待遇的，应向劳动者释明。劳动者变更诉讼请求用人单位承担普通人身损害赔偿责任的，人民法院应予以支持。

笔者认为，上述实践中的观点和做法立足点是相同的，即最大限度地通过司法程序保障因超期而不被受理工伤认定申请的劳动者利益，区别在于保障的程序和请求权基础不同。上海地区的做法基本是内心确认劳动者属于工伤（虽然没有工伤认定），遂比照《工伤保险条例》的规定将此类案件类比工伤案件处理。这种做法的问题在于民事审判庭表面上没有认定工伤，但是实际上是代替社保行政部门进行了工伤认定，在现行法律没有修改的情况下，这种做法容易造成缺乏法律基础的问题。其他地区高院的做法，基本都是按照人身损害赔偿案件处理，这样做的好处在于没有突破现行法律对于工伤认定权限的规定，也遵守了工伤赔偿案件须以工伤认定结论为前提的民事审判规律，实值遵循。但是，笔者进一步认为，没有必要再去区分是谁导致了超期申请工伤认定，因为法律已经基于劳资地位差异而分别给予了双方不同的申报工伤时限。如果超期未申报，可以认为劳动关系双方对此具有同等过错，可以互相抵销，从而只在侵权责任法范畴内讨论各自对于伤害事故本身的过错责任即可。

裁审要点

1. 劳动者要求单位支付工伤保险待遇的，首先应确定工伤保险责任主体和劳动者是否已经被依法认定为工伤，其次再考察用人单位是否欠付劳动者相应的工伤保险待遇。

2. 单位与劳动者不存在劳动关系的，应注意考察该单位是否应当依法承担用工主体责任。

3. 确定劳动者享有何种工伤保险待遇，应当按照劳动者未伤残、伤残、死亡来分别确定。其中，劳动者伤残的，还应当注意两点：一是不同伤残等级的劳动者所对应享有的工伤保险待遇有所区别；二是劳动合同存续阶段享有的工伤保险待遇与劳动合同解除、终止时享有的工伤保险待遇并不相同，易言之，不同阶段享受的工伤保险待遇不相同，呈现递进式特征。

4. 工伤保险纠纷案件涉及劳动者伤残、死亡，劳动者生存、发展的核心权益受到损害，所以在法无禁止的情况下，宜侧重保护劳动者利益。主要表现为，在涉及模糊时点、模糊概念的解释时，宜采取有利于劳动者的解释。例如，在计算劳动者停工留薪期待遇中的“原工资待遇”时，宜理解为包括加班费、绩效工资等在内的全部应得工资。又如，在计算一次性伤残就业补助金、一次性工伤医疗补助金时，宜对“上年度”时点含义解释为劳动合同解除、终止时，而非定残之时。

5. 劳动争议案件中，劳动者未取得工伤认定结论就起诉要求用人单位支付工伤保险待遇的，宜以证据不足为由判决驳回劳动者诉讼请求；劳动争议案件中，劳动者起诉要求认定工伤的，不属于人民法院劳动争议案件受理范围，宜裁定驳回起诉。

实操指引

1. 用人单位必须依法为劳动者办理工伤保险手续，缴纳工伤保险费。发生工伤事故时，需要在法定期限内向社保行政机构申请工伤认定。如果用人单位未在法定期限内申报工伤，应当提示劳动者在法定期限内申报工伤。

2. 用人单位因与其他单位合作而依法被认定为工伤保险责任主体的，在合作协议中应当提前约定工伤保险责任金额的最终承担问题。

3. 用人单位未为劳动者缴纳工伤保险费的，应当及时补缴。如果劳动者在补缴前就发生工伤事故的，用人单位更应当第一时间补缴，以便由工伤保险基金依法支付“新发生的费用”，分散工伤赔偿成本。

4. 用人单位与工伤劳动者签订“私了协议”时，应当如实披露劳动者伤情、救济程序等，防止劳动者因用人单位原因出现意思表示不真实，从而影响“私了协议”效力的问题。

5. 用人单位在招聘劳动者入职时，务必审核劳动者真实身份，杜绝冒名顶替的情况。

第二节　养老保险[①]

裁判观点

1. 劳动者以用人单位未为其办理社会保险手续，且社会保险经办机构不能补办导致其无法享受社会保险待遇为由，要求用人单位赔偿损失而发生纠纷的，人民法院应予受理。

2. 劳动者可以在达到法定退休年龄，实际发生了养老保险待遇损失后，向人民法院起诉主张用人单位予以赔偿。

3. 需要区分劳动者在用人单位是否连续工作满 15 年，来分别确定劳动者养老保险待遇损失数额。连续工作不满 15 年的，由用人单位以应当缴纳的保险费数额为基础，酌情确定一次性赔偿劳动者养老保险待遇损失的数额；连续工作满 15 年的，人民法院可以委托社保经办部门核算劳动者的养老保险待遇损失，并以此为基础酌情确定赔偿数额。社保经办机构不能接受委托核算劳动者养老保险待遇损失的，人民法院可以结合劳动者所在行业养老保险的待遇水平、劳动者退休前工资水平、缴费年限等因素，酌情确定养老保险待遇损失数额。

4. 劳动者工作过的多个用人单位均应赔偿劳动者养老保险待遇损失的，可以适用《民法典》关于无意思联络数人侵权制度来解决。

---

① 本节所指的“养老保险”是指城镇职工基本养老保险，不包括城镇居民基本养老保险与新型农村养老保险。关于养老保险分类的讨论，参见第一章第三节。

5. 企业年金不是法定养老保险，属于劳动关系双方通过民主程序协商确定的补充养老保险，带有合同性质。双方因企业年金发生争议的，原则上应当按照企业年金方案处理。

深度解析

一、养老保险损失的赔偿

《劳动争议司法解释三》第 1 条规定："劳动者以用人单位未为其办理社会保险手续，且社会保险经办机构不能补办导致其无法享受社会保险待遇为由，要求用人单位赔偿损失而发生争议的，人民法院应予受理。"① 在该司法解释颁布施行之前，人民法院受理劳动者要求用人单位补缴社保的纠纷。但是，该司法解释颁布实施之后，人民法院受理养老保险纠纷案件的范围变窄。劳动者要求用人单位补缴养老保险的，人民法院不予受理。只有在用人单位未为劳动者开立养老保险账户，社保经办部门也不能补办，劳动者要求用人单位赔偿损失的情况下，人民法院才受理养老保险纠纷。《新劳动争议解释一》第 1 条对此有几乎相同的规定，实务中，此类纠纷非常常见，司法部门面临的难题在于如何界定和计算劳动者的养老保险损失，这包括两个问题：一是用人单位承担赔偿责任的条件；二是用人单位赔偿养老保险损失的确定。

（一）用人单位承担赔偿责任的条件

1. 用人单位因己方原因导致未为劳动者办理社保手续

没能办理社保手续，一般的理解是用人单位没有为劳动者开立社保账户，而非指已经为劳动者开立了社保账户的情况下欠缴社保费。而且，需要区分未能办理社保手续的责任在谁。实践中，劳动者未能办理社保手续的原因往往比较复杂，一般认为只有在因用人单位原因导致的情况下，才符合用人单位承担

---

① 最高人民法院编著的《〈劳动争议司法解释三〉的理解与适用》一书对本条进行解释时，通篇均以城镇职工基本养老保险为论述对象，并未涉及其他社会保险险种。其他社会保险险种在缴费（补缴）、核算、领取保险待遇等诸多方面均与城镇职工基本养老保险不同，不可等量齐观。故，对于此条款的理解似乎局限在城镇职工基本养老保险领域更为合适，而在司法实践中也恰恰是在该领域运用最多。从大数据检索结果看，在其他社会保险纠纷案件中，各地人民法院并未将受理标准严格限定在《劳动争议司法解释三》第 1 条规定的情形内，尤其以医疗保险为例，用人单位为劳动者开立了社保账户，但是在一定时期内欠缴医保费，劳动者起诉用人单位赔偿欠缴期间的医疗保险待遇损失的，人民法院一般都受理并实体支持。据此，笔者认为，在除养老保险外的其他社保险种损失赔偿案件中，应当从宽理解上述司法解释，即使已经开立了社保账户，只要存在欠缴情形且不能通过补缴方式保障劳动者相应社保待遇的，就应当受理并实体裁判。

赔偿责任的前提条件。这表现为两种情况：第一种情况是完全由于用人单位原因未能办理；第二种情况是用人单位与劳动者对未能办理社保手续均有过错，最典型的表现是劳动者申请用人单位不要为其办理社保，要求用人单位将缴纳社保的费用直接作为补贴发放给自己，而用人单位对此表示同意。劳动者对此固然有过错，但是用人单位明知负有为劳动者办理并缴纳社保的法定义务，却依然以协议的方式未履行该义务，亦有过错。值得注意的是，劳动者往往没有可以证明其曾经向用人单位催促办理社保手续的证据，但是不能以此认为劳动者也有过错，因为劳动者催促与否不影响用人单位履行法定义务。

2. 社保经办机构也不能补办

从各地实践经验来看，社保经办部门补办社保手续的做法极不统一，一方面表现为不同地区的政策不同，另一方面表现为同一地区不同时间的政策不同。所以，社保经办部门能否补办、如何补办社保手续，很难给出一个清晰准确的答案，需要结合具体个案向社保经办部门咨询。但是，从各地极不统一的实践中仍可以将不能补办社保手续大致梳理出两种类型：一是劳动者达到退休年龄但是尚未办理社保手续的，社保经办部门对此基本是不能补办的；二是劳动者在未达到退休年龄之前要求补办社保手续，社保经办部门最长只能补办到某一时点，该时点之前的社保手续无法补办，如劳动者与用人单位在1995年1月1日起至2011年5月20日存在劳动关系，劳动者在劳动关系存续期间要求补办社保手续，社保经办部门只能为其补办2008年1月以后的社保手续。对于上述两种类型而言，笔者认为，均属于《劳动争议司法解释三》第1条规定的社保经办部门不能补办的情形，其区别仅仅在于不能补办的时间段，而不在于不能补办本身。

3. 用人单位未办理社保手续的行为造成劳动者社保待遇损失

这种损失是指已经实际发生的损失，还是也包括现在虽未发生但将来可能发生的损失，实践中的处理极不统一。有人认为，应当以损失实际发生为原则，这意味着需要劳动者等到退休后才能按月主张养老保险损失。有的法官认为，应当从宽解释损失实际发生的含义，对于现在虽未发生但是将来必然发生的损失也应当予以支持，这意味着需要人民法院按照人身损害赔偿案件的审理思路和方法，酌定劳动者养老保险损失数额，尤其是在劳动者要求用人单位一次性赔偿的情况下，人民法院应当以当地人口平均寿命为标准，估算出养老保险损失并据此作出赔偿判决。

笔者倾向于损失实际发生的观点。理由主要有三个方面：第一，损害赔偿以填平为原则，如果损害没有实际发生，就无所谓填平赔偿问题。第二，养老保险待遇每年都会发生变化，劳动者在损失实际发生后再主张赔偿，赔偿数额会随着养老保险待遇水平上升而上升，从而有利于保护劳动者权益，当然也有一定副作用，即增加劳动者诉累，但是这种诉累不大。第三，赔偿数额更加准确，防止出现部分人“吃亏”和部分人“占便宜”的情况。[①]

（二）养老保险待遇损失的确定

《劳动争议司法解释三》第1条确立了社保损失赔偿的制度后，至今并未进一步明确如何确定社保损失。《新劳动争议解释一》也没有规定此问题。就养老保险损失而言，各地的处理方法千差万别。笔者将目前可以收集到的书面裁判尺度做一列举，读者就可以发现解决此问题是如何困难，更可以感慨人民法院在此问题上的艰难探索。

1. 重庆市

重庆市高级人民法院民一庭2014年出台通知认为，劳动者以用人单位未为其办理社会保险手续，且社会保险经办机构不能补办导致其无法享受社会保险待遇为由，要求用人单位赔偿损失的，按以下原则处理：如劳动者在同一用人单位工作年限满15年的，则参照劳动者达到法定退休年龄前一年的重庆市退休职工社会月平均养老金标准的70%确定劳动者的损失，由用人单位按月赔付；如劳动者在同一用人单位连续工作不满15年的，则以劳动者在用人单位的实际工作年限除以15年，再乘以其达到法定退休年龄前一年的重庆市退休职工月社会平均养老金标准的70%确定劳动者的损失，由用人单位按月赔付。

评析：

重庆市高级人民法院民一庭的意见在操作上只需考虑劳动者在用人单位的工作年限，计算赔偿数额简单便捷，有利于稳定司法预期和审判机关裁判，但从操作层面上看仍存在以下值得商榷的地方：

（1）不符合养老保险退休待遇的计算原则

虽然养老保险退休待遇计算的指标较为复杂，但缴费工资（工资）和缴费年限（工作年限）是其中最为重要的计算指标。意见未体现工资和年限对退休待遇赔偿的重要性。

第一，未体现劳动者工资差异对养老保险损失赔偿的影响。统一参照劳动

① “吃亏”有两种表现：第一，一次性主张损失赔偿的劳动者，如果生存时间比当地人口平均寿命长，超出平均寿命后的时间将由于“一事不再理”的审判原则而不能获得养老保险赔偿救济。第二，一次性主张损失赔偿的劳动者，将无法获得每年养老保险待遇上调的利益。“占便宜”是指一次性主张损失赔偿的劳动者早于人口平均寿命死亡，死亡时至平均寿命之间的赔偿则“白白获得”。

者达到法定退休年龄前一年的重庆市退休职工社会月平均养老金标准的70%作为基数确定劳动者的损失。举例：甲、乙同在一家公司工作10年，均未参保，甲工资平均每月1万元，乙工资平均每月2000元，按意见精神，甲、乙得到的养老保险损失赔偿没有区别。

第二，未体现超过15年的连续工作年限对养老保险损失赔偿的区别。对连续工作满15年的劳动者统一参照劳动者达到法定退休年龄前一年的重庆市退休职工社会月平均养老金标准的70%确定劳动者的损失。举例：甲、乙同在一家公司工作，均未参保，甲连续工作了25年，乙连续工作了15年，按意见精神，甲乙得到的养老保险损失赔偿没有区别。

第三，未体现累计工作年限长短对退休待遇赔偿的区别，在特殊情况下，工作年限短者获得的养老保险损失赔偿额更高。举例：甲在一家公司连续工作20年，乙在两家公司各工作了10年，甲、乙均未参保。按意见精神，乙得到的赔偿将比甲高1/3。

（2）要求用人单位按月赔付在现实中难以操作

主要体现在两个方面：第一，用人单位后期出现破产倒闭或者拒绝、拖延赔付的情形，劳动者难以维权。第二，用人单位难以像社保经办部门一样每年对劳动者进行生存认证，有可能出现用人单位在劳动者去世后仍然支付赔偿的问题。

2. 江苏省

江苏省高级人民法院、江苏省劳动人事争议仲裁委员会2011年联合出台相关指导意见认为，劳动者超过法定退休年龄请求用人单位赔偿养老保险待遇损失，且经社会保险经办机构审核确实不能补缴或者继续缴纳养老保险费的，自该用人单位依法应当为劳动者办理社会保险之日起，如果劳动者在用人单位连续工作未满十五年，用人单位应按照每满一年发给相当于一个月当地上一年度职工月平均工资标准一次性支付劳动者养老保险待遇赔偿。如果劳动者在用人单位连续工作满十五年，用人单位应按统筹地区社会保险经办机构核定的，以当地最低社会保险缴费基数为缴费基准，并按其应当缴费年限确定养老金数额，按月支付劳动者养老保险待遇，并随当地企业退休人员养老金水平调整而调整。

评析：

江苏高院意见除具有和重庆高院意见类似的优点和问题外，其赔偿标准较低，在保障劳动者的基本退休待遇方面力所不逮。劳动者在用人单位连续工作满15年的，意见认为以当地最低社保缴费基数为基准进行核定，未能区分劳动者具体工作时的工资标准和该行业的整体缴费基数标准，导致赔偿标准较低。此外，意见没有考虑到劳动者在两家或两家以上用人单位工作且均未办理社保手续的情形。

3. 辽宁省

辽宁省高级人民法院民一庭2013年出台有关参考意见认为，用人单位未为劳动者办理社会保险手续、缴纳社会保险费用所造成的劳动者损失，应为正常办理社会保险手续、缴纳社会保险费用条件下劳动者应当享受的经济利益额度，但应扣除劳动者本人应当承担的保险费用额度。上述经济利益额度无法计算的，可以比照用人单位应当缴纳承担的社会保险费用额度计算损失。

评析：

该意见确定的赔偿计算原则是正确的，尤其明确了“应扣除劳动者本人应当承担的保险费用额度”更是正确，因为劳动者本人应当承担的社保费属于工资的一部分，该部分金额在劳动合同履行过程中已经发放给劳动者，故在计算养老保险损失赔偿时应当扣除。但是，该意见与重庆市、江苏省相比，问题在于可操作性相对缺乏。

4. 湖北省

湖北省高级人民法院2013年出台相关纪要认为，关于养老保险的损失赔偿，在劳动者已经交纳社会保险的情形下，按其在流动窗口自行缴纳或其他单位代缴的社保费金额进行赔偿。在劳动者未缴纳社会保险的情形下，因政策性原因无法补办、补缴的，可以根据鄂人社发（2009）35号《关于审理劳动争议案件若干问题处理意见》第15条的规定，按劳动者的工作年限一年支付两个月的劳动者申请仲裁前12个月月平均工资计算损失；因用人单位原因无法补办、补缴的，可以以劳动者主张损失时的缴费标准按工作年限予以赔偿。

评析：

该意见将劳动者以自己名义或者以其他单位名义缴纳社保所产生的社保费损失纳入损害赔偿范畴，扩大了《劳动争议司法解释三》规定的社保损失范畴，且该情形下的可操作性可以得到保证。在劳动者未缴纳社保的情形下，从文义看，该意见给出了两个赔偿标准，让人无法理解其区别所在。

5. 安徽省

《安徽省高级人民法院关于审理劳动争议案件若干问题的指导意见》第24条规定：“对劳动者依据《最高人民法院〈关于审理劳动争议案件适用法律若干问题的解释（三）〉》第一条的规定起诉要求用人单位赔偿损失的，人民法院应根据不同社会保险险种，判决用人单位按缴费标准或待遇标准补偿劳动者相应损失。用人单位所在地设区的市级人民政府相关劳动政策对基本社会保险有明确补偿标准的，人民法院可以按该标准判决。社会保险待遇损失难以界定的，人民法院可委托社会保险机构核定。”

评析：

该意见明确提出，社保待遇损失赔偿应当按照不同险种分别认定，无疑是正确的。同时提出社保待遇损失难以界定的，人民法院委托社保经办机构核定，这种委托专业机构进行核定的思想无疑是正确的，但问题在于如果社保经办机构不接受委托或者无法核定的，人民法院该如何处理，意见并没有明确。

6. 小结与建议

综上所述，笔者列举了部分高级人民法院的书面裁判意见，所进行的评析未必准确，但是却可以体现出全国各地对此问题的理解和解决之道差异巨大，也更折射出该问题的复杂。笔者认为，根本解决该问题的渠道和方法大致有以下两种：第一，委托社保经办部门计算养老保险待遇损失。这个问题需要最高人民法院与人力资源和社会保障部协商配合，以便解决很多地方的社保经办部门不接受委托的问题。第二，在最高人民法院与人力资源和社会保障部协商一致的基础上，社保经办部门提供计算依据和结果的前提下，人民法院重新受理劳动者要求补缴社保的诉讼，以便使很多未开立社保账户、欠缴、未缴社保费的纠纷能够提前获得解决，而不是拖到劳动者退休时再解决，矛盾拖得时间越长，解决起来的成本和难度越大。在最高人民法院尚未出台新的司法解释之前，各地法院恐怕还要继续在如何衡量社保损失的道路上艰难探索。

就养老保险待遇损失而言，笔者认为，当前可以按照以下方法酌情确定[①]：首先需要区分劳动者在用人单位是否连续工作满 15 年。如果不满 15 年的，可以考虑由用人单位以应当缴纳的保险费数额为基础，酌情确定一次性赔偿劳动者养老保险待遇损失的数额。如果已连续工作满 15 年，可以区分为两种情况处理：第一，当地社保经办部门能够接受人民法院委托进行计算的，人民法院可以以该计算结果为依据，酌情确定养老保险待遇损失；第二，当地社保经办部门不能接受委托对养老保险待遇损失进行计算的，人民法院可以按照发生争议时劳动者的工资标准[②]（或者争议时前 12 个月平均工资）为依据，请求社保部门估算出此时的养老保险待遇。人民法院可以以此待遇金额为基础，根据劳动

① 绝大多数案件的情况都是劳动者退休时主张养老保险待遇损失，故此处也以此种情形为例。

② 如无法确定该数额，可以选择劳动者所从事行业的当年平均工资作为依据。

者的诉讼请求（按月支付或者一次性支付），酌情确定每月养老保险待遇损失或者当地人均寿命内养老保险待遇损失；或者可以按照劳动者所在行业的平均养老保险待遇水平为基础，酌情确定损失数额。不论采取何种酌定方法，酌情确定损失时均需扣除劳动者个人账户应当缴纳的部分。

7. 多家用人单位均未依法办理社保手续的赔偿问题

实务中还有一类疑难问题，值得深入考虑。劳动者在多个用人单位工作，每个用人单位都没有为其办理社保手续，退休时也无法补办，哪个用人单位应当承担养老保险待遇损失赔偿责任？笔者认为，可以参考共同侵权的理论来解决这个问题。一般而言，这些用人单位不存在意思联络，所以，应当适用无意思联络的数人侵权制度来解决。《民法典》第1171条规定了承担连带责任的无意思联络数人侵权，《民法典》第1172条规定了承担按份责任的无意思联络数人侵权。我国自1993年开始实行基本养老保险制度，至今已27年。按照社保缴费满15年可以在退休时享受基本养老保险待遇的规定，不可能存在前后两个用人单位各自的侵权行为足以造成全部损害的情形，而是属于二人分别实施侵权行为造成同一损害的情形。《民法典》第1172条规定："二人以上分别实施侵权行为造成同一损害，能够确定责任大小的，各自承担相应的责任；难以确定责任大小的，平均承担责任。"据此，可以按照劳动者在各个用人单位工作的时间来酌情确定各自承担责任的大小。例如，劳动者在甲公司工作2年，在乙公司工作3年，在丙公司工作10年，三个用人单位均未为劳动者办理社保手续。劳动者如果同时起诉甲、乙、丙要求赔偿养老保险损失，则可以按照2∶3∶10的比例酌情确定甲、乙、丙应当赔偿的金额。

二、用人单位丢失劳动者档案的问题

因为用人单位保管不善致劳动者档案丢失，给劳动者造成损失的，主要体现在两个方面：第一，会导致劳动者无法办理档案、社保关系转移手续，影响后续就业，造成劳动者补办档案的一系列成本支出。这种损失可以称为丢失档案本身的损失。第二，会导致劳动者无法办理退休手续，无法享受基本养老保险待遇，从而造成损失。这种损失可以称为丢失档案衍生的损失。档案丢失后，劳动者起诉主张何种损失，直接影响到司法机关的裁判方向和结论。

（一）劳动者要求用人单位赔偿丢失档案的损失

劳动者如果仅笼统要求用人单位赔偿丢失档案损失的，尤其是劳动者在尚未达到退休年龄前即提出赔偿损失诉讼的，只要不是特意提出导致养老保险待遇损失的，很多地区的司法部门都会认为此时的损失赔偿是指丢失档案本身的损失，基于此进行判决。一般的做法是，通过调查核实丢失的档案还能否补办，如果客观上可以补办，则要求用人单位补办；如果客观上不能补办，则一次性酌情判令用人单位赔偿劳动者。例如，北京市高级人民法院、北京市劳动争议仲裁委员会2009年联合出台关于劳动争议案件法律适用问题研讨会纪要认为，因用人单位的过错而使档案迟延移转，劳动者要求用人单位赔偿损失，劳动仲裁委或人民法院在确定赔偿额时，可参照《北京市失业保险规定》及相关政策文件的规定；劳动者因其档案丢失而向用人单位主张赔偿损失的，劳动仲裁委或人民法院可根据当事人的过错程度和受损情况酌情确定赔偿数额，一般不超过六万元。其他如天津地区的裁判尺度也基本如此。近年来，随着物价水平逐步上涨，酌情赔偿数额的金额也逐渐上涨。

（二）劳动者要求用人单位赔偿养老保险待遇损失

劳动者如果是以丢失档案为由，起诉要求用人单位赔偿因丢失档案无法办理退休手续而导致的养老保险待遇损失的，则不宜适用前述裁判尺度，而是进入养老保险待遇损失赔偿领域。至于该损失如何界定，可以参考本节第一部分的内容。

三、企业年金

（一）企业年金的概念和性质

根据人力资源和社会保障部、财政部于2017年12月18日联合颁布的《企业年金办法》第2条的规定，企业年金是指企业及其职工在依法参加基本养老保险的基础上，自主建立的补充养老保险制度。企业和职工建立企业年金，仍应当依法参加基本养老保险并履行缴费义务。

企业年金所需费用由企业和职工个人共同缴纳。企业年金基金实行完全积累，为每个参加企业年金的职工建立个人账户，按照国家有关规定投资运营。企业年金基金投资运营收益并入企业年金基金。

（二）企业年金的订立、变更、终止

1. 企业年金的订立

企业年金有效订立需要满足两个要件：（1）通过民主方式确定。企业应当与职工一方通过集体协商确定，并制订企业年金方案。企业年金方案应当提交职工代表大会或者全体职工讨论通过。（2）方案报送社保行政部门且未提出异议。企业应当将企业年金方案报送所在地县级以上人民政府人力资源社会保障

行政部门。中央所属企业的企业年金方案报送人力资源社会保障部。跨省企业的企业年金方案报送其总部所在地省级人民政府人力资源社会保障行政部门。省内跨地区企业的企业年金方案报送其总部所在地设区的市级以上人民政府人力资源社会保障行政部门。人力资源社会保障行政部门自收到企业年金方案文本之日起15日内未提出异议的，企业年金方案即行生效。

企业年金方案应当包括以下内容：（1）参加人员；（2）资金筹集与分配的比例和办法；（3）账户管理；（4）权益归属；（5）基金管理；（6）待遇计发和支付方式；（7）方案的变更和终止；（8）组织管理和监督方式；（9）双方约定的其他事项。

需要注意的是，《企业年金办法》第8条第2款规定："企业年金方案适用于企业试用期满的职工。"如果年金方案规定适用对象包括试用期内的职工，这种规定是否有效？笔者认为，只要年金方案满足了有效订立的两个要件，则该规定应属有效。主要理由是：第一，该条款没有规定不适用于试用期内的职工。第二，年金方案是劳动关系双方通过民主程序协商订立的，其本质仍属于合同，上述条款不属于效力性强制性规定，不能否定劳动关系双方的合意。

2. 企业年金的变更

根据《企业年金办法》第11条、第13条的规定，企业与职工一方可以根据本企业情况，按照国家政策规定，经协商一致，变更企业年金方案。变更后的企业年金方案应当经职工代表大会或者全体职工讨论通过，并在变更后10日内重新报送人力资源社会保障行政部门，并通知受托人。

3. 企业年金的终止

根据《企业年金办法》第12条的规定，有下列情形之一的，企业年金方案终止：（1）企业因依法解散、被依法撤销或者被依法宣告破产等原因，致使企业年金方案无法履行的；（2）因不可抗力等原因致使企业年金方案无法履行的；（3）企业年金方案约定的其他终止条件出现的。

企业应当在企业年金方案终止后10日内报告人力资源社会保障行政部门，并通知受托人。企业应当在企业年金方案终止后，按国家有关规定对企业年金基金进行清算，并按照该办法第四章"账户管理"相关规定处理。

（三）企业年金待遇领取

符合下列条件之一的，可以领取企业年金：（1）职工在达到国家规定的退休年龄或者完全丧失劳动能力时，可以从本人企业年金个人账户中按月、分次或者一次性领取企业年金，也可以将本人企业年金个人账户资金全部或者部分购买商业养老保险产品，依据保险合同领取待遇并享受相应的继承权；（2）出国（境）定居人员的企业年金个人账户资金，可以根据本人要求一次性支付给本人；（3）职工或者退休人员死亡后，其企业年金个人账户余额可以继承。

未达到上述企业年金领取条件之一的，不得从企业年金个人账户中提前提取资金。

裁审要点

1. 劳动者以用人单位未为其办理社保手续为由，要求用人单位赔偿养老保险待遇损失的，应当审查四个方面：一是用人单位是否已经为劳动者开立了社保账户；二是如未开立社保账户，其原因是否归因于用人单位；三是社保手续是否不能补办；四是劳动者是否已经因此而实际发生养老保险待遇损失。当答案均为肯定时，此类纠纷应当受理并实体处理。

2. 衡量劳动者养老保险待遇损失，首先，应当区分劳动者是否已经满足累计缴费 15 年，从而可以领取基本养老保险待遇的条件。其次，首选委托社保经办机构对基本养老保险待遇损失进行核算。社保部门不能核算的，可以综合劳动者所在行业养老保险待遇水平、劳动者退休前工资水平、缴费年限等因素，根据劳动者诉讼请求（一次性赔偿或者按月赔偿等），酌情确定养老保险待遇损失的数额和赔偿方式。

3. 劳动者起诉主张用人单位丢失档案的赔偿损失时，应当固定劳动者主张的损失对象和损失性质，以便明确随后的审理方向。

实操指引

1. 用人单位与劳动者签订的不缴纳社保费而转由用人单位向劳动者补偿社保费补贴协议的，该协议无效。用人单位应当避免签署此类协议，如果必须签署的，建议写明劳动者获得的社保补贴，届时应当返还用于补缴社保。

2. 劳动者入职时不能提供社保转移手续，致使用人单位无法为其缴纳社保费，或者劳动者不要求用人单位开立社保账户的，用人单位应当慎重招用此类劳动者，避免日后的社保争议。

3. 用人单位应当妥善保管劳动者档案，建立完善的转入和转出留痕制度。用人单位自己不具备保管档案条件的，应当委托专业机构保管。

第三节 医疗保险和失业保险

裁判观点

1. 用人单位未为劳动者办理医疗保险手续或者未缴纳医疗保险费的，如不能通过补缴保障劳动者医疗保险待遇权利，则应当按照当地医疗保险规定将应当报销的部分赔偿劳动者的损失。

2. 用人单位未为劳动者办理失业保险手续，或者未缴纳失业保险费，或者未依法为劳动者申报失业保险名单，或者因己方原因导致劳动者不符合领取失业保险条件的，均应赔偿劳动者失业保险待遇损失及衍生损失。

深度解析

一、医疗保险①损失赔偿问题

（一）医疗保险损失赔偿应区分情况处理

劳动者主张用人单位赔偿医疗保险待遇损失，主要有三种情况：

1. 用人单位未为劳动者开立社保账户

因用人单位原因未为劳动者开立社保账户，自然不能为其缴纳医疗保险费。如果在此期间劳动者发生医药费的，势必涉及损失赔偿问题。根据各地规定，医疗保险可以依法补缴。如果能够通过补缴医疗保险费的方式实现保障劳动者医疗保险待遇的，此种纠纷不属于《新劳动争议解释一》第1条规定的人民法院受理情形。如果不能补缴，则在此期间劳动者实际发生医药费支出的，劳动者可以根据当地医疗保险报销规定获得相应比例的损失赔偿。

2. 用人单位已经为劳动者开立社保账户但存在欠缴情形

用人单位已经为劳动者开立社保账户，在一定时期内未缴纳医疗保险费，劳动者请求用人单位赔偿在未缴纳期间不能报销的医药费损失的，应当区分情

---

① 此处特指“城镇职工基本医疗保险”，本节如果没有特别说明，“医疗保险”仅指城镇职工基本医疗保险。

况处理。第一，根据当地医疗保险规定，用人单位可以在一定期限内补缴，劳动者在补缴后可以享受医疗保险待遇的，此种情形不符合《新劳动争议解释一》第1条的规定，人民法院不应当受理。如果用人单位只能依照规定部分补缴的，则对于不能补缴部分所导致的劳动者实际医药费损失应予赔偿，人民法院对此予以受理。第二，根据当地医疗保险规定，用人单位错过补缴期限而不能补缴的，医药费必然不能报销，用人单位应当承担全部损失赔偿责任，人民法院对此情形纠纷亦应受理。

3. 用人单位未依法办理社保关系转移手续

用人单位未依法办理社保关系转移手续，导致劳动者无法在新单位缴纳医疗保险费或者自行办理医疗保险缴费手续，在未缴费期间发生的医疗费，如果不能通过补缴方式得到保障的，应依照当地医疗保险规定对可以报销的部分予以赔偿。

（二）医疗保险与城镇居民基本医疗保险重复的问题

在用人单位未为劳动者参加医疗保险、劳动者自行参加城镇居民基本医疗保险的情况下，劳动者请求用人单位按照医疗保险标准报销医疗费用，用人单位主张扣除劳动者已按照城镇居民基本医疗保险报销医疗费用的，应当如何处理，目前并无任何法律法规予以规定。笔者认为，有三种处理方案可供选择：

1. 人民法院不予受理

城镇居民医疗保险是以没有参加城镇职工医疗保险的城镇未成年人和没有工作的居民为主要参保对象的医疗保险制度。以天津为例，参加城镇居民医疗保险的主体范围为：一是学生；二是具有天津市户籍男满60周岁、女满50周岁（含参保缴费期次年男满60周岁、女满50周岁）不具备领取城镇企业职工基本保险金资格的老年居民；三是具有天津市户籍男不满60周岁、女不满50周岁未就业、灵活就业并且尚未参加基本医疗保险的成年居民。由此可知，有用人单位的劳动者依法应当参加医疗保险而非城镇居民医疗保险。如果劳动者没有参加医疗保险而参加城镇居民医疗保险的，其社会保险关系与真实劳动关系不一致，违反社会保险法的规定，对社会保险的登记、核定、缴纳、支付等正常秩序造成影响，故人民法院不应当受理此类案件，而是应当由劳动行政部门依法理顺劳动关系与社保关系两者的关系。

2. 判补差额+确认社保经办机构追偿权

如果人民法院认为此类案件应当受理，可以考虑判决用人单位向劳动者支付医疗保险与城镇居民医疗保险可报销金额之间的差额，同时明确社保经办机构可以就已经向劳动者发放的城镇居民医疗保险报销部分的金额，向用人单位追偿。鉴于社保经办机构一般不会是此类案件的当事人，故人民法院可以将判决书内容告知社保经办机构或者直接向其出具司法建议，以便使其知晓追偿权。

此方案优点在于：第一，劳动者不因生病而获得两份社会保险待遇，对劳动者而言是公平的；第二，用人单位不会搭城镇居民医疗保险的便车，从而减少应当赔偿的医疗保险待遇数额，对用人单位而言是公平的；第三，社保经办机构可以行使追偿权，挽回城镇居民医疗保险基金的损失，对于社会利益而言是公平的；第四，社保经办机构向用人单位而非向劳动者行使追偿权，有利于减少追偿成本，提高追偿成功率。

3. 判赔全额医疗保险待遇+社保经办机构追偿权

如果人民法院认为此类案件应当受理，还可以考虑判决用人单位向劳动者支付全额医疗保险待遇。至于劳动者已经享受的城镇居民医疗保险待遇，在司法判决已经明确劳动者有用人单位的情况下，应当通过行政手续处理，即由社保经办机构向劳动者依法收回已经发放的城镇居民医疗保险待遇，并为其办理退出城镇居民医疗保险手续。同样是鉴于社保经办机构一般不会是此类案件的当事人，故人民法院可以将判决书内容告知社保经办机构或者直接向其出具司法建议。

此方案也有其自身优点，即既在民事上保障了各方当事人的社保权益，也考虑到了理顺社保关系与劳动关系的问题。可能的问题在于，社保经办机构向劳动者收回已经发放的城镇居民医疗保险待遇存在执法难度。

此外，实务中还有一种比较简单的处理方法，那就是在医疗保险应当报销的数额基础上将劳动者已按照城镇居民基本医疗保险报销的医疗费用予以扣除，但是这种做法会让用人单位搭上城镇居民医疗保险制度的便车，同时也将两种社会保险待遇予以混同，在法律属性上存在一定障碍。

二、失业保险待遇损失赔偿问题

（一）赔偿责任成立的情形

以天津市为例，根据《天津市失业保险条例》的规定，劳动者依法可以享受失业保险待遇的要件有三个：

1. 劳动关系双方依法缴纳了失业保险费

《天津市失业保险条例》第5条第1款规定："用人单位按照本单位职工工资总

额的百分之一缴纳失业保险费。职工按照本人工资的百分之一缴纳失业保险费。”

2. 劳动者须具备领取失业保险金的条件

《天津市失业保险条例》第 13 条第 1 款规定：“失业人员具备下列条件的，可以领取失业保险金：（一）失业前所在单位和本人按照规定参加失业保险，且累计缴纳失业保险费满一年；（二）非因本人意愿中断就业；（三）已办理失业登记，并有求职要求。”

该条例第 14 条细化了“非因本人意愿失业”的情形，具体为：（1）依照《劳动合同法》第 44 条第 1 项、第 4 项、第 5 项规定终止劳动合同的；（2）由用人单位依照《劳动合同法》第 39 条、第 40 条、第 41 条规定解除劳动合同的；（3）用人单位依照《劳动合同法》第 36 条规定向劳动者提出解除劳动合同并与劳动者协商一致解除劳动合同的；（4）由用人单位提出解除聘用合同或者被用人单位辞退、除名、开除的；（5）劳动者依照《劳动合同法》第 38 条规定解除劳动合同的；（6）法律、法规、规章规定的其他情形。

3. 用人单位依法为劳动者申报了失业保险待遇

《天津市失业保险条例》第 15 条规定：“用人单位应当及时为失业人员出具终止或者解除劳动关系的证明，告知其按照规定享受失业保险待遇的权利，并自终止或者解除劳动关系之日起十五日内，将失业人员名单告知所在区社会保险经办机构。”第 16 条规定：“失业人员应当持原单位为其出具的终止或者解除劳动关系的证明，及时到所在街道或者乡镇的公共就业服务机构办理失业登记，公共就业服务机构应当在三日内向失业人员发放失业登记凭证。失业人员应当自终止或者解除劳动关系之日起六十日内，持失业登记凭证和个人身份证明，到户籍所在区社会保险经办机构办理失业保险金申领手续；无本市户籍的，到本市居住地的区社会保险经办机构办理失业保险金申领手续。”

综上，结合上述要件，如果用人单位因为己方原因未为劳动者缴纳失业保险，或者违背真实情况出具虚假的终止或解除劳动关系证明致使劳动者不符合“非因本人意愿失业”，或者未依法为劳动者申报失业保险金名单，造成劳动者不能领取失业保险金的，用人单位应当承担赔偿责任。如果用人单位虽有上述行为，但是可以通过补缴、补办等方式保障劳动者领取失业保险金权利的，按照《劳动争议司法解释三》第 1 条的规定，对于此类纠纷不应受理。

（二）失业保险待遇损失及其衍生损失

因用人单位原因造成劳动者无法领取失业保险金，这只是损失的一种，用人单位还会因此造成其他损失。以天津市为例，《天津市失业保险条例》第 12

条规定："失业保险基金按规定用于下列支出：（一）失业保险金；（二）在领取失业保险金期间应当缴纳的基本医疗保险费和生育保险费；（三）在领取失业保险金期间死亡的失业人员的丧葬补助金及其供养的配偶、直系亲属的抚恤金；（四）在领取失业保险金期间接受职业培训、职业介绍的补贴；（五）对工作时间、岗位、收入不固定的灵活就业人员的社会保险补贴；（六）对失业人员进行公共培训实训的设施设备费用补贴；（七）参保单位和职工的社会保险、培训和岗位补贴等预防失业的补贴；（八）国家规定与失业保险有关的其他费用。"据此，如果因用人单位原因导致劳动者无法享受失业保险待遇的，则劳动者在失业期间的医疗保险费、生育保险费、丧葬补助金、抚恤金等权利均无法实现，进而造成医疗保险待遇损失、生育保险待遇损失等。

（三）失业保险的其他问题

失业，意味着劳动者必然与原用人单位终止或者解除了劳动关系。劳动者依法领取失业保险金等失业保险待遇的，与劳动者依法享有经济补偿、赔偿金的权利互不冲突，可以并存。因为失业保险待遇是基于《失业保险条例》而享有，经济补偿、赔偿金等则是基于《劳动合同法》等法律法规而享有。

裁审要点

1. 劳动者主张医疗保险待遇损失的，宜着重审查医疗保险待遇损失是否实际发生，发生原因是否可以归责于用人单位，以及是否可以通过补缴方式保障医疗保险待遇。

2. 劳动者主张失业保险待遇损失的，宜对比劳动者可以享受失业保险待遇的条件和程序来判断劳动者未能享受该待遇的原因是否可以归责于用人单位，然后按照失业保险条例的规定确定损失范围。

实操指引

1. 用人单位应当在法定期限内依法为劳动者办理医疗保险、失业保险手续，及时足额缴纳保险费。缴纳有困难的，应当按照当地规定申请缓交。

2. 因用人单位己方原因未能及时足额缴纳保险费期间，劳动者发生医疗费用的，用人单位应当按照当地规定及时补缴，避免赔偿责任。

3. 用人单位依法缴纳失业保险后，还应当注意依法为劳动者出具真实的解除或者终止劳动合同证明、申报失业名单。

第十一章　劳务派遣

第一节　劳务派遣法律关系的一般问题

裁判观点

1. 合法劳务派遣法律关系中，派遣单位为用人单位，其与劳动者建立劳动合同关系。派遣单位与用工单位之间是民事法律关系，按照民法调整。

2. 合法的劳务派遣关系应当符合 4 个条件：一是派遣单位经行政许可程序被授予合法的派遣资质；二是派遣单位与劳动者签订合法的劳动合同；三是派遣单位与用工单位签订劳务派遣协议，并将协议内容告知被派遣劳动者；四是劳务派遣只能在临时性、辅助性或者替代性的工作岗位上实施。

3. 劳务派遣的对象是劳动力，关注的是被派遣劳动者劳动的过程，用工单位对于被派遣劳动者拥有指挥命令权，这是用于区分劳务外包、人事代理的关键要素。

深度解析

一、劳务派遣法律关系属性

（一）不同学说对劳务派遣法律关系属性的共性认识

劳务派遣是劳动关系中最复杂的类型，它包含三方主体（用工单位、派遣单位、被派遣劳动者）、三层双方关系（用工单位与被派遣劳动者之间的用工关系、派遣单位与被派遣劳动者之间的劳动合同关系、用工单位与派遣单位之间的劳务派遣合同关系），同时受到民法、劳动法两大法域的交叉调整。

理论界对劳务派遣法律关系属性的讨论主要形成了双重劳动关系说、一重劳动关系双层运行说和共同雇主说等。[①] 实务中，实务界根据《劳动合同法》第五章第二节的规定，普遍认为派遣单位与劳动者之间形成劳动关系，用工单位与劳动者之间只有基于派遣所形成的用工关系，但不成立劳动关系，派遣单位与用工单位之间属于平等主体的民商事法律关系。

上述学说虽有差别，但是都注意到并承认用工单位对被派遣劳动者的“实际控制”，被派遣劳动者对用工单位具有人身依附性，被派遣劳动者需要遵守用工单位的劳动纪律和规章制度，要服从用工单位的劳动指令。用工单位要为被派遣劳动者提供相应的劳动条件和保护，直接发放加班费等劳动报酬，这体现了用工单位对被派遣劳动者的实际控制。与此同时，学说也都认可派遣单位对被派遣劳动者依然具有一定程度上的控制，如派遣单位控制被派遣劳动者的社会保险缴纳、基本工资发放、解除劳动合同后的行政申报手续（如办理退工退档手续，申报被派遣劳动者失业金领取资格）等。由此可见，不论学说之间的差异有多大，它们均承认用工单位与派遣单位都对被派遣劳动者的经济和人身施加实质影响、实施实际控制的客观事实。不论用工单位与派遣单位之间如何分配其对被派遣劳动者的权利义务，也不论《劳动合同法》如何区分派遣单位与用工单位的不同，被派遣劳动者同时受到用工单位与派遣单位的控制和影响，该事实应构成我们认识劳务派遣法律关系的基础。

（二）从解释论的角度剖析劳务派遣法律关系

《劳动合同法》第62条规定了用工单位的5项主要义务，具体为：执行国家劳动标准，提供相应的劳动条件和劳动保护；告知被派遣劳动者的工作要求和劳动报酬；支付加班费、绩效奖金，提供与工作岗位相关的福利待遇；对在岗被派遣劳动者进行工作岗位所必需的培训；连续用工的，实行正常的工资调整机制。《劳动合同法》第58条则规定了派遣单位的主要义务，即履行用人单位对劳动者的义务。不得克扣用工单位按照劳务派遣协议支付给被派遣劳动者的劳动报酬。特殊之处在于，派遣单位与被派遣劳动者订立的劳动合同应当载明被派遣劳动者的用工单位以及派遣期限、工作岗位等情况，劳动合同应为2年以上的固定期限劳动合同，劳动报酬要按月支付；被派遣劳动者无工作期间，派遣单位应按照所在地最低工资标准向其按月支付报酬。

对比上述规定可以发现，用工单位对被派遣劳动者的义务和控制体现在完

---

① 吴彬：《试论劳务派遣退工制度》，载《中国劳动关系学院学报》2014年第5期。

整的劳动过程中，包含劳动标准、劳动条件、劳动保护、劳动纪律、劳动报酬、福利待遇、劳动培训、薪酬调整等劳动关系的核心要素。而派遣单位对被派遣劳动者的义务和控制则更多地体现为签订劳动合同、管理社保关系等劳动关系衍生的外围要素。即使是向被派遣劳动者支付工资，也不过是将用工单位依照劳务派遣协议应向被派遣劳动者支付的工资“代为”发放而已，而被派遣劳动者获此工资的根源在于其向用工单位而非派遣单位支付了劳动。

从劳动关系判断标准角度分析，亦会发现用工单位的角色往往与法定的用人单位即派遣单位之间存在混同。劳动关系的形成和运行是一个动态的过程，其目的是生产劳动，因而劳动过程的实现处于劳动关系的核心位置，而实现劳动过程必须以劳动力和生产资料两个要素相结合为前提，但不能将劳动关系形成和运行的目的当成劳动关系的全部和唯一。严格地讲，被派遣劳动者在用工单位从事劳动的过程符合判断劳动关系成立的传统标准，即劳动力和生产资料的结合。但现今社会存在很多非典型性劳动关系，劳务派遣即为一例，劳动者虽然没有直接与用人单位的生产资料相结合，但却同时受到用人单位的管理控制。所以，不能单纯地仅以劳动力与生产资料结合与否作为判断劳动关系的唯一标准，而应当将劳动者是否处于被管理、被控制的隶属状态作为判断标准。这一标准已经体现在我国的法律实践中。①

与此同时，用工单位与派遣单位可以通过劳务派遣协议将其对被派遣劳动者的权利义务作出划分。《劳动合同法》第 59 条规定，劳务派遣协议应当约定派遣岗位和人员数量、派遣期限、劳动报酬和社会保险费的数额与支付方式以及违反协议的责任。劳务派遣协议受劳动法律的规制较强，从某种程度上来说，其受到国家意志影响的程度超过了普通民商事合同。用工单位与派遣单位正是通过劳务派遣协议在雇主责任或者劳动关系核心要素与外围要素之间作出划分。正因如此，用工单位与被派遣劳动者形成“有瑕疵的劳动关系”“实际的劳动关系”，派遣单位与被派遣劳动者形成“不完整的劳动关系”，用工单位与派遣单位分别扮演了实质雇主和形式雇主的角色。②

综上所述，派遣单位与用工单位均对被派遣劳动者形成实质控制，只是表现方式和控制领域有所差别，但这种差别并不能从实质上改变两者的法律地位。

---

① 《关于确立劳动关系有关事项的通知》（劳社部发〔2005〕12 号）规定，劳动关系成立的三个要件是：一是用人单位和劳动者均具备合法主体资格；二是单位的劳动规章制度适用于劳动者，劳动者接受单位管理从事有报酬的劳动；三是劳动者提供的劳动是用人单位业务的组成部分。

② 全国人大法工委社会法室编著：《劳务派遣制度解读与法律适用》，中国法制出版社 2013 年版，第 80~85 页。

《劳动合同法》第92条关于两者对被派遣劳动者承担连带赔偿责任的规定，正是在法律责任上体现了两者千丝万缕、休戚与共的微妙地位。所以，将两者原则上认定为共同雇主是符合法理和客观现实的。但《劳动合同法》将劳务派遣法律关系中的用人单位规定为派遣单位，用工单位则只承担法律规定的用工义务，并不承担完整的用人单位义务。法律的这种规定不但基于理论上对于共同雇主的认识并不一致，也基于深刻的社会现实。作为司法依据，执行现行法律毋庸置疑，但当法律出现空白之时，完全可以根据实际情况和法理作出能动地修补，而不宜僵化地固守“用人单位”的界限。

二、劳务派遣的基本类型

（一）常雇型

常雇型劳务派遣，是指派遣单位雇用被派遣劳动者，作为劳动力储备以待随时将其派遣到用工单位。不论被派遣劳动者是否被派遣到用工单位提供劳动，均不影响被派遣劳动者与派遣单位之间的劳动关系，在双方劳动关系存续期间，派遣单位应当承担发放工资、缴纳社保等一切用人单位责任。

（二）临雇型

临雇型劳务派遣，也被称为登录型劳务派遣，是指被派遣劳动者预先登记在册，待有用工需求时才与派遣单位签订劳动合同并被派遣到用工单位提供劳动。登录期间被派遣劳动者与派遣单位并未形成劳动关系，派遣单位不承担劳动法上用人单位的义务。被派遣劳动者与派遣单位的劳动合同期限与劳务派遣合同期限相同，劳务派遣合同到期，劳动合同也同时到期，被派遣劳动者重新回到登录状态。

我国法律只规定了常雇型劳务派遣，对于临雇型劳务派遣法律虽然没有规定，但是也没有明文禁止，裁审机关在司法实践中对此也不作禁止性的判断。

三、劳务派遣的相关概念

（一）劳务派遣与劳务外包

劳务外包，是指企业将其部分业务或职能工作发包给相关的机构，由该机构自行安排人员按照公司的要求完成相应的业务或工作。劳务外包在目前被包装成比较流行的灵活用工的一种优选方式，也被称为“人力资源外包”。劳务外包的本质是承揽关系。实践中，可以从以下几个方面区分劳务派遣与劳务外包：

第一，劳务派遣中，用工单位对于被派遣劳动者具有指挥管理权。劳务外包中，目的企业对外包单位的劳动者没有指挥管理权，如果目的企业意欲要求外包劳动者按照某种规程操作的话，目的企业应与外包单位协商，而非直接命令外包劳动者。

第二，劳务派遣中，用工单位更关注被派遣劳动者的劳动过程，至于劳动行为能否形成独立的劳动成果则在其次。劳务外包中，目的企业更关注外包单位到期能否交付外包成果，至于外包单位如何组织劳动则在其次，即所谓的“劳务派遣对人，劳务外包对事”。易言之，目的企业在实践中虽然也会“指令”或者“要求”外包劳动者为或不为一定行为，但是这种“命令”或者“要求”并非着眼于劳动过程本身，而是着眼于对劳动结果的要求。与此对应，外包单位及其劳动者在执行劳务过程中可以采纳也可以不采纳目的单位的“命令”或者“要求”，其到期交付合格的成果即可。

第三，劳务派遣中，用工单位基于对特定岗位劳动力的需求而选择要求派遣单位将劳动力派来。劳务外包中，目的企业基于对特定成果的需求（有体物、无体物或者服务）而选择要求外包单位在约定的期限内提供符合约定条件的工作结果。

（二）劳务派遣与人事代理

人事代理，是我国国家机关、事业单位改革过程中出现的一种管理模式。从实践表现出的特点来看，人事代理的关键点在于将档案、户口、社会保障等事务从单位中抽离出来，从而弱化单位社会功能乃至一般劳动福利义务。[①] 实践中，可以从以下方面区分劳务派遣与人事代理：

第一，被派遣劳动者与用工单位之间不存在劳动关系，人事代理人员与单位之间存在劳动关系。

第二，劳务派遣制度的目的是实现用工与劳动关系的分离，派遣单位承担用人单位责任，用工单位不负有用人单位职责。人事代理制度的目的则是实现人事工作社会化管理，人事代理机构以被代理人者的名义与劳动者、用人单位、社保经办机构发生法律关系。

（三）劳务派遣与借调

借调，是指一个单位临时借用另一个单位的工作人员，而不改变其隶属关系。劳动者被借调到借调单位后，其与原单位的劳动关系继续存在，其与借调

---

① 李海明：《劳动派遣法原论》，清华大学出版社 2011 年版，第 56~57 页。

单位形成基于借调而产生的用工关系，借调单位与原单位在保障劳动者合法权益的基础上，通过签订协议的方式明确两个单位之间的权利义务，并应当将借调事宜告知劳动者。一般而言，劳动者在借调期间的工资福利、社保标准等均应保持不变，仍由原单位承担，出现工伤事故的，工伤保险责任主体为原单位而非借调单位。对劳动者而言，其虽然向借调单位提供劳动，但是由于该劳动给付行为是基于原单位指令所为，故仍应当将劳动给付的受领单位认定为原单位。劳务派遣与借调的主要区别如下：

第一，劳务派遣关系中，劳务派遣单位必须具备法定资质。借调关系中，法律不限制被借调单位的资质。

第二，劳务派遣关系中，劳务派遣单位与用工单位之间一般为平等的民事关系。借调关系中，一般都发生在具有股权控制关系、上下级关系的两个单位之间，而且两个单位不限于企业等经营性单位，也包括国家机关、事业单位、人民团体等非经营性单位。

（四）违法劳务派遣

1. 逆向派遣

（1）自设派遣

自设派遣，是指用人单位出资设立派遣单位向自己派遣劳动者。《劳动合同法》第 67 条规定："用人单位不得设立劳务派遣单位向本单位或者所属单位派遣劳动者。"笔者认为，法律规定的"用人单位不得设立"，既包括用人单位全资设立，也包括用人单位合资设立，是否占有控股权则在所不问。

（2）合谋派遣

合谋派遣，是指劳动者本与用人单位存在劳动关系，但是用人单位通过明示或者暗示的方式与劳务派遣单位合谋，要求劳动者与派遣单位签订劳动合同，再将劳动者派遣回本单位从事原工作，从而达到将劳动关系转化为劳务派遣关系，"降低"用工成本的目的。这类劳务派遣也属于典型的违法派遣。在此情况下，实际用人单位与劳动者存在事实上的劳动关系，通过签订劳务派遣协议，将责任转嫁给劳务派遣单位，变成与劳动者没有劳动关系的第三方。这是一种以合法形式掩盖非法目的的行为，自然无效。

2. 无资质派遣

无资质派遣，是指没有法定派遣资质的单位从事劳务派遣行为，将劳动者违法派遣到用工单位的行为。《劳动合同法》第 57 条第 1 款规定了劳务派遣单位应当具备的条件，第 2 款规定："经营劳务派遣业务，应当向劳动行政部门依法申请行政许可；经许可的，依法办理相应的公司登记。未经许可，任何单位和个人不得经营劳务派遣业务。”《劳动合同法》第92条也相应规定了无资质派遣的法律责任。

如果发生无资质派遣情形的，不发生劳务派遣的法律结果，各方当事人之间也不会成立劳务派遣法律关系。用工单位与劳动者之间直接建立劳动关系，用工单位与无资质劳务派遣单位之间签订的劳务派遣协议为无效合同。

裁审要点

1. 注意审查劳务派遣单位是否具有法定资质。

2. 劳动者主张逆向派遣的，应当注意审查劳务派遣单位的出资人是否为用工单位，以及是否存在其原为该用工单位正式员工但转换为被派遣关系的情况，如果存在后一种情况，应当注意审查原因。

实操指引

1. 用工单位选择劳务派遣方式的，应当要求派遣单位提交合法资质文件。

2. 用工单位与派遣单位签订劳务派遣协议的，应当在协议中约定派遣岗位及人员数量、派遣期限、劳动报酬和社会保险费的数额与支付方式以及违反协议的责任。

3. 单位采用借调方式用工的，应当与被借调单位签订借调协议，明确被借调劳动者在借调期间的工资待遇负担等问题，并告知被借调劳动者。

第二节 劳务派遣法律关系的内容

裁判观点

1. 派遣单位与被派遣劳动者之间建立劳动关系，用工单位与被派遣劳动者之间建立基于劳务派遣模式下的用工关系，派遣单位与用工单位之间建立普通民商事法律关系，前两者适用劳动法律法规，后者适用民法规则。

2. 派遣单位与被派遣劳动者应当签订期限不低于2年的固定期限劳动合同，也可以协商一致签订无固定期限劳动合同或者以完成一定工作任务为期限的劳动合同，但是被派遣劳动者以符合《劳动合同法》第 14 条第 2 款、第 3 款情形为由要求派遣单位与其签订无固定期限劳动合同的，一般不予支持。

3. 派遣单位未取得劳务派遣资质，或者派遣单位与用工单位采取自设派遣、合谋派遣等逆向派遣形式的，不发生劳务派遣效力，被派遣劳动者与用工单位直接建立劳动关系。

4. 派遣单位被撤销、吊销劳务派遣资质或者资质到期，已经签订的劳动合同、劳务派遣协议的效力不受影响，应当继续履行至合同到期。

5. 派遣单位、用工单位单纯违反劳务派遣“三性”岗位的，一般不影响劳务派遣效力，但应当依法承担行政法律责任。

6. 用工单位可以依照《劳动合同法》第 65 条和《劳务派遣暂行规定》第 12 条的规定将被派遣劳动者退回派遣单位（即退工），用工单位也可以依照劳务派遣协议中关于退工的约定实施退工，但是约定退工的情形不得违反法律法规强制性规定。

7. 派遣单位违反劳务派遣法律法规的规定，给被派遣劳动者造成损害的，应当承担赔偿责任。用工单位对此无过错的，不与派遣单位承担连带赔偿责任。

8. 用工单位违反劳务派遣法律法规的规定，给被派遣劳动者造成损害的，应当承担赔偿责任。派遣单位不论有无过错，均应与用工单位承担连带赔偿责任。

9. 用工单位与派遣单位同时存在违反劳务派遣法律法规的情形，给被派遣劳动者造成损害，如果该损害可以区分出是因用工单位还是派遣单位原因导致的，则用工单位导致的损失，由用工单位与派遣单位共同承担连带赔偿责任；派遣单位导致的损失，派遣单位单独承担赔偿责任，用工单位不承担连带赔偿责任。

10. 派遣单位与用工单位对被派遣劳动者承担连带赔偿责任后，可以依据劳务派遣协议的约定，确定双方责任的比例。

深度解析

一、三方主体之间的权利义务内容

（一）派遣单位与被派遣劳动者之间的权利和义务

派遣单位与被派遣劳动者之间系劳动关系，双方的权利义务受劳动法律法规的调整，派遣单位承担劳动法上用人单位的权利和义务，主要包括：签订书面劳动合同、发放工资报酬（加班费除外）、发放福利待遇、发放未休年假工资差额、为被派遣劳动者依法办理社保手续并交纳社保费用、申报社保待遇等。[1] 劳动者同样要对派遣单位承担劳动法上的义务，主要包括：按照派遣单位指令到用工单位处提供劳动、遵守派遣单位规章制度等。两者虽然是劳动关系，但是用工与劳动关系发生分离。

（二）用工单位与被派遣劳动者之间的权利和义务

《劳动合同法》第 62 条第 1 款规定了用工单位应当对劳动者履行的义务：1. 执行国家劳动标准，提供相应的劳动条件和劳动保护；2. 告知被派遣劳动者的工作要求和劳动报酬；3. 支付加班费、绩效奖金，提供与工作岗位相关的福利待遇；4. 对在岗被派遣劳动者进行工作岗位所必需的培训；5. 连续用工的，实行正常的工资调整机制。上述用工单位义务构成了用工单位将来可能承担法律责任的基础。此外，该条第 2 款还特别规定，用工单位不得将被派遣劳动者再派遣到其他用人单位。

被派遣劳动者应当对用工单位承担的主要义务为，遵守用工单位规章制度，按照用工单位指令提供劳动。从表面上看，被派遣劳动者在劳动过程中与用工单位劳动者没有本质差异。

被派遣劳动者享有劳动法规定的劳动者权利，上述的用工单位义务就是被派遣劳动者享有的权利。此外，需要特别注意的是，被派遣劳动者在用工单位的民主管理中也享有权利。2012 年 2 月 13 日，中共中央纪委、中共中央组织部、国务院国有资产监督管理委员会、监察部、中华全国总工会、中华全国工商业联合会六部门联合颁布实施《企业民主管理规定》（总工发〔2012〕12 号），其中第 9 条规定："职工代表大会的代表由工人、技术人员、管理人员、企业领导人员和其他方面的职工组成。其中，企业中层以上管理人员和领导人员一般不得超过职工代表总人数的百分之二十。有女职工和劳务派遣职工的企业，职工代表中应当有适当比例的女职工和劳务派遣职工代表。"根据《企业民主管理规定》的内容，职工代表大会虽然在很多企业管理事项中仅具有建议权，但是在审议集体合同草案，选举和罢免职工董事及职工监事，审议企业合并、

---

[1] 《劳务派遣暂行规定》第 8 条规定："劳务派遣单位应当对被派遣劳动者履行下列义务：（一）如实告知被派遣劳动者劳动合同法第八条规定的事项、应遵守的规章制度以及劳务派遣协议的内容；（二）建立培训制度，对被派遣劳动者进行上岗知识、安全教育培训；（三）按照国家规定和劳务派遣协议约定，依法支付被派遣劳动者的劳动报酬和相关待遇；（四）按照国家规定和劳务派遣协议约定，依法为被派遣劳动者缴纳社会保险费，并办理社会保险相关手续；（五）督促用工单位依法为被派遣劳动者提供劳动保护和劳动安全卫生条件；（六）依法出具解除或者终止劳动合同的证明；（七）协助处理被派遣劳动者与用工单位的纠纷；（八）法律、法规和规章规定的其他事项。"

分立、改制、解散、破产实施方案中职工的裁减、分流和安置方案[①]三个方面的事项中，具有决定权。这就意味着，如果没有劳务派遣职工代表进入职工代表大会的，上述决议的合规性将受到质疑。

（三）派遣单位与用工单位之间的权利和义务

派遣单位与用工单位之间是平等主体的民事法律关系，双方的权利义务内容由双方签订的劳务派遣协议确定，如果发生争议，按照《民法典》等民事法律处理。

实务中的主要问题在于双方签订的劳务派遣协议的效力认定。如果派遣单位不具备劳务派遣资质的，则其与用工单位签订的劳务派遣协议为无效合同，双方互相返还基于无效合同所获得的财产，因无效合同造成损失的，双方按照各自过错分担；用工单位基于无效劳务派遣合同而与劳动者发生用工关系的，一般认定为直接建立劳动关系。

二、劳务派遣与劳动合同关系

（一）被派遣劳动者劳动合同期限问题

1. 派遣单位与被派遣劳动者能否签订无固定期限劳动合同

派遣单位应当与被派遣劳动者签订书面劳动合同，双方能否订立无固定期限劳动合同是实务中的突出问题。实务中，对此问题的处理呈现出统一与分歧相结合的特点。统一的认识是，劳务派遣单位与被派遣劳动者协商一致同意签订无固定期限劳动合同的，该合同为有效合同，应当予以尊重。产生分歧观点的问题是，当被派遣劳动者符合《劳动合同法》第 14 条规定的情形（协商一致同意订立无固定期限劳动合同的除外），派遣单位是否必须与被派遣劳动者签订无固定期限劳动合同。

肯定观点认为，被派遣劳动者当然适用《劳动合同法》的规定，所以该法第 14 条的规定必然适用于被派遣劳动者，而且法律并未规定派遣单位与被派遣劳动者不得订立无固定期限劳动合同，所以派遣单位应当与被派遣劳动者签订无固定期限劳动合同。例如，广东省高级人民法院、广东省劳动人事争议仲裁委员会 2018 年联合出台的劳动人事争议仲裁与诉讼衔接的意见认为，符合《劳动合同法》第 14 条第 2 款、第 3 款规定的情形的，劳务派遣单位应依法与被派遣的劳动者订立无固定期限劳动合同。又如，内蒙古自治区高级人民法院、内蒙古自治区劳动人事争议仲裁委员会联合出台的相关指导意见认为，劳务派遣

① 根据《企业民主管理规定》第 14 条第 2 项的规定，此为国有企业、国有控股企业的职工代表大会特有的职权。

公司与劳动者连续两次订立固定期限劳动合同后，劳动者可以要求按照《劳动合同法》相关规定，与用人单位签订无固定期限劳动合同。

否定观点认为，《劳动合同法》第 58 条属于针对劳务派遣关系下劳动合同的特别规定，按照特别法优先的原则，除非双方同意签订无固定期限劳动合同，否则应当签订固定期限劳动合同。例如，浙江省高级人民法院民事审判第一庭、浙江省劳动人事争议仲裁院 2019 年联合出台的相关解答认为，《劳动合同法》第 58 条规定的“劳务派遣单位应当与被派遣劳动者订立二年以上的固定期限劳动合同”，此系针对劳务派遣关系的特别规定，而《劳动合同法》第 14 条是对劳动合同订立的一般规定。按照特别规定优于一般规定的原则，除双方协商一致外，劳务派遣单位与劳动者无需订立无固定期限劳动合同。又如，江苏省高级人民法院出台的劳动争议案件审理指南类文件认为，《劳动合同法》第 58 条第 2 款规定的劳务派遣单位应与被派遣劳动者订立两年以上的固定期限劳动合同，该规定应视为《劳动合同法》的特别规定，被派遣劳动者请求与劳务派遣单位订立无固定期限劳动合同的，不予支持，但劳务派遣单位同意的除外。江苏省高级人民法院、江苏省劳动争议仲裁委员会 2009 年联合出台的相关指导意见也认为，被派遣劳动者请求与劳务派遣单位订立无固定期限劳动合同的，不予支持，但劳务派遣单位同意的除外。

笔者认为，否定观点更为可行，也与我国目前的劳动市场情况基本相符。从裁判观点采纳范围看，否定观点似乎也占有上风，很多地区虽然没有出台明确规定，但是在裁判实务中是倾向于否定观点的，如天津地区。

2. 派遣单位能否与被派遣劳动者签订以完成一定工作任务为期限的劳动合同

从笔者可以收集到的 18 个省、自治区、直辖市高级人民法院出台的裁判指导性文件看，均未对此进行规定。笔者认为，此问题与派遣单位能否和被派遣劳动者签订无固定期限劳动合同的问题是一致的，法律不强迫派遣单位与被派遣劳动者必须签订以完成一定工作任务为期限的劳动合同，也没有规定在达到某种法定情形时双方必须签订以完成一定工作任务为期限的劳动合同，但是双方均同意签订的除外。这就意味着，实践中派遣单位与被派遣劳动者签订的劳动合同系以完成一定工作任务为期限的劳动合同，劳动合同期限的届满之日为用工单位依法退工之日，则此种约定是有效的。

（二）劳务派遣单位存在资质缺陷情形下劳动合同效力问题

1. 未取得劳务派遣资质

派遣单位未取得劳务派遣资质即从事劳务派遣业务，与被派遣劳动者签订劳动合同，与用工单位签订劳务派遣协议，并将劳动者派遣至用工单位处提供劳动的，上述劳动合同、劳务派遣合同均为无效合同，派遣单位与劳动者不建立劳动关系，用工单位与劳动者建立事实劳动关系。如果在上述无效合同履行中，派遣单位依法取得劳务派遣资质的，法律虽然没有规定，但是笔者认为可以借鉴民法中的合同效力补正制度，认为劳动合同、劳务派遣合同的无效因素已经被补正，其应当被认定为有效合同。

2. 劳务派遣资质被撤销、吊销、到期

派遣单位本来具有合法的劳务派遣资质，但是被依法撤销、吊销以及到期未延期时，此前派遣单位已经与被派遣劳动者签订的劳动合同、与用工单位签订的劳务派遣合同尚未履行完毕的，应当如何处理？实务中一般认为，上述劳动合同、劳务派遣合同签订时派遣单位尚具有相应资质，合同应当为有效合同，且合同的有效性不因派遣单位丧失资质而无效，故应当履行至合同期满。例如，上海市人力资源和社会保障局、上海市高级人民法院曾联合出台相关纪要认为，因不符合行政许可条件，劳务派遣单位的《劳务派遣经营许可证》有效期满未延续或者被撤销、吊销的，原已依法订立的劳动合同和派遣协议可继续履行至派遣期限届满。

（三）逆向派遣情形下劳动合同效力问题

1. 基本判断

派遣单位、用工单位采取自设派遣、合谋派遣等逆向派遣方式，派遣单位与劳动者以形式合法的方式签订书面劳动合同，并将其派遣至用工单位工作的，由于此类方式系通过形式合法的方式实施“篡改”真实劳动合同关系的违法目的，扰乱劳动用工市场秩序，损害劳动者权益。因此，此类劳动合同符合《劳动合同法》第26条关于劳动合同无效的规定，此类劳务派遣协议符合《民法典》第154条的规定，所以劳动合同、劳务派遣协议均为无效合同。由于用工单位实际使用劳动者进行劳动，对其进行实质性管理，双方形成从属性关系，故用工单位与劳动者直接建立事实劳动关系。

2. 区分情况处理的总结

为了更好地识别逆向派遣下劳务合同效力问题，可以对实务中较常出现的情形区别情况分别处理：

（1）自设派遣及合谋派遣的，劳务派遣协议及劳动合同均无效，用工单位与被派遣劳动者建立事实劳动关系。

（2）用人单位合法与劳动者解除或者终止劳动合同后，通过合法派遣单位使用劳动者，被派遣劳动者工作的岗位并非原岗位，且新岗位符合劳务派遣

"三性"岗位的，成立合法的劳务派遣法律关系。

（3）用人单位合法与劳动者解除或者终止劳动合同后，通过合法派遣单位使用劳动者，被派遣劳动者工作的岗位并非原岗位，即使新岗位不符合劳务派遣"三性"岗位的，不影响劳务派遣效力，被派遣劳动者与派遣单位建立劳动关系，与用工单位不存在劳动关系。但是，派遣单位、用工单位应当依法承担行政法律责任。①

（4）用人单位违法与劳动者解除或终止劳动合同，在该用人单位与劳动者已经就违法解除或者违法终止劳动合同事宜解决完毕的，该用人单位又通过派遣单位重新使用劳动者的，不论工作岗位是否与之前有无变化，也不论新岗位是否符合"三性"岗位特征的，宜认定不影响劳务派遣效力。②

（四）劳务派遣岗位和比例问题

1. "三性"岗位及界定

根据《劳动合同法》第 66 条第 1 款的规定，劳务派遣用工只能在临时性、辅助性或者替代性的工作岗位上实施。该条第 2 款规定："……临时性工作岗位是指存续时间不超过六个月的岗位；辅助性工作岗位是指为主营业务岗位提供服务的非主营业务岗位；替代性工作岗位是指用工单位的劳动者因脱产学习、休假等原因无法工作的一定期间内，可以由其他劳动者替代工作的岗位。"

2. 劳务派遣用工的比例限制及例外

《劳动合同法》第 66 条第 3 款规定，用工单位应当严格控制劳务派遣用工数量，不得超过其用工总量的一定比例。《劳务派遣暂行规定》第 4 条对此进行了明确规定："用工单位应当严格控制劳务派遣用工数量，使用的被派遣劳动者数量不得超过其用工总量的 10%。前款所称用工总量是指用工单位订立劳动合同人数与使用的被派遣劳动者人数之和。计算劳务派遣用工比例的用工单位是指依照劳动合同法和劳动合同法实施条例可以与劳动者订立劳动合同的用人单位。"

---

① 实务中有不同看法。江苏省高级人民法院出台的劳动争议案件审理指南类文件认为，如果用人单位按照《劳动合同法》的规定与劳动者解除或终止劳动合同并支付经济补偿金后，又通过派遣机构重新使用劳动者的，但该劳务派遣不是在临时性、辅助性或者替代性的工作岗位上，而是在主要业务岗位上实施的，应认定劳务派遣无效，劳动关系仍存在于原用人单位与劳动者之间。至于"三性"岗位对于劳务派遣效力的影响问题，后文详细论述。

② 实务中也有不同看法。江苏省高级人民法院出台的劳动争议案件审理指南类文件认为，如果用人单位违法与劳动者解除或终止劳动合同后，又通过派遣机构重新使用劳动者的，应认定劳务派遣无效，劳动关系仍存在于原用人单位与劳动者之间。

根据《劳务派遣暂行规定》第25条的规定，外国代表处、远洋海员的劳务派遣用工比例不受限制。该条规定："外国企业常驻代表机构和外国金融机构驻华代表机构等使用被派遣劳动者的，以及船员用人单位以劳务派遣形式使用国际远洋海员的，不受临时性、辅助性、替代性岗位和劳务派遣用工比例的限制。"

3. 违反"三性"岗位与用工比例对劳动合同、劳务派遣合同的影响

派遣单位、用工单位违反《劳动合同法》关于"三性"岗位、用工比例的规定，应当按照《劳动合同法》第92条的规定承担相应的行政法律责任。但是，法律并未规定，在此情况下所签订的劳动合同、劳务派遣合同是否有效。笔者认为，法律关于劳务派遣岗位、用工比例的规定不属于效力性强制性规定，违反上述规定不会导致劳动合同、劳务派遣合同无效。国家层面虽然并未对此问题作出明确意见，但是有的地区已经进行了明确。例如，广东省高级人民法院、广东省劳动人事争议仲裁委员会2018年联合出台的劳动人事争议仲裁与诉讼衔接的相关意见认为，用工单位违反《劳务派遣暂行规定》第三条、第四条规定的劳务派遣用工范围和用工比例的，由人力资源社会保障行政部门依法处理，不影响劳务派遣合同的效力。

（五）派遣劳动者身份转化问题

用工单位合法采取劳务派遣方式用工，后经过合法招聘程序将被派遣劳动者录用为己方正式职工，双方签订劳动合同，建立劳动关系。这是实践中比较常见的"转正"形式。在此情况下，劳动者在本单位工作年限不能将其劳务派遣阶段的工作年限合并计算，应当将劳务派遣阶段与"转正"后阶段认定为两个在法律上独立的阶段。

用工单位采取逆向派遣等违法方式将劳动者派遣至用工单位工作，后用工单位将其招聘为己方正式职工，双方正式签订劳动合同。劳动者在"劳务派遣"期间的工作年限与"转正"后的工作年限应当合并计算，原因在于逆向派遣下劳动者与用工单位已经建立事实劳动关系。尤其在合谋派遣的情况下，劳动者从用人单位正式职工转化为派遣单位职工，是根据该用人单位指令和安排所为，也符合《新劳动争议解释一》第46条的规定。

（六）劳务派遣协议与劳动合同到期时的劳动关系认定问题

被派遣劳动者与派遣单位的劳动合同期满，但是派遣单位与用工单位签订的劳务派遣协议依然有效且仍在履行期内，如果被派遣劳动者仍然在用工单位

工作，没有改变原工作状态，被派遣劳动者与用工单位之间没有建立劳动关系的合意，故宜认定被派遣劳动者与用工单位属于劳务派遣用工关系的延续，被派遣劳动者与派遣单位之间属于事实劳动合同关系，派遣单位应当向被派遣劳动者承担未签订书面劳动合同的法律责任。在该种情形下，工资仍由派遣单位向被派遣劳动者发放，派遣单位仍然为被派遣劳动者缴纳社会保险费，被派遣劳动者在用工单位工作的基础和原因仍然是基于劳务派遣协议的约定。

如果被派遣劳动者与派遣单位的劳动合同期满，派遣单位与用工单位签订的劳务派遣协议也期满，被派遣劳动者继续在用工单位工作的，可以区分情况分析：第一，如果工资、社会保险费仍然由派遣单位继续支付和缴纳，劳动者与派遣单位之间成立事实上的劳动关系，派遣单位与用工单位只是缺少了一份形式上的劳务派遣协议，双方仍在履行事实上的劳务派遣合同关系的①，可以成立事实上的劳务派遣关系。第二，如果用工单位不再向派遣单位支付劳务派遣价款，派遣单位也不再为劳动者发放工资、缴纳社会保险，甚至为劳动者办理退工手续，劳动者继续在用工单位工作的（不论此时用工单位是否实际向劳动者发放工资），此时可以认定劳动者与用工单位之间以行为方式表示有成立劳动关系的合意，双方成立劳动关系。

三、劳务派遣退工问题

劳务派遣法律关系中最容易被滥用和与解除劳动合同相混淆的就是退工制度。所谓劳务派遣退工，是指用工单位将被派遣劳动者退回派遣单位，结束其与被派遣劳动者之间基于劳务派遣所形成的用工关系。

（一）劳务派遣退工的情形

1. 法定退工

《劳动合同法》第 65 条和《劳务派遣暂行规定》第 12 条构成了法定退工的情形。具体如下：

（1）《劳动合同法》规定的退工事由

被派遣劳动者具有《劳动合同法》第 39 条和第 40 条第 1 项、第 2 项规定情形的，用工单位可以将劳动者退回劳务派遣单位。据此，《劳动合同法》规定的法定退工事由为比照劳动者过错性辞退、非因工负伤医疗后仍不能工作和不

---

① 表现为用工单位继续向派遣单位支付劳务派遣费用，或者虽未继续支付劳务派遣费用（这属于违约责任调整范围），但是接受此类劳动者继续在用工单位工作的，属于用工单位事实上接受派遣单位的履行，等等。

能胜任工作岗位三种情形。

（2）《劳务派遣暂行规定》规定的退工事由

《劳务派遣暂行规定》第12条第1款规定："有下列情形之一的，用工单位可以将被派遣劳动者退回劳务派遣单位：（一）用工单位有劳动合同法第四十条第三项[①]、第四十一条[②]规定情形的；（二）用工单位被依法宣告破产、吊销营业执照、责令关闭、撤销、决定提前解散或者经营期限届满不再继续经营的；（三）劳务派遣协议期满终止的。"据此，《劳务派遣暂行规定》在《劳动合同法》的基础上，对劳务派遣退工的法定情形进行了扩展。

（3）禁止退工事由

《劳务派遣暂行规定》第13条规定："被派遣劳动者有劳动合同法第四十二条规定情形的，在派遣期限届满前，用工单位不得依据本规定第十二条第一款第一项规定将被派遣劳动者退回劳务派遣单位；派遣期限届满的，应当延续至相应情形消失时方可退回。"

2. 约定退工

法律对是否允许用工单位与派遣单位就派遣劳动者退工事由进行约定，并未规定，实务中对此有颇多争议。笔者认为，法律应当允许用工单位、派遣单位、被派遣劳动者就退工事由进行约定，正如用人单位可以与劳动者协商一致解除劳动合同一样。

约定退工包含两组约定：一是用工单位与派遣单位之间通过劳务派遣协议约定退工事由；二是派遣单位与被派遣劳动者通过劳动合同约定退工事由。其中，第一组约定是约定退工的必备条款，第二组约定并非强制性规定，因为按照《劳动合同法》第60条第1款的规定，派遣单位将劳务派遣内容告知被派遣劳动者即可，并非必须采取约定方式。

上述两组退工事由的约定情形应当一致，如果两者不一致，用工单位仍然有权按照劳务派遣协议的约定退工，派遣单位与被派遣劳动者则按照双方签订的劳动合同来处理退工后的事宜，劳动合同的约定不能对抗外部的劳务派遣协议的效力。

需要注意的是，退工事由的约定虽然以当事人之间意思自治为原则，但要

---

① 《劳动合同法》第40条规定："有下列情形之一的，用人单位提前三十日以书面形式通知劳动者本人或者额外支付劳动者一个月工资后，可以解除劳动合同……（三）劳动合同订立时所依据的客观情况发生重大变化，致使劳动合同无法履行，经用人单位与劳动者协商，未能就变更劳动合同内容达成协议的。"

② 《劳动合同法》第41条是关于经济性裁员的规定。

受到法律限制。如果当事人约定的退工事由与法律关于用人单位不得解除劳动合同的事由相悖，则约定无效。理由在于，劳务派遣退工与劳动合同解除在功能上具有一致性。就劳务派遣的本质而言，派遣单位与用工单位形成“共同雇主”地位，只不过法律将其拟制为用人单位、用工单位分离的状态。基于此，劳动合同解除受到法律限制，劳务派遣退工比照其亦应受到相应限制，只不过考虑到劳务派遣的功用和用工单位使用劳务派遣模式的合同目的，可以对劳务派遣退工的约定事由适当从宽把握。

3. 退工事由的合理拓展

法律法规目前规定的法定退工事由无法涵盖实务中出现的应当退工的合理情形，有必要将来进行适度扩展。对此，有的地区法院已经根据实务需要，对此问题进行了有益探索，实值借鉴。例如，上海市人力资源和社会保障局、上海市高级人民法院联合出台的关于劳务派遣适用法律问题的相关纪要文件认为，《劳务派遣暂行规定》第 12 条对退回情形所作的部分列举式规定，属于提示性条款，实践中，还存在法律规定的退回情形、派遣单位主动撤回劳动者、协商一致退回等情况，依据以下情形之一的，也可退回劳动者：（1）《劳动合同法》第 65 条第 2 款规定的情形；（2）《劳动合同法》第 44 条第 1、2 项规定的情形；（3）《劳动合同法实施条例》第 21 条规定的情形；（4）派遣期限届满的；（5）劳务派遣协议解除的；（6）三方事前约定或者事后达成合意的；（7）用工单位不履行义务，派遣单位主动撤回劳动者的；（8）根据《劳务派遣暂行规定》第 16 条的规定，派遣单位在办理注销登记手续前，用工单位与派遣单位协商后退回的；（9）违反法律规定派遣进行整改的；（10）其他依据法律规定确需退回的。

（二）退工与解除劳动合同的关系

1. 到期退工

常雇型劳务派遣出现到期退工情形的，如果派遣单位与被派遣劳动者订立的劳动合同并未到期，则派遣单位不得与被派遣劳动者解除劳动合同，除非双方协商一致解除劳动合同，或者劳动者提出辞职。此时，派遣单位不得援引《劳动合同法》第 39 条、第 40 条的规定解除劳动合同，因为退工事由仅是用工期限届满，而非劳动者有过失或者不能承担劳动任务。如果派遣单位没有满足上述条件即解除劳动合同的，派遣单位应当依照《劳动合同法》的规定承担违法解除劳动合同的责任。由于用工单位系到期退工，不违反法律和劳务派遣协议的约定，故其不承担责任，但是劳务派遣协议约定由用工单位最终向派遣单位承担责任的除外。

临雇型劳务派遣出现到期退工情形的，由于派遣单位与被派遣劳动者的劳动合同期限与劳务派遣协议约定的用工期限相同，所以此时派遣单位与被派遣劳动者的劳动合同到期终止，并非解除合同。到期终止劳动合同的，派遣单位要根据《劳动合同法》第46条第5项承担给予被派遣劳动者经济补偿的责任，用工单位不承担责任，但是劳务派遣协议约定由用工单位最终向派遣单位承担责任的除外。

2. 未到期退工

在未到期退工情况下讨论派遣单位能否解除与被派遣劳动者的劳动合同，区分劳务派遣类型是没有意义的，退工的事由是关键因素。因为不论常雇型劳务派遣还是临雇型劳务派遣，都会存在用工期限的约定，区别在于临雇型劳务派遣的劳动合同期限一定等于用工期限，而常雇型劳务派遣的劳动合同期限往往会长于用工期限。当用工期限未满就退工，意味着退工已经突破了用工期限的限制，打破了常雇型劳务派遣和临雇型劳务派遣的分野。

（1）法定事由

我国现行法律和部门规章以被派遣劳动者是否有过错为依据，确定的退工与解除劳动合同的判断标准是符合法理的，深值赞同。根据《劳动合同法》第65条的规定，派遣单位可以与被派遣劳动者解除劳动合同。《劳务派遣暂行规定》第12条扩大了用工单位退回被派遣劳动者的范围，并针对扩大的退工情形相应规定了解除劳动合同的条件。根据上述法律和部门规章的规定，派遣单位在被派遣劳动者被退回后是否可以解除劳动合同需要区分三种情况：

第一，被派遣劳动者因过错被退工的情形。当被派遣劳动者符合《劳动合同法》第39条情形而被退工的，派遣单位可以直接根据《劳动合同法》解除劳动合同。

第二，被派遣劳动者因自身原因（非过错）被退工的情形。当被派遣劳动者符合《劳动合同法》第40条第1项、第2项规定的情况而被退工的，派遣单位不可以直接解除劳动合同，而应当依法另行安排工作、调整工作岗位、进行培训等。只有当上述措施均不能使被派遣劳动者重新上岗或者胜任工作的，才可以在提前30日或者额外支付一个月工资的情况下解除劳动合同。

第三，因用工单位经营问题或者情势变更原因导致退工的情形。用工单位以出现《劳务派遣暂行规定》第15条规定的情况为由退工的，派遣单位不能直接解除劳动合同，只有在重新派遣时维持或者提高劳动合同条件且被派遣劳动者仍不同意的前提下，派遣单位才可以与被派遣劳动者解除劳动合同。

我国法律和部门规章的上述规定可以通用于常雇型劳务派遣和临雇型劳务派遣中的退工与解除劳动合同的关系。用工单位违法退工、派遣单位违法解除劳动合同的，均应按照《劳动合同法》的规定承担违法解除劳动合同的责任。同时，如果用工单位给被派遣劳动者造成损害的，派遣单位还要与用工单位承担连带赔偿责任。

（2）约定事由

派遣单位与被派遣劳动者可以约定当用工期限未满而出现退工的，双方是否解除劳动合同。双方进行约定，既可以是在出现退工之后，也可以是在进行派遣之前。双方约定的具体事由不能违背法律的禁止性规定或者法理，也不能存在欺诈、胁迫或者重大误解的情形，否则约定无效。同时，双方还可以约定排除某些法定事由的适用①，即虽然出现了依照法律法规规定可以在退工后解除劳动合同的事由，但由于派遣单位与被派遣劳动者约定这些事由不能导致双方解除劳动合同，则派遣单位也不得以此解除劳动合同。其根本原因在于，法定退工后可以解除劳动合同的事由并非强制性规定，当事人可以通过意思自治予以排除适用。如果派遣单位违反约定解除劳动合同，则应承担违法解除劳动合同的法律责任。

（3）特别情况——解除劳务派遣协议所导致的退工

前述分析均建立在用工单位与派遣单位并未解除劳务派遣协议的基础上，但是如果两者解除劳务派遣协议，则必然导致退工，法律对如何处理此时的退工与解除劳动合同的关系并未规定。

用工单位与派遣单位之间签订的劳务派遣协议从根本上讲仍属于民事合同范畴，《民法典》第 562 条、第 563 条等关于合同解除的规定依然适用于劳务派遣协议。根据合同原理及规范，用工单位与派遣单位可以基于法定解除事由、约定解除事由或者协议方式解除劳务派遣协议。但是，不论两者采取何种合法方式解除劳务派遣协议，都不会影响派遣单位与被派遣劳动者对解除劳动合同标准的判断，派遣单位不能以此为由在不符合《劳务派遣暂行规定》确定的条件下解除劳动合同，否则即应承担违法解除劳动合同的法律责任。理由在于，导致退工发生的原因不在于劳动者自身，而应归因于用工单位和派遣单位，两者不能将此风险和成本转嫁给被派遣劳动者。

---

① 双方可以约定排除某些法定退工事由，即出现某个法定事由时不得退工，但是不能通过约定的方式限缩某个法定事由的适用范围。例如，双方不得约定劳动者医疗期未满也可以退工。因为，《劳动合同法》规定用工单位可以根据该法第 40 条第 1 项退工，故被派遣劳动者在医疗期内不得退工，医疗期满不能从事原工作，也不能从事另行安排的工作的，用工单位才可以退工。

需要特别注意的是，当出现大规模退工情形时（如用工单位满足经济性裁员条件而无力留用被派遣劳动者），需要关注用工单位与派遣单位之间权利义务平衡的问题。鉴于我国劳务派遣机构普遍存在规模不大、抗风险能力低的弱点，如果劳务派遣协议对此问题无完善约定，则极可能会导致劳务派遣机构破产，最终影响到被派遣劳动者的权利。对此，一方面用工单位与派遣单位之间要完善劳务派遣协议，合理分担责任；另一方面也要通过建立相应的商业保险制度等社会化途径分散用工风险。

（三）退工后的待遇问题

《劳动合同法》第 58 条第 2 款规定："劳务派遣单位应当与被派遣劳动者订立二年以上的固定期限劳动合同，按月支付劳动报酬；被派遣劳动者在无工作期间，劳务派遣单位应当按照所在地人民政府规定的最低工资标准，向其按月支付报酬。"据此，被派遣劳动者被合法退回派遣单位，派遣单位不与其解除劳动合同，应当按照最低工资标准支付被派遣劳动者无工作期间的报酬。

对于一些特殊人群被合法退工后，派遣单位如何支付其劳动报酬，实务中多有争议。最典型的是"三期"妇女被退工后，其工资待遇如何发放。如按照《劳动合同法》第 58 条第 2 款的规定，派遣单位只需向其支付最低工资即可。但是，此类职工明显具有特殊情形，故有的地区为此进行了特别规定。例如，《上海市劳动人事争议若干问题处理指导意见》第 8 条规定："国家对处于'三期'期间的女职工实施特殊保护，明确不得降低其工资待遇，故，处于'三期'期间的女职工被用工单位退回劳务派遣单位后，劳务派遣单位应当按照不低于原约定的工资标准向女职工支付工资。劳务派遣的女职工被用工单位退回后再出现'三期'情形的，因《劳动合同法》第五十八条已明确规定'被派遣劳动者在无工作期间，劳务派遣单位应当按照所在地人民政府规定的最低工资标准，向其按月支付报酬'，故，可按本市企业职工月最低工资标准支付。"

四、派遣单位与用工单位的连带责任

（一）连带责任的一般性规定

用人单位与用工单位如何承担责任，是劳务派遣领域中最值得关注的问题，实务中也经常会引发争议。

《民法典》第 178 条第 3 款规定："连带责任，由法律规定或者当事人约定。"《劳动合同法》第 92 条第 2 款规定："劳务派遣单位、用工单位违反本法有关劳务派遣规定的，由劳动行政部门责令限期改正；逾期不改正的，以每人五千元以上一万元以下的标准处以罚款，对劳务派遣单位，吊销其劳务派遣业务经营许可证。用工单位给被派遣劳动者造成损害的，劳务派遣单位与用工单位承担连带赔偿责任。”《劳动合同法实施条例》第 35 条规定：“用工单位违反劳动合同法和本条例有关劳务派遣规定的，由劳动行政部门和其他有关主管部门责令改正；情节严重的，以每位被派遣劳动者 1000 元以上 5000 元以下的标准处以罚款；给被派遣劳动者造成损害的，劳务派遣单位和用工单位承担连带赔偿责任。”

据此，用工单位造成被派遣劳动者损害的，派遣单位与用工单位承担连带赔偿责任；派遣单位造成被派遣劳动者损害的，用工单位不承担连带责任。但是，如果派遣单位与用工单位在劳务派遣协议中约定，不论哪方造成被派遣劳动者损害，均应承担连带责任的，该约定有效。需要注意的是，法律法规中确定用工单位承担责任的前提是其违法，但是并未强调其违法时的主观状态。但是从行政处罚法的一般原理来看，只有在行政相对人（此处为用工单位）主观有过错的情况下才可处以行政处罚，所以也就意味着确定用工单位承担连带责任的违法标准应当为主客观相结合的标准，而非单纯的客观标准。

（二）实践中的演化尺度

如上所述，从法律条文本身分析，派遣单位可以因用工单位违法而承担连带责任，但是用工单位不会因派遣单位违法而承担连带责任。但是在实务中，各地法院结合具体问题对连带责任的识别和适用进行了一定程度的深化和演变。

1. 坚持法律法规文义的观点

有的地区法院严格坚持了法律法规文义，明确规定在用工单位没有违法情形时，不与派遣单位承担连带责任。例如，广东省高级人民法院、广东省劳动人事争议仲裁委员会 2018 年联合出台的关于劳动人事争议仲裁与诉讼衔接的相关意见认为，根据《劳动合同法》第 57 条的规定，劳务派遣单位未取得经营劳务派遣业务行政许可的，劳务派遣协议无效。因劳务派遣协议无效给劳动者造成损害的，劳务派遣单位与用工单位承担连带责任，但用工单位能证明其已尽审查义务的除外。该规定的但书准确地理解和适用了法律法规的文义。又如，重庆市有关部门出台的相关纪要规定，被派遣劳动者因工受伤的，应当由劳务派遣单位承担工伤保险责任。工伤职工依据《劳动合同法》第 92 条之规定请求用工单位承担连带责任的，不予支持。

2. 细微限缩用工单位承担连带责任的观点

采用此种观点的法院在坚持法律法规文义的基础上，对用工单位承担连带责任的条件作出了细微限缩。

例如，山东省高级人民法院、山东省人力资源和社会保障厅2019年联合出台的关于审理劳动人事争议案件的相关纪要认为，劳务派遣用工关系中，劳务派遣单位给劳动者造成损害的，用工单位除存在故意或者重大过失情形外，原则上不承担连带赔偿责任。据此，用工单位如果存在一般过失，则不承担连带赔偿责任，这似乎是对用工单位在一般过失情况下“网开一面”。

又如，浙江省高级人民法院民事审判第一庭、浙江省劳动人事争议仲裁院2014年联合出台的关于审理劳动争议案件若干问题的解答认为，劳务派遣用工关系中，劳务派遣单位损害劳动者权益的，用工单位是否要承担连带赔偿责任？答：劳务派遣单位给劳动者造成损害的，除用工单位存在故意或者重大过失情形，原则上不承担连带赔偿责任。该意见基本坚持了法律法规文义，但是“原则上”值得思考，浙江的尺度意味着还有“原则外”的特殊情况，但是并未予以明确。按照一般理解，浙江的意见似乎意味着用工单位在一般过失情形下也可以免除连带责任，与山东意见相同。

3. 扩大用工单位承担连带责任的条件

此种观点不再鉴别用工单位行为与被派遣劳动者损害之间的因果关系，一概认为用工单位应当与派遣单位承担连带责任。

例如，江苏省高级人民法院出台的劳动争议案件审理指南类文件认为，劳动派遣单位没有达到规定的设立条件而擅自从事劳动派遣业务的，属于非法用工，其与劳动者所签订的劳动派遣合同当属无效。基于无效的劳动合同，派遣单位应承担支付劳动报酬和赔偿劳动者损失的责任。损失的范围包括社保待遇、经济补偿等作为劳动者所应享有的待遇。并且劳动派遣单位和用工单位应承担连带赔偿责任。据此，即使用工单位审慎履行了审查义务，仍然因此要与派遣单位承担连带责任，这种判断标准与《劳动合同法》的规定似有不同。

又如，该指南第三章第五节第四部分规定，根据《劳动合同法》第92条和《劳动合同法实施条例》第35条的规定，不论是劳务派遣单位还是用工单位给被派遣劳动者造成损害的，劳务派遣单位和用工单位都应承担连带赔偿责任。据此，不论是派遣单位还是用工单位造成被派遣劳动者损害的，两者均应承担连带责任。

（三）对派遣单位、用工单位承担连带责任问题的总结

笔者认为，不论各地基于何种原因，均不宜扩大或者限缩派遣单位、用工单位连带责任的适用条件和范围，否则有违《民法典》的规定。就连带责任适用的法定情形而言，总结如下：

第一，派遣单位违反劳务派遣法律规定，造成被派遣劳动者损害，用工单位无过错的（无违反劳务派遣法律规定的行为），派遣单位自行承担责任。

第二，派遣单位违反劳务派遣法律规定，造成被派遣劳动者损害，其应当承担赔偿责任。用工单位对此也有过错的（有违反劳务派遣法律规定的行为），用工单位与派遣单位承担连带赔偿责任。

第三，用工单位违反劳务派遣法律规定，造成被派遣劳动者损害，不论派遣单位有无过错，派遣单位与用工单位承担连带赔偿责任。

第四，用工单位与派遣单位均违反劳务派遣法律规定，造成被派遣劳动者损害，如果该损害可以区分出是用工单位还是派遣单位原因导致的，则用工单位导致的损失由用工单位与派遣单位共同承担连带赔偿责任；派遣单位导致的损失，派遣单位单独承担赔偿责任，用工单位不承担连带赔偿责任。①

此外，不论法律如何规定连带责任承担主体，如果派遣单位与用工单位签订的劳务派遣协议中对连带责任承担后双方如何分担责任有明确约定的，应当遵其约定。

明确了上述规则，有益于解决实务中出现的棘手问题。例如，用工单位退工，派遣单位以劳动合同中约定退工即解除劳动合同为由，解除了与被派遣劳动者的劳动合同。劳动者以派遣单位违法解除劳动合同、用工单位违法退工为由，要求两单位承担连带责任，是否应当支持？该问题应当区分情况处理：第一，用工单位合法退工，如劳动合同系以完成一定工作任务为期限的劳动合同，约定退工即意味着完成工作任务，退工及解除劳动合同（此处应为终止劳动合同）均为合法，劳动者的诉请难以得到支持。第二，用工单位合法退工，如劳动合同约定的合同期限未到期，则派遣单位不得无故解除劳动合同。如果派遣单位违法解除劳动合同，则其应当对被派遣劳动者承担违法解除劳动合同的法律责任，但是用工单位不承担连带责任。第三，用工单位违法退工，派遣单位也随之解除劳动合同，派遣单位与用工单位应当对因违法退工造成的损失共同承担连带责任，但派遣单位对于违法解除劳动合同造成的损失单独承担赔偿责任，用工单位对此不承担责任。

（四）其他实务关联问题

1. 被派遣劳动者向用工单位提出辞职的含义

实践中，被派遣劳动者往往会向用工单位提出辞职，这种行为的性质应当

---

① 笔者认为，第四点总结就是关于共同侵权的规定在劳务派遣中的具体体现。

如何界定、会产生什么法律后果，实务中对此认识比较混乱。笔者认为，应当区分情况判断：

（1）被派遣劳动者提交辞呈后继续在用工单位工作的，不能认定其行为属于通过用工单位向派遣单位辞职，其毕竟没有向派遣单位提出辞职，故宜认定没有特殊法律含义，用工单位也不宜以此为由退工。

（2）被派遣劳动者提交辞呈后离开用工单位的，用工单位可以根据规章制度、劳务派遣协议等向派遣单位主张退工，派遣单位按照劳动合同的约定对其与该劳动者之间的关系进行处理。

2. 被派遣劳动者与派遣单位解除劳动合同，用工单位能否阻止

用工单位无权干涉被派遣劳动者与派遣单位之间解除劳动合同的事宜。如果双方解除了劳动合同，则用工单位出现当然退工的情形，其应当依照劳务派遣协议的约定与派遣单位处理劳务派遣用工、违约责任等问题。

裁审要点

1. 首要工作应当界定真派遣与假派遣，合法派遣与违法派遣。真派遣、合法派遣的，应当依照劳动法律法规处理被派遣劳动者与派遣单位、用工单位之间的权利义务；假派遣的，应当按照真实法律关系处理各方主体权利义务；违法派遣的，不发生劳务派遣效力，按照实际用工关系确定劳动关系及权利义务。

2. 用工单位、派遣单位单纯违反“三性”岗位规定的，不影响劳务派遣的民事法律效力，但应当承担行政法律责任。

3. 用工单位退工的，需着重审查退工是否符合法定情形或者约定的情形。在判断是否符合法定情形时，应注意对比各方对于法定情形的细化约定。

4. 在派遣单位与用工单位连带赔偿责任问题上，应当界定被派遣劳动者的损失是由哪一方的违法行为造成的。派遣单位造成的，则不适用连带赔偿责任；用工单位造成的，派遣单位应与用工单位承担连带赔偿责任。

实操指引

1. 用工单位决定使用劳务派遣用工模式的，应当选择有资质的派遣单位并签订劳务派遣协议，在本单位临时性、辅助性、替代性岗位上使用被派遣劳动者。用工单位决定使用被派遣劳动者的辅助性岗位，应当经职工代表大会或者全体职工讨论，提出方案和意见，与工会或者职工代表平等协商确定，并在用工单位内公示。

2. 劳务派遣协议应当约定派遣岗位和人员数量、派遣期限、劳动报酬和社会保险费的数额与支付方式以及违反协议的责任。尤其应当注意对退工事由、连带赔偿责任等涉及用工弹性和用工成本等关键条款进行设计。

3. 用工单位要坚决杜绝自设派遣、合谋派遣等逆向派遣。同时，也要注意控制劳务派遣用工比例。

4. 派遣单位接到用工单位退工通知或者退工结果的，应当首先界定退工的合法性。对于违反法律规定或者劳务派遣约定的退工，要及时与用工单位协商解决事宜，不能一概地解除与被派遣劳动者的劳动合同。

第十二章　其他重要问题

第一节　裁审衔接问题

裁判观点

1. 当事人就仲裁裁决部分内容起诉的，人民法院宜围绕当事人诉讼请求进行审理，但同时也应当对全案事实进行审查，发现事实认定有误时，应当进行纠正。在裁判主文表述时，不但应当对诉讼请求进行判决，还应当将双方未起诉的仲裁裁决内容列入裁判主文进行确认，但明显违反法律强制性规定、损害国家利益的裁决内容以及关于劳动关系认定有误的裁决内容应当纠正。

2. 当事人提起劳动争议仲裁申请后撤回申请，或者被按撤回申请处理，其再次主张相同权利的，仍然应当贯彻“一裁两审”程序，先申请劳动争议仲裁，劳动争议仲裁委作出处理结果后，当事人再向人民法院起诉的，应当受理；未申请仲裁直接起诉的，人民法院不予受理；已经受理的，应当裁定驳回起诉。

3. 劳动争议仲裁机构以无管辖权为由对劳动争议案件不予受理，当事人提起诉讼的，人民法院按照以下情形分别处理：（1）经审查认为该劳动争议仲裁机构对案件确无管辖权的，应当告知当事人向有管辖权的劳动争议仲裁机构申请仲裁；（2）经审查认为该劳动争议仲裁机构有管辖权的，应当告知当事人申请仲裁，并将审查意见书面通知该劳动争议仲裁机构；劳动争议仲裁机构仍不受理，当事人就该劳动争议事项提起诉讼的，人民法院应予受理。

4. 劳动争议仲裁机构以当事人申请仲裁的事项不属于劳动争议为由，作出不予受理的书面裁决、决定或者通知，当事人不服依法提起诉讼的，属于劳动争议案件的，应当受理；虽不属于劳动争议案件，但属于人民法院主管的其他案件，应当依法受理。

5. 劳动争议仲裁机构以申请仲裁的主体不适格为由，作出不予受理的书面裁决、决定或者通知，当事人不服依法提起诉讼，经审查确属主体不适格的，人民法院不予受理；已经受理的，裁定驳回起诉。

6. 劳动争议仲裁机构为纠正原仲裁裁决错误重新作出裁决，当事人不服依法提起诉讼的，人民法院应当受理。

7. 劳动争议仲裁机构仲裁的事项不属于人民法院受理的案件范围，当事人不服依法提起诉讼的，人民法院不予受理；已经受理的，裁定驳回起诉。

8. 当事人不服劳动争议仲裁机构作出的预先支付劳动者劳动报酬、工伤医疗费、经济补偿或者赔偿金的裁决，依法提起诉讼的，人民法院不予受理。用人单位不履行上述裁决中的给付义务，劳动者依法申请强制执行的，人民法院应予受理。

9. 劳动争议仲裁机构作出的调解书已经发生法律效力，一方当事人反悔提起诉讼的，人民法院不予受理；已经受理的，裁定驳回起诉。

10. 劳动争议仲裁机构逾期未作出受理决定或仲裁裁决，当事人直接提起诉讼的，人民法院应予受理，但申请仲裁的案件存在下列事由的除外：（1）移送管辖的；（2）正在送达或者送达延误的；（3）等待另案诉讼结果、评残结论的；（4）正在等待劳动争议仲裁机构开庭的；（5）启动鉴定程序或者委托其他部门调查取证的；（6）其他正当事由。当事人以劳动争议仲裁机构逾期未作出仲裁裁决为由提起诉讼的，应当提交该仲裁机构出具的受理通知书或者其他已接受仲裁申请的凭证、证明。

11. 劳动者依据《劳动合同法》第 30 条第 2 款和《劳动争议调解仲裁法》第 16 条规定向人民法院申请支付令，符合《民事诉讼法》第 17 章督促程序规定的，人民法院应予受理。依据《劳动合同法》第 30 条第 2 款规定申请支付令被人民法院裁定终结督促程序后，劳动者就劳动争议事项直接提起诉讼的，人民法院应当告知其先向劳动争议仲裁机构申请仲裁。依据《劳动争议调解仲裁法》第 16 条规定申请支付令被人民法院裁定终结督促程序后，劳动者依据调解协议直接提起诉讼的，人民法院应予受理。

12. 人民法院受理劳动争议案件后，当事人增加诉讼请求的，如该诉讼请求与讼争的劳动争议具有不可分性，应当合并审理；如属独立的劳动争议，应当告知当事人向劳动争议仲裁机构申请仲裁。

13. 当事人不服仲裁裁决向人民法院起诉，诉讼中撤诉的，仲裁裁决生效。该当事人再次就相同事项主张权利的，劳动争议仲裁机构、人民法院均不予受理。

14. 劳动争议仲裁委员会逾期未作出仲裁裁决，或者仲裁裁决遗漏申请事项的，当事人向人民法院起诉，人民法院应当受理。

15. 当事人在劳动仲裁阶段自认后在诉讼阶段又否认的，人民法院应按照《最高人民法院关于民事诉讼证据的若干规定》（法释〔2019〕19 号）中关于撤回自认的规则处理。当事人自认的事实与人民法院已经查明的事实不符的，人民法院不确认该自认。

16. 仲裁裁决的类型以仲裁裁决书确定为准。仲裁裁决书载明的裁决类型即使有误，人民法院也按照载明的裁决类型提供相应程序的司法救济。

17. 仲裁裁决未写明裁决类型，当事人起诉的，人民法院应当审查裁决类型。

18. 劳动者依据《劳动争议调解仲裁法》第 47 条第 1 项的规定，追索劳动报酬、工伤医疗费、经济补偿或者赔偿金，如果仲裁裁决涉及数项，每项确定的数额均不超过当地月最低工资标准 12 个月金额的，应当按照终局裁决处理。而且，人民法院按照仲裁裁决确定的金额来确定是否属于终局裁决，而非按照当事人申请仲裁的金额来确定。

19. 未写明类型的仲裁裁决中既有终局事项又有非终局事项的，人民法院按照非终局裁决处理。

20. 在“一案双分号”制度下，劳动者就非终局裁决起诉，用人单位就终局裁决申请撤裁，为了妥善解决裁审衔接问题，中级人民法院与基层人民法院宜就全案情况进行沟通，以便确认各自审查和审理的仲裁裁决事项对对方是否会造成影响。

21. 终局裁决被撤销后，如果当事人没有就终局裁决事项起诉的，审理非终局裁决事项的人民法院不应就终局裁决事项一并审理并作出裁判。

22. 劳动者就工伤赔偿申请仲裁、提起诉讼，申请财产保全的，可以不提交担保。劳动者在劳动仲裁阶段申请财产保全的，应当通过劳动人事仲裁机构向人民法院提出保全申请。

23.《劳动争议调解仲裁法》规定的仲裁时效即为劳动争议案件的诉讼时效，人民法院在处理劳动争议案件时，诉讼时效不适用《民法典》3 年诉讼时效的一般规定，而适用《劳动争议调解仲裁法》1 年仲裁时效的规定。

24. 当事人在劳动仲裁阶段未提出超过仲裁时效的抗辩，劳动人事仲裁机构作出实体裁决后，当事人在诉讼阶段又以超过仲裁时效期间为由进行抗辩的，人民法院不予支持。当事人未按照规定提出仲裁时效抗辩，又以仲裁时效期间届满为由申请再审或者提出再审抗辩的，人民法院不予支持。

深度解析

一、仲裁与起诉的衔接

（一）对仲裁裁决部分内容起诉的问题

劳动人事仲裁机构依法作出仲裁裁决后，任何一方当事人不服的，均可以在法定期限内向人民法院起诉。[①] 如果当事人不服仲裁裁决全部裁决事项而起诉的，人民法院在审查时当然地对本案全部事实和裁决事项进行审查。如果当事人仅对部分仲裁事项不服并起诉的，人民法院审查范围又当如何确定呢？有的人认为应当对案件全部事实和裁决事项进行审查。主要理由是，当事人虽然仅是不服部分仲裁裁决事项而起诉，但是根据《新劳动争议解释一》第 16 条的规定[②]，仲裁裁决全部内容因起诉而不生效力，故人民法院有必要进行全案审理。有的人认为应当坚持不告不理，仅对起诉的争议事项进行审查。

笔者认为，实务中比较合适的方法是坚持两个原则：

1. 围绕诉讼请求，坚持不告不理，兼顾未起诉裁决事项的执行力

围绕当事人起诉的诉讼请求，按照不告不理原则进行审理，如果当事人对某裁决事项没有起诉，则人民法院对该裁决事项涉及的案件事实一般没有必要再次审查，但是该事项涉及的事实属于前提性事实的除外。此外，人民法院应当对未起诉的裁决事项在判决主文中予以列明，而不再对其进行实质审查，以便明确此类当事人均无异议的裁决事项的执行力。例如，河北省高级人民法院曾出台关于劳动争议案件若干疑难问题处理的有关参考意见认为，当事人对劳动争议仲裁裁决的部分事项不服，依法向人民法院提起诉讼的，劳动争议仲裁裁决不发生法律效力。人民法院仅就当事人起诉的事项进行审理，未起诉的事项，人民法院可以直接在判决书中予以确认。又如，北京市高级人民法院、北京市劳动争议仲裁委员会 2014 年联合出台关于劳动争议案件法律适用问题研讨会纪要认为，仲裁裁决作出后当事人未在法定期限内起诉，或仅就部分内容提起诉讼，法院只需审理当事人在法定期限内起诉的请求，保持当事人诉讼请求与审理内容的一致性。对双方当事人均未起诉的仲裁结果部分，可在“本院认

---

① 在“一裁终局”中，用人单位对于终局裁决不服的，只能向中级人民法院申请撤销仲裁裁决，而不能直接起诉。关于一裁终局问题，后文有详细讨论。

② 该条规定：“劳动争议仲裁机构作出仲裁裁决后，当事人对裁决中的部分事项不服，依法提起诉讼的，劳动争议仲裁裁决不发生法律效力。”

为”中予以确认，并直接写入判决主文。

2. 坚持全案事实审查，不影响不告不理的判决主文，涉及劳动关系存在与否的事实除外

由于当事人起诉后，仲裁裁决全部不发生效力，其对于事实的认定也不发生效力。所以，人民法院有必要对全案事实进行审查。对于未起诉的裁决事项涉及的事实，如果发现有错误，也应当进行纠正。由于各方当事人对于该事实涉及的裁决事项无异议，所以事实虽然被纠正，但是对于裁决事项本身不予变动，人民法院将此裁决事项列入判决主文予以明确。理由在于，案件事实与裁决事项虽有联系，但是毕竟不属于同一范畴，裁决事项属于对当事人权利义务的确认、分配和判定，即使作为其前提的某些事实认定有误，但是只要当事人对权利义务分配没有异议，则应当尊重当事人意思，这是民事权利处分原则的体现。例如，劳动者仲裁主张加班费、中夜班津贴、未签订书面劳动合同2倍工资差额、防暑降温费。仲裁裁决作出后，劳动者仅对防暑降温费的裁决事项无异议，遂对其他三项起诉。诉讼过程中，人民法院发现防暑降温费涉及的案件事实与仲裁裁决认定的不一致，仲裁裁决认定用人单位未发放防暑降温费，故裁决用人单位发放6月至9月共计4个月的防暑降温费，但是人民法院发现用人单位只有6月、7月的防暑降温费未发放。人民法院在制作判决时，判决主文不但应当列明对诉讼请求支持与否的内容，还应当将当事人均未起诉的关于防暑降温费的仲裁事项列明确认（即写明用人单位应当向劳动者支付6月至9月共计4个月的防暑降温费），以保证其执行力，同时在查明事实部分将仲裁裁决针对未起诉事项所认定有误的事实予以纠正，将用人单位未发放防暑降温费纠正为用人单位未发放6月和7月防暑降温费。

但是，在涉及是否存在劳动关系的事项上，人民法院应当主动审查，发现错误的应当对事实以及劳动关系存在与否的仲裁结论予以纠正。主要原因在于，存在劳动关系是确定当事人之间劳动权利义务的前提，如果前提出现错误，则不但意味着本案其他裁决事项可能存在法律适用错误，更可能引发其他潜在事宜（未在本案中成诉）处理偏差。例如，仲裁裁决错误认定双方存在劳动关系，如果不予纠正，则判决生效后即具有既判力，当事人就可以以此为据向社保经办部门主张补缴社保等。

对此问题，有的地区已经制定了明确的裁判意见。例如，北京市高级人民法院、北京市劳动争议仲裁委员会2014年联合出台关于劳动争议案件法律适用问题研讨会纪要认为，法院对于案件事实的审理不受当事人诉讼请求的限制，

法院应当结合证据对事实进行综合判断和认定。法院对仲裁裁决确认是否存在劳动关系一项认为有误的，无论当事人是否提出诉讼请求，均可以直接予以认定，并根据所认定的事实作出相应判决。

（二）“仲裁前置”的具体理解

劳动仲裁和诉讼实践中，我们通常将整个程序过程表述为“一裁两审”，即先由劳动争议仲裁机构完成“一裁”，然后由人民法院通过“两审”完成司法救济程序，得出终审裁判。

根据《劳动法》第79条和《新劳动争议解释一》第1条的规定，劳动争议案件应当首先由劳动争议仲裁委员会进行处理，当事人对裁决不服的，可以向人民法院提起诉讼，即所谓的“仲裁前置”。实务中对于仲裁前置如何具体把握存在一些争议，解决之道在于把握仲裁前置的根本含义。笔者认为，仲裁前置的根本含义在于劳动争议事项在寻求司法救济之前必须经过劳动争议仲裁委员会的处理，这种处理可以是实体处理、程序处理（包括不予受理）、逾期未处理以及在裁决中遗漏而忘记处理等，即只要争议经过了劳动争议仲裁程序即可，至于是否“案结事了”，在所不问。同时，只要劳动争议仲裁委员会作出的仲裁裁决、调解书已经生效的，人民法院不应再予以受理。理由在于，劳动争议仲裁委员会由劳动行政部门代表、工会代表和企业方面代表组成，在解决劳动争议方面具有广泛代表性，首先由仲裁机构对劳动争议进行过滤和处理，有利于矛盾最大限度化解，减轻人民法院案件压力。基于此，很多关于仲裁前置与诉讼衔接的争议问题均可以得到妥善处理，具体如下：①

1. 当事人提起劳动争议仲裁申请后又撤回申请，或者被劳动争议仲裁委员会按照撤回申请处理，当事人再次主张权利的，仍然应当首先提起劳动争议仲裁，不论劳动争议仲裁委作出何种处理结果，当事人向人民法院起诉的，人民法院应当受理。未申请仲裁，直接向人民法院提起诉讼的，人民法院不予受理；已经受理的，应当裁定驳回起诉。

2. 劳动争议仲裁委员会以当事人申请仲裁的事项不属于劳动争议为由，作出不予受理的书面裁决、决定或者通知，当事人不服，依法向人民法院起诉，属于劳动争议案件的，人民法院应当受理；虽不属于劳动争议案件，但属于人民法院主管的其他案件的，应当依法受理。

---

① 《新劳动争议解释一》第5条至第25条系统规定了裁审衔接的各种情形。本书在此只列举该司法解释没有规定但实务中广受关注的情形。此外，为方便读者阅读，本书在本节【裁审要点】基本引用了该司法解释关于裁审衔接的规定。

3. 当事人不服劳动争议仲裁委员会依法作出的仲裁裁决，向人民法院起诉，在诉讼中又撤回起诉的，仲裁裁决生效。该当事人事后再次就相同事项主张权利的，劳动争议仲裁委员会根据《劳动人事争议仲裁办案规则》第34条不予受理，人民法院亦不予受理。

4. 当事人在劳动仲裁阶段达成调解协议，劳动争议仲裁委员会依照《劳动人事争议仲裁办案规则》第72条制作调解书并经各方当事人签收后，调解书生效，当事人反悔而向人民法院起诉的，人民法院不应受理；已经受理的，应当裁定驳回起诉。

5. 劳动争议仲裁委员会逾期未作出裁决，当事人向人民法院起诉的，人民法院应当受理。

6. 劳动争议仲裁委员会作出的仲裁裁决遗漏申请事项，当事人起诉的，人民法院应当受理并予以处理，不能以遗漏的申请事项未经仲裁程序而不予处理。

（三）仲裁事实的禁反言

人民法院基于全面审理原则，在诉讼程序中对于仲裁裁决认定的案件事实，仍然要进行审查。但是，对于仲裁程序中当事人已经认可的相关案件事实，如果该当事人在诉讼程序中又予以否认的，是否应当支持呢？笔者认为，此问题应当按照《最高人民法院关于民事诉讼证据的若干规定》（法释〔2019〕19号）关于“当事人举证”的相关规定进行处理。具体而言，只有在以下情形下才可以允许当事人撤回其在仲裁阶段自认的事实：第一，经对方当事人同意的。第二，自认是在受胁迫或者重大误解的情况下作出的。① 此外，如果当事人自认的事实与人民法院已经查明的事实不符的，人民法院对该自认也不予确认，② 这意味着想要推翻己方在仲裁阶段自认的，当事人需要提供充分证据证明自认的事实与真实情况不符。

二、一裁终局制度与诉讼的衔接问题

（一）一裁终局的含义与认定

1. 一裁终局的含义

《劳动争议调解仲裁法》第47条规定：“下列劳动争议，除本法另有规定的外，仲裁裁决为终局裁决，裁决书自作出之日起发生法律效力：（一）追索劳动

① 《最高人民法院关于民事诉讼证据的若干规定》第9条。

② 《最高人民法院关于民事诉讼证据的若干规定》第8条第2款。

报酬、工伤医疗费、经济补偿或者赔偿金，不超过当地月最低工资标准十二个月金额的争议；（二）因执行国家的劳动标准在工作时间、休息休假、社会保险等方面发生的争议。”

一裁终局的终局是仅对用人单位而言的，用人单位对终局裁决不服的，不能向人民法院起诉，而只能依照《劳动争议调解仲裁法》第 49 条向劳动争议仲裁委员会所在地的中级人民法院申请撤销仲裁裁决。但是，劳动者不受此限制。易言之，对于劳动者而言，仲裁裁决没有终局与非终局之分，劳动者不服终局仲裁裁决的，可以依照《劳动争议调解仲裁法》第 48 条向人民法院起诉。

2. 终局裁决与非终局裁决的区别

（1）针对对象不同。终局裁决仅针对用人单位而言才可以称为终局，对于劳动者而言不存在终局问题，都是非终局裁决。

（2）救济途径和时间不同。用人单位不服终局裁决，只能在收到仲裁裁决之日起 30 日内向劳动争议仲裁委员会所在地的中级人民法院申请撤销仲裁裁决，而不能直接起诉；但是用人单位不服非终局裁决的，应当在收到仲裁裁决之日起 15 日内向人民法院（一般是基层人民法院）起诉。劳动者不服终局裁决或者非终局裁决的，均应在收到仲裁裁决之日起 15 日内向人民法院（一般是基层人民法院）起诉。

（3）审查程度不同。中级人民法院在审查撤裁案件时，一般是围绕《劳动争议调解仲裁法》第 49 条规定的法定情形进行形式审查，审限一般只有 1 个月。人民法院在审理不服非终局裁决而起诉的劳动争议案件时，一般都是全案实质性审理，审限也较长。

（4）裁判结果效力不同。中级人民法院对用人单位提出的撤销终局裁决申请所作出的驳回申请或者撤销仲裁裁决的裁定为终审裁定。人民法院对非终局裁决作出的判决要遵循两审终审制。

（5）范围不同。终局裁决范围较小，只局限于《劳动争议调解仲裁法》第 47 条规定的两种类型。非终局裁决范围较大，囊括了所有的劳动争议案件类型。

3. 仲裁裁决类型的认定

（1）认定的主体

劳动争议仲裁委员会在作出裁决时，需要确定裁决类型。《新劳动争议解释一》第 18 条规定，仲裁裁决的类型以仲裁裁决书确定为准。故在确定仲裁类型问题上，人民法院尊重劳动争议仲裁委员会的意见，即使该意见存在偏差，人民法院也基于“将错就错”的原则而不再予以纠正，就按照仲裁裁决确定的裁决类型给予司法救济。但需要注意的是，“将错就错”原则只限于确定仲裁类型、确定救济程序之用，在中级人民法院按照终局裁决受理撤裁申请案件后，如果经审查认为不属于终局裁决的，则应当按照《劳动争议调解仲裁法》第 49 条第 1 款第 1 项的规定裁定撤销该仲裁裁决。

如果劳动争议仲裁委员会在作出裁决时没有明确裁决类型的，则按照《新劳动争议解释一》第 18 条的规定，需要分情况处理。此时，认定裁决类型的主体就是人民法院。该条规定：“……仲裁裁决书未载明该裁决为终局裁决或者非终局裁决，用人单位不服该仲裁裁决向基层人民法院提起诉讼的，应当按照以下情形分别处理：（一）经审查认为该仲裁裁决为非终局裁决的，基层人民法院应予受理；（二）经审查认为该仲裁裁决为终局裁决的，基层人民法院不予受理，但应告知用人单位可以自收到不予受理裁定书之日起三十日内向劳动争议仲裁机构所在地的中级人民法院申请撤销该仲裁裁决；已经受理的，裁定驳回起诉。”

2017 年 7 月 1 日实施的《劳动人事争议仲裁办案规则》第 50 条第 4 款规定：“仲裁庭裁决案件时，裁决内容同时涉及终局裁决和非终局裁决的，应当分别制作裁决书，并告知当事人相应的救济权利。”据此，各地劳动争议仲裁委员会在作出裁决时，只要裁决内容涉及终局和非终局内容的，必须分别制作裁决书。也因此规定，大大减少了实践中劳动仲裁机构不明确仲裁裁决类型的问题，使得《最高人民法院关于审理劳动争议案件适用法律问题的解释四》（以下简称《劳动争议解释四》）第 2 条第 2 款适用的情形越来越少，但由于该司法解释的第 2 条第 1 款没有变化，故劳动争议仲裁委员会逐渐成为认定仲裁类型的最主要主体。

（2）认定的标准

对于《劳动争议调解仲裁法》第 47 条第 1 项规定的内容，应当从两个层面来认识：

第一，按照每项裁决金额而非全部裁决金额来确定裁决类型。《新劳动争议解释一》第 19 条规定：“仲裁裁决书未载明该裁决为终局裁决或者非终局裁决，劳动者依据调解仲裁法第四十七条第一项规定，追索劳动报酬、工伤医疗费、经济补偿或者赔偿金，如果仲裁裁决涉及数项，每项确定的数额均不超过当地月最低工资标准十二个月金额的，应当按照终局裁决处理。”

第二，按照仲裁裁决确定的金额来确定是否属于终局裁决，而非按照当事人申请仲裁的金额来确定。

此外，根据《新劳动争议解释一》第 20 条的规定，劳动争议仲裁机构作出的同一仲裁裁决同时包含终局裁决事项和非终局裁决事项，当事人不服该仲裁裁决向人民法院提起诉讼的，应当按照非终局裁决处理。

（3）对《劳动争议调解仲裁法》第 47 条规定的具体项目的理解

第一，追索劳动报酬，包括工资、加班费、绩效工资、作为劳动给付对价的奖金、中夜班津贴、高温津贴、停工留薪期工资或者病假工资等，具体劳动报酬范围可以参见本书第四章的内容。

第二，工伤医疗费的具体范围不存在争议，此处不再赘述。

第三，经济补偿，除《劳动合同法》第 46 条规定的范围外，还包括该法第 40 条规定的代通知金、第 23 条规定的竞业限制经济补偿。

第四，赔偿金，除了《劳动合同法》第 48 条规定的赔偿金及该法第 85 条规定的加付赔偿金之外，还包括未签订书面劳动合同 2 倍工资差额、未依法签订无固定期限劳动合同 2 倍工资差额、违法约定试用期的赔偿金等具有赔偿金性质的项目。

（二）一案双分号与诉讼衔接

1. 一案双分号制度引发的司法裁判统一性问题

旧的《劳动人事争议仲裁办案规则》没有规定“一案双分号”制度，2017 年 7 月 1 日施行的新的《劳动人事争议仲裁办案规则》第 50 条确立了该项制度。该条第 4 款规定：“仲裁庭裁决案件时，裁决内容同时涉及终局裁决和非终局裁决的，应当分别制作裁决书，并告知当事人相应的救济权利。”实践中将其称为“一案双分号”。

一案双分号制度施行的初衷是加快解决劳动争议纠纷的速度，促使劳动者合法权益能够快速得到维护。但是，在与诉讼程序进行衔接时，一案双分号制度将原本一个案件拆成两份裁决，两份裁决又由于具有不同的救济程序和条件，进而导致中级人民法院撤裁程序与基层人民法院诉讼程序发生对接矛盾，极大影响了司法裁判的统一性。

这里举一例说明，当非终局事项是终局事项的前提时，终局裁决被中级人民法院维持后，基层人民法院审理非终局裁决事项过程中认为应当改判非终局裁决事项，但是如果改判则会导致终局裁决事项失去成立的前提条件，且此时终局裁决已经被维持，导致基层人民法院左右为难。例如，非终局裁决主文认定双方存在劳动关系，终局裁决则基于双方存在劳动关系的前提裁决用人单位支付违法解除劳动合同赔偿金。用人单位向中级人民法院申请撤销终局裁决，也向基层人民法院起诉要求判决双方没有劳动关系。中级人民法院须在1个月的审限内对撤裁案件给出终审结论，但基层人民法院则有3个月至6个月的时间对是否存在劳动关系给出一审结论。有可能出现中级人民法院维持终局裁决后，基层人民法院认为应当认定双方不存在劳动关系，此时基层人民法院如果如此判决，则会导致中级人民法院维持裁定缺乏逻辑前提；如果基层人民法院顺着中级人民法院维持结论作出判决，又会导致违反基层人民法院独立审判的原则。当然，基层人民法院也可以判决不存在劳动关系，当事人上诉后，案件会到达同一中级人民法院，中级人民法院有可能为了维护自己先前作出的维持裁定，而改判基层人民法院上述一审判决。但是，这种"理想"结果出现的前提是，上诉案件正好分配到作出维持裁定的合议庭，但是在随机分案的基本原则下，如果分配到其他合议庭，事实上是无法保证新的合议庭也认可或者"屈从"撤裁案件合议庭结论的。

笔者所举例子比较简单，实践中出现的例子更加复杂，复杂到人民法院很难区分谁是谁的前提条件，或者终局事项与非终局事项互为前提的情况。没有亲身经历过的读者可能对此缺乏感受，但是实际审理过此类案件的法官阅读至此想必感同身受。造成上述矛盾的主要因素是救济程序和条件不同：第一，两者审查标准不同。中级人民法院审查申请撤销终局裁决的案件属于形式审查（从法律只赋予1个月审限即可得知），但是基层人民法院对于非终局裁决则是实质审查，两者审查的标准不同。第二，两者程序时间不同。中级人民法院审查撤裁案件的审限仅有1个月，裁定一旦作出即为终审裁定，不能上诉。但基层人民法院审理非终局案件的审限为3个月至6个月，如果有二审程序的话，非终局案件的审理周期会更长。时间差会导致前提性事实晚于结论性事实得到司法确认，从而造成两级法院审理结论不一致。

2.《新劳动争议解释一》第21条与"一案双分号"的关系

这里需要特别说明《新劳动争议解释一》第21条规范的对象与此处讨论的"一案双分号"引发的司法裁判统一性问题的关系。实践中，有人认为《新劳动争议解释一》第21条可以解决上文提出的裁判冲突问题，即在劳动者提起诉讼的通说，用人单位申请撤销终局裁决的，人民法院对用人单位的申请不予受理或者裁定驳回申请。笔者认为，这种理解是错误的。

《新劳动争议解释一》第21条系从《劳动争议司法解释三》第15条几乎原封不动照搬而来，根据最高人民法院对《劳动争议司法解释三》第15条的解读，该条款系"关于劳动人事争议仲裁委员会作出终局裁决后，劳动者提起诉讼，用人单位申请撤销仲裁裁决，司法实践应当如何处理问题的规定”。故，该条款所规范的对象是，劳动关系双方针对同一份终局裁决不服而分别依法起诉和申请撤裁。该条款并没有规定劳动者对非终局裁决起诉、用人单位对终局裁决申请撤裁时，两者如何协调的问题。综观《新劳动争议解释一》全文，其并未解决这个问题。

3. 问题的解决

解决这个问题关键在于要最大限度地促使同一法院对终局裁决和非终局裁决涉及的事项统一进行审查，最大限度减少不同级别的法院在同一时间对彼此有关联的不同裁决事项作出相反认识。

（1）“一案双分号”实施前的做法

在“一案双分号”制度实施之前，《劳动争议司法解释三》第 14 条、第 15 条和《劳动争议司法解释四》第 2 条[①]组合起来完美地解决了终局事项与非终局事项统一审查的问题。根据上述规定，在一案中同时涉及终局事项和非终局事项，但劳动争议仲裁机构统一出具一份仲裁裁决的情况下，区分两种情况分别处理：

第一，仲裁裁决书已经确定仲裁裁决类型，不论正确与否，人民法院均予以认可并据此给予相应程序的司法救济。仲裁裁决书确定为终局裁决的，即使里面含有非终局事项，用人单位也只能向中级人民法院申请撤裁；如果用人单位向基层人民法院起诉的，不予受理，已经受理的，应当裁定驳回起诉。如果用人单位向中级人民法院申请撤裁，劳动者向基层人民法院起诉的，则中级人民法院不予受理，已经受理的，应当裁定驳回起诉。

第二，仲裁裁决书未确定仲裁裁决类型，用人单位向基层人民法院起诉的，此时人民法院应当依法对裁决类型进行认定。经审查认为属于非终局裁决的，应当受理；认为属于终局裁决的，则不应当受理，并告知用人单位在法定期限内向中级人民法院申请撤裁，已经受理的，应当裁定驳回起诉。

（2）一案双分号实施后的困境与探索

一案双分号制度实施前，由于劳动仲裁机构针对一个案件只作出一份仲裁裁决，所以对其中的终局事项和非终局事项进行统一审查的难度不大。一案双分号制度实施后，则极大增加了协调一个案件分别制作的两份裁决书的统一审

---

① 指《最高人民法院关于审理劳动争议案件适用法律若干问题的解释（四）》，其已于 2020 年废止。《新劳动争议解释一》施行后，上述两个司法解释的相关条款几乎没有任何修改地对应新司法解释的第 20 条、第 21 条、第 18 条。

查难度，其具体问题在前述内容中已经举例说明，此处不再赘述。应当如何协调和解决这个问题呢？笔者认为有以下几种方案可供选择：

方案一：在可以区分终局裁决事项是非终局裁决事项前提的情况下，如用人单位向中级人民法院申请撤裁，当事人也同时向基层人民法院起诉的，中级人民法院应当中止审查，待诉讼案件得出终审结论后，恢复撤裁案件的审查。

此方案的优点在于可以彻底避免不同法院在基本相同的时间段内对同一案件事项作出矛盾认定，保持裁判统一性。但是其缺点在于中级人民法院需要等待诉讼案件结论作出后才能恢复审查终局裁决，一方面会增加中级人民法院审查周期，影响审判质效；另一方面会使终局裁决处于不稳定状态，影响终局裁决想要快速确定劳动关系双方权益纠纷的目的，也对后续执行程序造成不稳定的影响。

方案二：凡是用人单位向中级人民法院申请撤裁的同时，当事人又就非终局裁决向基层人民法院起诉的案件，中级人民法院一律撤销终局仲裁裁决，劳动者对终局事项可以向基层人民法院起诉，终局事项与非终局事项由基层人民法院统一审理。

此方案的优点在于基本杜绝了案件管辖以及处理结果上的冲突，确保了当事人有异议的终局事项和非终局事项由同一人民法院审理。但是其也有缺点，主要是撤销的终局裁决过多，导致为了保证裁判统一而牺牲了撤裁审查程序，使之有虚化的风险。同时，撤裁的法定理由相对牵强。

方案三：中级人民法院受理撤裁案件后，应当主动审查劳动者是否就两份裁决已向基层人民法院起诉。同时，基层人民法院受理当事人起诉后，也要主动审查用人单位是否就终局裁决向中级人民法院申请撤裁。在两级法院经过充分沟通后，中级人民法院应对全案（指全部仲裁事项）情况作出通盘考虑和评估，如认为维持终局裁决不会对非终局事项造成影响的，则应当“无顾虑”地依照《劳动争议调解仲裁法》第 49 条的规定审查是否应当撤销终局裁决；如认为维持终局裁决会对非终局事项造成“预决”效果的，则宜依法撤销终局裁决，当事人对终局裁决事项仍有争议的，可以向基层人民法院起诉，该基层人民法院应当将终局事项的诉讼和非终局事项的诉讼合并审理，以达到裁判统一的目的。此外，应当特别注意的是，中级人民法院撤销终局裁决后，如果当事人没有就终局事项在法定期限内起诉的，基层人民法院只需要审理已经起诉的非终局事项，裁判文书中也不需要对终局事项作出裁判，因为其并未起诉，也并未纳入审判程序中。如果将终局事项一并进行审理和裁判，反而违反了不告不理的诉讼原则。①

此方案的优点在于平衡考虑了劳动仲裁机构、人民法院各自的工作质效，兼顾法律规定的撤裁事由与解决裁判统一性，原则性与灵活性并存。但是，缺点在于一方面加大了人民法院内部沟通成本，增加了工作负担，并且由于这种沟通和评估毕竟不是一种严格程序，会出现沟通信息不完整、评估结论有偏差的可能性，最终造成处理终局裁决和非终局裁决关系出现瑕疵；另一方面也在一定程度上对当事人的审级利益造成影响，有可能出现“评估先决”问题。

综合评估上述三种方案优劣，笔者认为方案三是目前最为合理的处理方式，其在法律框架下兼顾了劳动仲裁机构、人民法院、当事人三方各自关注的利益，也平衡维护了终局裁决效率、劳动争议整体处理公正性、两级法院裁判统一性三方面要点。方案三所谓的缺点一部分属于可以通过人员要素优化调配缓解的问题，并非功能性、体系性缺陷；另一部分则是为了解决裁判结论统一性这个核心问题所必须付出的理论上的成本，实践功用却并非消极的。当然，彻底解决这些问题，有赖于最高人民法院与人力资源和社会保障部充分协商，通过司法解释予以明确。

三、劳动仲裁财产保全与诉讼衔接问题

（一）劳动争议案件财产保全的规定

劳动争议作为一种常见的民事诉讼案由，很少出现当事人申请财产保全的情况。但是，这不意味着劳动争议案件不能申请财产保全。劳动争议案件的任何一方当事人均有权根据《民事诉讼法》《最高人民法院关于适用〈中华人民共和国民事诉讼法〉的解释》关于财产保全的规定，向人民法院申请财产保全。

---

① 中级人民法院撤销终局裁决后，如果当事人就终局裁决事项未在法定期限内（15 日）起诉，而是在逾期之后又直接向人民法院起诉的，是应认定该当事人放弃诉权，人民法院不应受理，还是认定当事人诉权不受影响？此问题在实务中表现得比较突出。笔者赞同当事人诉权不受影响的观点，主要原因是《劳动争议调解仲裁法》第 49 条第 3 款只规定终局裁决被撤销的，当事人可以在法定期限内就该劳动争议事项起诉，但并未规定逾期起诉的法律后果，更未规定逾期起诉视为丧失诉权。相反，在对待非终局裁决时，《劳动争议调解仲裁法》第 50 条则对法律后果规定得很明确。该法第 50 条规定，期满不起诉的，裁决书发生法律效力。综上，笔者认为，《劳动争议调解仲裁法》第 49 条第 3 款的意义在于豁免了当事人就被撤销的终局裁决所对应的劳动争议事项再次申请劳动仲裁的程序，但其不会产生逾期不起诉则丧失诉权的后果。如果当事人在 15 日内未起诉，则由于其放弃了“豁免”利益，其逾期再次起诉的，则人民法院应以该争议事项未经劳动仲裁前置程序为由不予受理，当事人应先行申请劳动仲裁。在经过了劳动仲裁程序后，人民法院应予受理。如果认为逾期起诉则丧失诉权，一是缺乏法律依据，二是将会使该争议事项最终无法得到解决，民事权利义务关系极不稳定。故丧失诉权的观点不可取。

一般的民商事案件当事人申请财产保全的，人民法院在实践中大多数都会要求申请人提供财产担保，否则不予保全。但是，劳动争议案件在财产保全问题上，有自己独特的特点。体现在以下两个方面：

第一，在劳动争议案件中劳动者针对特定事项起诉，申请财产保全的，可以不提交财产担保。《最高人民法院关于办理财产保全案件若干问题的规定》第9条第1款规定："具有下列情形之一的，人民法院可以不要求申请保全人提供担保：（一）在工伤赔偿、交通事故人身损害赔偿诉讼中申请财产保全的……"据此，劳动者起诉工伤赔偿案件申请财产保全的，可以不提交担保，但是结合《民事诉讼法》关于保全的规定可知，劳动者针对其他诉请申请财产保全的，人民法院仍然可以要求劳动者提供担保。

第二，人民法院在法定情形下要减轻或免除劳动者提供担保的义务。《新劳动争议解释一》第49条第1款规定："在诉讼过程中，劳动者向人民法院申请采取财产保全措施，人民法院经审查认为申请人经济确有困难，或者有证据证明用人单位存在欠薪逃匿可能的，应当减轻或者免除劳动者提供担保的义务，及时采取保全措施。"

（二）劳动争议仲裁财产保全与诉讼的衔接

《人力资源社会保障部、最高人民法院关于加强劳动人事争议仲裁与诉讼衔接机制建设的意见》（人社部发〔2017〕70号）规定："规范保全程序衔接。仲裁委员会对在仲裁阶段可能因用人单位转移、藏匿财产等行为致使裁决难以执行的，应告知劳动者通过仲裁机构向人民法院申请保全。劳动者申请保全的，仲裁委员会应及时向人民法院转交申请书及仲裁案件受理通知书等相关材料。人民法院裁定采取保全措施或者裁定驳回申请的，应将裁定书送达申请人，并通知仲裁委员会。"这体现了我国对劳动争议案件保全裁审衔接的高度重视，充分考虑了该制度的可操作性。

四、劳动争议仲裁时效和诉讼时效

（一）两者关系

实践中，有人认为劳动争议的仲裁时效与诉讼时效是不同的，两者应当区别适用，当事人申请仲裁超过了仲裁时效后，还可以适用诉讼时效。这种看法是错误的。最高人民法院在解读《民法典》总则编第198条时，对仲裁时效与诉讼时效的关系进行了全面说明。诉讼时效适用于诉讼程序，仲裁时效适用于仲裁程序，两者虽然是不同的法律制度，但仲裁时效与诉讼时效在本质上有共通之处，作为权利行使尤其是救济权行使期间的一种，都与当事人的实体权利密切相关，但又都与当事人通过相应的程序救济其权益密不可分。一般而言，仲裁时效与诉讼时效一致时，适用诉讼时效的规定；但如果特别法有关于仲裁时效的规定时，按照特别法优先于普通法的原则，在适用上应当优先适用仲裁时效的相关规定。因仲裁时效与诉讼时效的适用对象有相同之处，即都可以是平等主体的公民、法人和其他组织之间发生的合同纠纷和其他财产权益纠纷，因此两者在具体方式和具体程序上亦可以互相借鉴。当然，由于诉讼存在的时间长，其程序更为成熟和完备，因而仲裁时效没有规定的，可以借鉴适用诉讼时效。

具体到劳动争议仲裁时效和诉讼时效的关系上，劳动争议案件的诉讼时效寓于仲裁时效之中，应当认为《劳动争议调解仲裁法》规定的仲裁时效就是劳动争议案件的诉讼时效，人民法院在处理劳动争议案件时，诉讼时效不应当适用《民法典》3 年诉讼时效的一般规定，而应当适用《劳动争议调解仲裁法》1 年仲裁的规定。①

（二）仲裁时效抗辩提出的阶段

《八民会纪要》第 27 条规定："当事人在仲裁阶段未提出超过仲裁申请期间的抗辩，劳动人事仲裁机构作出实体裁决后，当事人在诉讼阶段又以超过仲裁时效期间为由进行抗辩的，人民法院不予支持。当事人未按照规定提出仲裁时效抗辩，又以仲裁时效期间届满为由申请再审或者提出再审抗辩的，人民法院不予支持。"

裁审要点

1. 坚持"一裁两审"的裁审衔接机制，关键在于将"一裁"理解为劳动争议纠纷首先经过劳动人事仲裁机构的处理，处理可以是实体处理、程序处理、不受理、逾期未裁决等形式。每一轮劳动争议案件处理的起点都是向劳动人事仲裁机构申请仲裁，尤其注意撤回仲裁申请后再次就原请求主张权利的，只要再次经过了"一裁"，人民法院均应受理。

2. 人民法院在审理劳动争议案件过程中，为提高效率、减少认证难度，应

① 参见《〈中华人民共和国民法总则〉条文理解与适用》（下），人民法院出版社 2017 年版，第 1307~1309 页。

视情况调阅劳动争议仲裁卷宗，了解当事人在仲裁阶段对事实、证据的陈述和自认。

3. 仲裁裁决类型以仲裁裁决书确认的为准，其作用在于确定当事人的救济程序，不意味着裁决书确定的类型一定正确。人民法院在相应程序下进行审查时发现类型确定确有错误的，应当依照《劳动争议调解仲裁法》的规定处理，例如依法撤销终局裁决。

4. 一案双分号制度下，如果当事人就非终局裁决向基层人民法院起诉，用人单位也向中级人民法院申请撤销终局裁决的，两级法院宜对整个纠纷案件进行沟通，防止出现认识不一致而导致裁判结论矛盾的情况。

5. 当事人未提出仲裁时效抗辩的，裁审机构不主动适用仲裁时效。当事人提出仲裁时效抗辩的，人民法院应审查提出仲裁时效抗辩的时间。

实操指引

1. 劳动关系双方对于“一裁两审”的每个程序均应给予高度重视，不宜抱有“放弃仲裁打一审”或者“放弃一审打二审”的想法。

2. 用人单位应当理解一裁终局的含义是针对其而言的，而非针对劳动者，应当按照仲裁裁决书确定的裁决类型选择相应的司法救济程序。

3. 当事人欲提出仲裁时效抗辩的，必须在劳动仲裁阶段提出，否则会面临逾期提出而不被支持的风险。

第二节 劳动案件受理范围问题

裁判观点

1. 人民法院主要以《劳动争议调解仲裁法》以及《新劳动争议解释一》[①]为判断是否受理的依据，并在此基础上结合各地面临的不同案件和情况，引申出相应的不予受理案件的情形。

---

① 《新劳动争议解释一》将最高人民法院之前颁布实施的四个审理劳动争议案件的司法解释中关于受理问题的规定进行了重新统一规定。

2. 人民法院对于人事争议仅受理双方因辞职、辞退、履行聘用合同发生的争议，在裁判时程序上按照《劳动法》操作，在实体规范上优先适用人事法律法规和人事政策，没有规定的才适用劳动法律法规。

深度解析

一、常见的劳动案件受理范围

劳动争议案件区别于其他民事案件的一个重要特点是人民法院受理范围问题。由于劳动关系、劳动权利义务受到国家行政权力干预较广，很多领域均属于行政权力专属管辖，为有效区分行政权与司法权分野，故有很多与劳动相关的争议并不属于人民法院劳动争议案件受理范围。实践中应正确妥当处理劳动争议案件，必须对受理范围问题有一个相对清晰的认识。笔者综合法律法规、司法解释、各地高级人民法院出台的规范性文件以及司法实践中的倾向性认识，对此问题作一个梳理。

（一）法律规定属于劳动争议应予受理的情形

《劳动争议调解仲裁法》第 2 条规定："……（一）因确认劳动关系发生的争议；（二）因订立、履行、变更、解除和终止劳动合同发生的争议；（三）因除名、辞退和辞职、离职发生的争议；（四）因工作时间、休息休假、社会保险、福利、培训以及劳动保护发生的争议；（五）因劳动报酬、工伤医疗费、经济补偿或者赔偿金等发生的争议；（六）法律、法规规定的其他劳动争议。"

（二）司法解释规定属于劳动争议应予受理的情形

1.《劳动争议司法解释一》第 1 条的规定

（1）劳动者与用人单位在履行劳动合同过程中发生的纠纷；

（2）劳动者与用人单位之间没有订立书面劳动合同，但已形成劳动关系后发生的纠纷；

（3）劳动者退休后，与尚未参加社会保险统筹的原用人单位因追索养老金、医疗费、工伤保险待遇和其他社会保险费而发生的纠纷。

2.《劳动争议司法解释二》[①] 第 4 条至第 6 条的规定

（1）用人单位和劳动者因劳动关系是否已经解除或者终止，以及应否支付

① 指《最高人民法院关于审理劳动争议案件适用法律若干问题的解释（二）》，其已于 2020 年废止。

解除或终止劳动关系经济补偿金产生的争议。

（2）劳动者与用人单位解除或者终止劳动关系后，请求用人单位返还其收取的劳动合同定金、保证金、抵押金、抵押物产生的争议，或者办理劳动者的人事档案、社会保险关系等移转手续产生的争议。

（3）劳动者因为工伤、职业病，请求用人单位依法承担给予工伤保险待遇的争议。

3.《劳动争议司法解释三》第1条至第3条的规定

（1）劳动者以用人单位未为其办理社会保险手续，且社会保险经办机构不能补办导致其无法享受社会保险待遇为由，要求用人单位赔偿损失而发生争议的，人民法院应予受理。

（2）因企业自主进行改制引发的争议，人民法院应予受理。

（3）劳动者依据《劳动合同法》第85条规定，向人民法院提起诉讼，要求用人单位支付加付赔偿金的，人民法院应予受理。

二、常见的人民法院不予受理的情形

（一）不属于劳动争议案件，人民法院不予受理

《新劳动争议解释一》第2条规定："下列纠纷不属于劳动争议：（一）劳动者请求社会保险经办机构发放社会保险金的纠纷；（二）劳动者与用人单位因住房制度改革产生的公有住房转让纠纷；（三）劳动者对劳动能力鉴定委员会的伤残等级鉴定结论或者对职业病诊断鉴定委员会的职业病诊断鉴定结论的异议纠纷；（四）家庭或者个人与家政服务人员之间的纠纷；（五）个体工匠与帮工、学徒之间的纠纷；（六）农村承包经营户与受雇人之间的纠纷。"

（二）虽属于劳动争议案件，但人民法院不予受理

1.《新劳动争议解释一》第10条第1款[①]的规定

当事人不服劳动争议仲裁机构作出的预先支付劳动者劳动报酬、工伤医疗费、经济补偿或者赔偿金的裁决，依法提起诉讼的，人民法院不予受理。

2.《新劳动争议解释一》第12条第1款的规定

劳动人事争议仲裁委员会逾期未作出受理决定或仲裁裁决，当事人直接提起

---

① 此规定与《劳动争议司法解释二》第8条第1款的内容略有不同，新司法解释将"部分工资或者医疗费用的裁决"修改为"劳动者劳动报酬、工伤医疗费、经济补偿或者赔偿金的裁决"，与《劳动争议调解仲裁法》第44条规定的先予执行的类型一致。

诉讼的，人民法院应予受理，但申请仲裁的案件存在下列事由的除外：（1）移送管辖的；（2）正在送达或送达延误的；（3）等待另案诉讼结果、评残结论的；（4）正在等待劳动人事争议仲裁委员会开庭的；（5）启动鉴定程序或者委托其他部门调查取证的；（6）其他正当事由。

（三）实务中普遍认为不属于劳动争议案件而不予受理的情形

1. 劳动关系双方因社保缴费年限、缴费基数、欠缴、拒缴等发生争议，劳动者主张用人单位为其补缴社会保险费的，人民法院不予受理。劳动关系双方因社保险种、变更参保地发生争议的，人民法院不予受理。用人单位未为劳动者建立社会保险关系，但根据政策规定可以补办，劳动者要求用人单位补办的纠纷，人民法院不予受理。以上争议，均应由劳动行政部门解决。

2. 当事人已经签收劳动人事争议仲裁机构作出的仲裁调解书，事后反悔向人民法院起诉的，人民法院不予受理。

3. 当事人申请劳动争议仲裁后撤回申请后，向人民法院直接起诉，人民法院不予受理，当事人应当先申请劳动争议仲裁。

4. 劳动者主张人民法院认定工伤的，人民法院不予受理，劳动者应当依法向劳动行政部门主张解决或者通过行政诉讼解决。①

5. 政府部门主导的企业改制发生的纠纷因企业职工下岗、内退、买断工龄或整体拖欠职工工资，人民法院不予受理，但应告知当事人向政府有关部门申请解决。

6. 当事人不服劳动人事仲裁机构以不符合《劳动争议调解仲裁法》第21条第2款有关地域管辖的规定为由作出不予受理的决定或通知而起诉的，人民法院不予受理。

7. 劳动者与用人单位因住房公积金的缴纳、办理退休手续发生的争议，人民法院不予受理。

8. 劳动者诉请用人单位为其办理特殊工种认定、特殊岗位退休的纠纷，不属于劳动争议案件，人民法院不予受理。

---

① 劳动者主张用人单位向其支付工伤保险待遇，但是不能提供劳动行政部门出具的工伤认定结论的，经总结实务观点，主要可以归结为两种意见：一是认为不应受理，如果受理了也应当裁定驳回起诉；二是认为证据不足，应当判决驳回当事人诉讼请求。例如，广东省、安徽省与辽宁省对此问题的看法就截然相反。笔者倾向于后者。支持劳动者工伤保险责任赔偿请求的前提是劳动行政部门依法作出工伤认定结论，或者虽然没有作出结论，但是劳动关系双方对构成工伤均无异议的（用人单位没有缴纳工伤保险，将来的赔偿全部由用人单位承担）。如果在案件中缺少这一前提条件，将导致劳动者诉讼请求不能获得实体支持，而并非导致案件不被受理。

9. 劳动者对用人单位作出的晋级、奖励、职称评定等不服，要求人民法院责令用人单位作出上述决定的，不属于劳动争议案件，人民法院不予受理。

三、人民法院作为其他民事类案件受理的类型

（一）作为普通民事案件受理的情形

1. 单纯拖欠劳动报酬的争议

《新劳动争议解释一》第15条规定："劳动者以用人单位的工资欠条为证据直接提起诉讼，诉讼请求不涉及劳动关系其他争议的，视为拖欠劳动报酬争议，人民法院按照普通民事纠纷受理。"

2. 不履行劳动争议调解协议的争议

《新劳动争议解释一》第51条第2款规定："当事人在调解仲裁法第十条规定的调解组织主持下仅就劳动报酬争议达成调解协议，用人单位不履行调解协议确定的给付义务，劳动者直接提起诉讼的，人民法院可以按照普通民事纠纷受理。"

《新劳动争议解释一》第13条第3款规定："依据调解仲裁法第十六条规定申请支付令被人民法院裁定终结督促程序后，劳动者依据调解协议直接提起诉讼的，人民法院应予受理。"

3. 就业歧视

就业招聘过程中发生的就业歧视争议，不属于劳动争议，其属于第一级案由"人格权纠纷"项下的第三级案由"一般人格权纠纷"项下的第四级案由"平等就业权纠纷"，人民法院按照该案由直接受理。

（二）适用督促程序的案件应予受理

《新劳动争议解释一》第13条第1款规定："劳动者依据劳动合同法第三十条第二款和调解仲裁法第十六条规定向人民法院申请支付令，符合民事诉讼法第十七章督促程序规定的，人民法院应予受理。"但是，如果申请支付令被人民法院裁定终结督促程序后，根据《新劳动争议解释一》第13条第2款的规定，劳动者就劳动争议事项直接提起诉讼的，人民法院应当告知其先向劳动争议仲裁机构申请仲裁。劳动者应当履行"一裁两审"程序。

四、当事人主张的垫付社会保险费返还纠纷是否受理的讨论

（一）用人单位为劳动者垫付社会保险费的返还

劳动关系存续期间，用人单位为劳动者垫付本应由劳动者自行负担的社保

个人账户缴费，用人单位要求劳动者返还的，应当如何处理？用人单位的垫付行为本质是向劳动者多发工资，用人单位不论是在劳动关系存续期间还是劳动关系终结之后要求劳动者返还的，均属于劳动争议案件，人民法院应予受理，但在实体上应当受到仲裁时效的限制。

（二）劳动者为用人单位垫付社会保险费的返还

劳动关系存续期间，劳动者为用人单位垫付本应由用人单位自行负担的社保统筹账户缴费，劳动者要求用人单位返还的，应当如何处理？此类纠纷发生在已经形成从属性关系的劳动关系双方之间，纠纷的内容系基于劳动权利义务而产生的垫付社保缴费问题，故其仍然属于劳动争议范畴，人民法院应当作为劳动争议案件受理。例如，《吉林省高级人民法院关于审理劳动争议案件法律适用问题的解答（二）》规定："……18. 垫付社会保险费纠纷是否应当受理，如何处理？由于用人单位未依法为劳动者缴纳社会保险，劳动者自行缴纳后向用人单位追偿的，人民法院应予受理……"《安徽省高级人民法院关于审理劳动争议案件若干问题的指导意见》第25条也有类似规定。安徽、吉林等省高级人民法院都有类似规定。

（三）劳动者以其他单位名义或个人名义缴纳社保费后要求本单位返还

劳动关系存续期间，本单位未为劳动者依法缴纳社保费，劳动者以其他单位名义自行缴纳社保费。后劳动者要求本单位对其缴纳的社保费予以返还的，是否可以作为劳动争议案件受理，实践中存在争议。

第一种观点认为，此类案件应当受理，但是在实体上无法得到支持。例如，《吉林省高级人民法院关于审理劳动争议案件法律适用问题的解答（二）》第18条规定："由于用人单位未依法为劳动者缴纳社会保险，劳动者自行缴纳后向用人单位追偿的，人民法院应予受理。用人单位与劳动者对社会保险费的承担有约定的，按双方约定处理；没有约定的，用人单位为劳动者建立了社会保险账户，但未缴纳或未足额缴纳社会保险费，劳动者自行缴纳后要求用人单位给付其应承担部分的，应予支持。劳动者在其他用人单位缴纳或按个人账户自行缴纳社会保险费后要求用人单位给付的，因社会保险费缴纳与实际劳动关系不符，二者费率等方面均存在差异，不予支持。"

第二种观点认为，此类案件应当受理，并且参考多种相关因素后酌情判令支持。例如，《安徽省高级人民法院关于审理劳动争议案件若干问题的指导意见》（皖高法〔2015〕34号）第25条规定："劳动者起诉主张用人单位返还由其垫付的社会保险费用的，人民法院应按劳动者已缴费情况、社会保险缴费通知书和社会保险经办机构出具的社保登记证明，判决用人单位将依法由用人单位负担、劳动者事前垫付的基本社会保险费用直接给付劳动者。”此处，安徽高院并未区分劳动者垫付社保费用的具体情况，故可以认为包含了劳动者以其他单位名义缴纳社保的情形。

第三种观点认为，此类案件不应当受理。例如，北京市高级人民法院、北京市劳动争议仲裁委员会2014年联合出台的关于劳动争议案件法律适用问题研讨会纪要认为，劳动者通过其他渠道缴纳保险费包括劳动者自行缴纳和在其他用人单位缴纳两种形式，这两种形式均与劳动关系的真实状态不符，违反社会保险法的规定，对社会保险的登记、核定、缴纳、支付等正常秩序造成影响，因此仲裁委、法院不予支持。后北京市高级人民法院又专门明确前述纪要文件中所谓“不予支持”的含义不属于人民法院劳动争议受理范围。

五、劳动争议受理范围识别方法探索

通过梳理法律法规、司法解释和各地高级人民法院审判指导类文件，可以发现关于劳动争议案件受理范围的规定似乎没有规律可循，更多体现在点状式的就事论事。实践中，法官在处理劳动类案件时也往往会有这种困惑，一方面将某些本不属于人民法院受理范围的案件进行了实体审理，另一方面又过于保守而导致很多本应受理的案件被以各种理由不予受理或驳回起诉。究其根本原因，还是在于对劳动争议案件受理与否的标准理解上。笔者尝试总结梳理几个大致的不予受理的判断标准，以供实务参考。

（一）有规定属于行政主管部门行使职权的事项

分清行政权与司法权的分野，是判断劳动类案件是否属于人民法院受理的一个重要原则。司法权具有中立性、被动性特点，其本质是判断权，而行政权则具有主动性等特点。一般认为，凡是法律、行政法规明确规定由行政主管部门处理的事项，都属于行政权管辖范围，行政相对人对行政主管部门作出的决定不服的，可通过行政复议、行政诉讼解决的，人民法院不作为劳动争议案件受理。例如，工伤认定、特殊工种认定、退休认定、社保基数核定与征缴、住房公积金征缴等，都有专门的规定明确了行政主管部门具有相应职权。

（二）属于用人单位内部行政管理范畴且与劳动合同履行不直接相关的事项

用人单位内部也有很多行政性的管理事项，在实践中很难说就一定与劳动合同履行不相关，但只要不是直接相关，并且与劳动合同条款不抵触的行政管理事项，一般都尊重用人单位用工自主权，司法权应慎重介入。例如，劳动者在用人单位内部的专业职称评定、优秀工作者评选等，均属于此类事项，因此而发生争议的，人民法院不予受理。

（三）程序性原因不予受理

劳动争议案件必须坚持“一裁两审”程序，凡是未经劳动争议仲裁程序处理的劳动争议纠纷，人民法院均不予受理，但是法律、司法解释有例外规定的除外。这里还是需要强调，经过劳动争议仲裁程序处理的概念是广义的，包括作出裁决、逾期未裁决、不予受理、准许撤回仲裁申请、按照撤回仲裁申请处理等多种形式。

六、人事争议案件受理范围

根据《最高人民法院关于人民法院审理事业单位人事争议案件若干问题的规定》，人民法院受理人事争议的范围仅限于事业单位与其工作人员之间因辞职、辞退及履行聘用合同所发生的争议。超出此范围的，一律不予受理，例如因事业单位公开招考发生的争议不属于人民法院受理范围。

实践中对于上述司法解释所规定的“辞职”“辞退”的理解比较清晰，但是对于何谓“履行聘用合同”则存在极大争议。从人事争议的特点看，人事关系是最接近于公务员管理的关系，行政色彩比较浓厚，受到政策规制和影响较大，所以人民法院在处理人事争议问题上始终保持着比较谨慎和严格的态度。基于此，笔者认为在法律法规没有进一步明确受理范围之前，应当对“履行聘用合同”作相对严格的理解，将受理范围限定于双方对聘用合同条款所规定的权利义务争议上，以及虽然没有规定在合同条文中，但是与合同条文有直接关系的、可以限定于确定权利义务内容的其他规章性文本争议上。例如，聘用合同中没有约定事业单位要定期为劳动者提升专业职称，虽然专业职称评定会影响劳动者工资收入，但是其与合同条文没有直接关系，所以劳动者提出事业单位没有为其评定专业职称引发的争议不属于人民法院受理范围。

裁审要点

人民法院在主要依据《劳动争议调解仲裁法》以及《新劳动争议解释一》判断案件纠纷是否属于劳动争议案件受理时，更要重视对劳动关系双方争议的事项是否属于行政主管部门专属权力范围、是否属于可以被人民法院司法权进行裁量判断的权益性纠纷范畴的审查。

实操指引

劳动关系双方应当注意收集最高人民法院、各地方高级人民法院出台的关于劳动争议案件受理问题的规定，结合个案综合判断己方诉请是否属于受理范围。

第三节　劳动争议案件的管辖

裁判观点

1. 劳动争议仲裁管辖权具有法定性，不允许当事人进行约定。在劳动合同履行地、用人单位所在地的劳动人事争议仲裁委员会对劳动争议均有管辖权，但因确定具体管辖权发生争议的，劳动合同履行地的劳动人事争议仲裁委员会具有优先管辖权。

2. 劳动合同履行地、用人单位所在地的人民法院均有管辖权，且彼此没有当然的优先性。当事人双方就同一仲裁裁决分别向有管辖权的人民法院起诉的，后受理的人民法院应当将案件移送给先受理的人民法院。

深度解析

一、劳动争议案件的仲裁管辖

（一）仲裁管辖的确定——二元管辖与管辖优先性原则

《劳动争议调解仲裁法》第 21 条规定：“劳动争议仲裁委员会负责管辖本区

域内发生的劳动争议。劳动争议由劳动合同履行地或者用人单位所在地的劳动争议仲裁委员会管辖。双方当事人分别向劳动合同履行地和用人单位所在地的劳动争议仲裁委员会申请仲裁的，由劳动合同履行地的劳动争议仲裁委员会管辖。”据此，申请劳动争议仲裁，需向劳动合同履行地或者用人单位所在地劳动争议委员会提出，而且当劳动关系双方在管辖选择上出现不一致时，劳动合同履行地具有优先性。双方当事人分别申请仲裁的，无须区分时间先后，均由劳动合同履行地优先管辖。

《劳动人事争议仲裁办案规则》第 8 条第 1 款和第 2 款进一步对劳动合同履行地、用人单位所在地的内涵作了细化规定：“劳动合同履行地为劳动者实际工作场所地，用人单位所在地为用人单位注册、登记地或者主要办事机构所在地。用人单位未经注册、登记的，其出资人、开办单位或者主管部门所在地为用人单位所在地。双方当事人分别向劳动合同履行地和用人单位所在地的仲裁委员会申请仲裁的，由劳动合同履行地的仲裁委员会管辖。有多个劳动合同履行地的，由最先受理的仲裁委员会管辖。劳动合同履行地不明确的，由用人单位所在地的仲裁委员会管辖。”

需要注意的是，该规则第 8 条第 3 款规定了仲裁管辖恒定原则，即“案件受理后，劳动合同履行地或者用人单位所在地发生变化的，不改变争议仲裁的管辖”。

（二）仲裁管辖争议

1. 移送仲裁管辖及争议解决

《劳动人事争议仲裁办案规则》第 9 条规定：“仲裁委员会发现已受理案件不属于其管辖范围的，应当移送至有管辖权的仲裁委员会，并书面通知当事人。对上述移送案件，受移送的仲裁委员会应当依法受理。受移送的仲裁委员会认为移送的案件按照规定不属于其管辖，或者仲裁委员会之间因管辖争议协商不成的，应当报请共同的上一级仲裁委员会主管部门指定管辖。”

2. 仲裁管辖异议

《劳动人事争议仲裁办案规则》第 10 条规定：“当事人提出管辖异议的，应当在答辩期满前书面提出。仲裁委员会应当审查当事人提出的管辖异议，异议成立的，将案件移送至有管辖权的仲裁委员会并书面通知当事人；异议不成立的，应当书面决定驳回。当事人逾期提出的，不影响仲裁程序的进行。”

（三）约定仲裁管辖的效力

劳动人事争议仲裁管辖权具有法定性，不允许当事人自由约定。具体包含两方面含义：一是劳动关系双方约定由用人单位所在地、劳动合同履行地之外的劳动人事争议仲裁委员会管辖的，违反了《劳动争议调解仲裁法》第 21 条的规定，为无效约定。二是劳动关系双方约定双方劳动争议由用人单位所在地劳动人事争议仲裁委员会管辖，排除劳动合同履行地劳动人事争议仲裁委员会管辖的，也为无效约定。因为劳动合同履行地的劳动人事争议仲裁委员会具有优先管辖权。①

二、劳动争议案件的诉讼管辖

（一）诉讼管辖的确定

1. 一般情形

《新劳动争议解释一》第 3 条②规定："劳动争议案件由用人单位所在地或者劳动合同履行地的基层人民法院管辖。劳动合同履行地不明确的，由用人单位所在地的基层人民法院管辖。法律另有规定的，依照其规定。"第 4 条③规定："劳动者与用人单位均不服劳动争议仲裁机构的同一裁决，向同一人民法院起诉的，人民法院应当并案审理，双方当事人互为原告和被告，对双方的诉讼请求，人民法院应当一并作出裁决。在诉讼过程中，一方当事人撤诉的，人民法院应当根据另一方当事人的诉讼请求继续审理。双方当事人就同一仲裁裁决分别向有管辖权的人民法院起诉的，后受理的人民法院应当将案件移送给先受理的人民法院。"据此，劳动争议案件诉讼管辖实行的是"先受理法院优先管辖原则"，明显区别于仲裁管辖的"劳动合同履行地优先管辖原则"。实践中，有的用人单位所在地人民法院在立案后又以自己不是劳动合同履行地人民法院为由，将案件管辖移交劳动合同履行人民法院，这种做法显然是错误的。

2. 特殊情形

《新劳动争议解释一》第 3 条第 3 款为新增内容，其规定："法律另有规定的，依照其规定。"前文述及，劳动争议案件由用人单位所在地或者劳动合同履行地的基层人民法院管辖，但是在某些特殊情况下，劳动争议案件的管辖需要符合专属管辖的规定。最典型的例子就是与企业破产相交织。

---

① 最高人民法院民事审判第一庭编著：《最高人民法院劳动争议司法解释（四）理解与适用》，人民法院出版社 2013 年版，第 32~33 页。

② 此规定与《劳动争议司法解释一》第 8 条几乎相同，但新司法解释增加了"法律另有规定的，依照其规定"的表述。

③ 该条款是由《劳动争议司法解释一》第 9 条和《劳动争议司法解释二》第 11 条合并修订而来。

《企业破产法》第3条规定："破产案件由债务人住所地人民法院管辖。"第21条规定："人民法院受理破产申请后，有关债务人的民事诉讼，只能向受理破产申请的人民法院提起。"司法实践中，不同的企业破产会因为不同的情形而被基层人民法院或者中级人民法院甚至高级人民法院受理。再结合《企业破产法》的上述规定，企业破产申请被受理后新发生的劳动争议案件，将由受理破产申请的法院受理，也就不再拘泥于用人单位所在地或者劳动合同履行地的基层人民法院。

（二）约定诉讼管辖的效力

如果劳动关系双方约定，任何一方如不服劳动人事争议仲裁机构作出的处理决定而向法院起诉的，由劳动合同履行地、用人单位所在地之外的基层人民法院管辖，因该约定违反《新劳动争议解释一》第3条而无效。

如果劳动关系双方约定，任何一方如不服劳动人事争议仲裁机构作出的处理决定而向人民法院起诉的，只能由用人单位所在地基层人民法院管辖，或者只能由劳动合同履行地基层人民法院管辖的，由于该约定违反了《新劳动争议解释一》第4条的规定，所以也是无效约定。

三、仲裁与诉讼的管辖衔接问题

（一）劳动争议仲裁机构以无管辖权为由不予受理的诉讼衔接

《新劳动争议解释一》第5条对此进行了明确规定。劳动争议仲裁机构以无管辖权为由对劳动争议案件不予受理，当事人提起诉讼的，人民法院按照以下情形分别处理：（1）经审查认为该劳动争议仲裁机构对案件确无管辖权的，应当告知当事人向有管辖权的劳动争议仲裁机构申请仲裁；（2）经审查认为该劳动争议仲裁机构有管辖权的，应当告知当事人申请仲裁，并将审查意见书面通知该劳动争议仲裁机构；劳动争议仲裁机构仍不受理，当事人就该劳动争议事项提起诉讼的，人民法院应予受理。

（二）仲裁与诉讼选择不同管辖系属的衔接

管辖系属是指用于确定管辖权的标准。有管辖权的劳动争议仲裁机构受理并裁决后，当事人不服仲裁裁决应当向哪个人民法院起诉？解决这个问题的根本依据是劳动诉讼管辖的先受理原则。根据《新劳动争议解释一》第3条和第4条的规定，当事人可以选择劳动合同履行地或者用人单位所在地的基层人民法院起诉，当事人分别向上述两个人民法院起诉的，先受理案件的人民法院有管辖权，后受理案件的人民法院应当将案件移送先受理案件的人民法院，至于先受理案件的人民法院是劳动合同履行地法院还是用人单位所在地法院则在所不问。

裁审要点

1. 确定劳动合同履行地是劳动人事争议仲裁机构确定管辖权的首要因素。劳动合同履行地可能是一个，也可能是多个，还有可能不明确。

2. 人民法院确定自己有无管辖权时，一方面应审查自己是否属于劳动合同履行地或者用人单位所在地，另一方面在出现管辖权争议时，需要审查立案时间，立案在后的人民法院应当移送管辖。同时立案的，应当按照《民事诉讼法》的规定交由共同上级人民法院决定。

实操指引

1. 劳动争议案件中约定仲裁管辖、诉讼管辖是无效的，故不建议作此规定。

2. 劳动关系双方不服仲裁裁决或者处理的，应当及早起诉，以便保持己方有选择有管辖权人民法院的空间。

附录：新旧劳动争议司法解释条文对照表[①]

新解释	旧解释	主要变化或说明
第 1 条 劳动者与用人单位之间发生的下列纠纷，属于劳动争议，当事人不服劳动争议仲裁机构作出的裁决，依法提起诉讼的，人民法院应予受理： （一）劳动者与用人单位在履行劳动合同过程中发生的纠纷； （二）劳动者与用人单位之间没有订立书面劳动合同，但已形成劳动关系后发生的纠纷； （三）劳动者与用人单位因劳动关系是否已经解除或者终止，以及应否支付解除或者终止劳动关系经济补偿金发生的纠纷； （四）劳动者与用人单位解除或者终止劳动关系后，请求用人单位返还其收取的劳动合同定金、保证金、抵押金、抵押物发生的纠纷，或者办理劳动者的人事档案、社会保险关系等移转手续发生的纠纷；	**《旧解释一》第 1 条** 劳动者与用人单位之间发生的下列纠纷，属于《劳动法》第二条规定的劳动争议，当事人不服劳动争议仲裁委员会作出的裁决，依法向人民法院起诉的，人民法院应当受理： （一）劳动者与用人单位在履行劳动合同过程中发生的纠纷； （二）劳动者与用人单位之间没有订立书面劳动合同，但已形成劳动关系后发生的纠纷； （三）劳动者退休后，与尚未参加社会保险统筹的原用人单位因追索养老金、医疗费、工伤保险待遇和其他社会保险费而发生的纠纷。 **《旧解释二》第 4 条** 用人单位和劳动者因劳动关系是否已经解除或者终止，以及应否支付解除或终止劳动关系经济补偿金产生的争议，经劳动争议仲裁委员会仲裁后，当事人依法起诉的，人民法院应予受理。	**一、对应关系** 《新解释》第 1 条规定的是人民法院受理劳动争议案件的范围，共计 9 种情形，为前三部旧解释的汇集，同时对文字表达略作调整，《新解释》没有规定新的情形。 **二、主要变化** 1. 旧解释中凡是规定“劳动争议仲裁委员会”的，均修订为新解释的“劳动争议仲裁机构”。 2.《旧解释一》第 1 条第 3 项的“其他社会保险费”修订为新解释第 6 项的“其他社会保险待遇”。

① 说明：在表格中，《新劳动争议解释一》简称《新解释》，4 个《劳动争议司法解释》按照顺序分别简称为《旧解释一》《旧解释二》《旧解释三》《旧解释四》，统称旧解释。

续表

新解释	旧解释	主要变化或说明
（五）劳动者以用人单位未为其办理社会保险手续，且社会保险经办机构不能补办导致其无法享受社会保险待遇为由，要求用人单位赔偿损失发生的纠纷； （六）劳动者退休后，与尚未参加社会保险统筹的原用人单位因追索养老金、医疗费、工伤保险待遇和其他社会保险待遇而发生的纠纷； （七）劳动者因为工伤、职业病，请求用人单位依法给予工伤保险待遇发生的纠纷； （八）劳动者依据劳动合同法第八十五条规定，要求用人单位支付加付赔偿金发生的纠纷； （九）因企业自主进行改制发生的纠纷。	**《旧解释二》第5条** 劳动者与用人单位解除或者终止劳动关系后，请求用人单位返还其收取的劳动合同定金、保证金、抵押金、抵押物产生的争议，或者办理劳动者的人事档案、社会保险关系等移转手续产生的争议，经劳动争议仲裁委员会仲裁后，当事人依法起诉的，人民法院应予受理。 **《旧解释二》第6条** 劳动者因为工伤、职业病，请求用人单位依法承担给予工伤保险待遇的争议，经劳动争议仲裁委员会仲裁后，当事人依法起诉的，人民法院应予受理。 **《旧解释三》第1条** 劳动者以用人单位未为其办理社会保险手续，且社会保险经办机构不能补办导致其无法享受社会保险待遇为由，要求用人单位赔偿损失而发生争议的，人民法院应予受理。 **《旧解释三》第2条** 因企业自主进行改制引发的争议，人民法院应予受理。 **《旧解释三》第3条** 劳动者依据劳动合同法第八十五条规定，向人民法院提起诉讼，要求用人单位支付加付赔偿金的，人民法院应予受理。	

续表

新解释	旧解释	主要变化或说明
第2条 下列纠纷不属于劳动争议： （一）劳动者请求社会保险经办机构发放社会保险金的纠纷； （二）劳动者与用人单位因住房制度改革产生的公有住房转让纠纷； （三）劳动者对劳动能力鉴定委员会的伤残等级鉴定结论或者对职业病诊断鉴定委员会的职业病诊断鉴定结论的异议纠纷； （四）家庭或者个人与家政服务人员之间的纠纷； （五）个体工匠与帮工、学徒之间的纠纷； （六）农村承包经营户与受雇人之间的纠纷。	《旧解释二》第7条 下列纠纷不属于劳动争议： （一）劳动者请求社会保险经办机构发放社会保险金的纠纷； （二）劳动者与用人单位因住房制度改革产生的公有住房转让纠纷； （三）劳动者对劳动能力鉴定委员会的伤残等级鉴定结论或者对职业病诊断鉴定委员会的职业病诊断鉴定结论的异议纠纷； （四）家庭或者个人与家政服务人员之间的纠纷； （五）个体工匠与帮工、学徒之间的纠纷； （六）农村承包经营户与受雇人之间的纠纷。	没有变化。
第3条 劳动争议案件由用人单位所在地或者劳动合同履行地的基层人民法院管辖。 劳动合同履行地不明确的，由用人单位所在地的基层人民法院管辖。 法律另有规定的，依照其规定。	《旧解释一》第8条 劳动争议案件由用人单位所在地或者劳动合同履行地的基层人民法院管辖。 劳动合同履行地不明确的，由用人单位所在地的基层人民法院管辖。	《新解释》增加第3款：“法律另有规定的，依照其规定。”

续表

新解释	旧解释	主要变化或说明
第4条 劳动者与用人单位均不服劳动争议仲裁机构的同一裁决，向同一人民法院起诉的，人民法院应当并案审理，双方当事人互为原告和被告，对双方的诉讼请求，人民法院应当一并作出裁决。在诉讼过程中，一方当事人撤诉的，人民法院应当根据另一方当事人的诉讼请求继续审理。双方当事人就同一仲裁裁决分别向有管辖权的人民法院起诉的，后受理的人民法院应当将案件移送给先受理的人民法院。	**《旧解释一》第9条** 当事人双方不服劳动争议仲裁委员会作出的同一仲裁裁决，均向同一人民法院起诉的，先起诉的一方当事人为原告，但对双方的诉讼请求，人民法院应当一并作出裁决。 当事人双方就同一仲裁裁决分别向有管辖权的人民法院起诉的，后受理的人民法院应当将案件移送给先受理的人民法院。 **《旧解释二》第11条** 劳动者和用人单位均不服劳动争议仲裁委员会的同一裁决，向同一人民法院起诉的，人民法院应当并案审理，双方当事人互为原告和被告。在诉讼过程中，一方当事人撤诉的，人民法院应当根据另一方当事人的诉讼请求继续审理。	《新解释》第4条是两部旧解释相应条款的整合，删除《旧解释一》第9条第1款中"先起诉的一方当事人为原告"。整体内容没有本质变化。
第5条 劳动争议仲裁机构以无管辖权为由对劳动争议案件不予受理，当事人提起诉讼的，人民法院按照以下情形分别处理： （一）经审查认为该劳动争议仲裁机构对案件确无管辖权的，应当告知当事人向有管辖权的劳动争议仲裁机构申请仲裁； （二）经审查认为该劳动争议仲裁机构有管辖权的，应	**《旧解释四》第1条** 劳动人事争议仲裁委员会以无管辖权为由对劳动争议案件不予受理，当事人提起诉讼的，人民法院按照以下情形分别处理： （一）经审查认为该劳动人事争议仲裁委员会对案件确无管辖权的，应当告知当事人向有管辖权的劳动人事争议仲裁委员会申请仲裁； （二）经审查认为该劳动人事争议仲裁委员会有管辖权	文字略有变化，实质内容无变化。

续表

新解释	旧解释	主要变化或说明
当告知当事人申请仲裁，并将审查意见书面通知该劳动争议仲裁机构；劳动争议仲裁机构仍不受理，当事人就该劳动争议事项提起诉讼的，人民法院应予受理。	的，应当告知当事人申请仲裁，并将审查意见书面通知该劳动人事争议仲裁委员会，劳动人事争议仲裁委员会仍不受理，当事人就该劳动争议事项提起诉讼的，应予受理。	
第6条 劳动争议仲裁机构以当事人申请仲裁的事项不属于劳动争议为由，作出不予受理的书面裁决、决定或者通知，当事人不服依法提起诉讼的，人民法院应当分别情况予以处理： （一）属于劳动争议案件的，应当受理； （二）虽不属于劳动争议案件，但属于人民法院主管的其他案件，应当依法受理。	**《旧解释一》第2条** 劳动争议仲裁委员会以当事人申请仲裁的事项不属于劳动争议为由，作出不予受理的书面裁决、决定或者通知，当事人不服，依法向人民法院起诉的，人民法院应当分别情况予以处理： （一）属于劳动争议案件的，应当受理； （二）虽不属于劳动争议案件，但属于人民法院主管的其他案件，应当依法受理。	文字略有变化，实质内容无变化。
第7条 劳动争议仲裁机构以申请仲裁的主体不适格为由，作出不予受理的书面裁决、决定或者通知，当事人不服依法提起诉讼，经审查确属主体不适格的，人民法院不予受理；已经受理的，裁定驳回起诉。	**《旧解释一》第4条** 劳动争议仲裁委员会以申请仲裁的主体不适格为由，作出不予受理的书面裁决、决定或者通知，当事人不服，依法向人民法院起诉的，经审查，确属主体不适格的，裁定不予受理或者驳回起诉。	文字略有变化，实质内容无变化。
第8条 劳动争议仲裁机构为纠正原仲裁裁决错误重新作出裁决，当事人不服依法提起诉讼的，人民法院应当受理。	**《旧解释一》第5条** 劳动争议仲裁委员会为纠正原仲裁裁决错误重新作出裁决，当事人不服，依法向人民法院起诉的，人民法院应当受理。	文字略有变化，实质内容无变化。

续表

新解释	旧解释	主要变化或说明
第9条 劳动争议仲裁机构仲裁的事项不属于人民法院受理的案件范围，当事人不服依法提起诉讼的，人民法院不予受理；已经受理的，裁定驳回起诉。	《旧解释一》第7条 劳动争议仲裁委员会仲裁的事项不属于人民法院受理的案件范围，当事人不服，依法向人民法院起诉的，裁定不予受理或者驳回起诉。	文字略有变化，实质内容无变化。
第10条 当事人不服劳动争议仲裁机构作出的预先支付劳动者劳动报酬、工伤医疗费、经济补偿或者赔偿金的裁决，依法提起诉讼的，人民法院不予受理。 用人单位不履行上述裁决中的给付义务，劳动者依法申请强制执行的，人民法院应予受理。	《旧解释二》第8条 当事人不服劳动争议仲裁委员会作出的预先支付劳动者部分工资或者医疗费用的裁决，向人民法院起诉的，人民法院不予受理。 用人单位不履行上述裁决中的给付义务，劳动者依法向人民法院申请强制执行的，人民法院应予受理。	《新解释》将《旧解释二》规定的“预先支付劳动者部分工资或者医疗费用的裁决”修改为“预先支付劳动者劳动报酬、工伤医疗费、经济补偿或者赔偿金的裁决”，与《劳动争议调解仲裁法》第44条规定的先予执行的情形相符。
第11条 劳动争议仲裁机构作出的调解书已经发生法律效力，一方当事人反悔提起诉讼的，人民法院不予受理；已经受理的，裁定驳回起诉。	《旧解释三》第11条 劳动人事争议仲裁委员会作出的调解书已经发生法律效力，一方当事人反悔提起诉讼的，人民法院不予受理；已经受理的，裁定驳回起诉。	文字略有变化，实质内容无变化。
第12条 劳动争议仲裁机构逾期未作出受理决定或仲裁裁决，当事人直接提起诉讼的，人民法院应予受理，但申请仲裁的案件存在下列事由的除外： （一）移送管辖的； （二）正在送达或者送达延误的； （三）等待另案诉讼结果、评残结论的；	《旧解释三》第12条 劳动人事争议仲裁委员会逾期未作出受理决定或仲裁裁决，当事人直接提起诉讼的，人民法院应予受理，但申请仲裁的案件存在下列事由的除外： （一）移送管辖的； （二）正在送达或送达延误的； （三）等待另案诉讼结果、评残结论的；	文字略有变化，实质内容无变化。

续表

新解释	旧解释	主要变化或说明
（四）正在等待劳动争议仲裁机构开庭的； （五）启动鉴定程序或者委托其他部门调查取证的； （六）其他正当事由。 当事人以劳动争议仲裁机构逾期未作出仲裁裁决为由提起诉讼的，应当提交该仲裁机构出具的受理通知书或者其他已接受仲裁申请的凭证、证明。	（四）正在等待劳动人事争议仲裁委员会开庭的； （五）启动鉴定程序或者委托其他部门调查取证的； （六）其他正当事由。 当事人以劳动人事争议仲裁委员会逾期未作出仲裁裁决为由提起诉讼的，应当提交劳动人事争议仲裁委员会出具的受理通知书或者其他已接受仲裁申请的凭证或证明。	
第13条 劳动者依据劳动合同法第三十条第二款和调解仲裁法第十六条规定向人民法院申请支付令，符合民事诉讼法第十七章督促程序规定的，人民法院应予受理。 依据劳动合同法第三十条第二款规定申请支付令被人民法院裁定终结督促程序后，劳动者就劳动争议事项直接提起诉讼的，人民法院应当告知其先向劳动争议仲裁机构申请仲裁。 依据调解仲裁法第十六条规定申请支付令被人民法院裁定终结督促程序后，劳动者依据调解协议直接提起诉讼的，人民法院应予受理。	**《旧解释三》第17条** 劳动者依据劳动合同法第三十条第二款和调解仲裁法第十六条规定向人民法院申请支付令，符合民事诉讼法第十七章督促程序规定的，人民法院应予受理。 依据劳动合同法第三十条第二款规定申请支付令被人民法院裁定终结督促程序后，劳动者就劳动争议事项直接向人民法院起诉的，人民法院应当告知其先向劳动人事争议仲裁委员会申请仲裁。 依据调解仲裁法第十六条规定申请支付令被人民法院裁定终结督促程序后，劳动者依据调解协议直接向人民法院提起诉讼的，人民法院应予受理。	文字略有变化，实质内容无变化。

续表

新解释	旧解释	主要变化或说明
第 14 条 人民法院受理劳动争议案件后，当事人增加诉讼请求的，如该诉讼请求与讼争的劳动争议具有不可分性，应当合并审理；如属独立的劳动争议，应当告知当事人向劳动争议仲裁机构申请仲裁。	《旧解释一》第 6 条 人民法院受理劳动争议案件后，当事人增加诉讼请求的，如该诉讼请求与讼争的劳动争议具有不可分性，应当合并审理；如属独立的劳动争议，应当告知当事人向劳动争议仲裁委员会申请仲裁。	文字略有变化，实质内容无变化。
第 15 条 劳动者以用人单位的工资欠条为证据直接提起诉讼，诉讼请求不涉及劳动关系其他争议的，视为拖欠劳动报酬争议，人民法院按照普通民事纠纷受理。	《旧解释二》第 3 条 劳动者以用人单位的工资欠条为证据直接向人民法院起诉，诉讼请求不涉及劳动关系其他争议的，视为拖欠劳动报酬争议，按照普通民事纠纷受理。	文字略有变化，实质内容无变化。
第 16 条 劳动争议仲裁机构作出仲裁裁决后，当事人对裁决中的部分事项不服，依法提起诉讼的，劳动争议仲裁裁决不发生法律效力。	《旧解释一》第 17 条 劳动争议仲裁委员会作出仲裁裁决后，当事人对裁决中的部分事项不服，依法向人民法院起诉的，劳动争议仲裁裁决不发生法律效力。	文字略有变化，实质内容无变化。
第 17 条 劳动争议仲裁机构对多个劳动者的劳动争议作出仲裁裁决后，部分劳动者对仲裁裁决不服，依法提起诉讼的，仲裁裁决对提起诉讼的劳动者不发生法律效力；对未提起诉讼的部分劳动者，发生法律效力，如其申请执行的，人民法院应当受理。	《旧解释一》第 18 条 劳动争议仲裁委员会对多个劳动者的劳动争议作出仲裁裁决后，部分劳动者对仲裁裁决不服，依法向人民法院起诉的，仲裁裁决对提出起诉的劳动者不发生法律效力；对未提出起诉的部分劳动者，发生法律效力，如其申请执行的，人民法院应当受理。	文字略有变化，实质内容无变化。

续表

新解释	旧解释	主要变化或说明
第 18 条 仲裁裁决的类型以仲裁裁决书确定为准。仲裁裁决书未载明该裁决为终局裁决或者非终局裁决，用人单位不服该仲裁裁决向基层人民法院提起诉讼的，应当按照以下情形分别处理： （一）经审查认为该仲裁裁决为非终局裁决的，基层人民法院应予受理； （二）经审查认为该仲裁裁决为终局裁决的，基层人民法院不予受理，但应告知用人单位可以自收到不予受理裁定书之日起三十日内向劳动争议仲裁机构所在地的中级人民法院申请撤销该仲裁裁决；已经受理的，裁定驳回起诉。	**《旧解释四》第 2 条** 仲裁裁决的类型以仲裁裁决书确定为准。 仲裁裁决书未载明该裁决为终局裁决或非终局裁决，用人单位不服该仲裁裁决向基层人民法院提起诉讼的，应当按照以下情形分别处理： （一）经审查认为该仲裁裁决为非终局裁决的，基层人民法院应予受理； （二）经审查认为该仲裁裁决为终局裁决的，基层人民法院不予受理，但应告知用人单位可以自收到不予受理裁定书之日起三十日内向劳动人事争议仲裁委员会所在地的中级人民法院申请撤销该仲裁裁决；已经受理的，裁定驳回起诉。	文字略有变化，实质内容无变化。
第 19 条 仲裁裁决书未载明该裁决为终局裁决或者非终局裁决，劳动者依据调解仲裁法第四十七条第一项规定，追索劳动报酬、工伤医疗费、经济补偿或者赔偿金，如果仲裁裁决涉及数项，每项确定的数额均不超过当地月最低工资标准十二个月金额的，应当按照终局裁决处理。	**《旧解释三》第 13 条** 劳动者依据调解仲裁法第四十七条第（一）项规定，追索劳动报酬、工伤医疗费、经济补偿或者赔偿金，如果仲裁裁决涉及数项，每项确定的数额均不超过当地月最低工资标准十二个月金额的，应当按照终局裁决处理。	《新解释》在《旧解释三》第 13 条基础上，增加“仲裁裁决书未载明该裁决为终局裁决或者非终局裁决”的内容。

续表

新解释	旧解释	主要变化或说明
第 20 条 劳动争议仲裁机构作出的同一仲裁裁决同时包含终局裁决事项和非终局裁决事项，当事人不服该仲裁裁决向人民法院提起诉讼的，应当按照非终局裁决处理。	《旧解释三》第 14 条 劳动人事争议仲裁委员会作出的同一仲裁裁决同时包含终局裁决事项和非终局裁决事项，当事人不服该仲裁裁决向人民法院提起诉讼的，应当按照非终局裁决处理。	文字略有变化，实质内容无变化。
第 21 条 劳动者依据调解仲裁法第四十八条规定向基层人民法院提起诉讼，用人单位依据调解仲裁法第四十九条规定向劳动争议仲裁机构所在地的中级人民法院申请撤销仲裁裁决的，中级人民法院应当不予受理；已经受理的，应当裁定驳回申请。 被人民法院驳回起诉或者劳动者撤诉的，用人单位可以自收到裁定书之日起三十日内，向劳动争议仲裁机构所在地的中级人民法院申请撤销仲裁裁决。	《旧解释三》第 15 条 劳动者依据调解仲裁法第四十八条规定向基层人民法院提起诉讼，用人单位依据调解仲裁法第四十九条规定向劳动人事争议仲裁委员会所在地的中级人民法院申请撤销仲裁裁决的，中级人民法院应不予受理；已经受理的，应当裁定驳回申请。 被人民法院驳回起诉或者劳动者撤诉的，用人单位可以自收到裁定书之日起三十日内，向劳动人事争议仲裁委员会所在地的中级人民法院申请撤销仲裁裁决。	文字略有变化，实质内容无变化。
第 22 条 用人单位依据调解仲裁法第四十九条规定向中级人民法院申请撤销仲裁裁决，中级人民法院作出的驳回申请或者撤销仲裁裁决的裁定为终审裁定。	《旧解释三》第 16 条 用人单位依照调解仲裁法第四十九条规定向中级人民法院申请撤销仲裁裁决，中级人民法院作出的驳回申请或者撤销仲裁裁决的裁定为终审裁定。	没有变化。
第 23 条 中级人民法院审理用人单位申请撤销终局裁决的案件，应当组成合议庭开庭审理。经过阅卷、调查和询问当事人，对没有新的事实、证据或者理	《旧解释四》第 3 条 中级人民法院审理用人单位申请撤销终局裁决的案件，应当组成合议庭开庭审理。经过阅卷、调查和询问当事人，对没有新的事实、证据或者理	没有变化。

续表

新解释	旧解释	主要变化或说明
由，合议庭认为不需要开庭审理的，可以不开庭审理。 中级人民法院可以组织双方当事人调解。达成调解协议的，可以制作调解书。一方当事人逾期不履行调解协议的，另一方可以申请人民法院强制执行。	由，合议庭认为不需要开庭审理的，可以不开庭审理。 中级人民法院可以组织双方当事人调解。达成调解协议的，可以制作调解书。一方当事人逾期不履行调解协议的，另一方可以申请人民法院强制执行。	
第 24 条 当事人申请人民法院执行劳动争议仲裁机构作出的发生法律效力的裁决书、调解书，被申请人提出证据证明劳动争议仲裁裁决书、调解书有下列情形之一，并经审查核实的，人民法院可以根据民事诉讼法第二百三十七条规定，裁定不予执行： （一）裁决的事项不属于劳动争议仲裁范围，或者劳动争议仲裁机构无权仲裁的； （二）适用法律、法规确有错误的； （三）违反法定程序的； （四）裁决所根据的证据是伪造的； （五）对方当事人隐瞒了足以影响公正裁决的证据的； （六）仲裁员在仲裁该案时有索贿受贿、徇私舞弊、枉法裁决行为的； （七）人民法院认定执行该劳动争议仲裁裁决违背社会公共利益的。 人民法院在不予执行的裁定书中，应当告知当事人在收到裁定书之次日起三十日内，可以就该劳动争议事项向人民法院提起诉讼。	**《旧解释一》第 21 条** 当事人申请人民法院执行劳动争议仲裁机构作出的发生法律效力的裁决书、调解书，被申请人提出证据证明劳动争议仲裁裁决书、调解书有下列情形之一，并经审查核实的，人民法院可以根据《民事诉讼法》第二百一十七条之规定，裁定不予执行： （一）裁决的事项不属于劳动争议仲裁范围，或者劳动争议仲裁机构无权仲裁的； （二）适用法律确有错误的； （三）仲裁员仲裁该案时，有徇私舞弊、枉法裁决行为的； （四）人民法院认定执行该劳动争议仲裁裁决违背社会公共利益的。 人民法院在不予执行的裁定书中，应当告知当事人在收到裁定书之次日起三十日内，可以就该劳动争议事项向人民法院起诉。	1. 新解释将法律依据修订为《民事诉讼法》第 237 条。 2. 新解释第 2 项较旧解释第 2 项增加“法规”，从而使法律适用错误的范围扩大。 3. 新解释增加第 3 项“违反法定程序的”。 4. 新解释增加第 4 项“裁决所根据的证据是伪造的”。 5. 新解释增加第 5 项“对方当事人隐瞒了足以影响公正裁决的证据的”。 6. 新解释第 6 项较旧解释第 3 项增加“索贿受贿”。

续表

新解释	旧解释	主要变化或说明
第 25 条 劳动争议仲裁机构作出终局裁决，劳动者向人民法院申请执行，用人单位向劳动争议仲裁机构所在地的中级人民法院申请撤销的，人民法院应当裁定中止执行。 用人单位撤回撤销终局裁决申请或者其申请被驳回的，人民法院应当裁定恢复执行。仲裁裁决被撤销的，人民法院应当裁定终结执行。 用人单位向人民法院申请撤销仲裁裁决被驳回后，又在执行程序中以相同理由提出不予执行抗辩的，人民法院不予支持。	**《旧解释三》第 18 条** 劳动人事争议仲裁委员会作出终局裁决，劳动者向人民法院申请执行，用人单位向劳动人事争议仲裁委员会所在地的中级人民法院申请撤销的，人民法院应当裁定中止执行。 用人单位撤回撤销终局裁决申请或者其申请被驳回的，人民法院应当裁定恢复执行。仲裁裁决被撤销的，人民法院应当裁定终结执行。 用人单位向人民法院申请撤销仲裁裁决被驳回后，又在执行程序中以相同理由提出不予执行抗辩的，人民法院不予支持。	文字略有变化，实质内容无变化。
第 26 条 用人单位与其它单位合并的，合并前发生的劳动争议，由合并后的单位为当事人；用人单位分立为若干单位的，其分立前发生的劳动争议，由分立后的实际用人单位为当事人。 用人单位分立为若干单位后，具体承受劳动权利义务的单位不明确的，分立后的单位均为当事人。	**《旧解释一》第 10 条** 用人单位与其它单位合并的，合并前发生的劳动争议，由合并后的单位为当事人；用人单位分立为若干单位的，其分立前发生的劳动争议，由分立后的实际用人单位为当事人。 用人单位分立为若干单位后，对承受劳动权利义务的单位不明确的，分立后的单位均为当事人。	文字略有变化，实质内容无变化。

续表

新解释	旧解释	主要变化或说明
第 27 条 用人单位招用尚未解除劳动合同的劳动者，原用人单位与劳动者发生的劳动争议，可以列新的用人单位为第三人。 原用人单位以新的用人单位侵权为由提起诉讼的，可以列劳动者为第三人。 原用人单位以新的用人单位和劳动者共同侵权为由提起诉讼的，新的用人单位和劳动者列为共同被告。	《旧解释一》第 11 条 用人单位招用尚未解除劳动合同的劳动者，原用人单位与劳动者发生的劳动争议，可以列新的用人单位为第三人。 原用人单位以新的用人单位侵权为由向人民法院起诉的，可以列劳动者为第三人。 原用人单位以新的用人单位和劳动者共同侵权为由向人民法院起诉的，新的用人单位和劳动者列为共同被告。	文字略有变化，实质内容无变化。
第 28 条 劳动者在用人单位与其他平等主体之间的承包经营期间，与发包方和承包方双方或者一方发生劳动争议，依法提起诉讼的，应当将承包方和发包方作为当事人。	《旧解释一》第 12 条 劳动者在用人单位与其他平等主体之间的承包经营期间，与发包方和承包方双方或者一方发生劳动争议，依法向人民法院起诉的，应当将承包方和发包方作为当事人。	文字略有变化，实质内容无变化。
第 29 条 劳动者与未办理营业执照、营业执照被吊销或者营业期限届满仍继续经营的用人单位发生争议的，应当将用人单位或者其出资人列为当事人。	《旧解释三》第 4 条 劳动者与未办理营业执照、营业执照被吊销或者营业期限届满仍继续经营的用人单位发生争议的，应当将用人单位或者其出资人列为当事人。	没有变化。
第 30 条 未办理营业执照、营业执照被吊销或者营业期限届满仍继续经营的用人单位，以挂靠等方式借用他人营业执照经营的，应当将用人单位和营业执照出借方列为当事人。	《旧解释三》第 5 条 未办理营业执照、营业执照被吊销或者营业期限届满仍继续经营的用人单位，以挂靠等方式借用他人营业执照经营的，应当将用人单位和营业执照出借方列为当事人。	没有变化。

续表

新解释	旧解释	主要变化或说明
第31条 当事人不服劳动争议仲裁机构作出的仲裁裁决，依法提起诉讼，人民法院审查认为仲裁裁决遗漏了必须共同参加仲裁的当事人的，应当依法追加遗漏的人为诉讼当事人。 被追加的当事人应当承担责任的，人民法院应当一并处理。	**《旧解释三》第6条** 当事人不服劳动人事争议仲裁委员会作出的仲裁裁决，依法向人民法院提起诉讼，人民法院审查认为仲裁裁决遗漏了必须共同参加仲裁的当事人的，应当依法追加遗漏的人为诉讼当事人。 被追加的当事人应当承担责任的，人民法院应当一并处理。	文字略有变化，实质内容无变化。
第32条 用人单位与其招用的已经依法享受养老保险待遇或者领取退休金的人员发生用工争议而提起诉讼的，人民法院应当按劳务关系处理。 企业停薪留职人员、未达到法定退休年龄的内退人员、下岗待岗人员以及企业经营性停产放长假人员，因与新的用人单位发生用工争议而提起诉讼的，人民法院应当按劳动关系处理。	**《旧解释三》第7条** 用人单位与其招用的已经依法享受养老保险待遇或领取退休金的人员发生用工争议，向人民法院提起诉讼的，人民法院应当按劳务关系处理。 **《旧解释三》第8条** 企业停薪留职人员、未达到法定退休年龄的内退人员、下岗待岗人员以及企业经营性停产放长假人员，因与新的用人单位发生用工争议，依法向人民法院提起诉讼的，人民法院应当按劳动关系处理。	文字略有变化，实质内容无变化。
第33条 外国人、无国籍人未依法取得就业证件即与中华人民共和国境内的用人单位签订劳动合同，当事人请求确认与用人单位存在劳动关系的，人民法院不予支持。 持有《外国专家证》并取得《外国人来华工作许可证》的外国人，与中华人民	**《旧解释四》第14条** 外国人、无国籍人未依法取得就业证件即与中国境内的用人单位签订劳动合同，以及香港特别行政区、澳门特别行政区和台湾地区居民未依法取得就业证件即与内地用人单位签订劳动合同，当事人请求确认与用人单位存在劳动关系的，人民法院不予支持。	《新解释》删除了《旧解释四》中关于港澳台人员的内容。

续表

新解释	旧解释	主要变化或说明
共和国境内的用人单位建立用工关系的，可以认定为劳动关系。	持有《外国专家证》并取得《外国专家来华工作许可证》的外国人，与中国境内的用人单位建立用工关系的，可以认定为劳动关系。	
第 34 条 劳动合同期满后，劳动者仍在原用人单位工作，原用人单位未表示异议的，视为双方同意以原条件继续履行劳动合同。一方提出终止劳动关系的，人民法院应予支持。 根据劳动合同法第十四条规定，用人单位应当与劳动者签订无固定期限劳动合同而未签订的，人民法院可以视为双方之间存在无固定期限劳动合同关系，并以原劳动合同确定双方的权利义务关系。	**《旧解释一》第 16 条** 劳动合同期满后，劳动者仍在原用人单位工作，原用人单位未表示异议的，视为双方同意以原条件继续履行劳动合同。一方提出终止劳动关系的，人民法院应当支持。 根据《劳动法》第二十条之规定，用人单位应当与劳动者签订无固定期限劳动合同而未签订的，人民法院可以视为双方之间存在无固定期限劳动合同关系，并以原劳动合同确定双方的权利义务关系。	《新解释》将《旧解释一》中根据《劳动法》第 21 条的内容，修订为根据《劳动合同法》第 14 条。
第 35 条 劳动者与用人单位就解除或者终止劳动合同办理相关手续、支付工资报酬、加班费、经济补偿或者赔偿金等达成的协议，不违反法律、行政法规的强制性规定，且不存在欺诈、胁迫或者乘人之危情形的，应当认定有效。 前款协议存在重大误解或者显失公平情形，当事人请求撤销的，人民法院应予支持。	**《旧解释三》第 10 条** 劳动者与用人单位就解除或者终止劳动合同办理相关手续、支付工资报酬、加班费、经济补偿或者赔偿金等达成的协议，不违反法律、行政法规的强制性规定，且不存在欺诈、胁迫或者乘人之危情形的，应当认定有效。 前款协议存在重大误解或者显失公平情形，当事人请求撤销的，人民法院应予支持。	没有变化。

续表

新解释	旧解释	主要变化或说明
第 36 条 当事人在劳动合同或者保密协议中约定了竞业限制，但未约定解除或者终止劳动合同后给予劳动者经济补偿，劳动者履行了竞业限制义务，要求用人单位按照劳动者在劳动合同解除或者终止前十二个月平均工资的 30%按月支付经济补偿的，人民法院应予支持。 前款规定的月平均工资的 30%低于劳动合同履行地最低工资标准的，按照劳动合同履行地最低工资标准支付。	**《旧解释四》第 6 条** 当事人在劳动合同或者保密协议中约定了竞业限制，但未约定解除或者终止劳动合同后给予劳动者经济补偿，劳动者履行了竞业限制义务，要求用人单位按照劳动者在劳动合同解除或者终止前十二个月平均工资的 30%按月支付经济补偿的，人民法院应予支持。 前款规定的月平均工资的 30%低于劳动合同履行地最低工资标准的，按照劳动合同履行地最低工资标准支付。	没有变化。
第 37 条 当事人在劳动合同或者保密协议中约定了竞业限制和经济补偿，当事人解除劳动合同时，除另有约定外，用人单位要求劳动者履行竞业限制义务，或者劳动者履行了竞业限制义务后要求用人单位支付经济补偿的，人民法院应予支持。	**《旧解释四》第 7 条** 当事人在劳动合同或者保密协议中约定了竞业限制和经济补偿，当事人解除劳动合同时，除另有约定外，用人单位要求劳动者履行竞业限制义务，或者劳动者履行了竞业限制义务后要求用人单位支付经济补偿的，人民法院应予支持。	没有变化。
第 38 条 当事人在劳动合同或者保密协议中约定了竞业限制和经济补偿，劳动合同解除或者终止后，因用人单位的原因导致三个月未支付经济补偿，劳动者请求解除竞业限制约定的，人民法院应予支持。	**《旧解释四》第 8 条** 当事人在劳动合同或者保密协议中约定了竞业限制和经济补偿，劳动合同解除或者终止后，因用人单位的原因导致三个月未支付经济补偿，劳动者请求解除竞业限制约定的，人民法院应予支持。	没有变化。

续表

新解释	旧解释	主要变化或说明
第 39 条 在竞业限制期限内，用人单位请求解除竞业限制协议的，人民法院应予支持。 在解除竞业限制协议时，劳动者请求用人单位额外支付劳动者三个月的竞业限制经济补偿的，人民法院应予支持。	**《旧解释四》第 9 条** 在竞业限制期限内，用人单位请求解除竞业限制协议时，人民法院应予支持。 在解除竞业限制协议时，劳动者请求用人单位额外支付劳动者三个月的竞业限制经济补偿的，人民法院应予支持。	没有变化。
第 40 条 劳动者违反竞业限制约定，向用人单位支付违约金后，用人单位要求劳动者按照约定继续履行竞业限制义务的，人民法院应予支持。	**《旧解释四》第 10 条** 劳动者违反竞业限制约定，向用人单位支付违约金后，用人单位要求劳动者按照约定继续履行竞业限制义务的，人民法院应予支持。	没有变化。
第 41 条 劳动合同被确认为无效，劳动者已付出劳动的，用人单位应当按照劳动合同法第二十八条、第四十六条、第四十七条的规定向劳动者支付劳动报酬和经济补偿。 由于用人单位原因订立无效劳动合同，给劳动者造成损害的，用人单位应当赔偿劳动者因合同无效所造成的经济损失。	**《旧解释一》第 14 条** 劳动合同被确认为无效后，用人单位对劳动者付出的劳动，一般可参照本单位同期、同工种、同岗位的工资标准支付劳动报酬。 根据《劳动法》第九十七条之规定，由于用人单位的原因订立的无效合同，给劳动者造成损害的，应当比照违反和解除劳动合同经济补偿金的支付标准，赔偿劳动者因合同无效所造成的经济损失。	1.《新解释》增加规定用人单位须按照《劳动合同法》支付经济补偿。 2. 用人单位向劳动者支付工资报酬的参照标准变更为《劳动合同法》第 28 条，即“参照本单位相同或者相近岗位劳动者的劳动报酬确定”。 3.《新解释》删除用人单位比照违反和解除劳动合同经济补偿金的支付标准承担赔偿责任。

续表

新解释	旧解释	主要变化或说明
第42条 劳动者主张加班费的，应当就加班事实的存在承担举证责任。但劳动者有证据证明用人单位掌握加班事实存在的证据，用人单位不提供的，由用人单位承担不利后果。	**《旧解释三》第9条** 劳动者主张加班费的，应当就加班事实的存在承担举证责任。但劳动者有证据证明用人单位掌握加班事实存在的证据，用人单位不提供的，由用人单位承担不利后果。	没有变化。
第43条 用人单位与劳动者协商一致变更劳动合同，虽未采用书面形式，但已经实际履行了口头变更的劳动合同超过一个月，变更后的劳动合同内容不违反法律、行政法规且不违背公序良俗，当事人以未采用书面形式为由主张劳动合同变更无效的，人民法院不予支持。	**《旧解释四》第11条** 变更劳动合同未采用书面形式，但已经实际履行了口头变更的劳动合同超过一个月，且变更后的劳动合同内容不违反法律、行政法规、国家政策以及公序良俗，当事人以未采用书面形式为由主张劳动合同变更无效的，人民法院不予支持。	1. 文字略有变化，实质内容无变化。 2.《新解释》删除《旧解释四》中的“国家政策”。
第44条 因用人单位作出的开除、除名、辞退、解除劳动合同、减少劳动报酬、计算劳动者工作年限等决定而发生的劳动争议，用人单位负举证责任。	**《旧解释一》第13条** 因用人单位作出的开除、除名、辞退、解除劳动合同、减少劳动报酬、计算劳动者工作年限等决定而发生的劳动争议，用人单位负举证责任。	没有变化。
第45条 用人单位有下列情形之一，迫使劳动者提出解除劳动合同的，用人单位应当支付劳动者的劳动报酬和经济补偿，并可支付赔偿金： （一）以暴力、威胁或者非法限制人身自由的手段强迫劳动的； （二）未按照劳动合同约定支付劳动报酬或者提供劳动	**《旧解释一》第15条** 用人单位有下列情形之一，迫使劳动者提出解除劳动合同的，用人单位应当支付劳动者的劳动报酬和经济补偿，并可支付赔偿金： （一）以暴力、威胁或者非法限制人身自由的手段强迫劳动的； （二）未按照劳动合同约定支付劳动报酬或者提供劳动	没有变化。

续表

新解释	旧解释	主要变化或说明
条件的； （三）克扣或者无故拖欠劳动者工资的； （四）拒不支付劳动者延长工作时间工资报酬的； （五）低于当地最低工资标准支付劳动者工资的。	条件的； （三）克扣或者无故拖欠劳动者工资的； （四）拒不支付劳动者延长工作时间工资报酬的； （五）低于当地最低工资标准支付劳动者工资的。	
第 46 条 劳动者非因本人原因从原用人单位被安排到新用人单位工作，原用人单位未支付经济补偿，劳动者依据劳动合同法第三十八条规定与新用人单位解除劳动合同，或者新用人单位向劳动者提出解除、终止劳动合同，在计算支付经济补偿或赔偿金的工作年限时，劳动者请求把在原用人单位的工作年限合并计算为新用人单位工作年限的，人民法院应予支持。 用人单位符合下列情形之一的，应当认定属于“劳动者非因本人原因从原用人单位被安排到新用人单位工作”： （一）劳动者仍在原工作场所、工作岗位工作，劳动合同主体由原用人单位变更为新用人单位； （二）用人单位以组织委派或任命形式对劳动者进行工作调动； （三）因用人单位合并、分立等原因导致劳动者工作调动；	**《旧解释四》第 5 条** 劳动者非因本人原因从原用人单位被安排到新用人单位工作，原用人单位未支付经济补偿，劳动者依照劳动合同法第三十八条规定与新用人单位解除劳动合同，或者新用人单位向劳动者提出解除、终止劳动合同，在计算支付经济补偿或赔偿金的工作年限时，劳动者请求把在原用人单位的工作年限合并计算为新用人单位工作年限的，人民法院应予支持。 用人单位符合下列情形之一的，应当认定属于“劳动者非因本人原因从原用人单位被安排到新用人单位工作”： （一）劳动者仍在原工作场所、工作岗位工作，劳动合同主体由原用人单位变更为新用人单位； （二）用人单位以组织委派或任命形式对劳动者进行工作调动； （三）因用人单位合并、分立等原因导致劳动者工作调动；	没有变化。

续表

新解释	旧解释	主要变化或说明
（四）用人单位及其关联企业与劳动者轮流订立劳动合同； （五）其他合理情形。	（四）用人单位及其关联企业与劳动者轮流订立劳动合同； （五）其他合理情形。	
第 47 条 建立了工会组织的用人单位解除劳动合同符合劳动合同法第三十九条、第四十条规定，但未按照劳动合同法第四十三条规定事先通知工会，劳动者以用人单位违法解除劳动合同为由请求用人单位支付赔偿金的，人民法院应予支持，但起诉前用人单位已经补正有关程序的除外。	**《旧解释四》第 12 条** 建立了工会组织的用人单位解除劳动合同符合劳动合同法第三十九条、第四十条规定，但未按照劳动合同法第四十三条规定事先通知工会，劳动者以用人单位违法解除劳动合同为由请求用人单位支付赔偿金的，人民法院应予支持，但起诉前用人单位已经补正有关程序的除外。	没有变化。
第 48 条 劳动合同法施行后，因用人单位经营期限届满不再继续经营导致劳动合同不能继续履行，劳动者请求用人单位支付经济补偿的，人民法院应予支持。	**《旧解释四》第 13 条** 劳动合同法施行后，因用人单位经营期限届满不再继续经营导致劳动合同不能继续履行，劳动者请求用人单位支付经济补偿的，人民法院应予支持。	没有变化。
第 49 条 在诉讼过程中，劳动者向人民法院申请采取财产保全措施，人民法院经审查认为申请人经济确有困难，或者有证据证明用人单位存在欠薪逃匿可能的，应当减轻或者免除劳动者提供担保的义务，及时采取保全措施。 人民法院作出的财产保全裁定中，应当告知当事人在劳动争议仲裁机构的裁决书或者在人民法院的裁判文书生效后	**《旧解释二》第 14 条** 在诉讼过程中，劳动者向人民法院申请采取财产保全措施，人民法院经审查认为申请人经济确有困难，或有证据证明用人单位存在欠薪逃匿可能的，应当减轻或者免除劳动者提供担保的义务，及时采取保全措施。 **《旧解释二》第 15 条** 人民法院作出的财产保全裁定中，应当告知当事人在劳动仲裁机构的裁决书或者在人	没有变化。

续表

新解释	旧解释	主要变化或说明
三个月内申请强制执行。逾期不申请的，人民法院应当裁定解除保全措施。	民法院的裁判文书生效后三个月内申请强制执行。逾期不申请的，人民法院应当裁定解除保全措施。	
第 50 条 用人单位根据劳动合同法第四条规定，通过民主程序制定的规章制度，不违反国家法律、行政法规及政策规定，并已向劳动者公示的，可以作为确定双方权利义务的依据。 用人单位制定的内部规章制度与集体合同或者劳动合同约定的内容不一致，劳动者请求优先适用合同约定的，人民法院应予支持。	**《旧解释一》第 19 条** 用人单位根据《劳动法》第四条之规定，通过民主程序制定的规章制度，不违反国家法律、行政法规及政策规定，并已向劳动者公示的，可以作为人民法院审理劳动争议案件的依据。 **《旧解释二》第 16 条** 用人单位制定的内部规章制度与集体合同或者劳动合同约定的内容不一致，劳动者请求优先适用合同约定的，人民法院应予支持。	文字略有变化，实质内容无变化。
第 51 条 当事人在调解仲裁法第十条规定的调解组织主持下达成的具有劳动权利义务内容的调解协议，具有劳动合同的约束力，可以作为人民法院裁判的根据。 当事人在调解仲裁法第十条规定的调解组织主持下仅就劳动报酬争议达成调解协议，用人单位不履行调解协议确定的给付义务，劳动者直接提起诉讼的，人民法院可以按照普通民事纠纷受理。	**《旧解释二》第 17 条** 当事人在劳动争议调解委员会主持下达成的具有劳动权利义务内容的调解协议，具有劳动合同的约束力，可以作为人民法院裁判的根据。 当事人在劳动争议调解委员会主持下仅就劳动报酬争议达成调解协议，用人单位不履行调解协议确定的给付义务，劳动者直接向人民法院起诉的，人民法院可以按照普通民事纠纷受理。	《新解释》将“劳动争议调解委员会”改为“调解仲裁法第十条规定的调解组织”。

续表

新解释	旧解释	主要变化或说明
第 52 条 当事人在人民调解委员会主持下仅就给付义务达成的调解协议，双方认为有必要的，可以共同向人民调解委员会所在地的基层人民法院申请司法确认。	**《旧解释四》第 4 条** 当事人在人民调解委员会主持下仅就给付义务达成的调解协议，双方认为有必要的，可以共同向人民调解委员会所在地的基层人民法院申请司法确认。	没有变化。
第 53 条 用人单位对劳动者作出的开除、除名、辞退等处理，或者因其他原因解除劳动合同确有错误的，人民法院可以依法判决予以撤销。 对于追索劳动报酬、养老金、医疗费以及工伤保险待遇、经济补偿金、培训费及其他相关费用等案件，给付数额不当的，人民法院可以予以变更。	**《旧解释一》第 20 条** 用人单位对劳动者作出的开除、除名、辞退等处理，或者因其他原因解除劳动合同确有错误的，人民法院可以依法判决予以撤销。 对于追索劳动报酬、养老金、医疗费以及工伤保险待遇、经济补偿金、培训费及其他相关费用等案件，给付数额不当的，人民法院可以予以变更。	没有变化。
第 54 条 本解释自 2021 年 1 月 1 日起施行。		

说明：以下条款为四部旧解释中没有被《新解释》吸收，从而被废止的条款，共 7 条：

《旧解释一》第 3 条（仲裁时效）。

《旧解释二》第 1 条（劳动争议发生之日的确定）、第 2 条（拖欠工资争议的仲裁时效）、第 9 条（有字号个体户的诉讼主体地位）、第 10 条（劳务派遣单位与用工单位的诉讼主体地位）、第 12 条（仲裁时效中止）、第 13 条（仲裁时效中断）。

图书在版编目（CIP）数据

劳动人事争议裁判规则和实操指引 / 吴彬著．—北京：中国法制出版社，2022.2（2025.12重印）
（法律人核心素养丛书）
ISBN 978-7-5216-2155-6

Ⅰ．①劳… Ⅱ．①吴… Ⅲ．①劳动争议-仲裁-研究-中国 Ⅳ．①D922.591.5

中国版本图书馆 CIP 数据核字（2021）第 185637 号

策划编辑：陈兴
责任编辑：孙静
封面设计：杨泽江

劳动人事争议裁判规则和实操指引
LAODONG RENSHI ZHENGYI CAIPAN GUIZE HE SHICAO ZHIYIN

著者/吴彬
经销/新华书店
印刷/北京虎彩文化传播有限公司
开本/710 毫米×1000 毫米 16 开
印张/ 28.25 字数/ 422 千
版次/2022 年 2 月第 1 版
2025 年12月第 21 次印刷

中国法制出版社出版
书号 ISBN 978-7-5216-2155-6
定价：108.00 元

北京市西城区西便门西里甲 16 号西便门办公区
邮政编码：100053
传真：010-63141600
网址：http://www.zgfzs.com
编辑部电话：010-63141787
市场营销部电话：010-63141612
总编室电话：010-63141606

（如有印装质量问题，请与本社总编室联系。）